普通高等教育法学核心课系列

北京高等学校优质本科课程

证据法学

（第2版）

郭　华◎著

北京师范大学出版集团
BEIJING NORMAL UNIVERSITY PUBLISHING GROUP
北京师范大学出版社

微信扫码
获取本书配套资源

图书在版编目(CIP)数据

证据法学/郭华著. —2 版. —北京：北京师范大学出版社，2023.3
ISBN 978-7-303-21758-8

Ⅰ. ①证… Ⅱ. ①郭… Ⅲ. ①证据—法学—中国—高等学校—教材 Ⅳ. ①D925.013

中国版本图书馆 CIP 数据核字(2016)第 302761 号

图书意见反馈：gaozhifk@bnupg.com 010-58805079
营销中心电话：010-58802181 58805532

ZHENGJU FAXUE

出版发行：北京师范大学出版社 www.bnup.com
　　　　　北京市西城区新街口外大街 12-3 号
　　　　　邮政编码：100088
印　　刷：天津旭非印刷有限公司
经　　销：全国新华书店
开　　本：787 mm×1092 mm 1/16
印　　张：19
字　　数：500 千字
版　　次：2023 年 3 月第 2 版
印　　次：2023 年 3 月第 2 次印刷
定　　价：49.80 元

策划编辑：李红芳　　　　　责任编辑：李红芳
美术编辑：李向昕　　　　　装帧设计：李向昕
责任校对：陈　民　　　　　责任印制：赵　龙

前　言

　　本书作为高等院校法学核心教材，自 2011 年出版以来，在教学实践中被部分院校选用并获得了良好的评价；2020 年在北京高校"优质本科课程"项目评选中又获得了"北京高等学校优质本科课程"。为了全面贯彻落实党的二十大"严格公正司法、加快建设法治社会"的战略部署，推动构建诉讼以审判为中心、审判以庭审为中心、庭审以证据为中心的诉讼新格局，推进中国式法治现代化，本书根据最新修改的三大诉讼法、行政和监察法律法规以及相关司法解释、规定等有关证据的规范，结合证据法学研究的前沿性成果，吸收了司法实践中证据运用的经验智慧，借助中外经典证据案例阐释证据法原理、诠释证据制度和解释证据规则，对初版内容进行了较大幅度地删减、补充和完善，丰富了证据法学的知识点和规则要旨，以便满足现代化证据教学和司法实践运用证据的需要和诉求。本教材具有以下特色：

　　第一，在体例的编排上，采用引导案例和问题思考的前后内容衔接的思考方式，培养阅读的问题意识。

　　第二，在内容的安排上，不仅重视证据法学知识的系统性，还关注证据基础理论的阐释性，保持了证据法知识和证据理论的点面融合，精选延伸阅读的内容，突出教材体系的新颖性和证据知识的拓展性。

　　第三，在典型证据案例的选用上，选择了富有争议的典型案例，将证据法理论和证据运用实践通过证据案例紧密结合起来，强化证据意识，通过争议案例凸显证据规则的启迪性，体现证据法理论指导实践的实用性和证据规则的可操作性。

　　第四，在证据规则的讲解上，保持证据法学的重点知识和系统知识相互连接，鲜活的趣味案例与引经据典的解说相沟通，并附证据法学"十大"中外富有意义的经典案例（通过扫描扉页微信二维码获取），侧重证据法学知识的可读性和着重运用证据能力的现代性。

　　本教材在重视传统证据法教材的诉讼证据内容的同时，兼顾了行政执法、仲裁和纪检监察办案的证据规则特点，力求从证据法的基本知识、基本原理和基本制度上讲清证据的共性问题，避免教材的内容供给不足给学习带来证据知识缺失的弊端。因此，第二版教材的修改、补充和完善，参考了中外专家学者的最新观点和吸收了其他证据法学教材的优势与长处，针对学生试读和学习过程中提出的问题进行删补和调整，在遵循证据法学的规律和规范要求的基础上，保持了证据法的实体和程序规范兼备的实践性学科特点。

郭　华

2023 年 3 月

目　录

第一编　绪　论

第二编　证据论

第五章　证据概述 / 53

第六章　证据的种类 / 65

第三编 证明论

第九章 证明概述 / 155

第十章 证明对象 / 161

第四编　程序论

第十三章　证据适用原则 / 201

第十四章　证据的收集与保全 / 210

第十七章　案件事实认定的方法 / 256

第十八章　推定规则 / 268

第一编　绪　论

第一章

证据法学概述

【引导案例】

　　南齐时期，傅琰在山阴县当知县时，曾有两个人因一只活鸡争议而上堂告状。一个人说："这只鸡是我家的，不知怎么跑到他家去了。我发现了，就去讨。谁知他竟然说这鸡是他家的，不肯给我。因此，特来求大爷明断。"另一个人说："这只鸡明明是我的，他却说是他的，我如何肯给他？我辛辛苦苦地养了几个月，这只鸡才长这么大。这个人不识羞耻，想坐享其成，这是无论如何也办不到的。"前者又说："这只鸡明明是我的，他硬说是他的，太不讲理了。今天早上我还给鸡喂食呢。本来喂完食我想把鸡关起来，喝口水的工夫，回头再找鸡就不见了。我找来找去，忽然听到他家院子里有鸡叫声，我过去一看，见他正在捉我的鸡。我走上去，说鸡是我的，他却硬不给我，还说：'鸡进了我家院子，就是我的。你说鸡是你的，你有什么证据？'我说：'我的鸡我认识，还要什么证据？'他却说：'我的鸡我还认识呢，我凭什么给你？'青天大老爷，您看有这么不讲理的人吗？"后者说："你怎么说得跟真的一样呢？你可真能编瞎话啊。今天一大清早我正在院子里喂鸡，你却跑进来朝我要鸡，你说是谁不讲理？"两个人均说鸡是自己的，并因此争吵不休，各不相让。

　　因争议仅有两者陈述而没有其他的证据，致使知县难以对这件小官司作出断定。傅琰想找几位邻居做旁证，让他们帮助辨认鸡的归属。如果与他们关系要好的邻居说鸡属于自己的好朋友的，有可能因那些邻居们做假证使问题更加复杂。傅琰急中生智，便问他们："你们都说早晨喂鸡了，你们说说，鸡早晨吃什么了？"一个说是小米，另一个说是苞米粒。于是，傅琰吩咐手下人立刻杀鸡，剖开鸡嗉子，发现里面是小米，而没有苞米粒。说鸡吃苞米粒的人必然败诉。

【本章概要】

　　本章是关于证据法学的基础性知识，主要包括证据法学的概念、特点、研究对象、学科性质、学科体系以及基本功能。它是学习、研究证据法学必备的基础性知识，在本教材中具有引导的功能。

第一节　证据法学的概念

证据作为诉讼的脊梁，是查明、证明以及判明案件事实最可靠的手段与方法，在诉讼制度中处于举足轻重的地位。为此，证据制度就成为诉讼制度最为重要的核心制度。证据制度与诉讼制度具有同等久远的历史，并随着诉讼正义价值在法律中的日益彰显而备受重视，在一定程度上演变为衡量一个国家诉讼制度完备、成熟与否的标志之一。基于此，作为研究证据、证据制度、证据规则以及证据审查判断与适用的证据法学便成为测度一国法学研究水平高低的基准，也成为中外高等法学院校教学的基本内容以及从事法律实务工作必修的课程。

一、证据法学的概念与特点

我国证据教材或者教科书的名称历经了"证据学""诉讼证据学""诉讼证据法学"以及"证据法学"的演变历程。尽管多数教材将有关证据的学科名称确定为"证据法学"，其含义或者概念的界定仍有差异，在体系结构上也存在一些分歧。但作为一门法律或者法学专业的课程，其内容既需要相对固定，也应当随着证据类型变化和理论的发达而发展。这不仅有利于学科的丰富与完善，更为重要的是可以避免其内容存在缺陷使学生在获得知识和培养能力方面出现不应有的局限或者短板。

一般来说，司法、仲裁、公证、执法、监察以及金融证券、保险等法律事务均涉及证据问题，然因这些活动对证据以及规范证据的要求、规则以及程序的侧重点不同，在理论上形成了广义和狭义的证据法学概念。

广义的证据法学不仅以诉讼活动涉及的证据问题作为研究对象，而且还包括一些非诉讼法律事务行为涉及的证据法问题，如行政执法、仲裁、公证、监察以及金融证券、保险调查中的证据法问题。

狭义的证据法学是指以诉讼活动中的证据法问题作为研究对象，重点研究的是审判阶段的证据法问题。由于诉讼活动中的证据法问题对证据理论、证据制度、证据规范、证据规则以及证据审查判断等问题研究得较为深入，其要求相对于仲裁、行政执法、监察以及金融证券、保险调查等非诉讼法律事务更为严格，其体系结构、逻辑推理较为严谨，其研究成果对这些非诉讼法律事务完全可以参照执行。因此，证据法学研究的基本内容以诉讼活动中的证据法问题作为主要研究对象就显得特别有意义。

诉讼活动中的证据法问题不仅包括证据理论、证据制度、证据规范、证据规则等内容，还包括发现、收集、固定、保全、提供、审查判断以及证据适用等内容。有些内容涉及当事人的实体性权利，被纳入了实体法规范调整的范围，如举证责任的分配、推定等在实体法中存在相应的规定；有些内容则属于程序法调整的范围，如证据的收集、固定、保全以及举证、质证、认证等具有程序意义的内容，一般由诉讼法规定。这些问题的交叉促使证据法规范兼容了实体法和程序法的两大法域，证据法学也因此具有了兼跨实体法规范与程序法规范的交叉学科的秉性。

证据法学，是指以证据理论、证据制度、证明规律、证据规则以及证据审查判断、认定等作为研究对象的法学学科。它是现代法学体系不可或缺的重要组成部分。证据法学这一特性决定了它在兼有其他学科的特点的同时，还具有自己内在独有的规定性，蕴涵着不同于其他法学学科的专有特征，作为一门独立的法学学科在现代法学学科体系中处于特殊的地位，并具有独立的品格。证据法学与其他法学学科相比，具有以下特点。

(一)证据法学是一门相对独立的交叉性法学学科

在我国，证据法学源于诉讼法学，并作为诉讼法学的重要组成部分逐渐发展起来。证据法学与诉讼法学有着千丝万缕的联系。早期研究证据法学的学者多是从诉讼法学的视角或层面对此进行阐释，主要研究证据的查明、证明以及判明等程序性规则，并且证据规范、证据规则、证明方法以及证据适用程序的一些规定也多作为诉讼法学的部分内容，以至于证据法学被有些学者称为"诉讼证据学"或"诉讼证明学"，但与作为程序法的诉讼法不同。美国学者罗纳德·J·艾伦(Ronald，J. Allen)教授认为：证据法与程序法不同。程序法是本土化的，属于地方知识；而证据法是普适的，是人类理性的产物。

从发现、提取、固定、保全证据以及举证、质证、认证等规则的视角分析证据法学，特别是非法证据排除规则、传闻证据规则等，主要涉及程序法的内容，将其作为诉讼法学的内容是恰当的，以至于各国的诉讼法典中均含有大量的有关证据的规定。从本质上说，在双方当事人之间分配举证责任，是民事实体法在诉讼中的适用问题。

证据法学这种兼有诉讼法学和实体法学的特点，又使得将其简单地归入诉讼法学或者划归实体法学，均难以完全涵盖其全部内容，否则有失其科学性和完整性。随着诉讼法学和实体法学对证据规范分别规定出现的紧张关系与冲突以及证据理论研究的不断深化和司法实践发展的基本诉求，证据法学需要走出诉讼法学领域，成为独立的学科。特别是有些国家出现了有关证据的专门立法，更促使它成为相对独立的法学学科，如 1754 年吉尔伯特(Geoffrey Gilbert)的《证据法》(The Law of Evidence)。该著作被视为英美证据法学专门化研究的开端。1876 年英国证据法学家斯蒂芬(Stephen)的《证据法摘要》(A Digest of the Law of Evidence)则是证据法学区别于诉讼法学和实体法学在理论上的典型范例。特别是英美法系国家从判例法的视角专门研究证据法学理论的出现，又进一步促使其有关证据法规范不断法典化，形成了独立的法律文本，如 1851 年的《英国证据法》、1975 年的《美国联邦证据规则》、1995 年的《澳大利亚证据法》等。尽管我国没有专门的证据法典，但存在专门调整证据问题的司法解释和规范性文件，如 2001 年《最高人民法院关于民事诉讼证据的若干规定》(2019 年修正)、2016 年《最高人民法院、最高人民检察院、公安部关于办理刑事案件收集提取和审查判断电子数据若干问题的规定》、2017 年《最高人民法院、最高人民检察院、公安部、国家安全部、司法部关于办理刑事案件严格排除非法证据若干问题的规定》等。我国地方司法机关为了工作的需要还对其部门适用的证据问题作了一些规定。这些规定尽管不具有证据法上的意义，但在司法实践中发挥了重要的作用，有些经验还是值得参考的。证据法学在现代法学体系中具有了自己的独立研究范围，也必然会成为不同于诉讼法学的一门相对独立的学科。

(二)证据法学是一门理论性与实践性相互交叉的法学学科

证据法学不仅具有程序法和实体法交织的特征，而且还是理论与实践结合较为紧密的学科。证据法学研究的范围、深度不仅仅涉及一些技术和程序层面的问题，还包括证据法的原理、理论基础等一些基础理论问题，需要从理论的高度来阐述证据法学揭示的基本理念，从人权保障和程序公正的维度中论述证据法的基本原理、基本原则等理论问题，如疑难案件或者"两可"案件的处理理念与原则；同时这些理论又是微观方面制定具体证据规范、规则等立法问题的根基和正当性之所在。这些问题充分体现证据法学的"学"的特点，使之不同于实践性较强的证明规则或证据规则本身，具有高屋建瓴、理论指导深层学术的地位。

证据法学作为一门学科的宗旨是为利用证据查明事实提供理论依据和正当性理念，其功能也是为科学、准确地认定案件事实服务的。因此，证据法学的研究应当在保证证据法理念具有正当性和证据法规范具有合理性的基础上，借助于公正程序最大限度地为及时、迅速地发现证据，科学、正当地收集证据、保全证据，正确、公正地审查判断证据，准确、有效地运用证据提供理论指导。这些问题都涉及证据的实用性规则和技术，这又使得证据法学的研究突出它是一门实践性较强的法学学科的特点；尤其是英美法系国家的证据规则多数是从判例中形成的，带有较强的实用主义成分，因此对它们的借鉴更应注重其实用性。

(三)证据法学是一门规则性与科技性相交叉的法学学科

证据法学的发展与科技的发展密切相关，不仅证据的类型伴随科技的发展而不断涌现，其证明方式也逐渐从"人证"转向"科学证据"。证据出现了视听资料、电子数据及电子邮件、网络聊天记录、电子签名、访问记录等形式，还发展出证据的数据化、技术化以及证明方法的智能化，如DNA证据、大数据、算法等在证据中的应用。证据法学体系的完善越来越依赖科技的先进成果，科技发展也始终影响着证据法学发展的内在规律性。

随着科技的发展，特别是一些智能化科技手段在日常社会中的应用，例如，微信、微博、数字货币以及现代生物技术等对证据的渗透，在其场景中产生的数据可作为证据使用。一些科技含量高的技术，如红外成像、脑电波识别、人的手形、脸形、虹膜和视网膜识别以及目前人类尚不知晓的技术将来可能进入证明体系。这些现代化信息技术需要证据法学将其作为内容予以研究，也需要通过证据法学研究对这些科技类、数据信息类证据形式予以规范，确保数据化、信息化时代的人权得到尊重。

因此，学习、理解与研究证据法学应当注重程序法与实体法的兼容以及理论与实践的并重，特别要注意证据以及证明的一般规律与特殊规律。鉴于本书作为财经类高等院校法学学科的系列教材，而不是一本专门研究证据法学理论的专著，其内容主要倾向于证据法学基本范畴、基本原理和基本理论的解释，特别是证据规则、证明规律等具有规范性的问题以及对实践中存在问题的原理性阐释，其理论方面的探讨不占主要的篇幅，但这并不代表证据法学不具有理论法学的特点，也不影响证据法学作为独立学科的理论意义。

二、证据法学与其他学科的关系

证据法学作为独立于诉讼法学和实体法学的一门法学学科，与其他部门法学因研究对象和范围存在交叉而存有一定的联系。因此，厘清证据法学与其他部门法学之间的关系，不仅有利于掌握证据法学学科的特点，而且有利于从其他学科的研究成果中吸收营养，促进证据法学学科的发展、丰富和完善。

(一)证据法学与诉讼法学的关系

诉讼法学是以诉讼法和诉讼活动作为研究基础的,主要是有关程序启动、推进及其法律后果的内容。但因程序的启动与推进等需要一定的证据支持,致使无论是刑事诉讼法学、民事诉讼法学还是行政诉讼法学均把证据规范作为自己学科的重要组成部分。实质上,证据法规范在推动诉讼活动不断前进中具有核心的助力。诉讼法学在研究一般的诉讼程序问题的同时,还要根据诉讼程序的需要研究有关证据法的问题,以此来保障证据与程序的有机结合。诉讼法学这种在理论与实践结合上对证据法问题的研究,特别是证据与诉讼活动的规律之间的关系,为丰富和发展证据法学奠定了良好的基础。

证据法学是专门研究证据的本体问题、证据制度、证据规则以及如何运用证据和有关证据规范的学科。尽管它与诉讼法学研究的内容存在部分的重叠,但因证据法学对各种诉讼中证据制度、证据理论以及证据规则进行综合研究,从中寻找出带有规律性的问题,其研究范围比诉讼法学对证据的研究更为广泛与深刻。这些研究成果也为完善诉讼法学的有关证据方面的问题,特别是一些程序的合理设计,具有指导性的意义。

由于证据法学和诉讼法学的关系十分紧密,因此证据法学研究应当对诉讼法学的内容,尤其是司法改革涉及诉讼程序的问题予以关注,如非法证据排除程序涉及的证明标准、技术侦查结果以及大数据的运用;同时,诉讼法学也应当注意证据法学的研究成果,不断吸收证据法学的研究内容来满足程序的要求,以此来保障程序运行的可行性与有效性,促进本学科的科学发展。

(二)证据法学与实体法学的关系

证据法学与刑法学、民商法学、行政法学以及经济法学(如反洗钱法、银行法、保险法、反垄断法)等的研究对象虽然不同,但也存在一定的关联。一般来说,实体法学决定着证据法学的证明对象,为正确地确定证据法学的证明对象提供了根据。同时,证据法学也为实现实体法规定的内容提供了一些可行的路径与有效的方法。

刑法学是以犯罪、刑事责任和刑罚为研究对象的,其犯罪构成的诸要件和量刑轻重或者免除刑罚处罚的各种法定、酌定情节是刑法学研究的重要内容。这些需要证据证明的内容不仅仅涉及刑法的规定,还包括一些有关刑法的解释。如《最高人民法院、最高人民检察院关于常见犯罪的量刑指导意见(试行)》中作为定罪量刑根据的事实、情节,尤其是如何将定罪证据、量刑证据区分等问题,均需要运用证据来证明。证据法学应当研究如何发现、收集和审查判断这些证据,并运用证据来准确、及时地查明案情,确认这些要件事实与情节,以此保障刑法确定的内容能够得到准确的实施。刑法学应当考虑证据法学的研究成果,在证据"能证"的视野内规定犯罪构成要件和量刑的事实,以免刑法的规定因无法证明而被虚置。

民法学是以民法及其调整的民事关系作为研究对象的学科。民事关系在法律上表现为具有一定权利与义务的民事法律关系。任何民事权利义务关系的发生、变更和消灭,都基于一定的法律事实,因此研究民事法律关系离不开探讨相应的法律事实。当发生民事纠纷诉诸法院时,这些法律事实需要运用证据法学所研究的内容来查明。同时,民事法的一些规定,如举证责任分担、推定以及免证事实等问题,均需要借助于证据法学的研究成果予以落实。举证责任的分配促使证据法学研究积极应对。证据法学研究必须了解民法学的有关内容，同时证据法学研究的成果也为民法学科学、合理地规定当事人的举证责任、正当地规定推定等问题提供了实践上的适用基础。

行政法学是调整国家行政机关之间及其在行政管理活动中与相对人之间的关系为研究对象的法学学科。行政法律关系的争议一般依照行政程序予以解决。如果公民、法人或其他组织认为行政机关及其工作人员的行政行为(如拘留、罚款、扣押财产、责令停产停业、吊销许可证和执照等)侵犯了自己的合法权益，可以依法向法院提起诉讼，要求给予司法上的保护。行政争议一旦进入行政诉讼程序，法院要查明行政机关的行政行为是否合法，就必须依靠有关的证据来确认被诉行政行为是否合法。同时，行政机关作出行政行为的依据，也是法院处理行政案件的主要证据，也属于证据法学研究的范围。由此，证据法学与行政法学的关系更为密切。证据法学对于证据法问题的研究，对行政机关的行政执法活动，特别是行政强制、处罚程序的取证规则、运用证据规则等问题，具有重要的指导作用。

经济法学是研究经济法及其发展规律的法学学科。而经济法在本质上是认可和规范政府干预或协调经济运行之法，且以发生在政府干预或协调市场经济运行过程中所发生的经济规制关系为调整对象，包含反洗钱法、反垄断法、金融法、财政法、税法、证券法、保险法等。这些法律均存在有关证据规范，需要证据法学的理论指导。

(三)证据法学与证据调查学的关系

证据调查学是以发现、固定、提取、检验、鉴定等措施和讯问、询问等方法来发现案件真实情况作为研究对象的学科。它主要从策略、方法、手段上研究证据的收集方法问题。尽管证据调查学与证据法学内容存在重叠的部分，但两者的研究角度以及研究的方法是不同的，而这些重叠的内容又分属于不同的研究对象。证据法学应当吸取证据调查学获取的最新成果，特别是收集证据的方法、技术手段等，如 DNA 鉴定分型技术、电子取证技术等；同时，证据调查学应以证据法学作为基础，使其调查活动不脱离法治的轨道，受到证据规则的约束，保证调查活动的合法性、有效性。这些主要体现在限制收集证据的程序、审查和判断证据方式的规范以及防止滥用发现事实真相的方法与手段等问题上，使其不得为发现、收集证据而不计成本或者不择手段。

另外，还应当关注监察法与证据法之间的关系，特别是《监察法》规定的"监察机关在收集、固定、审查、运用证据时，应当与刑事审判关于证据的要求和标准相一致"以及《中华人民共和国监察法实施条例》第四章第二节对"证据"的规定，在适用上需要证据法学的指引和证据规则的调整。

第二节 证据法学研究的对象

每一门学科都有自己的研究对象，这一现象基于其自身矛盾的特殊性。证据法学对证据法领域中的特殊矛盾进行研究，使之具有了不同于其他学科的研究对象。19 世纪，英国最先形成了专门的证据法学体系，并将证据法学作为专门研究如何运用证据及有关法律规范的学科。

证据法学的研究对象是指证据法学研究的客体。这一客体主要包括证据本质、证据理论、证据制度、证明规律、证明方法、证据规则、证据适用以及证据的信息化、数据化和技术化等。

一、证据本质

证据法学有异于其他法学学科，必然有其固有的内在规定性。这种内在的规定性体现在三个领域：一是本体论领域的证据问题；二是认识论、价值论和道德论领域的证据问题；三是程序领域中的证据问题。

学界早期研究证据法学过分注重从本体论的视野界定证据法问题，其研究的内容主要是哲学意义上的宏观性问题，致使对微观上的证据具有"两性"还是"三性"的争议颇多，忽略了证据法学的实践意义和实用价值，使其成为一种玄学而不被实践重视。现代证据法学研究不应再限于本体论的范畴，而应从认识论的领域，将价值衡量和道德判断纳入研究的视阈，特别要彰显程序的内在价值，以体现这一学科的独立特质；但不宜过分地强调证据法的程序价值，以免矫枉过正陷入"不可知论"或者"怀疑论"的泥潭。追求诉讼真实固然是证据法不同于其他部门法的基本使命，但不是其唯一追求的价值目标。

证据法学应当将证据本身作为研究对象，在追问其应然性的基础上深入地探讨其实然性，保证其在证明活动中的有效性。因此，证据法学需要从实体与程序兼容的视角研究证据的本质；特别是在实践理性的基础上，考察证据作为外部存在的现实状态，促使证据法学理论的研究不断营造出更接近科学、更具有实用价值、更具有理论意义的证据法学学科体系。

二、证据理论

证据理论是对证据制度及证据实践等问题的提升，是对证据运用实践经验的概括、总结和提炼，是人类证明活动智慧的结晶。虽然证据法学与诉讼法学相比还是一门相对年轻的学科，但古今中外的证据法学者对其理论的有益探索和艰辛的研究，积累了许多优秀的研究成果，并在学术上形成了不同的学派和流派。这些理论上的派别之争以及不同观点的争鸣为证据法学研究走向成熟奠定了基础。因此，证据法学研究应当以证据理论作为研究对象，从中不断挖掘出一些有关证据问题的真谛，避免因过分实用主义而导致证据规则的僵化，从而难以发挥指导司法实践的作用。对证据理论的研究，既可以指导各种法律事务中的证明实践活动，也可以为发现证据法自身规律提供启迪和新的思路，还能够为完善我国证据法学体系提供理论上的资源以及架构出科学的基础理论体系。

三、证据制度

证据制度是一个国家各种法律中与证据有关的规定和规则的总称，它是一国在不同时期或者同一时期的不同证据规范的集中概括与体现。证据制度是随着国家的产生而产生，随社会形态的变化而变化的。证据制度是国家法律制度的组成部分，其内容受一国的法律法规、诉讼模式乃至政治制度、传统文化的影响。

在人类历史的长河中，不同国家曾建立了不同类型的证据制度。证据制度经历了从神示证据制度到法定证据制度，再到自由心证证据制度的发展历程。我国受苏联及东欧社会主义国家哲学思想、政治主张、立法模式的影响较为深刻，在证据制度上实行了所谓的"实事求是"的证据制度；近年来，对其证据制度进行内省和反思，并取得了一定的实效。我国证据法学特别需要在法律制度的框架内和背景下探索各种证据制度形成、发展和变化的规律，并从中发现各种证据制度的特点及其特定条件下的优劣，在"古为今用"和"洋为中用"的基础上有所创新。目前我国的证据制度还不完善，需要认真研究国外的证据制度经验和教训，但不宜采用"拿来主义"的做法简单引介和移植西方国家的证据理论或者规则；同时，对我国古代优秀的证据法研究成果与实践经验也应当进行分析，挖掘有用的本土资源，为完善我国的现代证据制度提供支撑。

四、证明规律

证明案件事实，认定或确定与某种法律事务相关的事实，是证据法学研究的基本任务之一。实现这项任务必须依靠各种各样的证据去揭示案件事实真相，需要遵循一定的证明规律来认定案件事实。证据法学的研究主要是揭示这些带有规律性的东西，并在此基础上建立相应的证据理论体系和运用证据证明案件事实的一般性规则，从而完成发现真实，进而对案件事实准确认定的任务，实现公正的目标。

证明规律具有多层次性。这种多层次性既包括运用证据证明案件事实的一般规律，也包括司法、执法、仲裁、公证、监察以及金融证券、保险调查活动中证明相关事实的特殊规律；既包括收集证据、固定证据、保全证据、质证、审查判断证据和运用证据等专项活动的规律，也包括收集和使用人证、物证、书证、电子数据等具体证据类型的特有规律。证据法学研究应当在古今中外证明活动积累的实践经验的基础上，发现、探讨这些证明活动的规律性，并将研究成果提升为理论进而运用到诉讼实践中来，以指导证明活动和证据裁判的活动。

五、证明方法

证明必须采取一定的方法，而方法的选择和应用在很大程度上决定着证明的成败。尽管其他学科使用的证明方法对证据法领域的证明活动有参考和借鉴意义，但是证据法的证明方法有自己的特殊性。

证据法学研究的证明方法具有多面性和多层次性，主要包括：（1）证据法学研究在各种法律事务中运用证据证明待证事实的一般性方法和在司法、执法、仲裁以及金融证券、保险调查等不同活动中证明相关事实的专门方法；（2）证据法学研究不同主体使用证据证明案件事实的特殊性方法；（3）证据法学研究收集证据、固定证据、保全证据、审查判断证据和运用证据的具体方法，而且要针对不同类型的证据研究其独有的方法；（4）证据法学研究诉讼等过程中不同阶段的证明方法，如取证的方法、举证的方法、质证的方法、认证的方法以及运用证据的裁判方法等。

证据法学必须对司法、执法、仲裁、公证、监察以及金融证券、保险调查等证明活动中运用证据证明案件事实或其他相关事实的方法进行研究，尤其需要研究司法、执法、仲裁、公证、监察以及金融证券、保险调查之间带有共性的问题。但其研究仍以诉讼的证明作为重点内容，因为它在各种法律证明事务中最具有典型性和代表性。

六、证据规则

运用证据证明案件事实或其他相关事实，都必须遵守一定的程序与规则。证据规则是证据法学的重要内容之一。证据法学研究的证据规则一般可以分为两大类：一类是诉讼证据规则；另一类是非诉讼证据规则。前者包括刑事诉讼、民事诉讼、行政诉讼中运用证据的规则，后者包括各种行政执法、仲裁、公证、监察以及金融证券、保险调查等活动中运用证据的规则。

证据规则主要包括收集证据的规则、排除证据的规则、举证和质证的规则、审查和评判证据的规则、采纳和采信证据的规则等。证据法学不仅要研究各种证据的内容和要求，也要研究其功能及其合理性和合法性；不仅对现行的证据规则进行注释，也要为完善这些证据规则提供建议和理论依据。由于历史原因与法律文化的影响，各国的证据制度不同，导致证据规则各异。证据法学应当从差距中分析其规则的利弊得失，为完善我国证据规则和科学制定证据规范提供有益的参照。

七、证据适用

证据适用是从动态的角度对证据进行论述的，主要包括：证据适用的原则；证据的收集、固定、提取与保全程序，诉讼活动中的举证、质证、认证程序；证据的审查判断程序，适用证据进行案件事实认定程序等。

证据只有进入程序后，才有可能发挥证明案件事实的作用；也只有在正当程序下运用，严格按照程序进行证明，才能保障案件事实认定的准确性、真实性。证据适用程序是否能够保障证据发挥应有的功能，证据的适用是否尊重正当的程序要求，违反法定程序的证据应当具有何种法律后果，这些问题均与程序有关。这些问题需要科学的程序保障证据的有效性，也需要正当程序限制证据的滥用。因此，证据适用程序是否科学合理对于证据能否得到正确的适用至关重要。

第三节 证据法学的体系

一、证据法学体系的概述

证据法学体系是指证据法学研究对象之间的内在结构以及相互关联的理论系统。这一系统的科学、严密的程度标志着该学科的成熟度以及在"法学"中的层次度。如何建构证据法学体系，如何架构科学的证据法学体系以及如何形成完整、系统、科学的证据法学体系是证据法学研究面临的重要理论问题。这一问题不仅涉及证据法学体系的科学性，而且在一定程度上还会影响证据立法的科学性、有效性，甚至影响案件事实认定的准确性。

证据法学体系不同于规范意义上的证据立法体系，也不同于一般意义上的证据法研究体系，而是一门法学的学科体系。证据法学体系作为学科体系包含着本学科内部构成的基本要素以及各要素之间形成的内在基本构造。它应当具有完整性、严密性、科学性与开放性的特征，反映出证据法学的时代性研究成果以及学科发展的基本规律、未来方向。

二、证据法学教材体系

（一）证据法学教材体系的争论

证据法学体系不同于证据法学的教材体系，但证据法学的教材体系却始终反映着证据法学体系的基本内容。证据法学的教材体系是根据教学的需要对证据法学体系内容的理性选择与合理取舍。

我国证据法学以教材的面目出现相对较晚。1929年，杨兆龙先生在上海法政大学开设证据法的课程，并于1930年出版了《证据法》教材。1948年，东吴大学法学院出版了《证据法学》作为大学通用教材。该教材的体系结构分为"证之通则""证之方法""证之保全""证之辩论"四编。第一篇的主要内容为"举证责任""免证限度""证据调查"三章；第二篇主要有"人证""鉴定""书证""勘验""情状证"五章；第三篇主要包括"民事上证据保全程序"和"刑事上证据保全程序"两章；第四篇主要包含"讯证程序""证据辩论""评证标准""供证图解"四章。新中国成立后，国内主流的证据法学教科书体例基本上采取"证据论"与"证明论"的"二分"模式。我国现行的证据法学教材体系多采用"总论""证据论""证明论"的基本结构。这种结构主要是对证据法规范的学理解释与理论探讨，具有形式主义结构的特征。

我国的证据法学教材体系实质上受制于证据法的体系。这种体系因不能适应现代化教学和学科发展的需要而受到一些学者的质疑。在有关证据的研究中，证据被置于证明活动之外，成了一种纯客观的、静态的、已经确定无疑的东西。这忽视了证明活动中证据的主观性、动态性、多变性。诉讼证明几乎被等同于纯粹的认识活动而失去其规范属性。因此，证据法学的教材体系需要重构，更需要科学地重建。

（二）本教材的基本体系结构

本教材的体系结构采用了实用主义的基本路线，体现了财经类院校法学教学的特点，在证据使用的介绍上改变了传统的以刑事证据为基本内容的做法，采用了刑事、民事、行政证据兼顾的方法，力求偏重于民事、行政证据的内容，突出财经类实用性的特点，以法律和司法解释等规范性规定作为基础，以对实践运行中存在的问题与解决问题的理论解释作为主线，旨在满足财经类院校财经法学教学以及学生在将来工作中的基本需要。

本教材分为四编，共十九章。第一编为"绪论"，主要包括证据法学概述、证据制度的历史发展和证据法的理论基础。第二编为"证据论"，主要包括证据概述、证据的种类、证据的分类和证据规则。第三编为"证明论"，主要包括证明概述、证明对象、举证责任和证明标准。第四编为"程序论"，主要包括证据适用原则、证据的收集与保全、证据适用程序、证据的审查判断、案件事实认定的方法、推定规则和司法认知。

第四节　证据法学的功能

证据是启动诉讼程序的基础，是诉讼展开的前提，也是诉讼活动的核心内容。许多诉讼活动都是围绕着证据进行的，即使是有关程序的规定也多以证据问题作为自己的主要内容。证据法是有关证据问题的法律规范，而证据法学又是以证据法规范作为主要研究对象的。它是通过自身功能的发挥来对证据法、证据问题产生作用的。它不仅具有理论上的指导功能，而且对完善证据立法、保障办案机关依法完成诉讼任务、维护当事人的合法权益、体现司法公正具有特别重要的意义。

一般来说，审理案件有两个方法：一是考察情理；二是依靠证据。依靠证据的方法，确认事实时使用；考察情理的方法，揭露奸伪时使用。在诉讼活动中，要想查清案情、核实奸伪，就应该高度重视证据，依靠生活经验以及伦理法则按照事物的本来性质解明疑案事实。证据法学的目的之一就是及时、迅速、合法地发现、查明案件事实，促使诉讼纠纷尽快解决，并保证矛盾冲突各方在利益平衡的基础上依法实现诉讼法和实体法确立的目标。一般来说，证据法学具有以下功能。

一、证据法学在立法方面的理论支持功能

证据法学研究的深度与广度对于证据立法有较为深刻的影响。其理论有时会直接影响立法的科学性，是证据立法不可缺少的理论基础。证据法学的研究除为立法提供理论支持外，还能给司法实践提供理论上的指导，促进司法实践不断形成和完善一些有关证据的规则。证据法学研究的问题，尤其是有关发现真实方法与途径的探讨、程序设置的合理性和合法性的研究等，对诉讼制度的改革提出了新的要求，也给司法实践解决疑难问题提供了指导性建议，从而使案件事实得以及时查明，促进案件事实能够科学、合理与准确地认定。这些在诉讼中相关证据规定的科学性方面尤显突出，如对数字经济中有关算法或者涉及个人隐私、个人数据等方面与证据排除问题的立法探讨，对司法解释中有关"秘密录音"与非法证据排除问题的深入探讨，对证券案件中股民数量的统计概率的推算的实践分析等。这些研究促进了相关规则的确立以及疑难证明的破解。

为了抑制法官评价证据的随意性和降低不正确信息妨碍法官对事实的正确认定，需要相关诉讼制度、程序以及规则予以约束，如证据规则对证据能力、证据调查的方法和手段的规范。这些制度的设计、程序的设置以及规则的制定均离不开证据法学的理论指导，证据法学的研究成果也会不断地影响着这些活动。

证据法学，特别是证据法学研究，一方面为保障当事人拥有足够的手段获得必要的证据提供理论支持，为当事人提供证据拥有充足的程序保障以及及时、迅速、有效地查明事实的证据规则提供理论基础；另一方面也为调查证据的手段、方法和提出证据的时机不影响诉讼秩序与证据规则不过分地妨碍真实的发现提供价值衡量的理论根据，同时又注意特殊情况下案件事实认定方式的确立（如举证责任倒置、推定、司法认知等），为保障正常的诉讼秩序和诉讼效率提供正当性的理论基础。

二、证据法学在司法实践方面的指导功能

诉讼活动的展开应当借助证据来查明案件的事实情况，诉讼程序的展开也是围绕证据进行的。诉讼活动离不开证据。当事人进行诉讼活动也离不开证据，只有充分合法地利用证据才能保障自己的合法权益。由于证据的概念以及有关证据的规定均不同程度地受证据法学的影响，证据规范和证据规则的实施也受证据法学理念的制约，因此证据法学对诉讼活动的展开起到了积极的作用。

办案机关进行诉讼或者当事人以及其他诉讼参与人参加诉讼，必须以事实为根据，而事实的确定又是以证据作为基础的。哪些材料可以成为证据，哪些证据具有证据能力以及证明力的大小，均离不开证据法学的指导。运用证据查明案件事实是正确处理案件的前提，因此证据法学对证据的运用具有理论上的指导作用。

诉讼中的案件事实认定过程一般是一个由不知到知的认识过程。这一过程不能凭人们的主观想象和猜测来完成，必须依照法定程序通过合法的途径和方法收集物证、书证、电子数据等实物证据或经过法定程序讯问或询问当事人、证人获得证据，并运用证据证明来实现。这些证据调查活动在遵循法律规定的同时，其价值衡量的判断与选择常常受到证据法学的影响。证据法学对正确、科学引导当事人以及办案机关认识案件事实发挥指导性的作用。

当事人与案件有直接的利害关系，为实现自己的主张和诉求，希望办案机关能够采纳自己提供的证据，以此来获得对其主张的支持。如果当事人提出了主张和要求，而没有充分的证据予以支持，就难以使办案机关信服其主张事实的存在，最终有可能导致其合法权益得不到有效的保障。然而，这些证据的收集、提供除应遵循法律的规定外，还需要接受证据法学的指导，以保障收集、提供的证据具有有效性。

对于参与诉讼活动的辩护人和诉讼代理人来说，收集、提供证据是他们应当履行的职责以及提出辩护或代理意见的重要依据，也是辩护或者代理发挥作用的重要工具。证据法学对证据法问题的研究成果和基本理念，能够正确地引导辩护人、诉讼代理人收集、提供证据，从而避免收集证据不力或者因不正当收集、使用证据而出现证据失权或者被排除问题，进而影响当事人合法权利的实现。

案件的处理只有建立在证据确实充分的基础上，才有可能避免冤假错案的发生。诉讼活动除了应当依照法定程序进行外，还需要根据证据法学研究的成果，科学地把握收集证据的时机，以免丧失时机造成证据难以收集或者收集不足，进而出现案件事实不能认定的情况。特别是对违反法定程序或者采用非法方法收集的证据，能否采用更需要证据法学在理论上给予指导和提供法理基础。

在诉讼活动中，有些问题在法律中存在规定，但法律规定在某种情况下又无法与司法实践中的问题一一对应，同时法律又不可能全部规定到面面俱到或者不留任何漏洞，特别是在疑难案件或者"两可"案件的事实认定上，因个案各有不同而出现难以认定或者认定犹豫时，更需要证据法学理论的指导，需要借助于理论的作用来促进证据在公正程序中被巧妙地运用，借助于理论上的指导为办案机关及时处理争议、提高诉讼效率、实现司法公正提供开阔的视阈和现代化的法治理念，确保事实真相得以发现。

【问题与思考】

　　学者陈朴生认为，何种资料，可为证据，如何收集及如何利用，此与认定之事实是否真实，及适用之法律是否正确，极其重要。为使依证据认定之事实真实，适用之法律正确，不能无一定之法则，以资准绳。称此法则，为证据法则。因此，案件无论大小，如果没有证据难以认定。如果简单地依靠旁证来定案，则不一定能够发现事实的真相，易造成错案。如果关键性证据缺乏相应的佐证，就会在认定上犹豫不决。这就需要掌握充分的证据，从生活的经验出发寻找最直接证据，通过确实充分的证据来确认案件事实。根据前面的引导案例，结合本章内容，思考以下问题：(1)傅琰依靠什么抓住了事情的缘起？(2)傅琰认定该案件事实的证据是什么？(3)傅琰的证据是否就是现代证据法学所说的证据？(4)处理此类案件应当遵循或者需要何种证据理论予以指导？

【延伸阅读】

1. 龙宗智：《"大证据学"的建构及其学理》，载《法学研究》，2006(5)。
2. 何家弘：《证据法功能之探讨——兼与陈瑞华教授商榷》，载《法商研究》，2008(2)。
3. 张保生：《证据科学论纲》，北京：经济科学出版社，2019。

第二章

外国证据制度的历史演变

【引导案例】

据《旧约》第十卷《列王纪上》记载，有一天，有两个女人来见所罗门王。一个说："陛下，这女人跟我同住在一个屋里；我在家生产的时候，她在那里。我生了一个男婴；两天后她也生了一个男婴。这屋里只有我们两个人，没有别人。一天晚上，她不小心压死了自己的孩子。她就半夜起来，趁我睡着从我身边抱走我的儿子，放在她怀里，然后把她那死了的孩子放在我怀里。第二天早晨，我醒来要给孩子喂奶，发现他已经死了；我仔细一看，原来那并不是我的孩子。"另外一个女人说："不！活着的孩子是我的，死的才是你的！"第一个女人回答："不！死的孩子是你的，活着的才是我的！"她们就在所罗门王面前争吵起来。

所罗门王心里想："她们两人都说活着的孩子是自己的，死的是对方的。"于是，他说："给我拿一把刀来！"左右的人把刀子带进来，所罗门王就下令："把这活着的孩子劈成两半，一半给这个女人，一半给那个女人。"那活的孩子的母亲因心疼自己的儿子，就对所罗门王说："陛下，请不要杀这孩子，把他交给那女人好了！"但另一个女人说："不必给我，也不要给她；把这孩子劈成两半吧！"所罗门王说："不要杀这孩子！把他交给第一个女人，因为她才是孩子的真母亲。"

【本章概要】

本章是有关外国证据制度历史发展的内容，主要包括大陆法系国家和英美法系国家曾经存在神示证据制度和法定证据制度以及现行的自由心证证据制度和内心确信证据制度。它们之间在现代西方国家的证据制度上具有一定的承继关系。

第一节　神示证据制度

在人类社会的历史进程中，不同国家在不同时期建立了不同类型的证据制度。神示证据制度发轫和盛行于西方的奴隶制社会和欧洲的封建社会早期。"在初民的法律中，通过占卜、诅咒、立誓和神判等方式求助于超自然来确定案件事实的情况是非常普遍的。"[①]

一、神示证据制度产生的根源

神示证据制度是指在诉讼中法官在一些疑难案件处理中借助或求助于神或上帝的启示来判断争议的是非曲直、事实真伪，以获取神启示的迹象作为"证据"或证据方法来处理案件的一种证据制度。

在西方的奴隶制社会和欧洲封建社会的早期，生产力水平相当低下，人们缺乏科学认识自然现象的手段，也缺乏了解各种事件的能力，对大量的自然、社会和人类自身的现象苦于无解，索解无从，再加上对雷电、风雨等自然现象和人类自身的生理结构尤其是生死无法探知和作出合理解释，便对未知的自然存在敬畏之心，相信自身之外的超自然力量的存在，创造了万物造世者的"神"或"上帝"。于是，人们对一些自己无能为力的问题寻求一些超自然的解释。神的存在为人们"合理"地解释不理解的现象提供了空间，使人们确信神的能力无限，能洞察、控制人间的一切，人间无法解决的问题神有能力解决，并相信神会公平、公正、无私地解决这些问题；人们凭借神的启示则可以发现是非善恶。因此神或上帝解决法官不能解决的问题也就成为解决疑难案件的最佳途径或方法，神示证据制度在诉讼活动中也就随之产生。

早期的诉讼制度为弹劾式诉讼，即以当事人为主导，诉讼通过当事人之间的言词陈述和相互辩论得以推进，法官在当事人陈述和辩论的基础上消极地判断争议的是非，确认事实的真伪。因为当时法律将控告权赋予当事人一方，实行"不告不理"，建立了早期的具有初始意义的弹劾式诉讼制度。在这种制度下，当诉讼当事人各据其理、各执一词，致使案件事实处于真假难辨、真伪不明的状态时，法官只能求助于神或上帝的力量予以解决。"一旦其手段不能收集到充分确凿的证据材料来解决案件的争议时，它便总是转求助于宗教。"[②]从神示证据制度的根源来看，一方面，法官作为人对事物的认识能力的有限性和认定案件事实手段的有限性，特别是宗教的影响，这些因素的交织成为神示证据制度产生的重要根源。另一方面，在弹劾式诉讼制度下，法官查明事实的消极被动性，促发其在难以或者无法判断一些事实时，必然求助于人以外的力量。这些因素也是神示证据制度生长的重要因素。

---

① ［美］E. A. 霍贝尔：《初民的法律　法的动态比较研究》，周勇译，229 页，北京，中国社会科学出版社，1993。

② ［美］E. A. 霍贝尔：《初民的法律　法的动态比较研究》，周勇译，299 页，北京，中国社会科学出版社，1993。

二、神示证据制度的基本内容

在神示证据制度中，法官对被告人有罪还是无罪，或者争议事实的真伪存在疑惑或犹豫不决时，不是通过调查研究或者采用较为理性的方法来科学地处理案件，而是求助于超自然的神灵或者上帝的旨意来判断案件是非曲直。国外古代神示证据制度判明案件事实的方法主要包括三种方式，即神证法、宣誓法、决斗法。

（一）神证法

神证法是一种借助于神或者上帝的种种迹象作为证据来判明案件是非曲直的方法。这种方法通常包括水审、火审、卜筮、抽签等具体形式。

1. 水审

水审是指用水来检验当事人的陈述是否真实的神示证明方法。这种方法主要用于盗窃案件或者杀人案件等重大案件。水审又分为冷水审和热水审两种方式。

冷水审是指将受审判人投入河水中来检验其是否有罪或者陈述是否真实的方法。检验标准因信仰不同而有异。判断的标准有两种：一是以沉没为有罪，浮出为无罪。如古巴比伦的《汉谟拉比法典》的规定，倘自由民控告自由民犯巫蛊罪而不能证实，则被犯巫蛊之罪者应行至于河，而投入之。倘其为河所占有，则控告者可以占领其房屋；倘为之洗白而无恙，则控彼巫蛊者应处死；投河者取得控告者之房屋。二是以沉没为无罪，浮出为有罪。如古代日耳曼法认为，盖以水为世中最纯洁之因素，受审者入水而不沉，要不外表示此纯洁之因素，决不欲容纳此污浊之物，是足证其人之有罪也。

热水审是指以沸水中放置物件令被告的人或当事人双方用手取出该物来验证是否有罪的方法。这种检验的标准通常是看受审人在沸水中能否取出该物以及取出该物是否被烫伤。如被烫伤，需向神祷告或发咒语，在一定时间内看烫伤是否痊愈或者是否有痊愈的迹象，以此确定有罪与无罪以及事实情况。如在日本的热水审早期，采用"盟神探汤"，让受审人伸手到滚烫的开水中去捞小石块，然后根据手是否被烫伤来判断主张的真实与否。到中世纪，这种方法演变为"汤起请"，根据手被烫伤的程度来判断是非曲直，即"汤起请之失之深浅，标示曲直"。这种方式在日本的《古事记》《日本书纪》中均有记载。

水审的存在是因为当时人们认为水是人的力量难以战胜的，而水之所以有如此的威力，是因为它有神的支持；同时水又是人不可缺少的物质，成为万物之灵，且神圣而又纯洁。这些因素引起人们对水的敬仰，将其作为判断是非曲直的工具和解释法官行为正当性的根据。

2. 火审

火审是指用火或者烧热的铁器来检验受审人是否有罪或者事实真实与否的方法。

火审是令受审人赤足走过或者以手握住燃烧的铁器，伤后用布包裹，经过一定时期后将裹布打开进行检查。如果该伤势恢复痊愈，神意则表示该人无罪；相反，则可认定其有罪。欧洲9世纪法兰克人判明案件事实的方法为：凡盗窃罪，必须交付审判。如在审判中为火所灼伤，即认为不能经受火审的考验，处以死刑。反之，如不为火灼伤，则可允许其主人代付罚金，免除死刑。如古塞尔维亚14世纪曾存在被告人接受铁的考验必须从教堂门口的火堆中取出烧红的铁，用手拿到祭坛上去的做法。这种判明案件事实的方式之所以在当时被采用，是因为当时的人们崇尚"火"，遇事求助于火。水审与火审主要适用于奴隶的审判。

另外，还有卜筮、抽签、十字架审等判明案件事实的方式。卜筮是当事人双方就争议的事实向神祷告，然后进行占卜，法官根据卦象的内容判断何者胜诉的神示判明事实的方式。当几个证人对证明的同一问题存在分歧时，有时则采用抽签的方式来解决。十字架审属于中世纪欧洲国家信奉基督教民族的裁判方法。这种方法要求原被告双方面对面直立，双手水平伸直，整个身体呈十字架形，保持这一姿态最久的一方胜诉。[①]

(二)宣誓法

宣誓法是指当事人或证人以向神发誓来证明案件事实的方法。当采用这种证明方法来判断案件事实的存在与否时，如果当事人或者证人不敢对神发誓，或者在对神发誓时流露出恐惧或惊惶的神色，或者发誓后在一定时间内出现遭受某些"报应"的迹象，则可据此作出有罪或者败诉的裁判。

宣誓法作为神示裁判的一种判明事实的方法，主要用以证实当事人或者证人提出的诉讼主张或者提供的事实的真实性。宣誓法可追溯到公元前17世纪古巴比伦王国，如《汉谟拉比法典》规定了这种方式。该法典规定，设若某人并没有失落什么而声称"我失落了某物"，并控告自己的邻居，他的邻居应在神前发誓揭穿他并没有失落什么，而他则应加倍偿还他的邻居自己所贪图的物品。古代日耳曼法对此也有类似的规定。日耳曼法规定，当事人对于自己的陈述必须宣誓。其内容为"我的陈述是真实的，毫无虚伪之处"。当事人的亲属朋友也可以帮助其进行宣誓，以增强其陈述的可信度，形成"辅助宣誓"，旨在担保当事人社会人格的诚实性。法官也可以当事人辅助宣誓的人数对比来判断某一陈述的真假。宣誓的主要形式可分为三种：(1)自愿诅誓，即当事人自己自愿发誓；(2)必须宣誓，即法律强制宣誓；(3)说明清白的宣誓。当双方当事人进行宣誓后法官仍无法通过宣誓担保对所诉事实予以认定时，则需要借助于神的迹象来决定最终的结果。

在当时，人们普遍存在宗教信仰问题，并有遇事向神灵祈祷的传统与习惯，存在对神的尊崇畏惧，认为欺骗神作虚假陈述必定会触怒神并遭到其惩罚，在此种背景下采用宣誓的方式来判明事实，对发现真实能够起到一定的积极作用。

(三)决斗法

决斗法是指出当事人双方使用武器或者采用武力来决定案件胜负的神示方法。当事人双方对案情的陈述发生矛盾，而原告提出愿以生命作为代价证明自己的控告是真实的，被告又提不出自己无罪的证据时，法官指令当事人双方进行决斗。凡在决斗中获胜的一方便被认为是无罪的，失败的一方则被认为是有罪的。

决斗在一定意义上属于原始的私力救济在中世纪的变种，最初不具有神示证据的特征，但在日耳曼人接受基督教教义之后，决斗逐渐成为神示证据制度的一种方式。因为人们认为在决斗中胜利的一方必有神助，有神助的必然是清白的。如果被告人不敢决斗则被判为有罪。决斗作为一种判明案件事实的方法在中世纪的欧洲流行甚广。在法国，直到

---

① [日]庭山英雄：《自由心证主义》，150页，东京，学阳书房，1983。

1818 年国会才将其废除。决斗人一般为同一等级的人，即双方当事人对等。在民事案件中，双方当事人还可以雇用职业的决斗人员。这种判断案件事实的方法对后来的当事人主义对抗模式有一定的影响。

决斗作为证明方法通常用于自由民的审判方式。决斗的器具一般视双方的地位而定；双方是绅士或领主可以带剑和盾，而农民和市民则只能用棍棒。

三、神示证据制度的分析与评价

神示证据制度是通过一种超自然的力量来判断案件事实的真伪或者是非曲直的证据制度。因其依赖神的启示，从本质上说是属于虚无缥缈之物，当然不足以凭借其发现案件的事实情况。这种查明案件事实的方式也是违反理性的。尽管以神示制度的方法在实践中也能够发现案件的真实，但其结果存在较大程度的偶然性；在通常情况下，既不能准确地发现案件的真实，也不可能切实保障当事人的合法权益，在整个证据历史上是一种极为落后的证据制度。神示证据制度曾被人类所接受并得以维持相当长的时间，在当时的司法实践中对于解决疑难个案起到了特定的作用。

人们在原始社会末期将疑难纠纷的最高裁判权归结为神的意志，相对于在原始社会初期以各种复仇方式处理纠纷来说，可认为是一种历史的进步。神示证据制度是一种求神告知真实的方法，是以神的名义作为外在的形式获得决定性的证明效力，是一种"神"告知的真实。这种证据制度在当时的历史背景下具有一定的积极意义。

(一)神示证据制度的产生具有历史必然性

在当时的历史条件下，人们对自然界纷繁复杂的现象不能理解。在人无力判断案件真实的情况下，作为法官的人又不得拒绝裁判，其选择的路径必然是求助于人们普遍相信的神，以超自然的力量来认定事实：神是全知全能的，神在全知全能的无限力量下能够窥探到任何人类世俗的一切，获知案件的真实。采用神示证据制度体现了"人判"与"神判"的统一。

(二)神示证据制度在当时具有一定的正当性

在当时的条件下，社会普遍相信神，且法律也是神的法律，是神制定的，体现神的意志，因此神示真实受到社会普遍的接受或承认，其存在具有正当性。在古代人的视野中，即使采用这种野蛮的方法，也被认为是神圣的。因为当时的人们对合理和正义等观念的理解屈从于对神的信仰、崇拜与敬畏，把神意作为公正和正义不仅被当时的社会普遍接受，也被认为是正当的。

(三)神示证据制度中作为判明案件事实的方法具有历史的进步意义

神示证据制度以宗教心理强制来保证案件事实的真实，是以公力救济取代私力救济的一种较为"文明"的证据制度，具有历史上的进步意义。况且，它"诉诸一方当事者之恐怖心，使之觉得如其故作虚伪，势将触犯神怒，因而不能不为真实之陈述"。在此种采证方法之下，当事人之一方于陈述时，必须宣誓其所陈述者概属其实。[①] 在某种程度上，这种所谓的神"选定的真实"，也能够发现某些案件的真实情况。

---

① ［美］孟罗·斯密：《欧陆法律发达史》，姚梅镇译，45 页，北京，中国政法大学出版社，1999。

神示证据制度作为不合理、非理性的制度之所以持续较长的一个时期，原因之一是当时人们探究事实真相的合理手段还不够发达，采用这种落后、野蛮的查明案件事实的方法在当时则是穷尽手段后最为理想的判明疑难案件的方法。因为"在野蛮的古代法制中，烈火和沸水的考验以及其他一些捉摸不定的械斗曾被称为神明裁判，似乎上帝手中永恒链条的环节在任何时候都会被人类轻率的手段所瓦解和脱节"①。神明裁判将"人类责任的责难"转移给神，能够让人类免于承担审判的道德责任。

第二节 法定证据制度

法定证据制度是继神示证据制度之后的一种证据制度。法定证据制度是指证据的种类、证据的证明力大小以及法官在何种条件下采用何种证据等问题，均由法律事先加以明文规定，法官只能遵照法律规定作出裁判的制度。

一、法定证据制度的起源

罗马帝国的初期，在犹太人中传说着一种弥赛亚的预言。罗马从一个城邦共和国变成罗马帝国以后，遭到了精神危机，基督教成了帝国的国教。随着基督教的广泛传播，尤其在 1075 年经格列高利教皇改革后，教会法便发达起来，成为中世纪欧洲大陆唯一普遍适用的法律体系。随着生产力的不断发展和人类知识的不断增加，人们对自然规律和社会规律的认识也在逐步深化，对"神示证据制度"的信仰渐趋衰落。欧洲进入封建君主专制时期后，新的政治态势需要新的证据制度维护。1215 年欧洲天主教会拉特兰大教会明令禁止使用"神示证据制度"。1260 年的法国、1290 年的罗马帝国和英国等相继废止"神示证据制度"。法定证据制度逐渐代替了"神示证据制度"。

封建君主专制政治体制和纠问式诉讼制度要求司法机关成为为国家利益服务的工具，使以前为各地封建领主服务的法官变成为"皇帝利益实行裁判"的"大皇帝陛下"的法官，形成了服务于中央集权的法定证据制度，如 1532 年的《加洛林纳法典》(Constitutio Criminalis Carolina)、1853 年的《奥地利刑事诉讼法》和 1857 年版的《俄罗斯帝国法规全书》等对法定证据制度的相关内容作了规定。特别是教会的诉讼程序，还为评价证据精心设计了一整套形式的规则。按照这套规则，各种证据被作为可以机械计算的数值而被法律预先规定，形成了人们通常所说的法定证据原则。从 13 世纪开始，教会法向世俗不断渗透，同时传播其法定证据原则，并逐渐向西欧大陆各主要封建国家扩散，在一些国家的诉讼制度中得到普及和强化，在欧洲形成了法定证据制度。法定证据制度形成于 13 世纪，盛行于 16 世纪至 18 世纪。至今有些欧洲国家的诉讼仍遗留这种制度的痕迹。

从 13 世纪起到 18 世纪后期，法定证据制度由积极理论向消极理论发展。在诉讼中，积极理论要求当案件具备法定证据制度规定的条件时，法官必须作出有罪判决，不得宣告

---

① ［意］贝卡里亚：《论犯罪与刑罚》，黄风译，38 页，北京，中国法制出版社，2005。

被告人无罪。后来，由于受自然法学派和百科全书派的理论影响，在欧洲产生了法定证据制度的消极理论。这种理论认为，缺乏法律所预定的证据或不具备法定的证据数量，不得认定被告人有罪，从而降低了法定证据制度的风险。

二、法定证据制度的基本内容

在法定证据制度中，法律规定了相对完整的证据内容，确立了一些法定的查明案件事实的方法。这些制度主要包括以下内容。

(一)确立了证据的分类

欧洲中世纪后期，有些国家的法典将证据分为完善的证据和不完善的证据，或者分为完全的证据和不完全的证据。不完全的证据又分为不太完全的、多一半完全的和少一半完全的证据。例如，《俄罗斯帝国法规全书》规定，以下证据属于完全的证据：(1)受审人的坦白；(2)书面证据；(3)亲自的勘验；(4)具有专门知识的人员的证明；(5)与案件无关的人的证明。以下证据属于不完全证据：(1)受审人的攀供；(2)询问四邻所知的关于个人的情况和行为；(3)实施犯罪行为的要件；(4)表白自己的宣誓。①

按照这一证据制度要求，几个不完全的证据可以合成一个完全的证据。如一个证人的陈述被视为半个证据，两个证人完全相同的陈述构成一个完整的证据。

(二)规定了收集和判断某些具体证据的规则

实行法定证据制度国家的法典，通常都规定收集和判断证据的具体规则。

1. 被告人自白的证据规则

这些规则包括：(1)被告人的自白属于完善的证据。它包括被告人在健全的理智下自动作出的陈述；陈述的内容和过去的事实完全一致；陈述的可靠性与真实性不能使人有所怀疑。另外，被告人在法庭之外所作的表白，如果经过具有信誉的人加以证明，也可以成为具有一半效力的证据。(2)讯问被告人的内容、步骤和方式。对于如何讯问被告人以及讯问的内容、步骤和方式，法律都有详细的规定。被告人的口供成为"证据之王"，刑讯成为各国诉讼中普遍采用的方法。例如，法国1670年的敕令规定，在刑事案件中，如果被控犯有应处极刑之罪，已取得相当的证据，但仍不足以判决时，可以予以刑讯。

2. 证人证言规则

法律规定了证人证言的收集、判断规则。这些规则主要表现为：(1)两个典型证人的证言，应当认为是完全的和完善的证据。典型的证人是指两个人之间彼此无关，具有完全的信用和良好的品质，并对案情的陈述完全一致。(2)一个可靠证人的证言，算作半个证据，只能提供高度的盖然性。原因在于单个证人即使是可靠的，也容易在观察事物时被错觉所蒙蔽而提供与事实不相吻合的证据。(3)当几个可靠证人的证言相互矛盾的时候，按多数人的证言判断案情。(4)如果提供不同情况的证人彼此人数不相等，按下列规则评定：男子的证言优于女子的证言，学者的证言优于非学者的证言，显要者的证言优于普通者的证言，僧侣、牧师的证言优于世俗人的证言。封建专制的等级制度也渗透到证据规则之中了。

---

① ［苏］安·扬·维辛斯基：《苏维埃法律上的诉讼证据理论》，王之相译，92—93页，北京，法律出版社，1957。

3. 书证规则

书证的效力从以下几个方面评定：所提出的书面文件属于公文还是私文，是诉讼当事人写的、与案件无关的人写的还是证人写的，是原本还是副本。公文、对方当事人写的或与案件无关的人写的和原本，具有证据效力。

（三）规定了证据的定案标准

法律规定一旦收集到完善的证据，法官必须认定被告人有罪。收集不到完善的证据，这些证据虽有几分可信但不足以证实被告人有犯罪嫌疑，则可以认定被告人有犯罪嫌疑而进行刑讯；刑讯仍有疑惑，法院可以根据"有罪推定原则"，作出"存疑判决"。

三、法定证据制度的分析与评价

法定证据制度源于对神创造世界的怀疑以及对其信仰的动摇，受制于当时的封建专制制度，并演变成为其服务的工具。封建集权专制制度不仅要求政治上的统一，而且在法律上将司法活动作为强化中央权威的重要手段。政治制度是法定证据制度产生的主要原因。法定证据制度是随着封建社会集权国家的建立逐步发展起来的，其理论基础源于高度集权统一的思想。封建集权国家产生后，建立了全国统一的司法机关和诉讼制度。为了维护中央政权的绝对权威而采用法律的形式具体规定了各种证据的证明力和运用规则，有利于消除各地在诉讼中运用证据的混乱状态，消解了各地在封建割据、闭关自守的格局下各自都有司法机关和诉讼制度的特征，使法官不再成为秉承地方封建主意志的工具，而逐渐成为按照君主颁布的法律进行裁判的"皇帝陛下"的法官。

法定证据制度与诉讼模式密切关联。欧洲中世纪后期盛行纠问式诉讼程序是产生法定证据制度的法律基础。在纠问式诉讼程序中，法院为了维护国家利益对于犯罪事件，不待有人告发即可进行追诉、审判。被追问的被告人只是拷问的对象或诉讼的客体，不作为诉讼的主体，不享有与控诉相抗衡的辩护权利，诉讼也不公开进行。在这种制度下，法官不必独自分析案件证据的真实性和证明力大小，他们唯一的职责就是按照法律规定的各种证据的可靠性的百分比，机械地计算各种证据的价值，据以认定案件的事实。在这种制度下，每一种具有一定特征的证据，其证明力在一切案件中都是永恒不变的。因此，法官在办理各类案件中，以预先法律规定各种不同特征的证据的证明力来查明案情和裁判案件。这一制度相对于神示制度来说具有进步意义。

法定证据制度完成了法官判断证据和事实从神到世俗的转向。这种从天上寻找"真实"转到在人间寻找"真实"的思想更具有现实意义，充分体现了制度对人的能力的信任，特别是对立法者能力的相信。这一制度在认识史上是一个历史的进步。

在证据法的发展史上，法定证据制度较之神示证据制度是一大进步。法定证据制度的一个重要功能是在一定程度上限制法官个人的专横武断。按照这一制度，法官在审理案件过程中运用证据必须遵守法律统一规定的各项规则，这使法官的任意判断受到了一定的限制。法定证据制度的有些规则，如关于书证的原本、副本证明力的规定，仅据一个证人和证言不能定案的规则，尤其是消极的法定证据制度，在一定程度上反映了运用证据的经验，是实践经验的总结，具有一定的科学性。但因这种制度过分相信立法者的能力，而不相信审判者，将未临审判的规定真实代替实际审判的判断真实，致使法官在这种法定制度中仅仅扮演了计算证据的"机器人"。"法官的形象就是立法者所设计和建造的机械操作者，法官本身的作用也是机械的。"①由于法定证据制度对证据证明力和判断规则的规定过于僵化和机械，其本身存在许多缺陷。

法定证据制度对证据证明力作出了严格规定，并以算术的方法计算证明力，属于一种形式上的真实。在证据运用规则中，这种证据制度易于导致有罪推定与刑讯的盛行，在一定意义上是神示证据制度下当事人"对等"的争斗转向位序有别的国家与被告人之间"非对等"的争斗，存在与之相应的问题。法定证据制度将审理案件中运用证据的局部经验当作一切案件收集、判断证据的普遍规律，把某些证据形式上的特征作为评价证据证明力的标准，并把这些内容规定在法律上，要求法官在审理案件中机械地予以适用。这种证据制度不仅遏制了法官在审理案件中的恣意擅断，同时也抑制了法官的主观能动性，束缚了他们的手脚，使他们对证据的证明力不能根据案件的具体情况加以决定，只能根据僵化死板的法律规定处理，难以发现案件的事实。

法定证据制度给人一种客观公正的虚像，似乎法官断案不是基于个人的判断而是基于法定的运用证据规则。尽管法定证据制度的各项规则相当详细、具体，但总不可能概括无余；况且有些规则又可以作多种解释，法官在审理案件中仍有回旋的余地和自由裁量的空间，他们可利用对法定证据规则的解释，在一定程度上导致法定证据制度的偏差。

在欧洲盛行法定证据制度时期，英国却是一个例外。英国由于地理位置、历史渊源和文化传统的特殊性，其证据制度虽然具有某些形式主义的因素，但是没有形成典型的法定证据制度。

第三节 自由心证证据制度

自由心证证据制度是指证据的取舍和证明力的大小以及案件事实的认定，均由法官根据自己的良心、理性自由判断而形成确信的一种证据制度。自由心证制度源于法国的"内心确信"（intime conviction），并在 1806 年的《法国民事诉讼法典》中体现出来。日本在 1890 年的《民法·证据篇》最早使用"心证"词语。汉语引自日文而翻译为自由心证。这种制度盛行于英美法系国家和大陆法系的欧洲。

一、自由心证证据制度的渊源

资产阶级革命胜利后，欧洲大陆建立了混合式的诉讼形式。自由心证制度诞生于法国资产阶级大革命时期。在 19 世纪中叶，欧洲大陆的法定证据制度逐渐被自由心证证据制度取而代之。

在自由心证产生之初，法国革命时期雅各宾派的领袖罗伯斯庇尔曾提出过自由心证与法定证据相结合的问题。他建议把法定证据所具有的信任与法官的自由心证所获得的信任

---

① ［美］约翰·亨利·梅利曼：《大陆法系》，顾培东等译，37 页，北京，法律出版社，2004。

结合起来。在立法中最早提出废除法定证据制度并建立自由心证制度的动议人应属于法国的杜波尔。他在 1790 年 12 月 26 日向法院宪法会议提出了废除书面审理程序及法定证据制度的革新草案，并认为，"当事实成为法院研究对象的时候，全部的注意应当集中在判明真实的这一点上，是不是有过这个事实——问题就在这里。认识这一点的手段是什么呢？这种手段有两种：预先规定出来，什么样的证据是可以用来认识真实的，不论法官的确信如何，迫使法官根据这种证据去做裁判，把这些作为固定不变的尺度加以采用；或是把那些用来认识真理情况的一切资料都精密地收集起来并在法官面前阐明，而凭法官去理解和进行内心判断。第一种手段——法定证据，第二种手段——道德证据。我可以肯定地说，法定证据制度——本身就是一种荒诞的方法，是对被告人，对社会，都有危险的方法。"宪法会议经过辩论，在 1791 年 1 月 18 日通过了杜波尔的草案，并于同年 9 月 29 日发布训令宣布，法官必须以自己的自由心证作为裁判案件的唯一依据。1808 年《法国刑事诉讼法典》规定，法官"根据犯罪凭证及辩护方法，凭自己的良心及心证而为判断"。这是立法第一次明确而详细地规定了自由心证制度。随后欧洲的一些国家相继对该问题仿效法国作出相应的规定。如 1865 年的《意大利刑事诉讼法典》，1877 年的《德国刑事诉讼法典》。于是，自由心证证据制度在许多国家（如日本、德国、俄罗斯等）确立了。

"'法兰克纠问制度'横渡英吉利海峡之后，逐步顺应了英国特殊的社会结构和政治制度，强烈的特殊纠问主义色彩被渐渐抹去，最后发展成为英国陪审制度的基础，形成了进步的自由证制度的萌芽。"[①]1066 年诺曼底公爵威廉对英国的征服，使得英国的法律制度走上了独立发展的道路，其新的证据制度代替了英国原来的证据制度。新的证据制度既给法官判断证据的证明力以充分的自由，又规定了审查判断证据的许多规则。"我们的司法程序开始传唤证人向陪审团举证这种实践后的相当长的时间内，证据法还没有形成确定的形式，直到 17 世纪，证据规则才在民事法庭第一次出现。"[②]

英国建立了现代意义上的陪审制度，也促使其证据制度得到了发展。一方面，任何证据的证明力及其运用由陪审团自由地判断，法律不能预先规定证据效力的优劣、作用的大小；另一方面，由于长期实行陪审制度，特别是法定证据主义的"证据法则琐细，亦非陪审裁判所宜，乃排斥法定证据主义，取自由心证主义而代之，许由陪审员依其心证自由判断证据之价值。"[③]同时，为了便于职业法官对不熟悉法律的非职业法官（陪审员）进行指导，指导非职业法官（陪审员）判断证据，又必须通过判例积累形成一系列的证据规则。英国资产阶级革命后，把封建时代所形成的证据制度继承下来了，并使得这些证据规则更加系统化，形成了带有形式主义色彩的自由心证证据制度。

二、自由心证证据制度的基本内容

自由心证证据制度的核心内容是对各种证据的真伪、证明力的大小以及案件事实如何认定，法律并不作规定，听凭法官根据理性和良心的指示自由地判断。"自由"仅仅是指在判断证据证明力时，不受法定证据那样的形式规则的约束，可由法官自由判断。法官通过对

① 陈浩然：《证据学原理》，162 页，上海，华东理工大学出版社，2002。
② ［英］塞西尔·特纳：《肯尼刑法原理》，王国庆等译，504 页，北京，华夏出版社，1989。
③ 陈朴生：《刑事证据法》，547 页，台北，三民书局，1979。

证据的审查，在思想中所形成的信念即"心证"。"心证"应当达到无任何合理怀疑的程度。

对自由心证较为完整的表述则为 1808 年的《法国刑事诉讼法典》。该法第 342 条的规定被誉为表达自由心证的经典公式。该条规定："法律对陪审员通过何种方法而认定事实，并不计较……法律也不为陪审员规定任何规则，使他们判断已否齐备及是否充分；法律仅要求陪审员深思细察，并本着良心，诚实推求已经提出的对于被告不利和有利的证据在他们的理智上产生了何种印象。法律未曾对陪审员说：'经若干名证人证明的事实即为真实的事实。'法律仅对陪审员提出这样的问题：'你们已经形成内心的确信否？'此即陪审员职责之所在。"1863 年的《法国刑事诉讼法典》第 353 条规定："法律仅要求法官沉默深思，本着良心，诚实推求已经提出的对被告人不利的证据及其辩护的理由，明确他们理智上产生的印象。法律仅对法官提出这样一个问题：'你内心形成确信了吗？'此即法官的全部职责所在。"自由心证的"自由"只是相对的，不是绝对的，而且"自由"也是有条件的；"自由"不等于不受任何制约，仍要受到客观事实的约束。

许多国家的法律对自由心证作出规定。法官自由判断证据必须以合法调查和具备证据能力的证据为基础，并遵循相应的证据法规则，其具体内容为：(1)自由心证必须从本案情况中得出结论；(2)必须基于一切情况的酌量和判断；(3)所考察的情况必须不是彼此孤立的，而是它们的全部的总和；(4)必须是对每一个证据，依据证据的固有性质和它与案件的关联加以判断的结果。自由心证强调法官自由地判断证据，但不得违背经验法则和论理法则。经验法则是指人类个体基于日常生活经验所得之定则，并非个人的主观推测。论理法则是指法官审查判断证据，必须符合一般人类理性标准；对其证据所作判断均须具有妥当性和适合性，必须合理运用自由裁量，否则即构成裁量权之滥用。在这种证据制度中，评估是方法，心证是结果，由评估而得心证。自由评估，系对机械评估而言，意在不受法定或机械方法的束缚而为自由正确地评估，借以获得正确的心证不得违背论理及经验的法则。有时虽有正确评估亦有不得心证的可能，并非不经正确评估，即可以自由心证。

三、自由心证证据制度的分析与评价

自由心证制度是对法定证据制度的反叛，强调法官主体的能动性，使法官从法定证据制度的桎梏、束缚中解放出来，也使他们能够根据自己的理智、信念和智慧、良心来判断证据及认定事实，能够充分调动法官的主观能动性。这种证据制度对于促使法官在认定案件事实中恪尽职责，努力发现案件的实质真实具有特别重要的意义。

自由心证制度相对法定证据制度是历史的进步，在一定程度上体现了"人判"与"法判"的统一，是法官判断真实对法律规定真实的回归。在证据制度上，它通过良心和理性取代了野蛮、专制的立法规定，可以说是一场证据制度的革命。

自由心证制度抛弃了法定证据制度那些形式主义的做法，主张证据由法官自由判断，重视发挥人的主观能动性，并强调主、客观的统一，基本反映了判断证据的诉讼活动规律，为发现实质真实开辟了较为理想的道路，最终造就了丰富多彩的自由心证理论。

自由心证制度坚持了证据裁判主义，要求法官必须把"心证"建立在对案件的全部事实和证据进行反复推求的基础上，有利于避免法官个人的主观武断。自由心证制度并不排除法律的规范作用，相反它可与众多的证据规则"和平共处"且相得益彰。自由心证制度与现代诉讼制度所实行的各项民主诉讼原则能够协调一致，有利于实行诉讼的民主化。

自由心证制度从对待审查判断证据的原则角度来说，对案件事实的认定也有一定的弊端。从理论上进行分析，自由心证制度带有较强的主观色彩，在法官具有较高的业务素养和道德情操并能够严格遵循正当程序的背景下，是能够获得实效的，也能满足高度的盖然性要求；但因其主观性较强，对法官个人素质的要求较高，故在实行自由心证制度的国家应不断地通过内部制约和外部的程序制约及判决理由的说明予以规制。

英美法系国家自由心证证据制度与大陆法系国家自由心证证据制度尽管都存在一些主观因素，但在侧重点上存在一些不同。大陆法系国家因实行国家追诉的职权主义，自由心证重在真实发现，特别是职业法官认定案件事实，法官必须对案件的真实情况达到内心确信；至于通过什么途径，采取什么方式形成内心确信，法律则一般不作规定，在此方面的证据规则不发达。英美法系国家由于实行当事人辩论主义原则，特别是陪审团认定案件事实制度，自由心证证据重在维护当事人的诉讼权利，形成了各种相对繁杂的证据程序规则。

第四节 内心确信证据制度

内心确信证据制度主要是指苏联以及东欧国家的证据制度。它要求法官在心理上对案件事实作出的认定应当建立在正确性和可靠性信念上，即在法官内心深信其对案件事实的判定是正确无疑的。

一、内心确信证据制度的渊源

俄国历经 1864 年司法革新后废除了法定证据制度。1917 年 11 月 7 日列宁领导的布尔什维克进行了武装起义，推翻了资产阶级临时政府，建立了世界上第一个无产阶级专政的社会主义国家，其法律制度也随之发生了根本性的变化。1918 年《苏俄人民法院条例》规定了法院在使用证据上不受任何形式理由的限制，可以按照不同的案情自行决定使用某种证据。1922 年颁布的《苏俄刑事诉讼法典》规定，法院不受任何形式证据的约束，可以斟酌案件的情况采取某些证据。对于案件内的一切证据所作的判断一律由审判员根据建立在综合考虑案件一切情况的基础上的内心确信来进行。东欧国家在学习和借鉴苏联立法和司法经验的基础上也相应建立了此种证据制度。

二、内心确信证据制度的基本内容

苏联在区分资产阶级法律意识和良心的基础上，特别注重在"社会主义法律意识"的基础上建立内心确信证据制度。如《苏联和各加盟共和国刑事诉讼纲要》第 17 条规定："法院、检察长、侦查员和调查人员依照法律和社会主义法律意识，根据自己在全面、充分和客观地综合审查全部案情的基础上形成的内心确信，对证据进行判断。任何证据，对于法院、检察长、侦查员和调查人员，都没有预定的效力。"1961 年的《苏俄刑事诉讼法典》第71 条进一步确认了这一证据制度。

　　苏联的法学家切里佐夫教授认为，苏维埃审判员的内心确信，主要基于下列因素：(1)内心确信反映了审判员关于犯罪事实及其对犯罪人的结论的正确性和可靠性的信念；(2)内心确信并不是审判员经不住批判的本能的印象，而是审判员从各种事实——证据——中推论出来的结论，因此它是可以合理地说明和论证的；(3)内心确信应该以被采用的、与诉讼规则相符合的各种证据为根据；(4)内心确信是以综合判断案件的一切证据为根据而形成的；(5)内心确信是与苏维埃审判员的社会主义世界观，与他们的生活经验和业务经验极其密切地联系着的。"苏维埃的诉讼法律——无论刑事的或民事的——都把判断证据的工作只划归法院的权限以内，把根据建立在综合考虑案件一切情况的基础上的内心确信的规定为唯一的根据。""审判员的确信，不仅是认识事实，而且也是认定事实，不仅要认识这一事件是怎样和因为什么发生的，而且也要有正确判断这一事件意义的能力……造成审判员的这种或那种确信心，是与审判员的思想、观点、世界观和政治及法律意识的全部总合不可分的。"①

三、内心确信证据制度的分析与评价

　　苏联的内心确信证据制度对自由心证制度赋予了一些新的内容，特别强调"社会主义法律意识"对内心确信形成的决定性影响，尤其是对证据客观、全面地调查，这对于发现真实起到了重要的作用。这种证据制度强调确信不仅是认识事实，而且也是认定事实；不仅要有证据判断这一事件意义的能力，也要有正确地理解自己社会利益的能力。"内心确信的形成本身是自由的，但形成确信的基础和依据却并不自由。"②这些内容对于科学地判断法律事实具有一定的积极意义。但是，内心确信证据制度过分强调法官的阶级地位和一般的政治和法律意识，在证据适用上难免会出现一些偏差，走向主观主义，影响案件事实正确的认定。

　　内心确信证据制度与自由心证证据制度的最根本区别在于前者特别强调"社会主义法律意识"。但在反对法定证据制度上具有相通性，均确定了证据的证明力由法官自由判断。

【问题与思考】

　　历史上神明裁判的衰微，带来了强迫作证、强迫供述的出现，因为法官作为法律仆人承担了心证的职责。上述引例的所罗门王审断疑难案件的故事虽然不足凭信，但其以超常的智慧裁决以及公平审断案件获得了以色列人民的敬佩，特别是在当时野蛮、粗暴的奴隶制下尤为可贵。根据前面的引导案例，结合本章的内容，思考以下问题：(1)古代西方社会采用何种方式来认定案件事实？(2)古代西方社会审判案件为什么采用这些方法？(3)法官采用这些查明案件事实的方法与当时社会的经济、政治、宗教以及习惯传统有何关系？(4)这种证据制度会导致大量的冤假错案出现吗？(5)如何理解"心证的形成本身是自由的，但形成心证的基础和依据却并非自由的"？

---

①　［苏］安·扬·维辛斯基：《苏维埃法律上的诉讼证据理论》，王之相译，196、215 页，北京，法律出版社，1957。

②　［日］庭山英雄：《自由心证主义》，4 页，东京，学阳书房，1983。

【延伸阅读】

1. ［苏］安·扬·维辛斯基：《苏维埃法律上的诉讼证据理论》，王之相译，北京：法律出版社，1957。

2. 李学灯：《证据法比较研究》，台北：五南图书出版公司，1992。

3. 李培锋、潘驰：《英国证据法史》，北京：法律出版社，2014。

4. ［美］米尔健·R·达马斯卡：《漂移的证据法》，李学军等译，北京：中国政法大学出版社，2003。

5. ［美］米尔吉安·R·达马斯卡：《比较法视野中的证据制度》，吴宏耀等译，北京：中国人民公安大学出版社，2006。

6. ［美］詹姆士·Q. 惠特曼：《合理怀疑的起源——刑事审判的神学根基》，佀化强、李伟译，北京：中国政法大学出版社，2012。

第三章

中国证据制度的历史发展

【引导案例】

北宋时期，有个游方的和尚经过一个村庄。天色已晚，他向一户人家请求借宿，被主人拒绝。他实在是又累又乏，百般请求，说是只要在主人房屋外的一个车棚里睡一晚就行，主人这才答应。这天晚上，却有个强盗翻墙进入那户人家。过了一会儿，那强盗又带着一个妇女翻墙出来，还带了一个大包裹。那和尚半夜醒来，恰好在车棚里把这个过程看了个一清二楚。他想昨晚要求借宿曾被拒绝，早上主人肯定要以失盗怪罪自己。他不敢再睡，起身上路，想尽快脱离这是非之地。和尚慌不择路居然走到了附近的草地上，一脚踏空，掉进了一个早被废弃的枯井。不过他却一点没有受伤，觉得是掉落在一个软绵绵的物体上，定下神一摸，却是个刚死的尸体。和尚又惊又怕，不自觉地把两手在身上擦了又擦。等到天亮后，和尚才发现自己是掉在一具女尸上，女尸是被人杀死后扔下来的，鲜血淋漓，而和尚自己两手和身上也都沾满血污。那户人家的主人早上发觉被盗，老婆也失踪，叫起邻居一起四处搜寻。他们发现草地枯井边上有血迹，又听见和尚在井下喊救命，放下绳索把和尚拉上来，又拉出被杀的妇女尸体，把和尚痛打一顿后送到官府审讯。那和尚害怕刑讯再吃苦头，很快就承认了杀人罪，胡乱供述："自己和这妇女早有奸情，引诱她私奔。可是带出门后又怕和尚与妇女同行容易引起怀疑，就起了杀心，然后投尸入井。不料脚底打滑，自己也掉入井中。那偷出来的大包裹和凶器刀子就扔在了井边上，不知道是被谁拿走了。"官府信以为然，就此结案，将和尚判处了死刑，等待执行。

宰相向敏中接管这个案子审理时，总觉得没有找到凶器，也没有找到赃物，很难定案。他亲自审问和尚，那和尚叹气说："这是我前世里欠了他的孽债，今世里只好偿还，没有什么好说的。"向敏中更加生疑，又连续几次提审，好言相劝，那和尚才把那晚的经过说了出来。于是，向敏中指示搁置这个案件，秘密展开调查。

【本章概要】

本章是有关中国证据制度的历史沿革，主要包括中国古代短暂的神示证据制度、不典型的法定证据制度、近代自由心证证据制度以及目前的实事求是证据制度。其基本内容反映了中国在证据制度上历来强调当事人陈述尤其是被告人陈述和书证，重视办案机关依职权查案和案件事实真相的发现。

第一节 中国古代证据制度

在中国古代，"神誓法"曾作为判明案件事实的一种方法。据调查，直到20世纪前期，中国有些少数民族地区仍保留着"神明裁判"的方式，但外国较为典型的"火审""水审"等神明考验方法，除了中国的一些少数民族地区存在外，[①] 未在中国占据主要的位置。中国古代社会主要包括奴隶制社会和封建制社会。在这一历史时期，其证据制度历经了短暂的神示证据制度、不典型的法定证据制度类型；同时，古代司法官员在长期的司法实践中也积累了一些关于证据的收集、审查判断的经验，使中国证据制度呈现出不同于大陆法系国家和有别于英美法系国家的独特证据制度。

一、奴隶制时期的证据制度

在中国的奴隶制社会，占统治地位的阶级是奴隶主。在奴隶制社会的初期，还没有成文法，官府(司法官与行政官不分)办理案件基本上依靠传统的习惯法。奴隶主阶级为了维护其经济利益和政治特权，根据其经验和常识制定了作为阶级统治工具的、带有野蛮特征的一些法律制度。据古代文献记载，中国建立的第一个奴隶制朝代为夏王朝，存在"夏有乱政，而作禹刑"的记载。后来，商有"汤刑"，周公制"礼"，吕制"吕刑"，使奴隶制的法律有了进一步的发展。这些法律制度中包含了一些有关证据制度的内容。在中国古代，特别是神权政治十分突出的朝代，在对刑事被告人定罪量刑时曾采用占卜的方式请求神的旨意，问神是否应该对被告人用刑；在民事证据制度方面，主要表现为一些判例及司法官员的论述。中国奴隶制时期形成了不同于西方社会的证据制度特征。这些特征主要表现为以下方面。

(一)神示证据制度不盛行

在中国古代社会早期，神示裁判制度曾在一定的范围内存在。汉字法的古体字"灋"，其说文解释为，从水旁，有平之如水。"灋"的右边上半部的"廌"，"兽也，似牛一角"，又称豸或者獬豸，即独角兽。据传，獬豸能知善恶，帝尧时期的法官皋陶在断案时若无法决断曲直时，便会请出这尊神兽，神兽便会用它的独角触向理亏的一方即"触不直者"，从而使疑难案件的是非曲直得以判定，即所谓的"皋陶治狱，其罪疑者，令羊触之"。在中国古代的商朝，因"殷人尊神，率民以事神"。商王一般有事必卜，一旦遇到有重大的事情，他都要占卜。从甲骨文上的记载来看，仍不能找出充足的证据说明商代盛行神判。从《周礼》记载来看，该时期在证据上仅存在盟誓、盟诅的方法。

---

① 据康熙年间《云南通志》卷二十七记载，在武定府彝族习俗中，"有争者，告天煮沸汤，投物，以手捉之，屈则糜烂，直则无恙"。

中国古代司法活动中的神示证据制度因昙花一现后便销声匿迹，这与西方国家相比还不具有完全的制度性意义。中国社会的宗教一直没有占据统治地位，司法官员审理案件主要还是采用一些简单的证据；当案情复杂而依据证据难以查明时，则寻求于神灵给予指示，一般也不愿借助鬼神来进行司法活动。由于这些原因，神示证据制度在中国古代社会没有成为一项盛行的证据制度。据史料记载，中国在周朝的时候，神判仅留有残余而不再流行，在中国仅存短暂的时间便消失，这从另一个侧面也反映了中国古代证据制度的不发达。

(二)案件事实的认定重视人证

神示证据制度在周朝时基本上不再实行。在商周时期，司法活动要求法官总结审判经验，以察言观色的方式来审核证据和判定案情。如《尚书·吕刑》记载："两造具备、师听五辞。五辞简孚，正于五刑。"也就是说，当双方当事人均在场并进行陈述，司法官采用察"五辞"的方法，审查判断陈述的真伪，并据以审理狱案。

"五辞"，又称为"五听"，是指司法官在审理案件时观察与判断当事人心理活动的五种方法。《周礼·秋官·小司寇》阐释为："以五声听狱讼，求民情。一曰辞听，二曰色听，三曰气听，四曰耳听，五曰目听。"郑玄作注解释为："辞听，观其出言，不直则烦；色听，观其颜色，不直则赧然；气听，观其气息，不直则喘；耳听，观其听聆，不直则惑；目听，观其眸子，视不直则眊然。"它要求司法官审理案件时，密切注意当事人的陈述是否有理，陈述时神色是否从容，气息是否平和，精神是否恍惚，眼睛是否有神。"五听"在一定意义上赋予了司法官对证据的自由判断权，也体现了司法官对人证的重视，并常常"精心悉意，推究事源。先之以五听，参之以证验，妙睹情状，穷鉴隐伏，使奸无所容，罪人必得"。这些记载说明了古代对人证的特别重视，这一传统影响了整个封建社会。

(三)重视被告人的供述和勘验

在中国古代诉讼中，通常情况下，定案非有口供不可，而被告人又不可能轻易承认自己的罪行。于是，审判官只有依靠刑讯逼供获得。尽管刑讯何时开始无法确切考证，目前也尚难定论，但周朝时就已经存在则是能够确定的。《礼记·月令》记载："仲春之月……命有司省囹圄，去桎梏、毋肆掠、止狱讼。"这些记载也说明了周朝已有刑讯。

中国的勘验制度可溯源于周朝。"孟秋之月……命理瞻伤，察创、视折、审断、决狱讼。""皮曰伤、肉曰创、骨曰折、骨肉皆绝曰断。言民斗辨而不死者，当以伤、创、折、断深浅、大小正其罪之轻重"。这里的伤、创、折、断是指伤害程度，瞻、察、视、审是以肉眼进行检验的方法。这说明中国很早就存在勘验，并重视勘验等这些实践性的证据调查活动。民事诉讼中主要以傅别、约剂等契券作为判案依据。

(四)中国古代存在疑罪从轻的思想

中国古代存在疑罪从轻处理的做法，具有"疑罪从轻"的思想。周朝《吕刑》存在疑罪从轻处理的记载。如《吕刑》规定："五刑之疑有赦，五罚之疑有赦，其审克之。"孔安国对此解释为："刑疑赦从罚，罚疑赦从免，其当清察，能得其理。"也就是说，属于应处五刑的墨、劓、剕、宫、大辟等疑案，可以从轻改处罚金；应处罚金的疑案，则免于处罚。这种做法在当时生产力水平低下和人们认识能力不高的情况下，应当说是难能可贵的。

二、封建制社会的证据制度

中国从春秋到战国以后，地主阶级的力量逐渐增强，秦朝时封建制社会基本形成。在封建社会，中国的证据制度主要体现在"断罪必取输服供词""据众证定罪"和刑讯的法定化。司法官对于证据的证明能力和证明力仍有较大的自由裁量权，以至于没有形成欧洲封建制社会那种典型的法定证据制度。在清朝末年，证据制度借鉴了西方国家的证据内容，吸收了它们证据制度的经验做法，确立了无罪推定、自由心证、言词辩论等诉讼制度与原则，同时保留了封建制社会证据制度的因素，形成了主观臆断较强的法官裁量的证据制度。封建制社会的证据制度具有以下特征。

(一)口供在证据体系中占有至尊的地位

封建制社会的各朝代，在证据制度上都非常重视口供。口供始终在整个证据制度中处于特殊的重要地位，并成为"证据之王"。被告人认罪的口供是最好的证据，并形成"口供至上"的定律。

古代的口供，又称为首实，专指被告人对指控事实的承认。没有口供就不能对被告人定罪，形成了"无供不录案"或者"无供不定罪"的制度性规则。如《史记·李斯列传》记载，赵高用残酷的刑讯使李斯供认其谋反之后，赵高使其客十余辈诈为御史……侍中更往复讯斯。斯更以其实对，辄使人复榜之。后二世使人验斯，斯以为如前，终不敢更言，辞服。《唐律》也规定，如果被告人属于议、请、减的老、小、废疾等范围，只有在不得拷讯获取口供的情况下，才能"皆据众证定罪"。《大清律例》规定："凡诸衙门鞫问刑名等项，必据犯者招草以定其罪。"《清史稿·刑法志》存在"断罪必取输服供词"的记录。

中国古代特别重视口供，甚至将口供作为唯一的证据，只要被告人招供，法官就可据以定案。这些均可以说明"口供"这一证据形式在中国古代诉讼中的重要地位。

(二)刑讯具有合法的地位

从周朝到秦朝，刑讯逐渐合法化和制度化。秦简《封诊式》"治狱"中记载："治狱，以书从迹其言，毋治(笞)谅(掠)而得人请(情)为上；治(笞)谅(掠)为下；有恐为败。"秦以后到明清，法律上始终规定，在审讯中允许拷打，并对刑讯的条件、程序、工具、规则等进行了规范，逐渐建立了一套完备的刑讯制度。如《唐律》规定："诸拷囚不得过三度，数总不得过二百。杖罪以下不得过所犯之数。拷满不承，取保放之。"北魏时规定，刑讯杖限五十；隋朝时规定，杖数不得超过二百；等等。东汉时，曾有"尝有阳陵女子与人杀其夫，叔觉，来赴贼，女子乃以血涂叔，因大呼曰：'奈何欲私于我杀其兄！'便即告官。官司考掠其叔太过，因而自诬其罪"。

尽管为获取口供而对被告人施以刑讯为封建历代法律所允许，但在立法方面多对拷讯加以限制。这些限制主要针对采用拷讯的案件、拷讯的对象、拷讯程序、拷讯方式、拷讯部位、拷讯数目等。封建制社会的刑讯虽然是极端野蛮的，但因法律的规定而具有了形式上的合法性，因而未形成典型意义上的法定证据制度。

刑讯作为取证的方法，不仅在中国存在，在其他国家也存在。"刑讯不仅为中世纪的'司法'所采用，古代希腊人和罗马人也曾采用……刑讯不仅是罗马人和希腊人而且是一切古代民族都采用的一种普遍的证明方法。"对于刑讯方法的细致规定则是中国封建制社会证据制度的一大特点。

（三）实行有罪推定以及疑罪唯轻

中国封建社会刑讯合法的背后根源之一则是"有罪推定"。被告人一旦被指控犯罪，就负有举证责任，必须提供足够的证据证明自己无罪，否则就认定有罪。也就是说，凡是被告人均有提供口供的义务，如果违反此项义务而拒绝供述自己的犯罪行为就会受到刑讯。如秦朝审讯被告人的目的，不但在于使他们证明自己无罪，而且还在于使被告人"服罪"；如果"诘之极而数訑（欺骗），更言不服，其律当治笞掠者，乃治笞掠"。对于有罪无罪难以查清的案件，实行"罪疑唯轻"和"疑罪从赎"的规则以及在"事在争产业，与其屈小民，宁屈乡宦，以救弊也；事在争言貌，与其屈乡宦，宁屈小民，以存体也"的民事证据规则。

（四）证据制度带有宗法家族的色彩

宗法家族统治是中国古代法制，也是中华法系一个重要的特点。西汉法律开始有"亲亲得相首匿"的规定。汉宣帝本始四年（公元前70年）诏令中记载："父子之亲，夫妇之道，天性也虽有患祸，犹蒙死而存之，诚爱结于心。仁厚之至也，岂能违之哉！自今子首匿父母，妻匿夫，孙匿大父母，皆勿坐；其父母匿子，夫匿妻，大父母匿孙，罪殊死，皆上请廷尉以闻。"三国两晋南北朝时期，《晋书·刑法志》记载：东晋元帝时，卫展上书，反对"考（拷）子正（证）父死刑，或鞭父母问子所在"，认为："相隐之道离，则君臣之义废；君臣之义废，则犯上之奸生矣。"这种制度反映了宗法家族思想与儒家的伦理道德观念对证据法的影响，自汉代以后逐渐被承袭为制度化，形成了具有独立特色的宗法色彩的证据制度。

（五）审判强调"五听""察辞于差"而重视人证

中国历代都把"五听"作为审查判断诉讼双方是非曲直不可或缺的手段。西汉存在"每行部录囚徒，察颜色，多得情伪"[1]的记载。《唐律·断狱》规定："诸应讯囚者，必先以情，审察辞理，反复参验；犹未能决，事须讯问者，立案同判，然后拷讯。"在明朝，"问刑官"进行审讯时，要求"观看颜色，察听情词"，对"其词语抗厉，颜色不动者，事理必真，若转换支吾，则必理亏"。

（六）证人地位低下、诬告反坐

中国汉代法律上确立的"亲亲相隐"制度规定了亲属间不得互为作证的义务，但是在封建制社会的证人在诉讼中同原、被告一样，被一齐拘押，跪着听审，对证人可以进行逮捕和拷讯。中国司法实践中普遍存在拷讯证人的现象，唐代律文对此存有记载。如《唐律疏议·斗讼》规定："诸诬告人流罪以下，前人未加拷掠，而告人引虚者，减一等。若前人已拷者，不减。即拷证人，亦是。"同时，中国古代的诉讼存在"众证定罪"的要求，即当被告人无口供时，需要三人以上证人证明被告人犯罪成立，方可对被告定罪。在民事诉讼实践中，倘若多名证人对事实作出相同的证词，该证词被采信的可能性自然较高。证人地位低下与中国古代的"贱民"思想有关。

中国古代比较早地在法律中规定伪证罪，而且刑罚较为严厉，严刑峻法。在汉代，法

---

[1] 参见《后汉书·法雄传》。

律规定证人如作伪证，则"以辞所出入罪反罪"。唐律对证人伪证责任作出了"诸证不言情，及译人作伪致罪有出入者，证人减二等"。

（七）勘验检查制度较为发达

中国古代社会的生产力比较先进，文明相对发达，有关的科学技术较为先进，这就为物证和勘验检查提供了客观的物质基础。因此，物证在司法活动中的运用比其他国家较早，并产生了比较发达的勘验检查技术，形成了重视现场勘验的传统。

在中国古代，证据作为认定案件事实的主要依据备受重视，从各级司法官吏到普通民众无不以证据断案，并在司法实践中被广泛运用，形成了颇具特色的中国古代证据制度。"盖民之讼，争是非者也，地之讼，争疆界者也，是非必有证佐之人，疆界必有图本之旧，以此正之。则讼平而民心服矣。"①宋宁宗时曾颁布了《检验正背人形图》，对伤损的检验进行了规范化、制度化。

古代刑事诉讼证据制度不同于民事诉讼证据制度。刑事诉讼较少运用书证，而在民事诉讼中书证是一种很常见的证据，民事诉讼对当事人和证人也广泛地使用刑讯手段。在立法上，中国古代的法典中与证据法相关的内容大都是关于刑事证据的规定，民事证据很少在正式的条文中出现，较多体现在司法判例中，也体现了中国古代"重刑轻民"的思想。

第二节　中国近现代证据制度

清朝后期的中国近代证据立法仿效了大陆法系国家的立法模式，主要参照了德、日等国的立法例，将证据法律制度分别规定于诉讼法典中，形成具有一定特色的中国近代证据制度。

一、北洋政府时期的证据制度

1840年鸦片战争后，中国社会性质发生了很大的变迁，法律制度也发生了变化。证据制度除保留了大量的封建专制时代的做法外，又受到了西方"自由心证"等证据理论的影响。1911年的辛亥革命，孙中山领导资产阶级民主主义革命推翻清朝后，结束了中国两千多年的封建君主专制制度，建立了中华民国；同时，废除了刑讯和体罚的制度，在证据制度上也前进了一步。1912年中国进入了北洋政府时期。1922年北洋政府的《刑事诉讼条例》和《民事诉讼条例》替代了《各级审判厅试办章程》中的证据制度，基本上形成了一套较完整的证据制度体系。这一时期的证据制度具有以下特点。

（一）证据体系相对完备

北洋政府颁布的法律建立了相对完备的证据体系。如《刑事诉讼条例》在原有人证和鉴定篇目外，增加了搜索扣押与勘验等规定；同时，对口供作出了不同于古代证据制度的规

---

① 参见《大学衍义补》（卷一百零六），232页，上海，上海古籍出版社，2003。

定。如《刑事诉讼条例》规定，讯问被告，不得用强暴、胁迫、利诱、诈欺及其他不正当之方法。《民事诉讼条例》证据制度已单列一节，主要包含通则、人证、鉴定、书证、勘验、证据保全等六目。

（二）自由心证证据制度初步形成

北洋政府的立法受西方法律思想的影响，初步形成了自由心证证据制度。如《刑事诉讼条例》规定，"犯罪事实应依证据认定之""证据由法院自由判断之"。大理院的判例曾记载，证据判断，虽得法院之自由，而必得该证据适法，并可认为真实始得引为犯罪事实之认定基础。

另外，证人作证制度基本健全。如《民事诉讼条例》规定，不问何人于他人之诉讼有为证人之义务。大理院对此解释为，宣称凡人皆有出庭为证人之义务，不问其是何职位，均应遵传其到庭。

二、国民党南京政府时期的证据制度

1928 年南京政府立法院制定了《刑事诉讼法》和《民事诉讼法》。在 1935 年和 1946 年南京政府又先后对两部诉讼法律进行两次修改。1929 年，杨兆龙先生在上海法政大学开设"证据法概论"课程，并于 1930 年出版了《证据法》教材。这是我国第一部证据法学的教材。这一时期的证据制度主要有以下特点。

（一）判例作为证据制度的重要渊源

证据制度除了诉讼法规定外，《各级审判厅试办章程》对证据作了一些规定，大理院颁发了大量的判例以弥补有关证据法律规定的不足。在 1921 年后，尽管诉讼法在中国的北方和南方相继出台，大理院颁发判例指导司法实践的做法仍未因此而停止。大理院的判例作为证据法律制度的重要渊源，在一定意义上形成了不完全等同于大陆法系国家的证据制度。

（二）建立了大量的证据原则

国民党南京政府建立了大量的证据原则。这些原则主要包括证据裁判原则、自由心证原则、直接审理原则、言词辩论原则等。如《刑事诉讼法》第 282 条、第 283 条规定，"犯罪事实应依证据认定之""证据由法院自由判断之"。《民事诉讼法》第 297 条规定，调查证据之结果应晓谕当事人为辩论。南京临时政府于 1912 年 3 月 2 日颁布的《大总统令内务、司法两部通饬所属禁止刑讯文》中规定："鞫狱当视证据之充实与否，不当偏重口供。"这一规定曾被视为"重证据，不轻信口供"之办案原则的发端。

（三）确立了一些证据规则

国民党南京政府确立了一些证据规则，主要包括限制非法刑讯取得被告人口供的规则、民事诉讼中推定及自认规则、书证原件的证据力高于其缮本及节本的规则、证据保全规则等。如南京政府的《民事诉讼法》第 279、281、282 条规定，当事人主张之事实经他造于准备书状内或言词辩论时或在受命推事或受托推事前自认者毋庸举证，法律上推定之事实无反证者毋庸举证，法院得依明了之事实推定应证事实之真伪。

北洋时期立法的主要原则及规则多为南京政府时期的证据制度所继承，甚至包括一些存在缺陷的规定，但南京政府时期的证据制度与北洋时期证据制度相比仍有发展，甚至有些规定对现代证据制度存在一定的影响。

第三节　中国当代证据制度

新中国的证据制度在批判旧中国证据制度和西方国家证据制度的基础上，不断总结自己的司法经验，形成了新民主主义革命时期的证据制度和新中国成立后的证据制度。这些证据制度不同的内容，表现出不同的特点。

一、新民主主义革命时期的证据制度

中国共产党早在革命根据地时期就建立了人民司法制度，其证据制度作为人民司法制度的组成部分也随之产生。1931 年 12 月 13 日，中华苏维埃共和国中央执行委员会发布的第六号《训令》规定，"在审判方法上……必须坚决废除肉刑而采用搜集确实证据及各种有效方法。"1940 年 8 月 13 日公布的《晋察冀边区目前施政纲领》第 17 条规定，"对汉奸审判须依确实证据。"1941 年的《陕甘宁边区施政纲领》第 7 项规定，"改进司法制度，坚决废止肉刑，重证据不重口供"。1942 年 2 月公布的《陕甘宁边区保障人权财权条例》第 8 条、第 10 条规定，"司法机关或公安机关逮捕人犯应有充分证据"，"逮捕人犯不准施以侮辱殴打及刑讯逼供，强迫自首，审判采取证据主义，不重口供。"《苏中区处理诉讼案件暂行办法》曾规定："原被告主张有利己之事实，就其事实，有举证之责任。对于民事系争标的之勘验，原被告及关系人应提出有关之书证。"这些规定为彻底废除封建社会遗留下来的证据制度奠定了基础。

在抗日战争时期，各解放区的人民司法工作，从当时各解放区的实际情况出发，创造了携卷下乡、深入群众、依靠群众进行实地调查研究和在人民群众中就地办案的"马锡五审判方式"，树立了调查研究的审判作风。这对于实事求是的证据制度逐步形成起到了重要的促进作用。

新民主主义革命时期的证据制度尽管是零散的、不完善的，但它却是人民民主政权制度的证据制度雏形，为新中国证据制度的创建奠定了良好的实践基础并提供了坚实的制度基础。

二、新中国成立后的证据制度

新中国的法律制度是在废除了国民党"六法全书"和借鉴苏联证据制度的基础上重新建构起来的，并形成了具有中国特色的证据法律体系和证据制度。

(一)新中国成立后的证据法律体系

新中国证据制度是在苏联证据理论指导下，在不断总结经验的基础上逐步形成的，并构建了颇具特色的证据法律体系。

为了规范证据问题，公检法机关分别根据刑事诉讼法的规定在相应的规定和解释中对有关证据问题进行了细化。如《最高人民法院关于民事诉讼证据的若干规定》。除此之外，还有最高人民法院有关证据的批复、解答。如 1957 年《最高人民法院关于与案件有直接利害关系的人能否当证人等问题的复函》(法研字第 12573 号)、1987 年《最高人民法院关于人民法院在审判工作中能否采用人类白细胞抗原作亲子鉴定问题的批复》(法(研)复〔1987〕20号)以及 1999 年《最高人民检察院关于 CPS 多道心理测试鉴定结论能否作为诉讼证据使用问题的批复》(高检发研字〔1999〕12 号)等。有些地方司法机关根据工作需要也对有关证据的适用问题作出了规定。同时，我国加入的一些国际公约也存在有关证据的规定，如 1997年 7 月 3 日加入的《关于从国外调取民事或商事证据的公约》等。这些有关证据的规定基本上形成了新中国的证据制度。

法学界从理论上将中国证据制度归纳为"重证据、重调查研究、实事求是"证据制度、"综合证据制度""实践证据制度""依法求实的证据制度""循法求实证据制度"以及"法定确信""以证求实""依法真实"证据制度，等等。

(二)新中国成立后的证据制度的特点

新中国成立后的证据制度既包括法律规定的证据，也包括司法实践中践行的具有证据制度意义的有关证据的规定、解释、答复等。这一制度具有以下特点。

1. 证据种类具有封闭性

新中国的证据制度借鉴了苏联刑事证据的有关规定和证明的基本要求，特别是对证据种类的规定，吸收了苏联有关证人证言和受害人陈述、刑事被告人陈述和犯罪嫌疑人陈述、鉴定人意见、物证、侦查和审判活动笔录、文件等六种证据种类的立法经验。1979年的《刑事诉讼法》规定了物证、书证，证人证言，被害人陈述，被告人供述和辩解，鉴定结论，勘验、检查笔录的证据种类。中国民事诉讼立法同样也受到苏联证据立法和证据理论(特别是苏联学者克列曼有关证据理论)的影响。

苏联将证人证言和受害人陈述合为一类，而中国却将物证和书证合为一类，后又分开规定；苏联证据中有侦查和审判活动笔录与文件，而中国则表现为勘验、检查、辨认、侦查实验笔录与书证。

2. 在证据制度上坚持实事求是

中国证据的有关规定直接来源于宪法。如《刑事诉讼法》第 6 条规定的人民法院、人民检察院和公安机关进行刑事诉讼"必须以事实为根据，以法律为准绳"。有些规定吸收了办案经验。这些规定体现了中国证据制度的基本内核，特别是"必须忠实于事实真相"，是"实事求是"指导思想在证据制度中的直接体现。

3. 重视办案机关的客观查明职责

任何证据制度均与诉讼制度具有密切的关系，带有明显的职权主义特征，强调依靠群众，重视办案机关的证明活动，并将依靠群众、深入调查研究作为办案机关收集证据、运用证据认定案件事实的基本方法，体现了人民司法的传统。如《刑事诉讼法》特别强调："审判人员、检察人员、侦查人员必须依照法定程序，收集能够证实犯罪嫌疑人、被告人有罪或者无罪、犯罪情节轻重的各种证据……"《民事诉讼法》要求："当事人及其诉讼代理人因客观原因不能自行收集的证据，或者人民法院认为审理案件需要的证据，人民法院应当调查收集。"《行政诉讼法》也规定："人民法院有权向有关行政机关以及其他组织、公民调取证据。"

4. 强调发现客观真实而证据规则不发达

中国的证据制度之所以归结为实事求是的证据制度，这与证据理论将辩证唯物主义认识论作为重要的理论基础和指导思想以及注重发现客观真实有关。证据制度特别强调坚持依据确实、充分的证据，查明案件的客观真实，忠实于事实真相。有关证据规则的规定相对实体法的规定来说较为落后，致使证据的一些程序性规则不完善，证据规则不发达，办案人员在证据采纳和采信上具有不受任何程序限制的自由裁量权。多数证据规则源于司法解释，体现了对实践经验的重视。

中国现行的证据制度以辩证唯物主义认识论为理论基础，查明事实追求的目标是客观真实，证据收集和运用注重办案机关的客观职责和关照义务，坚持实事求是地处理案件，以示与西方国家证据制度的根本不同。

【问题与思考】

"多数证据法学家共享如下假定，即准确的事实发现应该成为证据法的中心目标"。"必须记住，我们的证据规则大都是在多年经验的基础上建立起来的，其宗旨只有一条，就是保证求得案件的客观真实，防止发生冤枉无辜的现象。"上述引例中，宰相向敏中派出的一个官员化装成过路客商暗访那个村庄。与村庄里小店的老太太闲谈，获知那个妇女是本村的一个小青年杀的。后官府出动衙役公差包围那户人家，进去一搜，杀人的刀子、那户人家的财物都被搜了出来，并释放了在押的那个和尚。我国学者曾对历史的证据制度进行评价，并认为，法定证据属于一种人工算法，而自由心证运用的是"生物算法"，证据制度仅仅是算法的不同。根据前面的引导案例，结合本章内容，参考上述观点，考虑以下问题：(1)中国古代审判官主要依靠何种方法来认定案件事实？(2)该案件的审判官对案件事实的认定反映中国古代证据制度何种状况？(3)我国未来的证据法发展能否借助于人工智能使得算法成为证明案件事实的可视化方法？

【延伸阅读】

1. 赵春燕：《中国古代刑讯制度演变规律之研究》，载《中国刑事法杂志》，2003(4)。
2. 蒋铁初：《中国近代证据制度研究》，北京：中国财政经济出版社，2004。
3. 沈大明：《中国古代的证据制度及其特点》，载《社会科学杂志》，2006(7)。
4. 蒋铁初：《中国古代的罪疑惟轻》，载《法学研究》，2010(2)。

第四章

证据法的理论基础

【引导案例】

北大方正公司、红楼研究所发现北京高术天力科技有限公司、北京高术科技公司复制及销售其拥有著作权的方正 RIP 软件、方正字库、方正文合软件，遂委下属公司职员以普通用户身份与他们交易，在会同公证人员就此进行了公证取证后，提起了侵权之诉。北京市第一中级人民法院一审肯定了北大方正等采取的"陷阱取证"方式，认为法律对此未为禁止，应当予以认可，遂判决支持北大方正的诉讼请求。被告不服一审判决，提起上诉后，北京市高级人民法院在二审中认为方正公司的取证方式有违公平原则，一旦被广泛利用，将对正常的市场秩序造成破坏，故对该取证方式不予认可。终审结束后，北大方正公司提起再审，最高人民法院再审认为二审法院在否定北大方正公司取证方式合法性的同时，又以该方式获取的经过公证证明事实作为认定案件事实的依据，是不妥当的。北大方正通过公证取证方式获取打假线索，其目的并无不正当性，其行为也并未损害社会公共利益和他人合法权益。加之计算机软件著作权侵权行为具有隐蔽性强、取证难度大等特点，采取该取证方式有利于解决此类案件取证难的问题，能够起到威慑和遏制侵权行为的作用，也符合依法加强知识产权保护的法律精神。

【本章概要】

本章是有关证据法的理论基础的内容，主要包括认识论、价值论和道德论。认识论是证据法学理论之根基，价值论和道德论是证据法理论之边界。它们是证据法及其相关规则赖以生长、存在和发展的正当性、合理性土壤。

第一节　认识论基础

案件事实自己不会自我证明，它需要证据予以确认；而证据本身无法直接认领事实，又需要一个证明过程。那么，案件事实的证明过程成为人们认识证据、发现真相的过程，认识论也就自然成为证据法学的理论基础。"证据法是一个规制在法律程序中向事实裁判者提供信息的规则体系。其更好的定义则是'法庭认识论'。"①证据法学"所要解决的核心问题"是"如何保证办案人员以及当事人能够正当地、正确地发现真实问题"。在诉讼中，无论确认何种材料为证据，采用何种标准划分证据种类，采用何种认识确认新的证据类型，也不论如何发现证据、收集证据、保全证据，如何审查判断证据，如何运用证据认定案件事实，其活动本身都与人们的认识能力、认识水平、认识方法和认识路线有关，在一定意义上这些问题均属于认识论的范畴，应当接受认识论的指导，认识论也就必然会成为证据法学的理论之基，辩证唯物主义认识论则为证据法的重要理论基础。这一理论基础主要包括"反映论""可知论""辩证法"。

一、辩证唯物主义的反映论

辩证唯物主义认识论调整的对象主要是人类的认识活动，它对人类认识未知事物、探求客观真理的活动不仅能够给予科学、合理的解释，而且还能够给予理论上的指导，这也是证据法学将辩证唯物主义认识论作为理论基础的根本原因。辩证唯物主义的反映论认为：物质是第一性的，意识是第二性的；物质决定意识，意识是物质的反映。认识不仅仅能够确定某人或某一事物是这个人或者这一事物而不是别的，其根源在于人的头脑能够对现实世界作出客观的反映，并能够获得正确的认识。如在证据法学中"消极的事实"无需提供证据证明则是这一理论的反映。因为"消极的事实"没有发生，而没有发生的事实是无法成为人的反映对象的。"主张的人有证明义务，否定的人没有证明的义务"也体现了这一思想。诉讼证明与人们认识世界具有共同性，也是能够在追求案件事实真相中获得正确的认识。同时，有些认识结果在一定程度上还能够反过来成为改变证据制度的动因。科技的发达产生了新的证据种类，如视听资料、电子数据，同时，也产生了新的证明力的算法。

诉讼活动本身就是一种认识证据和案件事实的活动，也是办案人员或者当事人通过把"自在之物"转化为"为我之物"，将案件事实通过证据转化为被认识了的东西的过程。无论是作为案件事实的碎片的实物证据的发现、提取，还是作为案件事实陈述的言词证据，均与办案机关或者当事人的认识程度有关，也与案件事实向外反映或暴露的程度有关。无论是他向证明还是自向证明，均需要以存在证据为前提。"无证据"则"无事实"。即使是证据制度的完善、证据规则的建立，也与人们对有关证据问题和证明问题反映程度及其水平有关。人们只要能够对证据以及案件事实存在正确的反映，能够透过现象发现本质，就能够获得案件事实的正确认识。有些案件之所以出现错认，并非案件事实本身的不存在，也不是证据本身出现了问题，而是未能对证据以及案件事实获得正确的反映，是反映不正确或者出现偏差所致。证据法学作为研究证据问题的规范，应当为保障人们能够获得对证据及案件事实的正确反映提供科学的认识路线，以辩证唯物主义的反映论作为理论支柱，才能充分保障提供的认识路线具有科学性。

---

① David P. Bergland，Value Analysis in the Law of Evidence，*Western State Law Review*，1973，p. 162.

反映论作为证据法理论基础，不应当将其等同于对应论，不能机械地理解为直接的反映，也不是所谓的完全符合论，还不应视为完全等同，它是辩证唯物主义能动的反映论。

二、辩证唯物主义的可知论

辩证唯物主义的可知论认为，人们的意识能正确反映客观实在。证据法学应当充分肯定办案机关或者当事人、其他诉讼参与人具有一定的认识能力以及正确认识证据和案件事实的可能性，这些均建立在证据以及案件事实具有可知性基础之上。尽管时间的不可逆性决定了任何事实都无法完全恢复其原始状态，但这并不表明人们不能认识其原始状态。只有认识和理解这一问题，坚持证据裁判主义才具有合理的可接受性，才能为正确判断案件事实提供合理的解释之源。

证据是可知的，案件事实真相也是可知的，并且是通过证据证明和借助于科学技术手段以及经验法则、论理法则能够发现的。这一前提决定了诉讼证明追求案件事实真相的目的是有意义的。无论是从"神示"证据制度到"法定"证据制度，还是从"自由心证"证据制度到"实事求是"证据制度，其制度的发展均是在可知论的基础上不断获得正确认识的结果。当一种证据制度被人们发现难以保证对案件事实的认定与客观事实相一致而造成错误认识时，人们则会根据新的经验创设一种被认为最能保证案件事实得到正确认定的制度。这种证据制度的发展反映了辩证唯物主义可知论的基本思想，也是人们探知世界的结果。

诉讼证明是一个从感性认识到理性认识，又从理性认识回到司法实践的不断反复过程。人们认识案件事实真相的手段越多，可供利用证明案件事实的证据也就会越充分；反过来，案件事实真相得到认识的可能性也就越大。在古代，由于科学技术不发达，人们认识案件事实真相的手段十分有限，因而在诉讼中发现的案件事实真相的能力也是有限的。如亲子关系的认定，古代采用滴血认亲的方法暴露出人们对事物认知能力的低下。随着科学技术的发展，人们认识水平和能力日益提高，认识案件事实真相的可能性也就不断增加。在现代科学技术条件下，人们对于案件事实真相在一般情况下都是可以认识的。即使在父母亲一方不存在的情况下，其亲子关系也可以通过家族成员的 Y-STR 分型技术予以确认。

辩证唯物主义的可知论不是无条件的，案件事实真相即使是可知的，是可以通过证据认识的，也并不代表在任何情况下都是能够被认识的。即使是高精尖的科学技术，也不可能发展到对任何案件事实都能够完全获得正确的认识的地步，特别是诉讼作为一种特殊的认识活动以及认识的手段、方法、措施等还会受到程序的制约和时间的限制。为了满足诉讼公正和效率的基本要求，在某些情况下，即使能够认识案件事实的真相，也可能因程序的制约和价值的衡量或者成本的考量，而不允许付出高昂代价获得认识。但是，这并不代表案件事实是不可认识的。因此，只有坚持辩证唯物主义的可知论，树立科学的可知观，并将其作为证据法学的理论基础，才能在具体的案件处理上认识到在一定条件下根据现有证据以及被证据证明的案件事实作出裁判的科学性，才能真正树立疑难案件处理的理念，而非仅仅将案件悬而不决。只有人们认识到认识能力的有限性、案件事实暴露程度的有限性等，认识到在办案实践中必然存在一些未能被认识的案件事实时，才能通过证据制度的建立为其提供有效的解决途径，保障案件处理的理性化。"司法审判并不是追求过去发生的事实真相的探索过程，而是建立一种关于发生过什么事实的翻版，这个翻版对于过去发生的事实的正确性必须达到可以接受的可能性。"①这种认识本身也是可知论的基本内容。

诉讼证明是证明主体对客观存在的案件事实的反映活动，而不是绝对观念对案件事实的自我认识。可知论不是必知论，也非全知论，而是在一定条件下的可知论。同时，还应当区分唯心主义的可知论和唯物主义的可知论，反对否认认识是对客观事物反映的不可知论和怀疑主义。

三、辩证唯物主义的辩证法

人类的认识活动是绝对性与相对性的统一；认识的结果既是绝对的，又是相对的。其绝对之中包含着相对，相对也包含着绝对。"一方面，人的思维的性质必然被看作是绝对的；另一方面，人的思维又是在完全有限地思维着的个人中实现的……从这个意义来说，人的思维是至上的，同样又不是至上的。"②证据法学在认识论问题上，既应承认人们对证据、案件事实认识的可能性，具有发现事实真相的能力，同时也应当意识到人们对事物认识是一个无限发展的过程，因为"认识是思维对客体的永远的、没有止境的接近"③。也就是说，既应坚持唯物论，也应坚持辩证法。因此，在证据与案件事实是否存在相关性问题上需要"按照事物的正常进程，其中一项事实本身与事实相联系，能大体证明另一事实在过去、现在或将来的存在或不存在"④。对于这些问题的把握是离不开辩证法的。在证明过程中，已经发生的案件事实是认识的对象；办案人员及当事人是认识的主体；证据在初期是认识对象，随着程序展开则成为认识案件事实的手段；查明案件事实本身也是认识的内容。诉讼活动实质上是办案人员及当事人认识已发生的案件事实的活动。诉讼中的认识必然具有认识的一般特征，"在一系列非常不至上地思维着的人们中实现"，是认识的"个别实现和每次的实现"。因为"审判程序是为了探求和确定这方面的真实情况设计的，但看来不可能把法规设计得使它们总是达到正确的结果"⑤。

对于事物的认识虽然具有相对性，但是相对中却蕴涵着绝对的成分。基于绝对真理的理论，人们通过科学、合理的认识方法和途径是能够获得对案件事实的正确认识的，也能够保证裁判案件的准确性。诉讼是探寻事实真相的活动，其证明活动就性质而言，属于一种认识活动。然而，这种认识活动是诉讼主体对诉讼客体(已经发生的案件事实)的一种追溯性认识，属于一种特殊的认识活动，不同于科学研究活动，其认识常常受到期限、程序和手段的限制。案件事实的历史性和复杂性、证明主体的特定性、证明程序的法定性以及证明期间的限制性，给利用诉讼发现真实添加了一些难度，使得案件事实的发现、查明在某种条件下成为不可能。即使是被查明的事实，其真实程度也是相对的。这既是由认识的相对性决定的，也是由案件事实的历史性决定的。

上述的这些问题说明了辩证唯物主义辩证法在证据法学中的作用，而不是相反。否则，就会陷入怀疑主义，将解决案件事实认定存在的非理性因素寄托于人格，最终滑向不可知论

① Peter Murphy, *Murphy on Evidence*, 7ᵗʰ ed., 2000, p. 2.

② 《马克思恩格斯选集》第 3 卷，126 页，北京，人民出版社，1972。

③ 《列宁全集》第 38 卷，208 页，北京，人民出版社，1972。

④ ［英］史蒂芬：《证据法概念》，载《外国法译丛》，1984(2)。

⑤ ［美］约翰·罗尔斯：《正义论》，何怀宏等译，81 页，北京，中国社会科学出版社，1988。

的泥潭。因为"在现实生活中，法官的理性基础和法官的人格因素并无绝对的可靠性，而且并非一成不变的。因此，将统一的司法裁判要求委任于并不统一的人格条件，就好像把一座高楼大厦建造在松软的沙滩上一样，必将随时面临倒塌的危险"①。科学合理的证据制度、证据规则能够保障证据裁判发现的真相与客观存在的事实相吻合，唯物辩证法对其发挥了重要的理论指导作用。

无论是证据规则的制定还是证据制度的完善均离不开人类的认识活动这个基本前提。任何一种证据制度、证据规则以及证据运用程序无不以当时的物质基础和认识能力为条件，并以发现案件事实真相作为主要目标，认识论始终在这一过程中起到决定性的作用，并在证据法理论中占据着基础性地位。"认识就其本性而言，或者对漫长的世代系列来说是相对的而且必然是逐步趋于完善的……而谁要以真正的、不变的、最后的终极的真理的标准来衡量它，那么，他只是证明他自己的无知和荒谬。"②然而，我们将认识论作为证据法学的基础，其意义不仅仅在于对证据的认识以及利用证据认识事实，更为重要的是借助于法学的规范意义避免对证据认识出现错误，抑制在认识过程中的一些非理性因素干扰，以期达到实现认识的正当化以及提高认识结果的准确率、发现真实的可靠度和增强事实认定的可接受性。

第二节　价值论基础

案件事实的证明不同于一般的事实证明，它不仅需要发现事实真相，而且还需要通过合法、理性、正当的程序发现真相；其发现真相的过程和手段必须符合法律的目的。然而，这一实现法律目的的活动和手段、方法是否理性、正当则是需要通过各种价值的协调和平衡，价值论也就成为证据法学不可缺少的理论基础。证据法作为解决纠纷的规范性手段，在发现真实的基础上还应当以公正作为基本的价值目标，同时兼顾诉讼效率等其他价值目标。当人们以其内在固有的价值尺度去理解和协调人与世界的相互关系时，特别是在评论主体与客体的认识与被认识关系中，就会产生价值论问题。认识作为过程也必然包含着价值的判断与选择。因此，证据法学在获得认识论支持的同时，也应当由认识论向价值论转向。因为在诉讼过程中，发现事实真相并非绝对化甚至唯一的目标；基于各种因素的考虑与衡量，有时价值问题或者正当性问题可能会显得特别重要。

一、程序正义的价值理论

辩证唯物主义认识论是证据法学的理论基础之一，其追求客观真实是诉讼的主要目标之一。为了保障这一目标的实现，需要程序正义予以维护。由于证据法学是程序与实体相互兼容的法学学科，它应当接受以程序正义为核心的价值论的指引及规制，程序正义作为

---

① W. James，E. Rumble，*American Legal Realism*，ICS Press，1968，p. 46.

② 《马克思恩格斯选集》第 3 卷，431 页，北京，人民出版社，1995。

证据法学的价值论基础也是顺理成章的事情。无论是证据的收集固定还是证据保全提供，也无论是证据的审查判断还是运用证据来认定案件事实，均须符合正当程序的要求。价值论在证明活动中体现得最为充分，对于疑案的处理原则是例证。

程序正义理论不仅要求发现案件事实真相需要正当性，更为重要的是通过证据法学确立发现案件事实真相的手段和方式也应当具有正当性的基础，如证据的发现、收集规则、确立证据能力规则以及审查判断证据规则等。从程序正义理论的角度来看，这些制度和规则不仅要求证据具有客观性和关联性，要求证据的发现、收集以及适用必须在法律规范的范围内进行，通过程序正义来发现事实真相，而且还要求建立违反正当法律程序的相应救济规则，如非法证据排除规则等。程序正义是现代证据法学不可缺少的理论基础。

二、利益均衡的价值理论

任何一种证据制度无不是以当时的物质条件和人们的认识能力作为发现案件事实真相的基础性因素。司法实践中，由于司法资源的有限性导致供需之间的紧张关系，程序正义需要兼顾诉讼效率，而诉讼效率是司法公正的重要内容之一。如《美国联邦证据规则》第403条对证据可采性的规定，体现了重要的经济学意义[①]，它可以在保障司法公正的前提下抑制当事人过度投资于无意义的证据收集的冲动，并进而有效地平衡公正与效率之间的关系。这就要求证据法在以公正为其基本的价值目标的同时也应当兼顾诉讼效率，同时考虑其他非诉讼上的价值目标，如近亲属之间免证特权规则、特殊证人的豁免权规则等，体现证据法的价值理论基础的多元化。然而，多元化的价值存在，难免会出现价值之间相互冲突和矛盾。当多元化的价值发生矛盾或者冲突时，证据法规范的制定只能根据利益衡量的基本标准和原则确立哪些价值更需要保护，并在证据的使用过程中考虑哪些价值更为优越，更需要特别的保护，从而解决放弃其他价值的正当性问题。因此，证据法的价值基础也应当是多元的，同时在多元价值内更应以利益衡量作为原则指导。

利益衡量使人的认识具有了真正的目的性与能动性，支配着主体的认识活动，也制约着主体的恣意和妄为，使其不至于过分地偏离程序正义的轨道。人们对案件事实的探究不是随意的、无止境的，应当受到程序正义的规制。事实之真的探寻要受到法律之善的制约。当二者发生冲突时，人们应当在法律之善与事实之真中依据一定的价值原则作出选择。因为证据法学解决的问题不限于证据的"存在"，还强调证据的"应当"。如基于"信任"而设立的一定亲属之间的"免证特权"制度是对法律之善价值的考虑。而在民事举证责任的配置问题上，除遵循主张一方承担证明义务外，基于利益的平衡还应考虑一些例外的情况，特别是综合政策（policy）、证据距离的远近（possession of proof）以及盖然性（possibility）等所谓的"三 P 因素"的特殊衡量，是对事实之真的选择。这些要求的背后是利益衡量的结果。因为"一方当事人被认为具有一种获取信息的特殊条件，让较少有条件获取信息的当事人提供信息，既无经验，又不公平"[②]。证据法只有在兼顾实体正义与程序正义的基础上，保持利益的适当平衡，才能

---

① ［美］理查德·A. 波斯纳：《证据法的经济分析》，徐昕，徐昀译，123 页，北京，中国法制出版社，2001。

② ［美］迈克尔·D. 贝勒斯：《法律的原则：一个规范的分析》，张文显等译，67 页，北京，中国大百科全书出版社，1996。

使收集证据、审查判断证据的程序性活动纳入良性循环的轨道。

发现案件事实真相作为一项法律活动，理应体现程序正义的要求，其核心是通过正当程序来发现事实真相，从而实现对诉讼当事人合法权益的保障。同时，证据法学应以程序正义作为基本理念，又能够起到限制公权力或当事人权利滥用的功能，从而能够更好地维护当事人及其他诉讼参与人的诉讼权利，处理好发现事实与当事人之间的信义和程序正义理念的关系。只有这样，才能将事实的发现置于法律程序的监控之中，最大限度地为认识主体提供理性、民主、文明的证明手段，更好地完成诉讼所追求的通过证据发现真相的任务。

价值论在诉讼程序中能够弘扬当事人的主体地位，保障诉讼参与人的人格尊严，是发现事实真相最有理性、智慧的指导思想，程序正义是证据法价值论的基本根源，证据法学追求的价值具有多元化和层次化，需要根据不同层次来调整其价值的冲突，而利益均衡则是维护程序正义的基础。

第三节　道德论基础

证据法学构架在认定事实的价值选择的范围内，尽管可以获得价值的最大化，但不得以牺牲人的尊严或人格等道德底线来换取事实真相的发现，不得为查明事实而不择手段或者不计后果，应当受到道德的约束。因此，道德论也逐渐成为证据法的理论基础。道德是证据立法的根本，证据立法应当尊重道德的基本要求；同时在证据的适用过程中也应当考虑道德的基本要求，道德在证据法学中具有立基的地位。道德对证据法理论研究和证据立法、适用均会产生重要的影响，具有证据法上的规范伦理的特性。

一、证据原则的道德论基础

一般情况下，人们会按照传统的价值尺度(包括主体自己的评价和外部的评价)对涉及的对象性活动(认识活动)进行道德评价，认为符合道德标准的，人们才乐于接受；反之，则会被人们所拒斥。一旦人们的认识活动没有目的性要求或者没有以价值尺度作为参照系，因不必接受任何道德上的评价，也就没有了善恶之分、好坏之别，人类将会恣意任行。对于证据法学来说，其证据调查程序的设计、证据规则的规定也就没有存在之必要。因此，"证据法应当作如是理解，也应作如是设计：它是一个结合了道德和认识论两个方面理由的领域。这个领域中，认识论罢手后，道德接手"①。道德论是证据法理论不可缺少的重要基础。

证据法的原则、制度和规则是在一定社会的政治、经济和社会条件下，由无数人通过实践活动逐渐形成或者建立的，并受时代道德的约束。道德有双重职能：一是决定人的目

---

① ［美］亚历克斯·斯坦：《证据法的根基》，樊传明等译，78 页，北京，中国人民大学出版社，2018。

的或者至善，属于善之范畴；二是实现目的的方式和手段，属于德论之内容。① 证据立法中多种价值冲突的平衡与制度建构，均渗透着国家、社会和立法者对于证据伦理价值的权衡。各国在证据制度上的差异，除了法律传统、社会制度、经济发展水平的差异之外，道德观的不同也是一个很重要的因素。"在大多数社会里，给予老人、儿童和残疾人以明确的法律保护。这样做的原因是这些群体的成员自我保护的能力较弱，而不是由于这些人对社会更有道德价值。与此类似，给予个人更多的权利保护，是因为面临政府滥用权力的时候，个人是脆弱的。权利理论强调个人权利，因为需要特殊保护的是个人而不是社会。"②"一个被授予权力的人，总是面临着权力滥用的诱惑，面临着逾越正义与道德界限的诱惑。"③因此，证据法的一个基本要求是对公权力滥用的限制，并需要设计一个防止其滥用权力程序，从道德要求上对其涉及的有关证据活动确立最低的标准，不得为发现真实采用非人道、有辱人格尊严的手段。证据立法也不能以建立公平的证据裁判而自外于人性尊严之维护。这些涉及道德层面的问题，在证据的有关规定中得到了体现。如我国《刑事诉讼法》第52条规定："严禁刑讯逼供和以威胁、引诱、欺骗以及其他非法方法收集证据，不得强迫任何人证实自己有罪。"最高人民法院《民事诉讼法解释》第106条规定："对以严重侵害他人合法权益、违反法律禁止性规定或者严重违背公序良俗的方法形成或者获取的证据，不得作为认定案件事实的根据"。证据法也要求限制以严重违反法定程序收集的证据材料，或者以偷拍"偷录""窃听"等手段获取侵害他人合法权益的证据材料，或者以"利诱""欺诈""胁迫""暴力"等不正当手段获取的证据材料，或者非法收集个人的生物识别、宗教信仰、医疗健康、金融账户、行踪轨迹等敏感信息。日本《宪法》第21条、第35条规定，公民私自秘密录音、录像侵犯了他人人格权属于违法行为，其获得的材料不具有证据资格。德国法院也认为，如果考虑到技术发展，人们不得不承认，他们的对话可能被窃听，可能通过录音装置记录下来，那么，获得技术进步将付出较高的代价，即牺牲人际关系的坦诚，妨碍人格的发展。法律秩序必须保护上述人格的价值，当然不可能容忍这些窃听装置的滥用。

　　另外，有些国际公约对此也作了规定。如《禁止酷刑和其他残忍、不人道或有辱人格的待遇或处罚公约》等。证据立法应当履行国际义务，在面对实现实体正义与公民尊严、隐私权保护存在紧张关系时，除了将公民权利的损害降到最低程度外，应以不得侵犯人的基本权利，保障人应有的尊严与合理的道德情感作为基础。这些问题均需要以道德论作为指导原则。

二、证据制度的道德论基础

　　无论是从古到今还是"从西到东"，"真实"的证据本身是一种"善"，它符合社会的一般

---

　　① ［德］弗里德里希·包尔生：《伦理学体系》，何怀宏、廖申白译，10页，北京，中国社会科学出版社，1988。

　　② ［美］罗纳德·德沃金：《认真对待权利》，信春鹰、吴玉章译，15—16页，北京，中国大百科全书出版社，1998。

　　③ ［美］E. 博登海默：《法理学——法哲学及其方法》，邓正来译，347页，北京，华夏出版社，1987。

道德标准，其本身也具有保障诉讼顺利进行的"利"；而"虚假"的证据则是一种"恶"，具有阻碍诉讼顺利进行的"弊"。然而，获取证据应当采取"善"的方法，即使是对证据的价值选择与利益衡量，也应当考虑将道德作为规则设计的内界，使证据制度受到道德的约束。

在证据的收集、审查判断和运用过程中维护人的尊严、保障和尊重人权是证据法的必有之义。由于人具有天然的自利本性，任何人不负有背叛自己的义务或者使自己陷入不利境地的法定义务。因此，证据法不得采用任何强制性措施或者手段使人们不自愿地进行"自我陷害"或者"自我控告"，同时还应当使人受到善待，维护人类的基本道德情感。证据制度应当坚持尊重人格尊严、人伦亲情和人之常情等一些基本的道德情感，对此应当予以特别的尊重和保护，如证据制度建立在亲属之间的"拒绝作证特权"或"证人豁免权"制度以及"禁止反言"制度等。

随着科学技术的发展和人类私人空间的相对萎缩，人们对个人隐私等权利越来越重视，而高科技在证据法的运用中却带来了对隐私权等相关权利的侵犯性威胁，其手段的选择需要进行道德上的考量。证据法学对此应当予以特别的关注，并在证据制度完善上注重保护人们的隐私权，维护人类的耻辱心。例如，1993 年 9 月 7 日公安部《关于禁止开设"私人侦探所"性质的民间机构的通知》，对民间的"安全事务调查所""民事事务调查所""社会经济事务侦探所"等私人侦探所性质的机构受理民间民事、经济纠纷、追索债务、查找亲友、安全防范技术咨询、涉及个人隐私方面的调查作出禁止。涉及个人隐私的宪法性权利，作为道德的底线，不得采用比例原则进行所谓的价值衡量；在存在公共利益的私人领域中，可以进行价值衡量，但应当受比例原则约束。当事人以及其他诉讼参与人的人格尊严、身体健康和隐私权等容易造成侵犯的领域，应制定相应的证据规则。在一定意义上，禁止非法的方法收集证据的目的是保护公民的隐私权，至于判断的标准主要在于公民是否有主观隐私期待(actual subjective expectation of privacy)，即主观要件以及该期待为一般社会大众所认为是合理的(society is prepared to recognize as "reasonable")，即客观要件。如监听、陷阱侦查、电子监控、秘密拍照、刷脸技术、强制采样等特殊取证手段，应当通过证据立法严格规定其适用的范围、适用的条件、遵循的基本原则、批准程序以及权利救济程序，不得采用有损人体健康和人格尊严的证据收集方法；同时，对女性和未成年人应当予以特殊的保护，充分体现道德的基本要求。

证据法是实践性较强的法律，其面对的是生活在现实中的人，在立法中既不能脱离现实而过分拔高对其的道德要求，也不能以超越现实、超越人性的要求来制定一些有关证据的制度，否则会导致证据立法的虚置。因此，证据立法应在道德的框架下完善相关的证据制度，充分体现社会伦理、亲情关系和诚信原则在特定范围内的作用，甚至在真实与情感关系上作出符合道德要求的选择。如在涉及亲子关系问题的证据适用问题上，采用血缘关系的 DNA 证据并非唯一的选择，是否采用还应考虑父母亲之间的情感因素，父母亲之间的法律关系在一定程度上应当高于自然的血缘关系。随着办案对大数据高度依赖和人工智能在证明活动中的运用，道德论在此方面的任务更加艰巨。

道德论问题在一定意义上也属于价值论范畴，但价值论不能完全涵盖道德论内容。道德论对于证据法学来说是维护证据规则和证据裁判主义的底线，价值论更倾向于作为道德内在界限的衡量尺度。证据法以道德论为理论基础，不仅能够保障证据立法的科学性、合理性和符合人性，更为重要的是能够保障制定的证据规则符合我国传统文化、现实国情以及特殊的政策要求，在运用中获得社会的普遍接受，发挥证据法应有的功能和作用。

在证据法学的理论基础中，认识论是证据法的重要基础，因为它是诉讼追求客观真实不可缺少的方法，价值论和道德论则是其正当获得正确认识的基本保障。三者在认识不断深化、价值理性选择与道德底线控制的交织中共同构筑了证据法的理论基础。

【问题与思考】

英国学者边沁认为，"证据是正义之根基；排除证据，就是排除正义"。上述引例中，最高人民法院再审后，认定北大方正的取证方式合法有效，并以其获取的证据作为定案根据。遂撤销北京市高级人民法院的二审判决，判决北京高术天力科技有限公司、北京高术科技公司共同赔偿北大方正、红楼研究所经济损失 60 万元，以及北大方正、红楼研究所为该案支付的调查取证费 1.3 万元。有观点认为，在公共场所取得的私自录音，其合法性比较突出，若是以偷拍、偷录、给手机植病毒等秘密窃取方式取得或在别人私密的谈话空间中取得，不被采信为合法证据的可能性较大。若谈话纯粹涉及个人或他人隐私，而与案件无关，那么隐私权要被优先保护；如果偷录者本身也参与了对话，且话题与案件有关，录音被认定为证据的可能性就大。根据前面的引导案例，结合本章内容，参考上述答复与观点，思考以下问题：(1)法院采用何种理论认定北大方正收集的北京高术天力科技有限公司、北京高术科技公司非法复制及销售拥有著作权的方正 RIP 软件、方正字库、方正文合软件作为定案根据的标准？(2)三级法院对于北大方正等采取的"陷阱取证"方式如何进行价值衡量？(3)北大方正等采取的"陷阱取证"方式是否涉及证据的伦理基础问题？

【延伸阅读】

1. 张建伟：《证据法学的理论基础》，载《现代法学杂志》，2002(2)。

2. 易延友：《证据法学的理论基础——以裁判事实的可接受性为中心》，载《法学研究》，2004(1)。

3. 汪建成：《刑事证据理论的哲学基础》，载《法学研究》，2004(6)。

4. 宋英辉等：《证据法学基本问题之反思》，载《法学研究》，2005(6)。

5. 张保生：《证据规则的价值基础和理论体系》，载《法学研究》，2008(2)。

6. [美]亚历克斯·斯坦：《证据法的根基》，樊传明，郑飞译，北京：中国人民大学出版社，2018。

第二编 证据论

第五章

证据概述

【引导案例】

原告王某以李某借款不还为由向法院起诉。原告诉称：被告李某于 2003 年 3 月 24 日借我现金 2400 元后，一直以各种理由拒绝偿还，现要求被告立即偿还借款。王某提交了李某用铅笔写下的欠条一张，其内容为："今借到王某现金 2400 元，李某，2003 年 3 月 24 日。"对此借条，李某提出异议，称其仅借被告现金 400 元，收条中的"2400"中的"2"为原告自行添加。为此原、被告均申请笔迹鉴定。法院委托有关机构进行笔迹鉴定，因用铅笔书写，无法鉴定。法院又委托某公安局对被告李某进行心理测试。经测试，该局作出的李某心理测试报告结论为：李某所称"自己仅借到王某现金 400 元，而非 2400 元"是诚实的。法院遂根据以上报告，判决被告李某仅偿还王某现金 400 元，本案诉讼费及鉴定费由原告王某承担。

【本章概要】

本章是有关证据基础知识的内容，主要包括证据概念的界定，证据的真实性、关联性和合法性的基本特征，证据能力和证明力、证据可采性的基本属性以及证据在诉讼中的意义。证据是证据法学最重要、最基本的范畴。

第一节　证据的概念

证据是现代司法活动的核心问题，也是证据法学领域的重要范畴，在证据法学中具有基石性的地位。它不仅关系到证据法学理论体系的科学性问题，还与证明的理论紧密相关，甚至涉及诉讼法律体系的协调等问题。由于证据存在多种定义，因此形成了众说纷纭的证据表述。

一、证据定义的不同学说

证据概念是一个非常复杂的问题，由于人们对证据的认识角度和研究方法的不同，因此在理论上，中外学者有不同的观点，存在不同的表述。为了全面理解和深刻把握证据的本质，有必要对证据概念的不同定义进行梳理，通过证据概念的不同表述加深对其定义的认识。

(一)证据概念的争论与基本观点

学者基于研究习惯一般都很重视证据的概念，特别注重对法律有关证据规定的诠释、反思以及对国外相关学说的借鉴，在理论上形成了证据概念的"事实说""根据说""材料说""原因说""方法说""结果说""反映说""信息说""统一说"以及"事实材料""证明手段""证明方法"等不同观点。因此，在学习和理解证据概念时，有必要对"事实说""根据说""材料说""统一说"等主要的观点进行了解与说明。

1."事实说"

"事实说"属于我国证据法学的传统观点之一，在我国学界的影响较大，基本上具有通说的地位。"事实说"认为，证据是指能够证明案件真实情况的一切事实。[①] 由于我国的民事诉讼法和行政诉讼法没有对证据进行法律定义，学者对证据的概念主要源于对刑事诉讼法规定的理论归纳。我国《刑事诉讼法》曾规定："证明案件真实情况的一切事实，都是证据。"基于法律的规定，有学者认为，案件事实的发生，是一个既成的客观事实，随着案件的发生过程，证据也就相应地产生而客观存在着。你认识它，它是证据；不认识它，它作为证据的本质也不变。[②] 这种观点将证据概念与案件发生的事实联系起来，并将其等同于案件发生过程中所产生的客观事实。然因这种客观事实作为先验事实未进入办案人员主观视野而无法成为现实中的证据，致使事实说对证据是事实无法获得有力的证明。

2."根据说"

"根据说"认为，证据是指证明案件事实或者与法律事务有关之事实存在与否的根据。这种观点从语义学的角度出发，认为证据，是指证明的根据。证据只有一种含义，即为证明的根据。"根据"可真可假，可能被法庭所采信，也可能不被采信。[③] "证据必须查证属实，才能作为认定事实的根据。"还有学者认为，证据是法院认定案件事实作出裁判的根据。[④] "根据说"又存在一般"根据说"与"定案根据说"。这种将证据与法院采用与否联系起来的概念，将其界定在法院的定案阶段。然而，"根据说"是从案件事实的角度而言的，它相对案件事实是根据，而证据本身是什么仍然没有予以说明。也就是说，它没有就证据本身来给证据下定义。

3."材料说"

"材料说"认为，证据是能够证明案件事实的材料。"凡是能够证明案件事实的材料，

---

① 江伟：《证据法学》，206 页，北京，法律出版社，1999；王国枢：《刑事诉讼法学》，126 页，北京，北京大学出版社，1998。

② 王净：《论刑事诉讼证据的判断》，载《法学研究》，1980(4)。

③ 何家弘：《新编证据法学》，100 页，北京，法律出版社，2000。

④ 张卫平：《民事诉讼法》，183 页，北京，法律出版社，2009。

都是证据。"①我国《刑事诉讼法》规定："可以用于证明案件事实的材料，都是证据。"国外也存在类似的规定。《俄罗斯联邦刑事诉讼法典》第74条规定："刑事案件的证据是法院、检察长、侦查员、调查人员依照本法典规定的程序据以确定在案件办理过程中存在还是不存在应当证明的情况的任何材料以及对刑事案件有意义的其他情况。"在理论上，"材料说"不同于证据资料，因为材料是证据，而证据资料还不是完整意义上的证据；从语义学的角度来分析，将证人证言、当事人陈述等作为材料，似乎不太符合我国语言的传统习惯。

4."统一说"

"统一说"认为，证据是事实内容与事实形式的统一，即以法律规定的形式表现出来的能够证明案件真实情况的一切事实。②"统一说"因其本质仍保留了证据是事实的内容，在一定意义上属于修正了的"事实说"或者"根据说"。这种观点逐渐成为一种较为通行的说法。

(二)外国学者对证据概念的不同学说

外国学者对证据的定义主要有"原因说""方法说""结果说"等。

"原因说"认为，证据是使裁判者对案件证明对象确信无疑的原因，是法官对于当事人所主张的事实是否属实形成心证的原因。③如英国法学家边沁认为，使心意上发生一种信服，足以证明或否认其他事物存在者均称为证据。

"方法说"认为，证据是认定案件事实的手段或方法。如包纳尔认为，凡一切法律上之方法，除辩论外，用以证实或否认司法调查中各事项之真情者谓之证据。④

"结果说"认为，证据是裁判人员对需要说明的案件事实存在与否的认定。如日本法学家松冈义正认为，证据者，证明与证据调查之结果也。

外国学者主要将证据限定在审判阶段，多从法官自由心证的角度或者以审判中心主义的视角来界定证据，使证据体现出较强的主观性。诉讼活动中的证据，无论是证据的发现、收集还是证据的提供、认定等都与人的主观活动相联系，其本身不免要染指一些主观因素，甚至带有一定的主观色彩，但仍不是纯主观的东西，否则证据的提供和证明就失去了客观性的意义。

二、证据的定义与特征

证据作为定案根据，从认识论的视野来分析，一定是客观存在的，并与案件事实存有一定程度的关系，保持本身的真实性。证据是被人们用来证明案情的，它必须与案件事实存在某种联系，对证明案件事实有实际意义。这种联系在大陆法系国家被称为"证明力"，在英美法系国家被称为"相关性"。从价值论和道德论的角度来认识，证据应当是被法律所允许，通过法定主体依照法定程序收集、固定、保全和提出的与案件事实具有客观联系的

① 陈光中：《中华人民共和国刑事证据法专家拟制稿(条文、释义与论证)》，133页，北京，中国法制出版社，2004。
② 卞建林：《证据法学》，58页，北京，中国政法大学出版社，2007。
③ 陈计男：《民事诉讼法论》(上)，428页，台北，三民书局，1999。
④ [德]奥特马·尧厄尼希：《民事诉讼法》，周翠译，258页，北京，法律出版社，2003。

材料。证据作为定案根据首先应有"证据能力"或者"可采性"。证据的载体具有较强的客观形式，其内容可以在不同载体或者相同载体之间进行转移并发生联系。如物证与勘验笔录的关系。

证据是以法律的形式表现出来的用于证明案件事实情况的材料。从证据的内容来分析，它与案件事实具有关联性；从证据的形式来观察，它通过一定的载体存在，表现出法定的证据种类；从证明的关系来考虑，它对案件事实起证明作用，具有一定的证明功能；从本质来分析，它是揭示与案件事实之间关系的事实表达或者叙说。证据的内容离不开证据形式；证据内容具有不变性，但证据的形式是可以变化的。无论证据的形式如何变化，证据内容始终与证据的形式保持着统一性，两者一体两面。这也是证据能够被人们用于认定案件事实的基础性原因。

我们之所以强调证据是形式与内容的统一，是因为在确定证据时，首先应当强调证据的形式，如物证、书证、证人、电子数据等形式应当具备法定的证据资格；其次在辨别和审查判断证据时，重在强调证据所包含的内容，如证人的证言、鉴定人的意见、当事人的陈述等具体的内容。证据是由证据的客观形式与固定内容共同构成的，只有证据达到了形式与内容的统一，才能具有完整的证据意义。"从科学的观点来看，在诉讼证据中，形式和内容是辩证的统一。内容，就是事实材料，也就是有关事实的情况；而诉讼证据的形式，则是证明手段。对于诉讼证据来说，必须有这两种因素。证明手段如不包含案情和事实，那就什么也不能证明。相反，如果事实材料不是根据法律规定的证明手段取得的，它们就不能用来作为诉讼证据，也不能成为法院判决的根据"[①]。

我国司法实践无论是刑事还是民事抑或行政诉讼均要求围绕证据的真实性、合法性以及与待证事实的关联性进行质证，"能够反映案件真实情况、与待证事实相关联、来源和形式符合法律规定的证据，应当作为认定案件事实的根据"。根据上述对证据的分析，从实践的角度来看，证据具有以下基本特征。

（一）真实性（确实性）

证据的真实性首先要求证据所反映的内容应当是客观存在的，不是人的主观想象、猜测和臆断。在形式上表现为客观的可呈现性或反映性。具有三个层面的含义：一是证据的表现形式无论是人还是物或者状态，其本身是一种客观的存在；二是证据的内容是客观的，它是对案件事实的客观反映；三是证据与案件事实之间的联系是客观的。当然，客观性并非真实性。如歪曲呈现的现象尽管客观，但反映的内容不真实，其歪曲现象本身却是真实的。

在证据领域中，证据的真实性首先表现为客观性。客观性为办案机关或者当事人发现、收集、认识、理解证据提供了条件和基础。证据本身具有客观性，因为任何行为或事件必然在特定的时间、空间发生，并在时间的顺序上留下一些影响，造成特定的印迹；在空间上产生一些影像，遗留具有特定性的反映，即使毁灭证据也会因毁灭行为而留下证据。从另一个侧面，办案机关或当事人在收集、审查证据时，不能主观臆想，单凭自己的

---

① ［苏］阿·阿·多勃洛沃里斯基：《苏维埃民事诉讼》，李衍译，198 页，北京，法律出版社，1985。

一厢情愿，使证据的收集与运用走向反面。证据是客观存在的材料，对于客观存在的材料任何人都无法改变，这为人们能够正确地认识案件事实提供了可能。案件事实是客观的，由案件事实产生的证据也是客观的，因此证据的形式必然也表现为客观性，否则人们将无法触及进而将其转化为定案的根据。尽管案件事实的"本体"随着案件事实的发生而成为过去，证据储存的案件信息也带有过去性，但就其本身的外在形式而言仍是现实的、客观的。虽然证据在产生、存续和收集、固定等各个关键性环节都存在对证据的否定因素，甚至在某种条件下人们的主观意识决定着证据的命运，但也不能因此否定它的实际存在性或客观性。

但是，证据的客观性不同于证据的真实性。即使证据的形式与内容及与案件事实的联系是客观的，也不一定是真实的，但反推却是成立的，即真实的证据具有客观性。

证据的真实性，也被称为确实性，是指证据所反映的内容是真实的、客观存在的。虚假的、伪造的，不是证据。案件发生后，必然会存在客观外界的遗留物。这些遗留物被称为"原物""原件"。其遗留这些材料必须经过查证属实，其属实也就是真实。因此，真实性是证据最本质的特征。无论是收集证据还是审查判断证据，均应考虑影响证据真实性的因素。人们收集到的证据与实际存在的证据不属于一个层次的问题。人们的主观认识可以反映客观事物，但是无论怎样反映，都不能使客观事物本身发生任何变化。虽然人们对案件事实的认识要受到客观条件的限制，人们的认识难以达到与客观事实绝对一致，但绝不能就此否定客观事实对人们认识的判定作用。人的认识有对错，客体无所谓对错。也就是说，人们提供的证据材料存在虚假，而不是证据本身的虚假。有些"证据"被当作证据，实质上它不是证据，在意义上仅仅"被证据"而已，不符合证据的真实性。

(二)关联性

证据的关联性是指证据与案件事实之间的实质性联系以及证明力。证据的关联性是通过证据与案件事实之间的证明性而起作用的，借助于对案件事实的证明力的大小或强弱、联系的紧密或亲疏得以体现。证据的关联性就是足以影响诉讼所决定的任何事实存在与否的认定原因。若某一证据存在，其事实存在与否就具有可能性且相对无该证据存在的可能性较大，任何具有此一倾向性的证据则具有关联性。英国斯蒂芬(Stephen)解释为，"所应用的两项事实是如此互相联系，即按照事物的通常过程，其中一项事实本身或与其他事实相联系，能大体证明另一事实在过去、现在或将来的存在或不存在或者另一事实在过去、现在或将来的存在或不存在的可能"[①]。证据是在案件的产生和发展的行进中诞生的，它与案件事实必然存有这样或那样的关系，这种关系为办案机关或当事人通过证据认识案件事实提供了途径。关联性是通过证据认定案件事实的桥梁。

一般来说，证据的关联性可分为自然关联性和法律关联性。证据的自然关联性反映在证据与案件事实的关系上，表现为多种多样的联系和多层次、多角度的联系，体现出不同的证明效力。有些证据与案件事实存在直接联系或间接联系；有些证据与案件事实存在必然的联系或偶然的联系；有些证据与案件事实存在因果关系或非因果联系；有些证据与案

---

① 欧阳涛，周叶谦，肖贤富，等：《英美刑法刑事诉讼法概论》，269页，北京，中国社会科学出版社，1984。

件事实保持一致的联系或不一致的关系，从而使证据的关联性相当复杂，为认定案件事实设置了一定的障碍或增加了困难，为证据收集、调查提出了更高的要求，也使得证据发现、收集不断向技术化、专业化趋势发展。证据的法律关联性是从消极的方面限制具有自然关联性的证据力，是指对某些易于使裁判产生不当偏见或者混乱的证据，限制将其作为证据提供给法庭的法律限制性。

一般而言，作为证明材料的证据在先，作为证据结论的"案件事实"在后。这一顺序与证据产生的顺序恰好相反。在证据产生的自然过程中，案件事实在先，证据在后（不排除同时产生）。因此，不能因为诉讼证明的顺序否定证据与案件事实的联系。证据之所以成为认识案件事实的唯一根据，是因为证据来源于案件事实，它是案件事实在现实的时空中唯一遗留的"遗产"，是案件事实的承载者，与案件事实存在着千丝万缕的内在关联，具有证明案件事实曾经存在的力量。

(三)合法性

合法性，又称证据的法律性，是指证据应当符合法律的要求。它通过法律的规定来保障证据的真实性和关联性，并借助于一定的程序保持法（律）的秩序性和安定性。证据的合法性体现在三个方面：一是从证据的外部来标明自己符合法律的规定，具体体现在证据来源、表现形式和具体内容的合法性。二是从正面引导、规范证据收集、审查的主体合法地运用法定的权力（利）收集证据等方面，强调程序的合法性。只有法定人员依照法律规定的程序收集、固定、保全和审查、运用的证据，才能成为定案的根据，才能发挥证明案件事实的功能。三是限制和禁止以非法的方法来收集证据，借非法证据的排除方法来限制非法证据流入证明领域，起到净化、纯化"瑕疵证据"的功能，为证据进入法庭证明案件事实设立了一定的门槛。在德国，收集证据存在"取得禁止"和"使用禁止"要求。排除非法证据有助于遏制非法收集证据的行为或为获得证据而不择手段的行为，主要是从消极的层面来保障证据的来源与形式的客观性。

证据的合法性不是证据本体意义上的特征，也不是指证据载体的证据方法的合法性。无论是人证还是物证本身没有什么合法与否的问题。基于此，法学界存在证据"两性"与"三性"的争论。尽管证据的合法性不同于真实性、关联性，而属于人为添加的带有价值判断的特征，但不能因此而否定作为诉讼活动的证据应当具有合法性，因为它是"证据"能够成为证据的基本要素之一，也是证据法中的证据不同于其他证据的主要特征。

真实性是证据的基本内容，关联性是证据的本质特征，合法性是证据的关键；真实性是证据存在之本，关联性是证明案件事实的逻辑之石，合法性是保障证据与案件事实证明理性之源。三者并立而存，不可缺失，共同构筑了证据的基本特征。

第二节　证据的基本属性

证据作为证明案件情况以及定案的根据，除了需要从真实性、关联性和合法性进行分析外，还应当有证据能力和证明力以及英美法系国家的可采性。任何证据要想成为法庭调查的证据或定案的根据必须具备证据能力和证明力。从证据能力和证明力的角度来说明证据的基本属性，主要是受域外证据法学理论研究以及审判中心主义的影响，旨在通过程序为证据与定案根据的区分提供合理的解释。

一、证据能力

证据能力，又称证据资格或者证据的容许性，是指某些事实成为证据的法律资格，即"某一有形物能够作为证据方法来使用的资质"[①]。

证据能力是大陆法系国家的法学概念，英美法系国家称为证据的可采性或者容许性（admissibility）。证据能力是证据法学根据法律规定或者基于政策的考虑对进入法庭的某些证据的限制，其本身是一个法律问题。某些事实是否具有证据能力，不仅仅关系到它对案件事实的证明力，也影响到它对维护公共利益和公正社会秩序的影响力。

大陆法系主要由法官认定证据，一般对进入法庭的证据限制较少，"凡得为证据的资料，均具有论理的证据能力"[②]。由于大陆法系国家采用职业法官审判，法官因接受过严格的职业训练并在法律素养上优于陪审员。在开庭审判前一般没有证据能够进入法庭的前置性程序。即使没有证据能力的某些事实，原则上也可以进入法庭，只是不能作为定案的根据。由于不同的国家对证据能力存在不同界定，其理解和解释也存在一定的差异。如德国强调依照法律规定的调查程序后证据才能取得证据能力，严格的证明法则是证据取得证据能力的前提条件；日本强调证据可否获得进入公判庭的资格，具有证据能力的证据是进行严格证明的条件。

大陆法系国家证据法的重心在证据调查程序上，通过程序影响证据的收集与调查。"证据能力的概念就从证据作为事实认定的根据的法律资格转化为能够在公开审理阶段出示和获得法官审查的法律资格"。[③]

证据能力作为证据的属性可作以下理解。

（一）证据能力是某些事实作为证据的资格

从证据的本质来分析，证据能力不是证据本身具有的品性，而是法律为满足某种价值观念的需要从外部强加于证据的属性，因此，证据能力问题一般由法律明确规定。

大陆法系国家的法律对证据能力一般不作积极的规定，而是采用消极的形式规定哪些证据无证据能力或证据能力受限。一般来说，法律对证据能力采用正面或肯定性规定无法达到穷尽，而采取否定的规定能够达到规范证据能力的目的。对于证据能力的限制理由主要从证据本身的不可靠、有导致错误裁判的可能或者诉讼的拖延以及为了制裁、预防违法的证据收集行为等方面考虑与衡量。

证据能力与证据的关联性（relevance）有关。具有证据能力的证据都具有关联性，然而具有关联性的证据不一定都具有证据能力。证据虽然具有关联性，但其基本证明价值明显不及其所含的不当偏颇效果，有混淆争点或误导陪审团的危险，或者不当迟延、耗费时间

---

①　［日］高桥宏志：《重点讲义民事诉讼法》，张卫平、许可译，27 页，北京，法律出版社，2007。
②　陈朴生：《刑事证据法》，205 页，台北，三民书局，1979。
③　陈朴生：《刑事证据法》，67 页，台北，三民书局，1979。

或不必要的重复举证时，则不得作为证据①，也不具有证据能力。证据能力是一个严格受到法律规范的问题。

（二）证据能力与严格证明紧密联系在一起

在证明的程度上，任何证明应当要求有相同的标准，但对于是否严格遵守法定的调查方式则存在不同的要求。因此，不同的证据调查方式对证据的要求也存在区别。相对于自由证明，严格证明对证据的要求高于自由证明；其证据不仅要有证明力，而且还应当具有证据能力。所以有学者把证据能力称为证据具有作为严格证明之用之"资格"者，或"能够作为证据进行证据调查、可以作为事实认定的资格，称为证据能力"。从证据能力确立的意义以及庭前证据交换程序设立的趋势来看，证据能力作为严格证明的前提较为妥当。对于某些事实是否具有证据能力应当在审判前进行审查与判断。只有这样，才有可能消除法官对无证据能力的某些事实对心证的影响，才能发挥证据能力拦截无证据能力的证据进入审判程序的功能。

（三）具有证据能力的证据以证明案件的实体法事实作为对象范围

在刑事诉讼中，证据能力涉及的案件事实主要为犯罪事实与刑罚事实；在民事诉讼中，证据能力涉及的案件事实为当事人争议的涉及实体权利的要件事实；在行政诉讼中，为行政行为合法与否的事实。程序法事实的证明对证据的要求一般低于实体法事实；在实体法事实中不能作为证明根据的证据，则可以作为程序法事实的证明根据。

证据能力尽管是一个法律问题，但不能简单地将其等同于证据的"合法性"。证据能力在证据方法层面上理解，与证据合法性相关；在作为认定案件事实根据层面上理解，则与证据的真实性、关联性有关。同时，证据的"三性"解决问题也不仅仅限于证据能力问题，还包括证据的证明力问题。

对证据能力在立法上一般采用反面、消极方式予以规定。无证据能力的证据一般包括两种情况：一是缺乏关联性的证据无证据能力；二是被排除的证据无证据能力。证据能力的判断取决于证据法规则，纯粹是一个法律性的概念，属于价值判断的范围。

二、证明力

证据的证明力，又称为证据的效力或者证据价值，是指证据对案件事实证明是否有作用以及作用力大小的程度。它是证据本身所具有的自然效力及其内在的属性，具体指"证据资料对待证事实所起的认定作用的大小"②。

证明力是证据本身固有的属性，所有证据均对案件事实具有证明力。但因证据类型的不同，其证明力存在强弱的差异。同时证据证明力的客观存在形式也不是单一的，存在着多种多样的情形，但这些情形是能够被人们所认识的。

一般来说，证据对案件事实有无证明力以及证明力的大小取决于证据与案件事实有无联系以及联系的紧密程度。证据的证明力与证据的关联性有着密切的联系。关联性强调的是证据与案件事实的联系，证据的证明力强调的是证据对案件事实的证明作用。两者之间

---

① 参见《美国联邦证据规则》第 403 条的规定。

② ［日］高桥宏志：《重点讲义民事诉讼法》，张卫平、许可译，27 页，北京，法律出版社，2007。

不能完全等同。因为证据的证明力只涉及证据的事实范畴，反映的是具有证据能力的证据对案件事实的反映程度与证明程度。这种对案件事实的反映和证明既存在着肯定性的证据，也存在着否定性的证据；既可用以证明相关的案件事实，又可用以反驳与案件事实不相关的情况（证实的证据与证伪的证据存在差异）。证据的相关性说明的是证据对案件事实有存在证明作用的一种可能，至于证据最终是否能够发挥证明作用以及证明作用的大小，在案件事实未被认定前一般无法绝对化。

各国法律对证据证明力，特别是对证据证明力的权衡，一般由法官自由心证，赋予法官一定范围的自由裁量权，并由其斟酌情形而作出决定。"盖证据，千态万种，其价值各有差别，本难以法律定其选择标准。"[①]证据证明力与证据自然关联性有关。证据的证明力取决于证据与案件事实的客观、内在联系及其联系的紧密程度。一般而言，同案件事实存在着直接的、内在联系的证据，其证明力较大；反之，其证明力较小。尽管证明力的有无以及大小一般由法官自由裁量，但因不同种类的证据对案件事实存在的关系度不同，一般情况下其可靠程度有所不同，其证明力也存在差异性。因此，不排除法律对不同证据之间证明力作出指导性规定；但在具体适用时绝不能过于机械或者绝对化。

法律规定证据的证明力由法官自由判断，并不代表法官对证据证明力的判断和衡量不受任何条件或者因素的限制，由法官完全任意地裁量。法官衡量证据的分量以及对认定案件事实的效力，不得违反经验法则和论理法则，不得违反科学与常识，同时还受程序规则的限制。

证据能力与证明力是证据的基本属性，也是证据法学中两个相当重要的概念，证据能力与证明力之间既存在联系，同时两者之间也存在区别。

1. 证据能力与证明力的联系

证据能力和证据的证明力是证据这一事物的一体两面：前者是对证据法律性的规范，后者是对证据自然性的规范。两者互为前提，辩证统一于证据之中，并共同构成了证据的属性。

证据能力是可能性的范畴，是法律对于某些事实能否成为证据的资格性规定，只有符合法律关于证据能力规定的事实证据材料才有可能被提交到法庭，成为证据；证明力是现实性的范畴，是在证据具备证据能力基础上将证明的可能性转化为证明的现实性，是证据对案件事实实际发生证明价值之所在。两者在起源上，证据的证明力先于证据能力而产生，证据能力为证明力所决定，没有证明力的证据必然没有证据能力；从证明的逻辑顺序上来看，"证据必须先有证据能力，即须先为适格之证据，或可受容许之证据而后始生证据力之问题，因此学者有谓证据能力系自形式方面观察其资格，证据力系自实质方面观察其价值。"[②]

证据能力对证明力有积极的限制和消极的限制两种。积极的限制主要涉及对某些事实来源、取得方式的限制。消极的限制是指在程序法上不能作为证据使用的限制，如法律禁止何种证据材料作为证据、因证据能力的规定使得某些具有证明力的事实因特殊原因不能发

---

①　陈朴生：《刑事证据法》，574 页，台北，三民书局，1979。
②　刁荣华：《比较刑事证据法各论》，5 页，台北，汉林出版社，1996。

挥对案件事实的证明效力等。从证据适用的意义上来看，证据没有证据能力就没有证明力。

2. 证据能力与证明力的区别

证据能力是一个法律问题，在法律上规定何种材料能成为证据，不符合法定的限定条件是某些材料具有证据能力的前提。只有具备了证据能力才能成为证据。一般来说，证据能力主要体现在证据的真实性、关联性和合法性上，合法性与证据能力的关系更为密切。证明力属于事实问题，主要解决在作为证据事实的法律问题之后，对于具备证据能力的证据进行审查判断，从中探求其对案件证明作用的程度。

证据能力涉及的问题主要体现在认定和采用应当符合实体法和程序法的有关规定，注重价值衡量下的法律规范。一般包括：（1）证据是否为法定人员所收集；（2）证据的收集是否符合法定程序；（3）证据的收集是否采用非法的方法；（4）证据的内容是否侵犯他人的合法权利；（5）证据的形式是否符合法定的要求。证据的证明力主要体现在证据自身的作用。如从法律的角度分析，以刑讯逼供以及其他的非法方法或者法律禁止的方法获得的证据没有证据能力，但是不排除这些证据确实具有证明案件事实的作用。

证据能力和证明力是证据的基本属性，只有对这两种属性进行全面的考察、分析，才能为证据法确立证据规则提供科学的基础，才能为制定科学的证据规则提供条件，进而保障案件事实认定合法有效。

三、证据可采性

英美法系国家将证据的属性聚焦于证据可采性或者容许性。在英美法系国家，由于审判采用陪审团制度，案件事实的认定主要由陪审团进行，法律为防止陪审员在证据适用上出现偏见或涉入感情因素，对提交法庭的某些证据作出了一些限制，意图通过审判前的证据开示或者听审程序来过滤无证据能力的"证据"，为进入法庭的证据设定了一定的条件。基于此种意义，可采性或者容许性的概念更能体现这一含义。

英美法系国家与大陆法系国家在规范证据能力上的差异，与它们的诉讼模式、陪审制度有关。证据法的重点在证据的可采性（证据能力）上，通过可采性来限制陪审团认定事实和当事人的辩论范围。这种容许性是对何种证据可采与排除，不同于不相关性排除，因相关性证据也可能没有可采性。一般而言，相关证据具有可采性，不相关的证据不可采。证据的"关联性"不同于证据的可采性。在英美法系国家证据法中，证据的关联性与可采性也不是一个并驾齐驱或在应用上等量齐观的问题。关联性一般作为证据能力的基础，它与证据是否源于案件事实有关。可采性则是在关联性的基础上的判断规则，由此派生了"有关联性证据"是否可采纳的问题，具有浓厚的价值判断和衡量成分。可采性尽管包括容许性，但存在限制，形成了较多的排除规则，如传闻证据规则、品格证据规则，意见证据规则等。

第三节 证据的意义

证据是整个诉讼活动的基础和核心，一切诉讼程序的展开与推进都是围绕着证据进行的，没有证据，诉讼就无法进行。证据对诉讼活动具有至关重要的作用，并在诉讼中具有特别重要的意义。

一、证据是诉讼展开的前提条件

证据是诉讼展开的前提条件，没有证据诉讼就无法进行。对当事人而言，提起诉讼首先要提供证据。如《民事诉讼法》规定"当事人对自己提出的主张应当及时提供证据"，起诉状的主要内容也包括证据和证据来源。当事人如若依法保护自己的合法权益，必须依靠证据来证明争议事实的存在及其主张的成立，只有提供了足够的证据，法院才有可能对其合法权益予以确认。对于法院来说，证据是认定案件事实的前提，是查明案件事实的基础。法院判案必须"以事实为依据"，而"以事实为依据"就是以证据所证明的案件事实为依据，在一定意义上也可以解释为以证据为依据。有争议的案件事实一般发生在诉讼之前，法官事先并不了解这些事实，这些事实也不会在诉讼中自动呈现于法庭之上，证据不会自动去认领事实。在诉讼中，由于当事人利害关系的对立，对案件事实的陈述往往各执一词，提供的证据也不相同。在这种情况下，法院要查明案件事实的真相，必须凭借证据。否则，裁判所认定的案件事实就成为无源之水，而法律适用最终也会变成无本之木。在诉讼的各阶段中，证据是由前一个诉讼阶段进入后一个诉讼阶段的实体条件，其推进诉讼的作用尤其明显。

二、证据是实现司法公正的基础

证据是证明案件事实存在与否的根据，是发现真实获得公正裁判的基础。法院要想查明案件事实必然依赖于证据，因为证据是"真实的故事之足迹"和探知过去发生的案件事实的唯一手段，也是连接过去的事实与现时裁判的重要纽带，它对保障证据裁判原则的实现、维护司法公正(程序公正和实体公正)均具有基础性的作用。

证据的基本功能不仅仅是对待证事实起证明作用，在诉讼活动中还是启动程序的必备条件。任何诉讼活动的启动、发展和终结均需要一定的证据支持。只有具有足够的证据，才能保障程序迅速地运行。同时，证据又是查明案件事实和判断是非曲直的必要前提，这些实体性问题也需要借助于公正的程序来实现。也就是说，只有借助于正当性、合理性、人道性和公正性的手段和方式收集证据、固定证据和审查判断证据，才能保障案件事实得到准确的发现和科学的确认。"惟在法治社会之定分止争，首以证据为正义之基础，既需寻求事实，又需顾及法律上其他政策。认定事实，每为适用法律之前提。因而产生各种证据法则，遂为认事用法之所本"。证据不仅是保障程序公正的基础，更是实现司法公正的基础。

另外，对证据概念的合理与科学的界定，特别是保障其应有的诉讼性特征，对于建立科学的证据规则和完善证据制度，完成证据维护合法权利的任务和实现诉讼追求公正的目的均具有重要的意义。

【问题与思考】

胡适认为，"没有证据，只可悬而不断；证据不够，只可假设，不可武断；必须等到证实之后，方才可以算作定论"。上述引例中，法庭在参考"心理测试"结果及上述证据后，判决认定李某偿还王某现金 400 元。然而，最高人民检察院《关于 CPS 多道心理测试鉴定结论能否作为诉讼证据使用问题的批复》中指出："人民检察院办理案件，可以使用 CPS 多道心理测试鉴定结论帮助审查、判断证据，但不能将 CPS 多道心理测试鉴定结论作为证据使用。"最高人民法院发布的《关于人民法院民事诉讼中委托鉴定审查工作若干问题的规定》中指出，测谎结果不属于民诉法规定的合法的证据形式，只能起参考作用。根据前面的引导案例，结合本章内容，参考司法机关的规定，思考下列问题：(1)法院根据何种证据作出案件事实的认定？(2)该案的"心理测试"结果是否能作为判定依据？(3)作为定案根据的证据应当具有何种属性？(4)测谎结果能够证明什么及证明了什么？

【延伸阅读】

1. 张继成：《事实、命题与证据》，载《中国社会科学》，2001(5)。

2. 汤维建：《关于证据属性的若干思考和讨论》，载《政法论坛》，2000(6)。

3. 张保生、阳平：《证据客观性批判》，载《清华法学》，2019(6)。

4. 何家弘、马丽莎：《证据"属性"的学理重述——兼与张保生教授商榷》，载《清华法学》，2020(4)。

5. 张保生：《事实、证据与事实认定》，载《中国社会科学》，2017(8)。

第六章

证据的种类

【引导案例】

上海建筑公司的一台起重机在施工作业时不慎将附近一民宅山墙撞塌，致使该民宅内的部分家具及电器受损，此外该民宅内的一名老人因受到惊吓在匆忙离开现场时摔了一跤，致使大腿骨折。事故发生后，双方当事人对赔偿金额存在较大分歧。该民宅的房主李某诉诸法院，要求被告上海建筑公司赔偿其经济损失。原告李某在起诉时向法院送交了如下材料及实物：①当地电视台《每日观察》记者现场采制的录音录像带。②李某拍摄的现场物品受损的照片。③事故发生前三个月李某为装饰房屋所签订的装饰合同书及付款凭证。④松下微波炉的实物和东芝手提电脑的实物。⑤李某母亲腿部骨折诊断书以及医疗费用清单的复印件。⑥居委会提供的证人证言。⑦现场部分围观群众提供的证言。⑧赔偿费用一览表及计算办法。⑨起重机现场位置图及车牌号。被告提供的材料有：①被告现场拍摄的若干幅照片。②现场局部实物特写及放大照片。③松下微波炉和东芝手提电脑的位置图及上述两物品周围无山墙倒塌物的照片。④被告于事发当日修复山墙的实景照片。

【本章概要】

本章是有关证据法定分类的内容，主要包括各国证据立法模式和法定证据种类。证据分类可归纳为开放型的证据形式、半封闭型的证据形式和全封闭型的证据形式三种类型。我国的法定证据种类主要包括物证、书证、证人证言、当事人陈述、鉴定意见、笔录（勘验、检查、辨认、侦查实验与现场笔录）、视听资料和电子数据。

第一节　证据种类概述

证据种类，又称证据的法定形式，是指法律基于一定标准对证据进行的划分。证据种类是立法者根据实践经验、诉讼的需要以及证据的外在形式对其所作的类别上的区分，旨在借助于证据的各种法定形式建立与之相对应的证据规则,便于司法实践根据证据的不同特点寻找最为合适的发现收集、固定和保全证据的方法以及审查判断规则等。

一、证据种类的立法状况

证据是外在形式与本质内容的统一。尽管证据在证明案件事实时具有相通性,却因其不同的内容与不同的存在形式对案件事实发生着不同的证明作用。为了明确各类证据的特征和便于对不同证据的收集、固定、保全、审查判断,法律根据证据形式和内容作出不同的分类,形成了证据的法定种类。

证据的种类是立法者根据证据的外在表现形式和立法经验,借助于立法的方式在法律规范上对证据所进行的一种分类。各国的证据分类模式可归纳为三种类型,即开放型的证据形式、半封闭型的证据形式和全封闭型的证据形式。

(一)开放型的证据形式

开放型的证据形式是指证据的分类并不囿于司法实践中已有的证据形式,对可能会出现或者将来可能会出现的各种证据保持等待和包容的态势,法律对证据类型不予确定性规定。这种证据形式多为判例法国家所采用,它可以随时接纳新的证据类型作为证据。如《美国联邦证据规则》和《英国民事证据法》没有对证据形式进行任何逻辑上的法定分类。

(二)半封闭型的证据形式

半封闭型的证据形式是指证据法或者诉讼法分别对证据形式进行分类,不严格拘泥一种分类模式。这种分类方式多存在于法国、德国、日本等大陆法系国家的诉讼法中。

(三)全封闭型的证据形式

全封闭型的证据形式是指证据形式是通过立法的方式对证据进行列举或者限定,立法确定证据形式的法定类型,如俄罗斯和我国的证据形式属于这种模式。

无论证据形式采用何种类型,立法对其采用何种模式,各国立法均对证据种类作了规定。英国证据法对证据规定了三类,即口头证据、文书证据和实物证据;美国证据法规定为证人证言、实物证据、书证和影像证据;俄罗斯法律规定为犯罪嫌疑人和刑事被告人的陈述、被害人陈述、证人的证言、鉴定人的结论和陈述、物证、侦查行为的笔录以及审判行为的笔录和其他文件。我国三大诉讼法根据各自的特点规定了法定的证据种类。《刑事诉讼法》规定为物证、书证、证人证言、被害人陈述、犯罪嫌疑人、被告人供述和辩解、鉴定意见、勘验、检查、辨认、侦查实验等笔录、视听资料、电子数据。《民事诉讼法》规定为当事人的陈述、书证、物证、证人证言、视听资料、鉴定意见、勘验笔录、电子数据。《行政诉讼法》规定为书证、物证、视听资料、电子数据、证人证言、当事人的陈述、鉴定意见、勘验笔录和现场笔录。我国法律将证据规定为八种类型有一定的合理性,它有利于立法者根据其不同特征制定不同的证据规则,也有利于证据审查判断规则的统一。但是采用全封闭的立法模式的弊端也是明显的。立法可以采用半封闭的形式,以便随着社会的发展容纳一些难以归于"法定种类"之中的其他证据形式。

有学者认为,根据客观存在、被书记载、被人感知的事实构成情况,可将证据分为人证、物证与书证三类。也有学者认为,无论社会如何发展、科技如何发达,也不论证据以何种形式体现出来，其载体均不外乎语言和物两种。还有学者认为，当事人的陈述、鉴定意见和勘验、辨认、侦查实验笔录不应作为证据的独立类型。

二、证据种类的意义

证据的种类是法律规定的，具有较强的规范性。一般来说，只有法律规范所确定的证据形式才具有证据资格。由于每一种证据规则都指向特定的证据形式，没有特定的证据形式，证据规则也就会失去了存在的基础。因此，法律对证据进行必要的分类是应当的，也是必要的。对证据进行科学分类具有以下意义。

(一)有利于正确认识各类证据的特征

对证据进行科学分类是认识和研究证据的一种重要的逻辑思维方法，它对于正确认识各类证据具有重要的指导作用。只有按照一定的标准对证据进行分类，才能把不同形式的证据区别开来，才能进一步揭示各类证据的共同点和差异点，发现其证明案件事实的一般规律以及独特方式和不同作用点，使当事人或办案机关能够更好地把握各类证据本质特征，从而避免对证据认识的盲目性。

(二)有利于证据规则的制定

法律规范之所以规定证据的种类，通过规范证据赖以存在的形式来进一步明确、调整各类证据进入诉讼程序的方式，为当事人或办案机关有规律地运用证据提供类型化模式，是因为每一个证据都有自己的特点及发现、收集、固定的方法，各类证据都有不同的审查、判断和适用的标准。只有科学地对证据进行分类，才能合理地确定证据各自的特征，并根据不同的证据形式制定不同的证据规则。如意见规则对应的是证人证言；传闻规则对应的是言词证据(以书面或口头转述的方式提供的证人证言)；自白任意性规则对应的是被告人口供；违法证据排除规则对应的是非法获得的人证和物证；等等。同时，对相同类型的证据通过分析与研究，可以寻找出共同的规律，为制定一般需要遵循的规则提供基础。

(三)有利于及时迅速地收集、提供和审查判断证据

法律对证据进行科学的分类，有利于当事人或办案机关根据不同的证据种类采用适当的方法或者手段去发现证据、收集证据，并为其提供审查判断不同类型证据的标准。同时，他们可以借助于证据类型的特征针对不同证据采用不同的发现、固定、保全和审查判断方法，及时有效地运用证据，也为审判机关依据证据进行裁判提供了尺度。

法律对证据进行法定分类，旨在使具有共同本质属性的同一种类证据归为一类并予以特定化，为当事人或办案机关准确认识、理解和运用证据提供指导，也为理论研究不同证据奠定了基础。因此，无论在理论上还是在实践中对证据进行科学分类均具有重要的意义。

第二节　物　证

物证作为一种客观性较强的实物证据，具有悠久的历史。其立法概念最早见于1808

年《法国刑事诉讼法典》，其含义范围相当广泛。有学者认为，物证包括为法庭检验而出示的有形物(动产、文件、照片、电影和录音)或者法庭可以听取的材料(信息)。① 也有学者将其作为文书、勘验物的类型化，即"物证有文书、勘验物"。② 我国古代已经将物证作为一种独立的证据类型。我国现行三大诉讼法均将物证作为法定证据种类之一。

一、物证的概念和特证

物证(real evidence)，是指以其自身的物质属性、外部特征和存在的位置、场所或状态等方式来证明案件事实的证据。其中，物质属性是指物证自身具有的规定性，主要包括各种物理、化学、生物性质，如质量、成分、结构、功能、颜色等；物证的外部特征是指物证的客观存在的形状、大小、数量、新旧、破损程度等；物证存在的位置、场所或状态是指物品或痕迹所处的位置、环境、时间与空间以及与其他证据之间的关系等，如某人的脚印出现在了某现场，可以证明某人曾到过该现场。

物证的形式主要有物品和痕迹。这些物品和痕迹主要包括：行为工具、行为直接产生的物质对象以及表现行为后果的物品与痕迹，由行为产生的非法物品或者痕迹，反映行为人特征的物品和痕迹，行为过程中产生的物品和痕迹，由其他行为产生或遗留的物品和痕迹。另外，动物、植物、人体以及大量的微量物质和气味、热、电、能等无形体物质也是物证。

早期的物证概念仅仅包括物品。"物证是物质世界中，符合法律规定的特征，被用来作为证据来源的各种物品。"③物证可区分为痕迹与非痕迹。由于人们习惯将物品看成痕迹以外的物证，不再包括痕迹，因此痕迹自然而然成为一种区别于物品的物证。

"物证"不同于"证物"。这是两个不同的概念，是部分和整体的关系。物证并非仅仅是物，它还包括痕迹及无形体物质。但物证不能离开物，物是物证的载体。证物是以物的形式来证明案件事实，不包括痕迹。

物证具有较强的客观性、易失性、特定性。它被誉为"哑巴证据"，即自己不能直接证明案件事实，属于间接证明，只能与其他证据一起来证明案件事实。物证具有以下特征。

(一)物证具有较强的客观性

案件必然发生在一定的时间和空间内，并与特定环境中的物体产生联系，引起一些物体的外在形式、外部特征、内在属性和整体结构在某些方面或某种程度上发生变化。这种变化了的物体特征能够反映案件事实的发生、发展以及变化的过程，并作为载体记载这些事实情况，成为证明案件事实的根据。以物体作为载体记载的案件事实的变化不以人的意志为条件，受制于自然界的客观性。它具有能够证明案件事实客观存在的特征，或与外界存在的特别联系，不容易被人任意左右或者肆意更改。与其他证据相比较，其形式与内容表现出较强的客观性。

在英美法系国家，物证也被称为"实物证据""指示证据""客体证据"。有些物证本身的

---

① ［英］理查德·梅：《刑事证据》，王丽等译，12 页，北京，法律出版社，2007。

② ［日］兼子一、竹下守夫：《民事诉讼法》(新版)，白绿铉译，118 页，北京，法律出版社，1995。

③ ［苏］И. В. 蒂里切夫等：《苏维埃刑事诉讼》，179 页，北京，法律出版社，1984。

内容难以被常人所认识或者理解，只有借助于科学的方法或手段才能从物品或痕迹的客观存在或它们与外界的客观联系本身推导出证明事实的内容。然而，科学技术手段本身也具有一定的客观性，并能保持其原有的客观性，所以人们将物证作为一种最可信的证据，并视为"为自身说话"的证据。

在司法实践中，有人认为物证也会出错，因此否认其客观性。实质上，这种错不是出在物证的客观性上，而是由收集物证所采取的方法、手段有错误或对物证的认识有误所造成的，属于人主观上认识能力的问题。如解读物证的人在逻辑推理上出现错误，或受到了物证技术本身的限制而未能科学揭示物证的真正内容。这些问题不是物证内容本身的问题，而是受到了人的主观因素的影响，因此不应当得出物证也会出错的结论。出错的仅仅是人对物证的认识和判断。

物证的复制模型、照片不等于物证本身。尽管司法实践中可以提交物证的复制品或照片，但这些复制品或照片因不是原物体或痕迹，还需要与原物体或痕迹进行核对；即使核对无误也不是物证，仅仅是物证的替代品。

因此，只有在物体或痕迹的反映物与原物体或痕迹之间没有任何差异的情况下，这些表现物体或痕迹的模型、照片才能够成为原物或痕迹的替代品。物证的这一特点决定了当事人及办案机关对物证进行调查时，应当遵循提交和出示原物的规则，只有出现提交和出示原物成为不能或者存在法定障碍时，才可以依照法定程序提交和出示原物的复制品或者复制件。如我国《民事诉讼法》第73条规定："物证应当提交原物。提交原件或者原物确有困难的，可以提交复制品、照片……"

(二)物证具有稳定的特定性

物证伴随着案件事实的发生而产生，它是对案件事实的原始物质本身的直接反映，是以物品或痕迹的客观存在或与外界的联系来证明案件事实的。也就是说，在案件事实发生时物证与案件事实相关的特征就已经客观存在了，或者与外界已经保持特定的客观联系了。这种特征和联系具有独立存在性，只要没有人去实施积极的干扰行为或者消极的损害活动，一般不容易发生改变。即使作为物证的物品或痕迹因自然或者人为因素发生了变化，人们根据变化规律也能够发现其特定性。它不像语言或文字那样容易受人为因素的影响。

物证具有的内容能够永久地被保存在特定的物质之中，具有较强的稳定性，一般难以通过其他传来的方式而重新保留其本质的内容。其替代物、同类物或模型不能代替物证本身。复制品、照片仅是物证的影子或反映，一般不能作为物证使用，因为它们具有可替代的易变性而没有物证本身所具有的稳定的特定性。

(三)物证在证明上具有间接性

物证作为证据在证明案件事实时，因自身无法证明自身与案件事实之间存在联系，一般要与其他证明手段结合起来才能发挥证明作用，所以法律对收集物证的方法和程序均作严格规定，如勘验具有严格程序规则。物证在证明案件事实时，常通过鉴定、勘验起作用，由具有专门知识的人借助于仪器设备或其他科学技术手段来使物证发生证明作用。物证的证明作用不仅靠科学技术手段，而且物证的发现和收集同样也要靠科学技术手段。因此，在司法实践中，对物证的适用不仅要对其特征予以分析，而且也要对收集它的科学技术手段的科学性进行审查，以免收集的方法不当或不科学，使物证受到破坏、污染或者出现假的"物证"。

物证的这一特征使其与现场勘验、检查、辨认笔录和鉴定意见联系起来。尽管我国将现场勘验、检查、辨认笔录、鉴定意见作为一种独立的证据类型，它们有时也反映收集物证、保全物证的过程，甚至有些是解读物证的产物或者固定物证的方法，但它们的存在常常依赖于物证的存在，物证是它们的母体。

物证不同于书证，将物证与书证作为不同类型的证据形式，并不妨碍某物在同一个案件中，在不同的情况下表现为不同的证据类型。如对一份书面遗嘱，当我们从真假的视角来作为证据考察时，该遗嘱就属于物证；当我们从遗嘱记载的内容来确定分配遗产方案时，该遗嘱则是书证。

二、物证的分类

物证根据不同的标准可以分为不同的类型。物证的分类有利于对其获得更为深刻的认识，从而准确地把握它的基本特征，保障适用的正确性。根据不同的标准，物证可作以下分类。

(一)根据载体不同，物证可分为人体物证、物体物证和文书物证

1. 人体物证

人体物证是指人体遗留的物证。这些物证主要包括人的身体遗留的物证和遗留在人的身体上的物证。人的身体遗留的物证一般为指印、足印等痕迹及人体物质分泌、脱落的体液、分泌物、排泄物、毛发等；遗留在人的身体上的物证主要是指人体的创伤痕迹。

2. 物体物证

物体物证是指物体在发生作用的过程中遗留的痕迹。它包括工具痕迹、车辆痕迹、枪弹痕迹、擦刮删改痕迹、物体的分离痕迹和气态、液态物质等。

3. 文书物证

文书物证是指遗留在文书上的痕迹及文书载体的物质材料。遗留在文书上的痕迹主要指笔迹及制作文书遗留痕迹；文书载体的物质材料主要是指制作文书时印发或书写的物质材料，包括墨水、油墨、印油、墨粉以及文书自身的材料成分等。

(二)根据表现形式不同，物证可分为物品物证、痕迹物证和微量物证

1. 物品物证

物品物证是指由实物粒子等物质资料构成的物品。物品物证以其形成、占有、作用的情况或者特征不同于其他物品的作用，或者特征变化等来证明案件事实。

2. 痕迹物证

痕迹物证是指外界因素作用于固体物质而遗留的印迹。痕迹一般以其形态和分布位置，或者反映造型体的特征，或者痕迹形成的过程来证明案件事实。

3. 微量物证

微量物证是指证明案件事实的无形物质(气味、热能等)。这种证据通过借助于科学技术手段获得的物质成分的结构、含量、成分的比例等来证明案件事实。

(三)根据能否当庭出示，物证可以分为当庭出示的物证和不能当庭出示的物证

当庭出示的物证是指能够提取、携带、保管的，在法庭上能够被展示的物品。这些作为物证的物品当庭出示，由当事人辨认，并附卷备查。

不能当庭出示的物证是指不能提取、携带或者搬运、保存的物品和痕迹。这些作为物证的物品和痕迹应当通过拍照、录像、复制等方法予以出示和存入案卷，并附文字予以说明。

在物证立法和适用中，由于有些物证无法进入法庭，如体积较大而无法搬运到法庭的物品、易于腐烂的水果等，而法庭又需要亲历和记载这些物证，就需要物证的复制品作为传来证据予以替代。因此，立法不能排除传来证据，其适用也不能过分或者机械强调物证的原始性。

三、物证的意义

在证据法学界，有人主张取消物证这一证据形式或证据方法。因为物证一般情况下要转化为鉴定意见、勘验、辨认笔录或公证文书，可由这些证据形式予以替代，无须再设立独立的证据形式。我们认为，在一定的条件下物证需要转化，其转化的仅仅是物证的证据内容，如鉴定意见是采用鉴定人意见的形式来揭示物证内容，而作为物证本身原有的内容仍没有发生变化，其内容所包含的事实仍是客观的，存留在物证的载体中，因此保留这种证据类型是必要的。物证作为独立的证据类型具有以下的意义。

第一，在诉讼中，当事人以及办案机关通过物证可以发现、证实案件事实，并可以通过物证确定案件的性质，如侵权诉讼中被损害的物品以及掺杂、掺假的产品等。

第二，物证能够验证证人证言、当事人陈述等的真实性，是鉴别其他证据真伪的重要手段。物证虽然具有"哑巴证据"的特征，一般不能直接证明案件事实，但物证的客观性较强，证明力较大，只要真实，就能有效地验证证人证言、当事人的陈述等言词证据的真实性。一般来说，言词证据需要实物证据验证，特别是需要物证予以佐证。

第三，物证与其他证据结合起来能够认定案件事实。勘验、检查、辨认及现场笔录本身可以证明物证的特征、所处的空间位置以及物证之间的外部联系。根据这些笔录，结合物证本身可以认定案件事实。从物品或痕迹所处的位置、环境以及与其他证据之间的关系也可以判断某些案件事实是否存在。物证对证明案件事实具有重要的作用。

另外，物证是一种传统的、被广泛采用的、具有独立性的证据类型。对物证进行深入的理论研究，无论是对于运用物证揭示案件真相的司法实践，还是完善有关证据的立法，都将会产生深远的影响。

第三节　书　证

书证是一种古老的证据形式。据我国古代《周礼·地官·小司徒》和《周礼·秋官》记载："地讼以图正之。"西周时的诉讼中有书证使用的历史。如《云梦秦简·封诊式》规定，逃亡罪要以簿籍记录为证。

一、书证的概念和特征

书证是指以文字、符号、图形等所表达的思想和记载的内容对案件起证明作用的证据，例如合同书、各类提单、转账单、资金流向单证、各种证件等。

书证以记载的内容或表达的思想来证明案件事实，在表现形式上属于有一定的物质载体为媒介的书面文件或者某种物品。在英美法系国家，书证(documentary evidence)被称为文书证据，是指法院从向法院提出的文书中得悉有关事实的证据。在日本，书证除文字、图形材料外，"通过查阅文书，把在文字中记载的意思和内容作为证据资料而进行的调查证据叫做书证"①。书证是最为常见、最为重要的证据之一，作为一种独立的证据类型具有以下特征。

(一)书证具有证明上的直接性

书证是指以文字、图形符号等记载或表达的内容和思想来证明案件事实的证据。这种证据虽然也需要依附于一定载体，但它不是以内容的载体或者记载或者表达这些内容的文字、图形、符号本身的形态来证明案件事实。既然书证是以其记载的内容和思想来证明案件情况的，那么，它所记载的内容或所表达的思想就必须能够被人们认识和了解。只要是有思想含义、供人了解的书面资料或者物品，无论大小、多少、认识和了解的人数多寡，都属于可供人们认识和了解的内容之列。

书证的适用应当以理解文字、图形和符号的含义为基础。由于书证具有明确、具体并能够被人所理解的特征，在一般情况下，人们能够依据其内容所表达的意义或者思想直接判断其与案件事实的关系，无须再经过中间的证明环节来加以分析判断。这一特征体现出书证的直接证明案件事实的性质。

(二)书证具有稳定性

人们为了生存、交流与发展，每时每刻都在与他人进行交往和联系。人们相互交流与联系的方式，除了口头和肢体语言外，就是书面材料。许许多多的"书面材料"或者物品一旦形成，不仅其内容被固定，而且其形式也会保持相对的稳定，一般不会受时间和空间变化的影响，并易于长期保持。在其形式没有被毁损之前，即使经历了数十年，甚至上百年，仍然能够辨别和理解其内容。即使是年代久远的几代人传承下来的"契约"，今人仍可知晓其内容和思想，并能够通过其文字、符号和图形等方式表达的内容和思想来确认案件事实。同时，书证一旦生成，其形式也难以改变，即使是被篡改、变造也易于被发现，利用科学技术还能够被恢复。因此，书证表现出较强的稳定性。

(三)书证具有思想性

书证是指以文字、符号、图形等所表达的思想或者内容来证明案件事实的。尽管其载体或制作工具是客观的，其文字、符号、图形本身也是客观的，但其所表达的思想和记载的内容却具有主观性。因为书证载明的文字、符号、图形所表达的思想和意思归根结底还是人的思想和意愿，在形成之时是能够为人的意志所控制的。一旦离开了制作者，其他人

---

① ［日］兼子一、竹下守夫：《民事诉讼法》(新版)，白绿铉译，123 页，北京，法律出版社，1995。

对其内容和思想的理解就有可能出现不同。这使得书证所表达的思想与意思常常与制作人原有的意思相分离，也会与案件事实的真相保持一定的距离甚至截然相反。即使是制作人可能也会因情况或者时间的不同而作不同的解释，以至于书证内容的思想性又带有一定的主观性。但是，书证相对言词证据而言仍然具有较强的客观性，只是这种客观性经过人的认识弱于物证而已。

（四）书证的形式具有物质性

书证无论是用于记载、制作的工具，还是记载书证内容和表达其思想的材料或者物品均具有一定的物质性。它们的制作工具具有一定的物质性，如笔、刀、血迹、棍棒等；其形成的方式具有一定的物质性，如书写、打印、绘制、雕刻、印刷、剪拼、涂抹、扫描、复写等；其承载的客体具有一定的物质性，如纸张、布料、墙壁、碑石、金属材料、地面、胶卷等。这些物质载体具有较强的物理属性，使书证与其他证据类型表现出不同的特征。

尽管书证常常以书面形式出现，但证据的书面形式并不全为书证所特有，如证人证言也可能以书面形式出现。特别是其他证据类型采用书面形式固定、保全时，表明该种证据的保全方式与书证的表现形式相同。其证据保全方式不是划分证据种类的标准，如书面的证人证言应属于证人证言而不属于书证，被害人陈述笔录属于被害人陈述而不属于书证。

书证与物证的联系十分密切，二者在形式上均表现为客观外界存在的与案件事实有联系的物质实体，同属实物证据。但是，书证与物证仍然存在着较大的区别，其主要区别表现在证据的证明方式上。物证是以其自身的特征、属性和存在状况证明案情的，而书证则是以其记载或表达的内容来证明案件情况的。作为证据的某一物质实体，如果它所记载或表达的内容与案件事实有着内在的联系，能够起到证明案件事实的作用，而它的特征、属性或存在状况与案件无关，就是书证；如果它的内容与案件无关，而自身的特征、属性或状况能够证明案件情况，就是物证；如果这一物质实体的外部特征、内部属性或存在状况能够起到证明作用，而它所记载或表达的内容也同时证明案件情况，那么这一物质实体既是物证也是书证。实践中这样的证据是常见的，而且书证大多伴随着物证而发挥证明作用。如一份书面遗嘱，当因判断遗嘱签名的真假而要求鉴定立遗嘱人在该遗嘱上签名的笔迹时，是确定立遗嘱人所留下的痕迹而不是签名内容所表达的意思，因此该遗嘱属于物证。当需要确定应当怎样按照遗嘱的要求分配遗产，按照遗嘱确定继承人或者依赖该遗嘱的文字、符号所表达的意思时，该遗嘱又成了书证。尽管书证与物证有相同的载体，但它们发挥证明作用的证明方式却有着各自不同的特点。正确地区分物证和书证，有利于针对物证和书证发挥证明案件事实的特殊证明功能，进而从其证明案件事实的特殊性上确定各自的证据规则。

另外，有学者将录音、录像、照相、计算机形成的证据划入书证范围，称为音像书证。因为它是以音像、计算机记录的文字和图表所反映的事实来发挥证明作用的，"它具有书证的一切特征"[①]。但因这些证据形式发挥证明案件事实的作用形式不同于书证，其被划归为视听资料、电子数据。我国的庭审笔录作为法院在开庭过程中对庭审程序事实和

---

① 裴苍龄：《新证据学论纲》，90页，北京，中国法制出版社，2002。

各种证据所反映的实体事实进行综合记录所形成的书面材料，特别是一审的法庭笔录常作为二审法庭处理的依据，在实践中起到了书证的作用。从各国立法看，大多数国家并没有将庭审笔录单独列为一种证据种类，我国也未列入证据种类。实质上它是固定证据的法定形式。

我国对单位证明的证据性质颇有争议。有学者认为，单位证明属于证人证言范围，是书面的证人证言。也有学者认为，单位证明符合书证的特征，属书证范围。还有学者认为，单位证明应根据单位在诉讼中的法律地位确定。单位在诉讼中可分为犯罪嫌疑人、被告人、被害人、证人，其所出具的单位证明应分属于这些证据种类。实践中，有的法院将其视为证人证言。由于单位不属于自然人，作为证人证言采用法庭交叉询问方式确定证明能力或者证明力存在一定的困难，可以考虑作为书证，如银行出具的个人信用证明。

在实践中，我国学界对电脑输出的文书是原件还是复印件存在不同观点，国外的证据立法也存在不同的规定。根据书证应当为原件的特性，将其作为复印件比较合适。

二、书证的类型

书证以其内容和思想作为证明案件事实的证据形式，因制作领域具有广泛性，其形式表现为多样性。书证从不同角度可分为不同的类型。

(一)根据书证内容的表达方式不同，可分为文字书证、图形书证和符号书证

1. 文字书证

文字书证是指用以文字记载的内容或者思想来证明案情的书证，如合同书、借据、信件等。这里所指的文字既包括汉字、其他民族的或外国的语言文字，也包括数字、涂改数字的发票、账本等。

2. 图形书证

图形书证是指以图画、图形等方式表达的内容或思想来证明案情的书证，如商品商标的图案、图纸及伪造的印章、淫秽图画、侮辱他人的漫画等可归于这一类。

3. 符号书证

符号书证是指除文字、图形以外供人认识和了解的与案件有关的简单而隐秘的符号表达的内容或思想来证明案情的书证，如在通往边境的山路上为偷越国境作的标记以及人们之间联络的事先约定的某种标记等。符号书证大多数需要破译或解读才能知晓其真实的含义。

这种分类的意义在于对书证内容判断方式的不同。根据书证不同的表现形式可分别采用常人理解和专家解释方式进行，以保障查明书证的内容获得确切的含义与正确的思想。

(二)根据书证是否依职权制作为标准，可分为公文书证和非公文书证

1. 公文书证(public document)

公文书证是指国家机关或者其他单位依照职权所制作的书证，如民政部门颁发的结婚证书、离婚证书，公证机关制作的公证书，法院的判决书，行政处罚决定书，市场监督管理部门颁发的营业执照，学校颁发的毕业文凭以及国家机关及其他单位颁发的职务任免、奖惩证书与文件等。《德国民事诉讼法》规定："由公共官署在其职权范围内，或由具有公信权限的人在他的事务范围内，依正规的方式制作的文书，为公文书证。"公文书证必须是国家机关及有关企事业单位依照法定程序依职权制作的，非法定机关、非依职权制作和颁发的，不能视为公文书证。公文书证在成为书证之前就具有法律上的效力。一般推定为真，无须提出方证明其真；主张其假的一方负有举证责任。国家机关或者其他依法具有社会管理职能的组织，在其职权范围内制作的文书所记载的事项推定为真实，但有相反证据足以推翻的除外。域外形成的公文书证，须经所在国公证机关证明；而域外形成的涉及身份关系的证据，须经所在国公证机关证明并经我国驻该国使领馆认证。

2. 非公文书证(private document)

非公文书证是指机关、团体、企事业单位不是出于行使职权的需要而制作的文书或私人制作的文书所形成的书证。如单位开出的介绍信，一般来往函件，单位与单位之间、单位与个人之间签订的民事合同以及公民个人制作的协议等都可能成为非公文书证。非公文书证可以不由其本人亲自制作，但需要由其亲自签名或者盖章。

这种分类的意义在于对书证形式真实确认方法不同。公文书证只要是依法制作的，一般推断为真；当存在争议时，可请求法定的制作部门对此作出说明；对已经毁损或者灭失的公文书证，办案机关应当向制作的机关调查、核实。对非公文书证，应当由提出的主体来证明其真实。如《德国民事诉讼法》规定："对于未经承认的非公文书证的真实性，应加以证明。"对已经毁损或者灭失的非公文书证，没有其他证据证明的，对方当事人又不予承认的，则不能作为书证。

(三)根据书证制作的方式不同，可分为原本书证、正本书证、副本书证和节录本书证

1. 原本书证

原本书证是书证的原本，也称为原件，是指书证的制作人最初制成的文件或者制作人将有关的内容加以记载而做成的原始文本。它是文件的原始状态，其证据效力与其他类型的书证相比较高。书证应尽可能是书证的原本。

2. 正本书证

正本书证是指照原本全文抄录或印制并与原本具有同等法律效力的书证。正本书证是从原件派生出来的文本，它不是原件。

3. 副本书证

副本书证是指照原本全文抄录或印制但不具有正本效力的书证。正本与副本存在形式上的差异性，其效力形式一般有特别的规定或者约定。

4. 节录本书证

节录本书证是指从原本或者正本文书中摘抄其部分内容而形成的书证。节录本一般只反映原本或者正本的部分内容，不具有完整性，未能全面体现原本或者正本文书的思想。

这种分类的意义在于法律对书证提交的要求不同。书证应当提交原件，提交原件确有困难的，可以提交副本、节录本。

书证属于复印件的，提供人不提供原件或者原件线索的，没有其他证据证明的，对方当事人不予承认的，在诉讼中不得作为认定案件事实的根据。

(四)根据书证的制作目的不同，可分为偶然书证和目的书证

1. 偶然书证

偶然书证是指书证制作者在制作之初并未考虑到将来会用作证据，或者制作之初并不是为了用作证据或主要不是为了作证据之用的书证，如会计账本、现场地图以及日记等。在刑事诉讼中，多数书证为偶然书证。

2. 目的书证

目的书证是指书证制作者在制作之初就是出于将来作为证据的目的而制作的书证。如合同、公证书、书面遗嘱等。

这种分类的意义在于书证反映案件事实的客观程度不同。一般来说偶然书证比目的书证更具有客观性，特别是不利于制作人的内容证明力更强。

(五)根据书证效用的不同，可分为本身书证和说明书证

1. 本身书证

本身书证是指书证所记载和表达的内容直观地或直接地反映案件事实，不用加以任何说明即可证明案件情况的书证，如淫秽书画、录像制品、诬告陷害书、侮辱他人的漫画等。

2. 说明书证

说明书证是指所记载和表达的内容反映案件事实，但不是直接或直观的，需要有别的证据或材料来说明它与案件的联系的书证，如联系暗语等。

这种分类的意义在于解释书证的内容不同。一般来说，本身书证能够直接对案件事实作出判断，而说明书证还需要进行必要的识别，然后才能予以确认。

(六)根据书证的性质不同，可分为处分性书证和报道性书证

1. 处分性书证

处分性书证是指具有设立、变更或者消灭一定法律关系的或者产生一定法律后果的书证，如房地产证书、法院的判决书、书面遗嘱、赠与合同等。

2. 报道性书证

报道性书证是指仅记载、记录或者报道已经发生或者认知的具有法律意义的事实的书证，如财务记账凭证、病人的病历、住宿的记录、市场报告、征信报告、媒体的报道等。

这种分类的意义在于它们证明案件事实的作用不同。处分性书证的内容与特定的法律后果相联系，可以作为确认设立、变更或者消灭一定法律关系的事实；而报道性书证仅仅说明事件的经过，不能直接确立一定的法律后果，但可作为处分性书证的先导，也可以印证处分性书证的真实性。

三、书证的意义

书证在整个诉讼历史中对案件事实始终发挥着有力的证明作用。基于书证在诉讼中的重要作用，在英国的诉讼历史上曾经出现过"文书审"的时代，后逐渐形成了原本书证的最佳规则。在我国民事诉讼中，证据曾是以书证为主，并出现了"唯书证主义"的倾向，目前转向当事人的陈述，注重当事人的意愿。随着社会的发展、科技的进步和文化的发达，书证这种带有法律活动预测和文字传播性质的证据形式，在未来的诉讼活动中仍然会发挥越来越重要的作用。

(一)书证可以认定案件的性质

许多书证可以明确地告诉人们案件的性质，表明自己与案件事实的关系，因此被形象地比喻为"书证自己可以对案件事实说话"，如贪污案、侮辱诽谤案等。在一些案件中，书证又是必不可少的证据，如合同纠纷案件、保险纠纷案件以及认定假冒商标、伪造货币和证券期货等案件。

(二)书证可以作为认定争议事实的直接证据

在刑事诉讼中，有些案件事实需要证明是被告人与犯罪行为实施者的统一，有些书证能够直接揭示这个问题。在民事诉讼和行政诉讼中则较为直接，一个含有本人签字的借据足以反映当事人之间存在债权债务关系，一个土地使用证或房产证便可以证明产权所有人。

(三)书证在证明案件事实中具有较高的可信度

由于书证在诉讼前产生，其形成带有一定的历史性，人为的因素较少，在证明案件事实中与其他证据相比，具有较高的可信度。这也是诉讼中过分依赖书证，特别是在民事、行政案件中，书证成为主要证据来源和作为关键性证据的原因之一，实践中出现过度需要开各种证明文件的问题，这也是其他证据无法与其等量齐观的表现。

书证是客观存在的实物，是不以当事人以及办案机关的意志为转移的客观实在，它具有很强的客观性。但它与物证不同，能够通过自身记载或表达的内容来证明案情。这些内容能简单明了地传达(有的是直接的，有的通过其他证据或材料)给人们所证明的问题。这是书证独有的特点，也是它的优点。深刻认识并准确把握这一特点和优点，能够使当事人以及办案机关有效地利用书证，充分发挥它证明案件事实的作用。

第四节　证人证言

证人证言是以语言表述作为证据形式的言词证据，在证据法中占有重要位置，是我国法定证据类型之一。无论是英美法系国家还是大陆法系国家，证人证言在诉讼活动中均属于最为广泛、最为普遍适用的证据类型。

一、证人证言的概念和特征

证人证言有广义和狭义的概念之分。广义上的证人证言，也称"人证"，是指以语言的表达方式来证明案件事实的言词证据。英美法系国家的证据法多采用这种概念。这种概念以言词作为核心，强调证据的外在言词形式，不重视证人证言的来源、证人诉讼的地位；其证人的范围主要包括普通的证人证言以及当事人陈述(被害人陈述、被告人供述)、鉴定意见(专家证言)、警察证言等特殊的证人证言。

狭义的证人证言是指当事人以外的第三人就自己所感知或者体验的与案件情况有关的事实所作的陈述。我国的证人证言属于狭义的概念，其表现形式既包括证人以口头等形式表达的证言，也包括以书面形式提供的证言。无论采用何种形式，证人证言均由作证主体和作证的内容两部分组成，是作证形式(证人)与作证内容(陈述)的统一。证人证言作为独立的证据种类与其他证据相比具有以下特征。

(一)证人证言是具有证人资格的人的陈述

证人证言是具有证人资格的人所作的陈述,其证言的载体必须是具有资格的人。证人证言以人作为载体,不仅与其在法律上是否有利害关系存在密切联系,也与人所具有的观察、记忆、表达等能力密不可分。这些问题直接决定着证人证言的证据能力的有无以及证明力的强弱,影响着证人证言作为证据的资格。

证人是指具有辨别是非和正确表达能力且了解案件情况的自然人。证人是通过陈述自己的感官直接感知或者体验与案件有关部分或全部情况来作证的,辨别是非的能力和正确表达能力是其能否作证的基础和前提。一般说来,自然人符合下列条件则具备证人资格。

1. 证人是了解或者知道案件情况的人

证人是在特定的时间、地点及环境下通过自己的感官感知或者体验案件情况的人。一般情况下,证人应当是就自己亲身直接感知或者体验的案件情况提供陈述。其道听途说或者传闻获得的内容,因其来源缺乏可靠性,一般不能作为证据来证明案件事实。如《美国联邦证据规则》第 602 条规定:"除非提出证据足以确定证人对待证事项具有亲身体验,否则其不能作证。"证人证言只能由证人本人亲自提供,不得由他人代为提供,受制于证人的不可替代规则。法律对证人亲身知情的亲历性要求,体现了证据"最可靠信息来源"的普遍规则。由于我国不存在严格意义上的传闻证据规则,在特定条件下允许非直接自己的感官感知或者体验案件情况的人作为证人。

2. 证人一般只能是自然人,特殊情况下也可以是单位

证人是凭感知能力、认识能力、理解能力来了解案情的,具有一定的人身依附性。单位虽然在法律上可以被拟制为法人或者其他组织,但因没有感知能力而不具有证人的基本自然条件。即使是单位在业务往来中了解案情,其实质仍是单位的成员了解案情。采用单位的成员作为证人不会影响证人证言的获得。"单位证人"实质上是由单位直接知情人员以个人身份作证,"法人、或其他非法人社会团体,因欠缺情动能力,无从观察事实,更无从陈述其所观察之事实,故不得为证人"①。我国《民事诉讼法》规定:"凡是知道案件情况的单位和个人,都有义务出庭作证。"在实践中单位"向人民法院提出的证明材料,应当由单位负责人及制作证明材料的人员签名或者盖章,并加盖单位印章"。一般来说,单位出具的证明不宜作为证人证言对待,因为它无法体现证言的言词证据特性,也不能在法庭上通过交叉询问的方式进行验证。

对于单位提供的证明文件,如盖有单位公章和法定代表人签名的证明材料,可作为书证,它以其记载的内容来证明案件情况,并可通过阅读的方式进行审查判断。同时,办案机关向有关单位调查取证,取得的证据不应视为证人证言。必要时制作证明材料的人员应出庭作证。

3. 不具有辨别是非的能力或者正确表达能力的人不能作为证人

我国《刑事诉讼法》第 62 条规定:"凡是知道案件情况的人,都有作证的义务。生理上、精神上有缺陷或者年幼,不能辨别是非、不能正确表达的人,不能作证人。"我国《民事诉讼法》也规定:"不能正确表达意思的人,不能作证。"生理上、精神上有缺陷或者年

---

① 陈朴生:《刑事证据法》,104 页,台北,三民书局,1979。

幼，只要其能够辨别是非、能够正确表达，则可以作为证人。在证人限制性条件下，只要不能辨别是非就不能作为证人；能够辨别是非但不能正确表达的，也不能作为证人。

对于儿童作证我国没有年龄上的限制。我国香港特别行政区《诉讼证据条例》第3条规定，七岁以下儿童以及对有关事实似乎没有准确认识且不能准确加以陈述的精神病人没有作证资格。对于儿童作证，一般应由"法院审查儿童之资格，并决定其是否有足够之智力对于事实为观察、回忆及叙述，以及其是否具有真实陈述之意识。如可具备，应许儿童作证"①。不能正确表达意思的人，不能作为证人。待证事实与其年龄、智力状况或者精神健康状况相适应的无民事行为能力人和限制民事行为能力人，可以作为证人。

证人作证应当具有感知能力、辨别能力和表达能力。辨别是非不要求具有辨别案件情况的真理性认识的能力，只要能够客观正确地陈述耳闻目睹的案件情况则应当视为能够辨别是非。

另外，凡是知道案件情况的人，都有作证的义务。只要了解案件情况的人，无论其与当事人有无利害关系，其作证的目的、动机如何，也不论其了解案件情况的渠道或者途径如何，只要不是当事人都可以作为证人提供证言。我国仅存在当事人近亲属出庭作证的限制，没有建立特殊证人的免证特权制度，也不存在证人的豁免制度。除法律有特别规定外，一般公民不论他与案件有无直接利害关系都可以作为证人出庭作证。在衡量他的证言时，应当在他与案件有直接利害关系上加以斟酌和慎重考虑，只要案件有直接利害关系人的证言真实可靠，仍应当予以采用。② 同时，对于非耳闻目睹或者亲自所见所闻的事实作证的，必须说明来源，否则不得作为证人证言。因为传闻证言无法确保当事人（控辩）对证人进行反询问的机会，不能当庭查明此证据的真实性，导致对方当事人反询问权的落空。

（二）证人证言具有较强的主观性

证人证言是证人的陈述。其陈述的内容一般是在案件发生后提供的，它经过了证人观察、辨认、理解、记忆和表达等一系列的思维过程。这一过程中的任何一个环节都存在主观因素影响的可能性，况且证人的年龄、心理、文化、生理、职业、好恶等因素与作证能力也存在一定的关系，因此在实践中证人作证所表达的内容往往与案件发生时的实际情况存在一定差距。即使证人感知、辨认和表达能力都是正确的，其记忆能力也会受到时间长短或者印象强弱的影响，致使证人对案情的陈述也会出现与案情的实际情况不完全吻合的情况。

另外，证人作为普通人，不仅具有人的弱点，而且还处在特定的社会关系之中，作为社会人还会考虑一些社会性的因素，如担心受到打击报复或受威胁、指使、贿买、利诱等，其陈述存在故意歪曲表达案件事实的可能或者倾向。可以说，证人证言是在众多因素作用下经过证人自己的意志加工后形成的，与物证、书证等实物证据相比，其主观性更为明显。

---

① ［美］E. M. 摩根：《证据法之基本问题》，李学灯译，107页，台北，世界书局，1982。

② 参见《最高人民法院关于与案件有直接利害关系的人能否当证人等问题的复函》（1957年6月22日法研字第12573号）。

(三)证人证言主要为口头形式

证人证言一般应当采用口头形式，通过其声音、语气、表情等来判断。证人口头作证不仅有利于证人出庭接受质证，通过面对面的问答澄清疑问、辨清事实真相，而且通过前后陈述是否一致、表情状况等来判断其真实与否相对容易。同时，证人证言只有采取口头形式，才有利于贯彻直接言词以及辩论原则，更有利于查明案情、明辨证人证言的真伪。证人不得事先准备一部或者全部之书面报告以代证言，在作证时佯为回复其记忆，实则以之为蓝本陈述证言。

证人证言采用口头形式不应绝对化，法律允许特定条件下的书面形式。如我国《刑事诉讼法》第 195 条规定，对未到庭的证人的证言笔录……应当当庭宣读。审判人员应当听取公诉人、当事人和辩护人、诉讼代理人的意见。《民事诉讼法》也规定，"有下列情形之一的，经人民法院许可，可以通过书面证言、视听传输技术或者视听资料等方式作证：(一)因健康原因不能出庭的；(二)因路途遥远，交通不便不能出庭的；(三)因自然灾害等不可抗力不能出庭的；(四)其他有正当理由不能出庭的"。无正当理由未出庭的证人以书面等方式提供的证言，不得作为认定案件事实的根据。

证人证言的书面形式，又被称为书面证词，一般情况下能够体现出证人的真实表达，也不乏有些书面证词是经过证人深思熟虑和权衡利弊"制作"出来的。由于书面证词无法接受当事人或者其他证人的当面质证或者质疑，由他人宣读或者提供书面证言，对其的理解有可能出现与证人意思或者思想存在差异的可能，这为判断其真伪带来了一定的难度。

证人证言的书面形式也不同于书证。尽管书证与书面证词在形式上具有相似性。书证是在案情发生、变更、消灭过程中遗留下来的，属于历史性的记载，一旦形成便具有不可改变性。办案机关一般仅对其静态特征进行审查，如形成的时间、有无涂改痕迹、内容是否确切等，即可确认其真实性。书面证词的文字内容则是对证人直接或者间接对案件事实感知的记录，它不是原始案件事实本身。

(四)证人证言一般是在法庭上提供的

证人证言一般在庭前证据交换或证据展示过程中和在法庭审理中提供的。《刑事诉讼法》第 61 条规定："证人证言必须在法庭上经过公诉人、被害人和被告人、辩护人双方质证并且查实以后，才能作为定案的根据。"证人证言必须是在法院以及双方当事人在场的情况下提供的，不能在法庭外单独向法院或单独向当事人提供。只有在法庭上提供证人证言，双方当事人才能进行质证，法院对此进行认证才有依据；但是，双方当事人同意并经法院准许的除外。

证人证言具有形象、直观、复杂及主观性强的特点，证人出庭作证应当就自己所了解的案件事实实事求是地向法院作口头陈述，并以其签订的保证书或者宣誓来担保证言的可靠性。法院在审理案件时，也应根据证人证言的特征通过质证程序来审查、判断并予以认定。在刑事诉讼活动中，诉讼因具有阶段性，并在各阶段中存在终结程序的可能性，也需要证人证言作为终结诉讼的依据。在诉讼某些阶段的证人陈述也应当属于证人证言。如果证人当庭作出的证言与庭前证言有矛盾，但证人能够作出合理解释，且有其他证据印证，可以采用庭前证言。

(五)证人证言是客观陈述而非分析性意见

证人证言是证人对自己感官直接感知或者体验的与案件情况有关的事实所作的陈述。这种陈述应当是证人对案件事实的直接体验,不能是其对案件情况的看法、推测或者分析性意见。《最高人民法院关于民事诉讼证据的若干规定》指出:"证人应当客观陈述其亲身感知的事实,作证时不得使用猜测、推断或者评论性语言。""故证人之意见与推测,在证据上并无用途,且有影响于公正事实之认定"[①]。在实践中,证人的意见与证人感知体验的事实之间并不存在非此即彼的切割线,其间的差别有些仅属于程度上的不同。在一定意义上,证人有关案件情况的陈述也是经过一定思维而形成的。有些证人的意见与其体验不可分离,也不能截然分开。一般来说,对证人有关体验性事实的陈述可以作为证人证言的一部分。"证人,系陈述自己所体验之事实,并非体验事实以外之人所得代替,即具有不可替代性"[②]。

在实践中,存在客观的描述型(体验性)证言和判断型(意见性)证言。证人体验性证言一般可作为证据使用;证人意见性证言应当严格审查,不能作为证据使用。

二、证人证言的分类

依不同的标准对证人证言进行分类,可为从多个角度来观察和分析证人证言提供条件,这也是全面理解证人证言的重要基础。证人证言可以进行如下分类。

(一)根据证人的自然状况不同,可分为不同种类的证人证言

以性别为依据,证人证言可分为男证人证言和女证人证言。男人和女人由于性别的差异,生理状况的不同,对他们亲身感知的同一个案件情况可能在认识、记忆和表述方面存在一定差别。

以年龄为依据,证人证言可分为老年人证言、中年人证言、青年人证言、少年人证言和儿童证言。人们由于年龄的不同、生理和心理状况的差异,对同一案件情况的领会、记忆和表述等方面也有明显的差别。

以生理状况和精神病态状况为依据,证人证言可分为有完全作证能力的证人证言和有相对作证能力的证人证言。有完全作证能力的证人证言是指能辨别是非、能够正确表达的人所作出的证言。有相对作证能力的证人证言是指不能完全辨别是非、不能完全正确表达的证人的证言。

这种分类意义在于不同证人对于同一事件的感知、记忆和表达存在一定差别。这是正常的。如果他们陈述的事实完全相同,甚至没有任何差异,则存在虚假的可能性。也就是说,不同的证人证言存在细节上差别是正常的,多个证人的细节都惊人的一致则存在不正常的可能性。

(二)根据证人证言对案件事实的作用不同,可分为肯定性证言、否定性证言和混合性证言

肯定性证言是指能够证明案件事实存在的证言。否定性证言是指能够证明案件事实不

[①] 陈朴生:《刑事证据法》,297 页,台北,三民书局,1979。

[②] 同上书,88 页。

存在的证言。混合性证言是指能够证明案件事实部分存在、部分不存在的证言。

这种分类意义在于证人证言对案件事实的证明作用不同。否定的证人证言查证属实可以直接确认案件事实的不存在；而肯定性证人证言不能直接单独确认案件事实的存在，还应结合其他证据进行综合判断。

(三)根据证人的职业不同，可分为职业性证言和非职业性证言

职业性证言是指与证人的职业、职务有直接关系的证言，如医生叙述患者在门诊期间临床表现的证言。非职业性证言是指与证人的职业、职务没有直接关系的证言，如普通人对行驶车辆车速的证言。

这种分类意义在于对很少有专业术语的证人证言进行收集、审查时不要求有特定的专业知识水平，而对涉及较多的专业术语的证人证言的审查判断则需要具有相应的专业知识水平，必要时，应由专家予以协助。

(四)根据证人是否与案件有利害关系，可分为有利害关系的证人证言和没有利害关系的证人证言

有利害关系的证人证言是指与当事人或者案件存在利害关系的证人所作的证言。没有利害关系的证人证言指与当事人或者案件不存在利害关系而完全具有中立地位的证人所作的证言。

一般来说，有利害关系的证人因其"党派性"可能会作出推脱自己的责任或偏袒某一方的陈述，并且有些陈述不具有客观性。无利害关系的证人的陈述与前者相比具有较强的客观性。

这种分类意义在于在审查判断这类证人证言应当首先询问证人与案件和当事人的关系。一般来说，有利害关系的证人证言如果有利于利害关系人时，其证明力一般小于无利害关系的证人证言。

(五)根据证人证言的载体不同，可分为口头证人证言和书面证人证言

口头证人证言是指以口头的方式陈述案件情况的证言。书面证人证言是指采用书面形式记录证人陈述的证言。书面证人证言必须具备法定的形式。一般情况下，当事人向法院提供书面证人证言的，应当符合下列要求：(一)写明证人的姓名、年龄、性别、职业、住址等基本情况。(二)有证人的签名，不能签名的，应当以盖章等方式证明。(三)注明出具日期。(四)附有居民身份证复印件等证明证人身份的文件。

三、证人证言的意义

证人证言是现代各国诉讼活动中使用最广泛、最频繁的一种证据形式，在发现和证明案件事实中具有重要的作用，也是核实和鉴别其他证据的有效手段，被苏联学者誉为"是形成审判员内心确信的最重要的源泉，是全部现代诉讼程序的基础"[1]。德国学者认为，证人是常用的证据，但其最不可靠。[2]

---

① ［苏］安·扬·维辛斯基：《苏维埃法律上的诉讼证据理论》，王之相译，320 页，北京，法律出版社，1957。

② ［德］罗森贝克等：《德国民事诉讼法》，李大雪译，82 页，北京，中国法制出版社，2007。

(一)证人证言对案件事实具有直接的证明作用

证人证言是由证人将其亲身感受到的案件事实的一部分或全部所进行的如实陈述，能够直接证明案件事实，有助于发现案件真相。证人证言作为一种言词证据，是由证人对其所感知的案件事实所作的陈述，与物证、书证、视听资料等实物证据相比具有直观性优势，不需要进行推理就能够直接认定案件事实。

(二)证人证言对其他证据具有甄别作用

证人证言有助于当事人以及办案机关发现、了解物证、书证等其他证据，核实其真伪和确定其他证据的证明力大小，同时也能够揭露虚假的当事人陈述，发现其他证据之间的矛盾，从而成为检验其他证据的手段。证人证言在庭审过程中经过质证程序确定其可靠性之后，对案件的事实具有更加有力的证明力。

第五节　当事人陈述

当事人陈述是法定证据类型之一。苏联以及东欧的一些国家将当事人陈述与其他证据并列作为证据形式。有些国家的立法在当事人听取制度的基础上增加当事人询问制度，将当事人陈述作为证据的一种类型。在我国，当事人陈述主要包括刑事诉讼的被害人陈述、犯罪嫌疑人和被告人供述与辩解以及民事和行政诉讼的当事人的陈述。

一、被害人陈述

被害人在我国刑事诉讼中属于当事人，其陈述被称为当事人陈述，但因唯独刑事诉讼中存在被害人的专有称谓，被害人陈述被专门作为刑事公诉案件的一种证据类型。

(一)被害人陈述的概念和特征

被害人陈述是指受犯罪直接侵害的人就其遭受犯罪行为侵害的事实以及犯罪人的情况向办案机关所作的陈述。被害人陈述的内容主要包括：(1)叙述犯罪人侵害的实际经过；(2)提供犯罪人的个人体貌特征等情况；(3)提出有关维护自己合法利益的请求。作为证据上的被害人陈述只包括叙述犯罪人侵害的经过和提供犯罪人的个人情况，不包括提出维护自己合法权益的相关请求。

从程序意义上说，被害人陈述既包括公诉案件被害人所作的陈述，也包括自诉案件中作为自诉人的被害人和刑事附带民事诉讼中作为附带民事诉讼原告人的被害人关于案件事实所作的陈述。在美国，存在一种被害人影响陈述，也称为被害人被害陈述(victim impact statements)，是被害人就犯罪行为所遭受的社会、经济、生理和心理的损害提出的感受、看法，主要用来表明被害人所遭受的损害。这种陈述对量刑存在影响，不同于我国的被害人陈述。被害人陈述与其他证据相比具有以下特征。

1. 被害人陈述是直接受到犯罪行为侵害的人的陈述

被害人是遭受犯罪行为直接侵害的人，是诉讼中的当事人，具有当事人的权利和义务，其诉讼地位不同于证人、鉴定人等诉讼参与人。一般在涉及人身权或者财产权犯罪的案件中，被害人与犯罪人有过直接的接触，曾置身于犯罪过程之中，对犯罪行为、过程及犯罪人有一定的了解，能够较全面地陈述犯罪过程的事实以及犯罪的具体情节。被害人陈述与目击证人的证言存在内容上的相似性，但在诉讼地位上被害人与证人分属于不同的诉讼参与人。

被害人不同于证人。(1)被害人同案件的关系与证人同案件的关系不同。被害人是犯罪行为的直接受害者，与案件的处理结果有着直接的利害关系；证人只是了解一定案情的人，与案件事实之间无直接利害关系。(2)被害人参与诉讼活动的理由是由于其合法权益受到不法侵害，证人是由于了解案情、履行公民作证义务。(3)被害人参加诉讼活动的目的在于维护自己的合法权益，而证人参与诉讼是协助办案机关查明案情。(4)被害人的陈述具有控诉的性质，内容比较广泛；证人主要是提供他了解的与案件有关的事实。

2. 被害人陈述的内容一般具有直接性

被害人在犯罪人实施犯罪过程中，一般既了解犯罪人作案的过程等情况，也知晓犯罪人的个人体貌特征，同时又直接遭受犯罪的侵害，对犯罪经过的独特感受是其他任何人不具备的和无法替代的，对于某些案件(如抢劫、强奸、绑架、诈骗等)更是刻骨铭心，甚至终生难忘。其陈述对于揭露、证实犯罪具有较高的证据价值。

在某些案件中，被害人虽然不能亲身接触到犯罪人及犯罪过程，但对于涉及的案件事实相对比较清楚，如在盗窃案件中对被盗窃财务数量的多寡相当明确。某些网络诈骗案件中受害人虽然与犯罪人在空间上具有非接触性，甚至有些犯罪人微信中头像也是虚假的，但对其虚拟的行为举止与语言表达方式等习惯性动作具有一定的了解，以及对诈取财物较清楚。因此，被害人陈述可作为具有独立来源的证据种类。

3. 被害人陈述存在着真假交织性

由于被害人与犯罪案件存在着直接的利害关系，基于仇恨犯罪以及报复犯罪的心理，其陈述往往夸大其词，有些内容存有添枝加叶的成分；有时会因案发当时情况紧急或者精神紧张对犯罪存在错误认识，出现错误的陈述。其陈述内容的真实性与虚假性常常交织在一起，甚至存在为诬告陷害他人而作虚假陈述的可能。

4. 被害人陈述具有不可替代性

被害人陈述只能由被害人本人亲自提供而不能由他人代替，具有与证人相似的特征。在有些未成年人为被害人的案件中，因未成年人陈述需要监护人在场，未成年被害人陈述时，常出现监护人补充的情况。监护人补充的内容不是被害人陈述，不能作为被害人陈述的内容。

5. 被害人陈述具有复杂性

被害人在向办案机关作陈述时，不仅就案件事实进行陈述，其陈述中往往还包括自己对犯罪人的控诉、要求以及附带民事诉讼的请求等。这些内容交织在一起使陈述具有一定的复杂性。被害人陈述不包括被害人的控诉，即被害人针对已经发生或正在发生的犯罪行为或者其认定、怀疑的犯罪嫌疑人或被告人向办案机关进行的相关报案、控告、请求抗诉、提起刑事自诉等行为的陈述。但控诉中存在的被害人以其自身感知的案件情况则为被害人陈述。

在实践中，我国还存在被害人的辨认笔录。这种笔录主要包括辨认时间、地点，参加辨认的人员的基本情况及编号，被辨认人的基本情况及其特点，辨认的结果以及认定或否定的根据，辨认人、到场人员、组织人员的签名。这种笔录不能作为被害人陈述，但可以作为审查与判断被害人陈述佐证以及其他证据。

(二)被害人陈述的分类

为了更好地了解、认识和适用被害人陈述，学理上对其一般作以下分类。

1. 根据被害人陈述的不同主体，可分为自然人的陈述和被害单位的陈述

自然人的陈述是指被害的自然人对自己亲身被害的事实经过向办案机关所作的陈述；其中又可分为成年被害人陈述和未成年被害人陈述，男性被害人陈述和女性被害人陈述，等等。被害单位的陈述是指刑事案件的被害单位负责人就有关单位遭受犯罪行为侵害的事实所作的陈述。

这种分类的意义在于不同主体因其自身的特点不同，其陈述各有自己的特色。

2. 根据被害人是否与犯罪人直接接触，可分为与犯罪人直接接触的被害人陈述和与犯罪人无直接接触的被害人陈述

与犯罪人直接接触的被害人陈述通常能够提供较为详尽的犯罪经过、犯罪人的体貌特征、犯罪人的一些习惯性特点，甚至一些细微的人身特征等内容。这种证据属于直接证据，查证属实后可以直接作为定案的根据。与犯罪人无直接接触的被害人陈述只能够提供一些犯罪行为结果的内容，属于间接证据。

办案机关收集与犯罪人直接接触的被害人陈述时，应当详细询问犯罪的情况，特别是一些细微的与犯罪有关的情况；审查时应当细致入微，不放过任何疑点。

3. 根据被害人在案件中的过错不同，可分为有过错的被害人陈述和无过错的被害人陈述

对被害人陈述的这种分类理解，特别要注意有过错的被害人陈述。对这种陈述既要防止其掩盖责任而避轻就重或者作虚假陈述，又要对一些非故意存在的问题陈述进行实事求是的分析，不可一概弃之。同时，对无过错被害人陈述也应当审查，不能一概认定，因为它仍存在夸大其词的倾向性或被害人因精神高度紧张、激动而陈述错误。

(三)被害人陈述的意义

被害人作为刑事诉讼的当事人，其陈述具有重要的证据价值。

第一，被害人陈述在某些案件中，是刑事诉讼追诉的起点，是刑事诉讼立案的重要材料来源。在某种案件(如强奸、伤害、诈骗、盗窃等)中，如果没有被害人的陈述办案机关就难以发现犯罪；同时被害人也能陈述犯罪人犯罪过程的基本情况、具体的细节、主要的实施内容以及犯罪人的身体状况、行为方式、语言特征等，为迅速侦破案件提供重要的证据和线索。

第二，被害人的陈述在一般情况下属于直接证据，对犯罪行为的认定具有重要作用，查证属实后可以作为定案的重要证据。同时，被害人的陈述又是鉴别和验证证人证言、被告人供述真伪的重要工具。

在实行起诉权垄断或公诉独占制的国家，被害人仅具有告诉人的地位，在诉讼程序中仅以证人的身份被传唤，并要接受案件被告人及辩护人的质问。因此被害人在诉讼程序中存在再度受害的可能，出现所谓的"第二次被害"。然而，随着法治观念的演进和人权思想的深入，原来在刑事诉讼中居于客体地位的被告人成为刑事诉讼的主体；随着程序公正理念的提升，法律对被告人权利的保护日臻完备。

二、犯罪嫌疑人、被告人的供述和辩解

犯罪嫌疑人、被告人的供述和辩解又称口供，是刑事诉讼中最为普遍、最为复杂的一种证据形式，也是一种最为重要的证据类型。犯罪嫌疑人、被告人口供在各国的刑事诉讼法或证据法中均被作为证据的种类之一。

(一)犯罪嫌疑人、被告人的供述和辩解的概念和特征

犯罪嫌疑人、被告人的供述和辩解也称"口供"或"自白"，是指犯罪嫌疑人、被告人在刑事诉讼过程中，就与案件有关的事实情况向办案机关所作的供述和辩解。

犯罪嫌疑人、被告人的供述和辩解一般由三个部分组成：(1)犯罪嫌疑人、被告人的有罪供述，即犯罪嫌疑人、被告人向办案机关承认自己的犯罪行为，叙述犯罪的具体起因、过程、情节和后果等。(2)犯罪嫌疑人、被告人否认犯罪或者主张罪轻、应免除刑罚的辩解，即犯罪嫌疑人、被告人否认自己实施了犯罪行为，或者虽然承认自己的犯罪行为，但申辩、解释依法属于不应当追究刑事责任以及有从轻、减轻或免除处罚的情况。(3)犯罪嫌疑人、被告人检举、揭发同案其他犯罪嫌疑人、被告人的犯罪行为，即所谓的"攀供"。

对犯罪嫌疑人、被告人供述和辩解中有关检举、揭发他人犯罪内容的性质不能一概而论。犯罪嫌疑人、被告人检举、揭发的内容与其犯罪行为有联系的，应当属于犯罪嫌疑人、被告人的供述和辩解的组成部分。如果是为了立功或者从宽处理而对非同案犯罪嫌疑人、被告人的检举、揭发，或者是对同案犯罪嫌疑人、被告人与其共同犯罪以外的罪行的检举、揭发，则不属于犯罪嫌疑人、被告人的供述和辩解。因这种检举、揭发的内容与共同犯罪的事实无关，一般可以作为侦查案件的线索或者作为另案的证人证言。

由于犯罪嫌疑人、被告人是刑事诉讼中被追诉的对象，是刑事诉讼中的核心人物，整个刑事诉讼都是围绕犯罪嫌疑人、被告人的刑事责任展开的，因此，特殊的诉讼地位决定了犯罪嫌疑人、被告人的供述和辩解具有不同于其他证据的特征。

1. 犯罪嫌疑人、被告人的供述和辩解的直接性

犯罪嫌疑人、被告人是案件的当事人，对自己是否犯罪以及犯罪的情节和过程，犯罪前后及犯罪过程中的心理状态最为清楚，也最为了解。因此，犯罪嫌疑人、被告人客观真实的有罪供述，能够详尽地陈述其犯罪的动机、目的，作案的手段、过程、具体情节和结果以及赃物赃款的去向等，这对查明案件事实具有极其重要的价值。犯罪嫌疑人、被告人所作的无罪或罪轻的辩解，一般也会说明理由或提出某些具体的事实根据，为查明案件事实提供依据支持。

在共同犯罪案件中，犯罪嫌疑人、被告人的口供还可以展现不为人知的共同犯罪中的分工、地位，实施犯罪的全过程以及犯罪集团、黑社会性质组织及组织、领导传销犯罪的形成及其实施犯罪的各种情况。因此，查证属实的犯罪嫌疑人、被告人的供述和辩解，可以证明案件事实的全貌，成为认定案件事实最为直接的证据。犯罪嫌疑人、被告人供述和辩解作为证据的这一优点，是其他证据类型无法比拟的。这也是犯罪嫌疑人、被告人的

"口供"在法定证据制度中被奉为"证据之王"的主要原因。

2. 犯罪嫌疑人、被告人的供述和辩解的内容的不稳定性

犯罪嫌疑人、被告人基于某种原因其供述往往前后不一致，其陈述的内容之间存在矛盾，表现为极大的不稳定性。

犯罪嫌疑人、被告人的供述和辩解属于言词证据，而言词证据易受陈述主体的感情及思想变化的影响或左右。特别是犯罪嫌疑人、被告人与刑事诉讼的结果有着直接的利害关系，往往基于某种利益的考虑或受某种外界因素的影响，导致其供述和辩解带有易变的特点。如有的犯罪嫌疑人、被告人在诉讼之初存在侥幸心理，企图蒙混过关，作了否认犯罪或否认罪重的虚假供述，后经职权人员的政策教育而真诚悔罪，或者在确凿的证据面前认为无法抵赖又如实供述；有的犯罪嫌疑人、被告人在供述有罪或者罪重之后，由于受到羁押场所其他犯罪嫌疑人、被告人的教唆，为了逃避惩罚而推翻以前的供述；有的犯罪嫌疑人、被告人的亲友在迫使、收买某些被害人、证人改变陈述或证言的情况下，经过各种渠道与犯罪嫌疑人、被告人"通气"，使其改变供述，出现串供现象；也有的犯罪嫌疑人、被告人根本没有实施犯罪，在办案机关的错认强迫下，违心供述了自己没有的罪行；诸如此类。犯罪嫌疑人、被告人的供述在司法实践中具有"前供后翻""时供时翻""边供边翻""屡供屡翻"等不稳定的特征。

3. 犯罪嫌疑人、被告人的供述和辩解的内容的复杂性

犯罪嫌疑人、被告人的供述常常有真有假、真假混杂，表现出相当的复杂性。从承认有罪的供述来看，犯罪嫌疑人、被告人除投案自首可能是真诚悔罪者外，大多是为了减轻罪责或逃避惩罚而采取狡辩抵赖、避重就轻的手法来掩盖罪行。有的只讲自己从轻或减轻的犯罪情节，回避不利于自己的从重的犯罪情节；有的只承认已被办案机关掌握的犯罪事实，否认、掩盖其他未被发现的罪行；有的为了转移办案机关的视线或试探办案机关掌握的事实和证据情况而承认并不存在的犯罪事实；有的为了掩盖同伙或亲友的罪行代人受过而违心供述等。

否认有罪或罪重的辩解大致存在两种情况：一种是犯罪嫌疑人、被告人确实无罪或罪轻，而进行实事求是的辩解。有些犯罪嫌疑人、被告人否认有罪或罪重，又提不出证据或说不出理由的，但对此也不要轻易地得出否定的结论。另一种是犯罪嫌疑人、被告人确实犯罪或犯重罪而作无罪或罪轻的辩解。

从检举他人犯罪的方面来看，有的犯罪嫌疑人、被告人为了推卸责任，佯装检举、揭发犯罪而嫁祸于人；有的犯罪嫌疑人、被告人故意虚构犯罪事实，陷害他人；有的犯罪嫌疑人、被告人为了争得从宽处理、争取立功而检举他人违法犯罪时往往夸大犯罪事实等。

鉴于此，犯罪嫌疑人、被告人供述必须慎重对待，不可轻信，也不可不信，应当坚持重证据、重调查研究、不轻信口供的原则，采用审慎的态度，以免冤枉无辜或放纵犯罪。

在同案犯罪嫌疑人、被告人的供述和辩解能否互为证据使用问题上，理论界存在争议。有的认为可以互为证据，可以互为证人证言，相互印证；有的认为它们仍是犯罪嫌疑人、被告人的供述，没有改变其性质，不能互为证据。通说的观点和司法实践认为，应当根据情况区别对待。

对同案犯罪嫌疑人、被告人的供述和辩解不能作为定案的唯一依据是，如果一个案件中仅有同案犯罪嫌疑人、被告人的口供，没有其他证据。这种情况不能依此认定犯罪嫌疑人、被告人有罪并处以刑罚。这是因为：（1）同案犯罪嫌疑人、被告人的口供相互之间不是证明犯罪事实的证人证言。犯罪嫌疑人、被告人的口供与证人证言是证据法学上两种不同的证据。对于同案犯罪嫌疑人、被告人相互揭发的同案事实,不能按照一般证人证言来对待。尽管同案犯罪嫌疑人、被告人的口供中有彼此牵连的供词,但若干同案犯罪嫌疑人、被告人彼此揭发的供词在性质上仍属口供,不是一般意义上的证人证言,不能作为定案的唯一依据。(2)同案犯罪嫌疑人、被告人一旦推翻口供,据以定案的口供就无任何证据支撑。如果同案件的犯罪嫌疑人、被告人前供后翻,也难辨其真假。(3)同案犯罪嫌疑人、被告人检举揭发同案犯罪嫌疑人、被告人与本案无关的犯罪事实问题,可视为另案的证人证言。(4)从犯、协从犯的口供可以作为证明首犯、主犯罪行的证据。共同犯罪往往有分工,因共同犯罪人参与犯罪的程度和在犯罪中起的作用以及所处的地位不同,存在主犯与从犯之分。司法实践中,一般可将处于次要地位和从属地位的协助者、销赃者、包庇者、窝藏者以及窝赃者等揭发首犯、主犯、实行犯的口供,按证人证言处理,但他们并不以证人的身份出庭作证,这仅说明他们的口供起证明同案犯的作用,同时还应当在案件中有其他证据佐证。(5)已经结案的同案人供述,一般也不宜作为认定尚未结案的同案犯罪行的唯一证据。

在实践中,共同犯罪人归案的时间不同,有的同案人可能已被审结,或者宣告有罪或者被作出不起诉决定而脱离了诉讼。这种情况下,对于最后归案受审的同案人而言,其他已结案的同案人也不应以证人的身份出庭作证,不能以口供出现的时间早晚或者顺序的先后而改变其性质,更不能以结案的同案人的口供作为正在受审的同案人的唯一有罪证据加以认定;特别需要注意作为另案处理共同犯罪被告人供述的证据问题。

(二)犯罪嫌疑人、被告人供述和辩解的分类

犯罪嫌疑人、被告人供述和辩解在刑事诉讼实践中的表现形态具有多样性,可以从不同角度对此进行分类,这样更有助于正确地区别对待和谨慎使用。

1. 根据口供的表现形式,可分为口头口供和书面口供

口头口供是指经合法程序讯问收集的口供。它既包括转化为书面形式的讯问笔录,也包括讯问的录音,还包括犯罪嫌疑人自首笔录及录音等。书面口供是指由犯罪嫌疑人、被告人自己直接书写的供词。在整个诉讼活动过程中,犯罪嫌疑人、被告人既可能提供口头的口供,也可能提供书面的口供;两者的证据力并无大小之分。

采用书面形式对犯罪嫌疑人、被告人口头供述和辩解的记录仍为口头口供,并不因载体的不同改变其言词证据的性质。

2. 根据口供陈述内容是否真实,可分为真实的口供和虚假的口供

真实的口供是与案件事实相符合的陈述。虚假的口供是与案件事实相违背的陈述。犯罪嫌疑人、被告人供述或辩解可能是真实口供,也可能是虚假口供;不能片面认为供述有罪的就是真实的口供,辩解无罪的就是虚假的口供。

3. 根据口供内容与案件事实的关系,可分为陈述事实的口供和陈述意见的口供

陈述事实的口供是指犯罪嫌疑人、被告人对案件事实的客观陈述,既包括有罪的供述,也包括无罪的辩解。如提供案发时本人不在现场的事实情况也是陈述事实的口供。陈述事实的口供与案件事实具有明显的关联性,经查证属实,可以作为定案依据。

陈述意见的口供是指犯罪嫌疑人、被告人对案件的性质、法律责任发表的主观看法、分析、推测、评论等。陈述意见的口供因与案件事实无直接关联一般不应纳入口供证据范畴。

从证据性质上讲，其因缺少关联性而不能作为证据，况且有些内容属于犯罪嫌疑人、被告人辩护的内容，在认罪认罚安全具有积极的意义。由于犯罪嫌疑人、被告人辩护在刑事诉讼中处于特殊的地位，对于确实无罪又无法举证时，只能通过对事实情况的推测、分析来为自己进行辩解，因此，这种口供在特定案件中具有重要的意义。

4. 根据口供收集的程序或者方法是否具有合法性，可分为合法的口供和非法的口供

合法的口供是指法定主体依法定程序、方法、手段收集的口供。非法的口供是指违背法定程序以及以非法方法收集的口供，如采用刑讯逼供或者威胁、引诱、欺骗以及其他非法的方法取得的口供。非法的口供不需要进行查证，应当直接适用非法证据排除法则；即使是真实可靠的，也不能作为定案的根据。对于合法的口供应当经过查证属实，即使查证属实也不能作为定案的唯一根据。

5. 根据口供是否在法庭上出示，可分为法庭上的口供和法庭外的口供

法庭上的口供是指被告人在法院开庭审判时所陈述的口供。法庭外的口供是指犯罪嫌疑人、被告人在法庭审判之前的口供，如在侦查、起诉等阶段向侦查人员、检察人员所陈述的口供。

法庭上的口供经庭审调查核实，应当作为定案的根据。法庭外的口供，一般情况下也具有证据能力，但对在法庭审判时被告人翻供的是否具有证据能力存在不同意见。如果被告人在法庭上拒绝供述或者推翻以前的供述，一般应当根据法庭外收集的口供和庭审调查的其他证据进行综合判断。在查证属实的基础上，收集证据的主体能够说明收集的程序、方法合法的，法庭外的口供仍可作为定案的根据。法庭上或法庭外的口供均没有预定的证据效力。

6. 根据口供的内容是否前后一致，可分为前后一致的口供和前后矛盾的口供

犯罪嫌疑人、被告人在记忆、思维、表达能力等均正常的情况下真心悔改而作出的客观陈述不管其前后的顺序如何，一般是一致的。前后一致的口供，一般来说比较接近于案件事实真相，虚假成分比前后矛盾的口供要少，可信性比较大，但不能排斥有些是精心编造、受人指使而提供的虚假陈述。有罪不实供，无罪供不实，如前后的口供在一些细节上惊人的一致，则有可能是虚假的。前后一致的口供也不能不经查证属实完全相信或者一概接受。

前后矛盾的口供是指前后口供存在冲突，既有部分矛盾的，也有完全相反的。对此不能采用一真一假或者非真即假的判断方法，存在全假的可能，但不可能全真。另外，认罪认罚具结书是否可以作为证据存在争议。有观点认为，认罪认罚具结书属于我国刑事诉讼法规定的犯罪嫌疑人、被告人的供述和书证。也有种观点认为，具结书并不能作为证据使用。因为控辩任何一方反悔撤回，其便失去对案件事实的所有证明功能。还有观点认为，由于其要式文书的性质，其可作为程序进行的证据使用。

(三)犯罪嫌疑人、被告人的供述和辩解的意义

无论是以职权主义为特征的大陆法系国家还是以当事人主义为特征的英美法系国家，均将口供作为重要的证据形式。我国也将犯罪嫌疑人、被告人供述和辩解作为法定证据种类之一。尽管犯罪嫌疑人、被告人的供和辩解有真有假，十分复杂，不可轻信，但也不可不信或者否认它的证据价值。依照法定程序获得的犯罪嫌疑人、被告人自愿的供述和辩解对于全面地了解案情、准确地认定案件事实均能发挥作用，特别是对于封闭空间犯罪事实确认更具特别重要的意义。

1. 犯罪嫌疑人、被告人的供述和辩解具有直接认定案件事实的作用

犯罪嫌疑人、被告人的供述和辩解是直接证据，有利于侦查人员、检察人员、审判人员发现、审查、核实、判断收集到的其他证据；也可以帮助侦查人员确定侦查范围，对案件的其他证据作出正确的判断，并能够及时发现问题、排除一些疑点。对于案件事实主观方面的认定，如犯罪嫌疑人、被告人的作案动机、犯罪心理等，往往需要通过口供才能获得证明。量刑也需要被告人的认罪态度以及悔罪、立功的表现。如果没有犯罪嫌疑人、被告人口供，这些事实一般无法获得其他直接证据予以证明；同时，需要正确地对待犯罪嫌疑人、被告人的供述和辩解，特别是犯罪嫌疑人、被告人作无罪、罪轻或免除刑罚的辩解。

犯罪嫌疑人、被告人作无罪、罪轻或免除刑罚的辩解不能一概认为是狡辩或者态度不老实，不予听取或者不作为证据。犯罪嫌疑人、被告人的辩解内容同样是证据内容之一。

2. 犯罪嫌疑人、被告人的供述和辩解具有与其他证据相互印证的作用

刑事案件事实是已经发生过的事实，犯罪嫌疑人、被告人的供述和辩解在证明案件发生时的细节和情景中居于非常重要的位置。每个案件能够收集到的证据多数为一些零散的间接证据，形成完整的证据锁链相当困难，对案件的事实也只有间接的证明作用。即使借助于科学技术手段把一些间接证据组合起来，也无法直接确认案件主要事实的存在。

于多数刑事案件留下的可供勘验、鉴定的物证、书证相当有限，有些案件又缺乏被害人、目击证人，有些证据之间存在难以解释的矛盾，再加上犯罪行为相当隐蔽、诡秘，特别是贿赂犯罪、毒品犯罪、网络犯罪等，均是在极端隐秘或虚拟空间中进行的，在犯罪现场几乎不可能有无关之第三人存在。对于此类案件运用间接证据证明被告人有罪存在一定障碍，除非存在事后自白或受贿者离开时携带贿款被当场人赃俱获，否则缺少直接证据，确认有罪也是相当艰难的。犯罪嫌疑人、被告人关于犯罪行为的真实陈述则可以将一些静止、孤立的证据串联起来，使隐蔽的犯罪事实昭然若揭。但是，办案机关应当准确理解犯罪嫌疑人、被告人的供述和辩解，特别是对同案人参与本案的犯罪事实的检举(攀供)；同时，在无其他证据的情况下，不得仅凭同案犯罪嫌疑人、被告人的互相攀供定案，以避免发生错案。

另外，监察机关的被调查人陈述、供述和辩解与犯罪嫌疑人、被告人供述的辩解相同。

三、民事、行政诉讼中的当事人陈述

当事人陈述是民事诉讼法和行政诉讼法规定的法定证据种类之一。在民事诉讼中，由于受自由处分原则和辩论原则的制约，国外一般不将当事人陈述作为独立的证据形式，但因证据类型的开放式规定，又重视当事人的陈述对案件结果的决定性作用。如《美国加州证据法典》第623条规定："当一方通过自己的陈述和行为有意或故意要使另一方相信某一特定事物为真实的或持有这种信赖，在任何因这样的陈述和行为产生的诉讼中，不允许他反言。"我国民事诉讼法和行政诉讼法将当事人陈述作为独立的证据类型。但也有人认为，当事人陈述可以作为证明手段，不应当作为独立的证据类型。

(一)当事人陈述的概念和特征

当事人陈述是指当事人在诉讼中就自己所知道的有关案件事实情况向法院所作的叙述。当事人陈述包括民事诉讼中当事人陈述和行政诉讼中当事人陈述。这种陈述包括原告、被告、共同诉讼人、诉讼代表人以及第三人的陈述。

当事人与案件有利害关系，且在诉讼中处于原告或者被告的地位，陈述中除案件事实外还会存在一些自己的主张、看法、请求等。其陈述的内容具有多样性，并非当事人在法庭上的任何陈述都是证据。当事人既有对案件事实情况的陈述，也有诉讼请求的提出，还有对案件处理方式的意见，同时还存在对证据的分析、判断和意见以及对争议事实适用法律的建议。只有对争议事实发生、发展经过和对实体法律关系的事实等有关处理案件有意义的事实情况所作的陈述，才属于当事人陈述。民事诉讼或行政诉讼中的当事人陈述包括以下主要内容：(1)案件事实情况的陈述；(2)诉讼请求的提出、说明和案件处理方式的意见；(3)对证据的分析、判断和应否采用的意见；(4)对事实适用法律的意见等。当事人陈述一般基于一定的目的，希望在诉讼中起到对自己有利的作用或影响。但是，在诉讼中能起证明作用，可以作为证据适用的，只是当事人关于案件事实情况的陈述，它包括：(1)涉及实体法律关系和程序法律关系的各种事实；(2)民事争议或行政争议的发生、发展经过；(3)其他对正确处理案件事实情况的陈述等。

对于涉及案件事实情况方面的当事人陈述，不论说明或确认某种事实存在，还是承认或否定对方所提出的事实情况，或者是叙述其他对认定案件有意义的事实情况，都属于当事人陈述。当事人陈述作为证明案件事实的证据具有以下特征。

1. 当事人陈述具有全面性

当事人与案件事实有直接的利害关系，对争议的产生、发展、变化等事实情况知道得相当清楚，甚至了解事情的起始动因、来龙去脉以及因果关系，故其真实的陈述能为法院提供较为全面的案件事实情况。当事人陈述相对于证人证言、鉴定意见等就某些事实的陈述来看，能够使人直接全面地了解案件情况，其内容具有广泛性和深刻性。

2. 当事人陈述具有双重性

当事人与案件有直接的利害关系，当事人双方的利益关系又是相互对立的，诉讼中求胜的心态常常促使其只提供对自己有利的情况，只作利己性陈述，对不利自己的情况加以缩减或保留，甚至避而不谈，因此其陈述的内容具有一定的片面性；当事人基于自己的利益考虑以及趋利避害的本性，其陈述往往真假交错，甚至歪曲事实、虚构情节、弄虚作假，作一些虚假陈述，因此其陈述具有不真实性。当事人陈述具有真实性、全面性、客观性和虚假性、片面性、主观性的双重特征，甚至当事人双方对同一事实会作出完全相反的陈述。

3. 当事人陈述具有限定性

当事人陈述作为证据一般限定在向法院所作的陈述，而法庭外陈述一般不作为当事人陈述；同时这种陈述相对其他证据在形成时间上具有明显的事后性。

对于当事人应否真实陈述存在不同立法例。德国、奥地利等要求当事人陈述必须完全而真实，而理论存在不同意见。基于诚实信用原则，当事人应当负有真实陈述义务；这种义务更多是道德上的义务，不宜作为法律义务。对于何为真实义务也存在不同认识。我国基于诚实信用原则要求当事人应当就案件事实作真实、完整的陈述。

(二)当事人陈述的分类

我国民事诉讼法、行政诉讼法没有对当事人陈述作出分类，学理上根据不同的标准对当事人陈述作如下分类。

1. 根据当事人陈述的内容与案件事实的关系，可分为与案件事实有关的当事人陈述和与案件事实无关的当事人陈述

这种分类的意义在于明确当事人陈述与案件事实的关系，并确认作为证据的当事人陈述的范围。当事人陈述只有涉及争讼事实情况的，才可作为证据适用。与案件事实无关的其他陈述，不具有证明作用，不应当作为证据。

2. 根据当事人陈述的形式不同，可分为书面当事人陈述和口头当事人陈述

书面当事人陈述是指当事人将有关案件的真实情况以文字的形式记载下来，作为证据提供给法院的书面材料。口头当事人陈述是指当事人对有关案件事实采用言词方式所进行的陈述。现代诉讼制度一般要求当事人亲自到庭，采用言词方式陈述有关案件事实，并接受质证、询问，以便有利于直接言词原则的实现以及事实真相的查明。

3. 根据当事人陈述的倾向性不同，可分为确认性当事人陈述、否认性当事人陈述和承认性当事人陈述

确认性当事人陈述是指当事人举出一定事实作为根据，以说明争议的实体法律关系存在的陈述。否认性当事人陈述是指当事人在诉讼中列举事实否认争议的法律关系存在的陈述。承认性当事人陈述是指一方当事人对他方当事人所提出的事实，明确表示予以承认的陈述。这种分类有利于正确判断当事人陈述内容的性质，确认其证明的事实范围。

(三)当事人的自认

当事人陈述作为一种证据类型受到各国法律的重视，尽管不像法定证据制度那样作为证据之王，但仍是一种重要的证据形式并在事实认定中起着决定性作用。特别是当事人的自认，对法庭具有一定的拘束力。当事人的自认是指一方当事人口头或书面承认对方当事人提出的不利于自己的事实的真实性和诉讼请求的合理性，并产生一定法律后果的行为。前者的"承认"一般称为狭义的"自认"，后者的"承认"称为"认诺"。

自认作为当事人一方的陈述，通常被接受为对其不利的后果。民事、行政诉讼当事人参加诉讼，都希望自己获得胜诉，使自己的合法权益得到保护。当事人一般总是尽可能地从有利于自己的方面进行陈述，并对他方的诉讼请求和所依据的事实、理由极力加以否认和辩驳。如果当事人一方对他方有关不利于己的事实的陈述和所提出的诉讼请求不加以辩驳，相反予以承认，肯定其真实性和合理性，则属于当事人的自认。一方当事人在法庭审理中，或者在起诉状、答辩状、代理词等书面材料中，对于己不利的事实明确表示承认的，另一方当事人无须举证证明。在诉讼过程中，一方当事人陈述的于己不利的事实，或者对于己不利的事实明确表示承认的，另一方当事人无须举证证明。但是，一方当事人对于另一方当事人主张的于己不利的事实有所限制或者附加条件予以承认的，由法院综合案件情况决定是否构成自认。

当事人的自认是当事人陈述的一种特殊形式，它对诉讼证明和案件的处理具有重要的作用，在某种意义上可影响案件处理的结果。

1. 当事人自认的分类

根据不同的标准可以对当事人自认作不同的分类。根据当事人自认情况和司法实践的需要，当事人自认可作以下分类。

(1)根据当事人作出的自认的场合不同，可分为诉讼中的自认和诉讼外的自认。

诉讼中的自认是指当事人在法院审理案件过程中所作的承认。它是一方当事人在对方陈述不利于自己的事实和提出正式诉讼请求后，明确表示对方陈述的事实确系真实的或其请求是合理的。

诉讼外的自认是指当事人在审判外对不利于己的事实或对对方的请求所作出的承认，如在来往书信中或在谈话时所作的自认。诉讼外的自认在对方当事人在诉讼中提出时也可以作为证据予以审查，但一般不具有诉讼中自认的效力。

大陆法系国家所说的自认，通常是指诉讼中的自认；而英美法系国家的自认一般限于诉讼外自认。诉讼中的自认一般作为证明规则而不是具体的证据，诉讼外的自认则是一种证据而非证明规则。

(2)根据当事人自认的客体和作用不同，可分为对事实的自认和对诉讼请求的自认。

对事实的自认产生免除对方举证责任的效力。在证据交换、询问、调查过程中，或者在起诉状、答辩状、代理词等书面材料中，当事人明确承认于己不利的事实的，另一方当事人无须举证证明。我国台湾地区"民事诉讼法"第279条规定："当事人主张之事实，经他造于准备书状内或言词辩论时或在受命法官、受托法官前自认者，毋庸举证。"当事人对事实的自认与当事人辩论原则联系在一起，往往导致法院对案件事实的直接确认，将当事人对诉讼请求的自认与自己处分原则联系在一起，作为判决败诉的依据。

(3)根据当事人自认的范围不同，可分为当事人完全的自认和当事人部分的自认。

当事人完全的自认是指当事人全部承认对方当事人主张的事实和诉讼请求，不附加任何条件或者限制。当事人部分自认是指当事人只承认对方当事人陈述的部分案件事实和部分诉讼请求，或者在承认的同时附加条件。这种自认仅对其承认的部分产生效力。一般而言，对于单纯的承认部分事实而否认其他事实的情形，即不附加条件的部分自认，应当认定承认部分事实的行为构成自认，否认的部分不构成自认。对于附加条件的自认，则应当考察所附加的条件与承认的事实是否不可分割。如果当事人承认对方当事人陈述的不利于己的事实的同时，又附加了独立的攻击或防御方法以否定对方当事人的主张，则应当将承认事实与附加事实作为一个整体加以考察。如果将两个事实割裂开，截取对当事人不利的部分并认定为自认，因该部分自认并不能反映当事人的全部意思表示，则很可能由于断章取义而导致不公平的结果。如果一方当事人承认对方当事人陈述的不利于己的事实的同时，又以与对方当事人主张的事实不具有法律上关联性的另一事实进行独立的攻击或防御，由于两项事实分别表达各自独立的内容，具有可分割性，那么当事人对于己不利的事实的承认构成自认。

(4)根据当事人自认法律拘束力的不同，可分为具有法律拘束力的当事人自认和没有法律拘束力的当事人自认。

具有法律拘束力的当事人自认可以免除对方当事人的举证责任，甚至可能使对方当事人因此而胜诉，但是必须具备相应的法定条件。反之，不具备法定条件的当事人自认，则没有这种法律效力。

(5)根据当事人是否明示为标准，可分为明示的当事人自认和默示的当事人自认。

明示的当事人自认是指当事人在诉状中或在法庭上以书面或口头形式明确表示的承认。默示的当事人自认是指当事人在诉讼中对对方主张的事实不争议或者不表达意见，可以推定为默认。

在我国，具有法律效力的当事人自认应是明示的当事人自认。默示的当事人自认并不必然产生免除对方当事人举证责任的后果。法院对于默示自认，一般通过要求当事人明确表态来确认；但经过释明仍不作明示的，也可推定为承认。一方当事人对于另一方当事人主张的于己不利的事实既不承认也不否认，经审判人员说明并询问后仍然不明确表示肯定或者否定，视为对该事实的承认。默认的推定承认不适用对诉讼请求的承认。

（6）根据自认主体的不同，可分为当事人本人的自认和代理人的自认。

当事人本人的自认是指当事人及其法定代理人所作的自认。代理人的自认是指诉讼代理人代为当事人所作的自认。

一些国家对代理人的自认在立法上作出明确规定，确定代理人在诉讼上的自认视为被代理的当事人本人在诉讼上的自认。民事诉讼法对委托诉讼代理人特别授权的规定，针对的是诉讼代理人对诉讼请求的处分。而自认是对事实的承认，其本身与诉讼请求并不直接相关。"对事实的承认直接导致承认对方诉讼请求"的情形发生在对事实和诉讼请求概括承认的场合。这种情况下可以直接认定为对诉讼请求的认可，没有区分对事实的承认和对诉讼请求的认可的必要。因此，除授权委托书明确排除的事项外，诉讼代理人的自认视为当事人的自认。《最高人民法院关于民事诉讼证据的若干规定》第 5 条规定："当事人委托诉讼代理人参加诉讼的，除授权委托书明确排除的事项外，诉讼代理人的自认视为当事人的自认。当事人在场对诉讼代理人的自认明确否认的，不视为自认。"

对于身份关系的诉讼一般不适用自认，如婚姻关系、亲子关系的确定等。在这些案件中，当事人即使对事实或者诉讼请求进行了自认，法院考虑公共利益、公序良俗以及社会影响，也应当进行必要的职权调查。

2. 当事人自认的效力

当事人自认的效力是指当事人自认对诉讼证明过程和案件处理结果的影响。当事人自认一般会发生以下效力。

（1）当事人自认具有免除对方当事人举证责任的效力。

一方当事人对另一方当事人陈述的案件事实和提出的诉讼请求，明确表示承认的，另一方当事人无须举证证明，可视为免除对方当事人举证责任。当事人在诉讼过程中作出明确自认的，具有免除对方当事人举证责任的效力。

（2）当事人自认可能产生对方当事人胜诉的法律后果。

民事法律关系是一种"私权"上的关系，可以由当事人自由处分。民事诉讼实行当事人自由处分原则和辩论原则。只要一方当事人承认对方当事人所主张的不利于己的事实，即可免除对方当事人的举证责任。如果被告承认了原告的诉讼请求，则可导致法院直接判决原告胜诉。我国最高人民法院的司法解释关于当事人自认的规定，在确立免除对方当事人的举证责任后，在特定条件下也会产生对方当事人胜诉的效果。

一般来说，当事人自认的证据价值在于免除对方当事人的举证责任。原则上当事人自认应属于对对方当事人主张的事实的承认，因自认了对方的诉讼请求，就等于自认了对方主张的事实，也就具有了免除对方当事人举证的责任。但是对对方当事人主张的事实的承认，并不必然带来对诉讼请求的认可。

（3）当事人的诉讼外自认或默示自认对主张事实的证据效力。

当事人在诉讼外的自认，无论是口头的还是书面的，均应允许对方当事人在诉讼中作为证据提出，经查证属实后也可作为案件事实的辅助性证据或佐证。但诉讼外的自认并不必然产生使对方当事人免除举证责任的法律后果。

当事人诉讼外的自认允许对方当事人在诉讼中作为证据提供，也允许当事人反悔；对于反悔的，当事人应当提出理由。当事人在诉讼中的默示自认，只表示当事人对对方当事人主张的事实和诉讼请求未予以反驳，但并未明示自认，故并不必然产生免除对方当事人举证责任的法律后果。此情况下，对案件事实的认定或胜诉、败诉后果的确定应根据对方当事人举证责任的履行情况而定；但经审判人员提示、释明仍沉默的除外。

3. 具有免除举证责任的当事人自认的条件

自认不是证据，而是举证责任的例外情形，是当事人行使处分权的结果，也是法院认定案件事实的方法，对于保障当事人的诉讼权利、节约诉讼成本具有重要意义。当事人自认产生免除举证责任的效力，必须具备以下的条件：(1)必须是诉讼中的自认，而不是非诉讼中的自认；(2)必须是对对方当事人提出的案件事实和诉讼主张的自认，而非其他的自认；(3)必须是向法院明确表示的自认，即以口头或书面形式向法院明确表示的自认，而非简单的默示不语；(4)自认必须出自当事人的真实意思；(5)不存在双方当事人串通损害国家利益或第三人利益的情况，不存在违背法律的强制性规定。当事人自认应当由审判人员记录在案；对于当事人自认的法律后果审判人员应告知当事人，以防止当事人误解。

4. 当事人自认后的反悔

我国未禁止当事人反悔即"禁反言"。禁反言原则源于当事人真实陈述义务的要求，多为英美法系的规定，通过宣誓等方式限制陈述前后不一致，但并未绝对限制。当事人作出使对方当事人免除举证责任的自认之后又反悔的，应当对反悔的理由负举证责任，举证不足或不足以推翻该当事人自认的，可确认当事人自认的效力。有下列情形之一，当事人在法庭辩论终结前撤销自认的，法院应当准许：(1)经对方当事人同意的；(2)自认是在受胁迫或者重大误解情况下作出的。法院准许当事人撤销自认的，应当作出口头或者书面裁定。当事人在法庭辩论终结前撤回自认并经对方当事人同意或者有充分证据证明其自认行为是在受胁迫或者重大误解情况下作出且与事实不符的，不能免除对方当事人的举证责任。

对于反悔应当提供何种理由，司法解释没有规定。我国台湾地区的规定可作为参考。当事人反悔必须举证证明有下述理由之一：(1)自认系出于错误而与真实情况不符；(2)对方当事人同意反悔撤销自认；(3)自认是由于欺诈、胁迫或他人有刑事上应罚之行为而作出的；(4)诉讼代理人辅佐人代为自认而未经授权的。以上情况应由法院审查以确定双方在法律上确认该当事人自认及其法律效力。对于当事人在诉讼外的自认和在诉讼中默示的自认，应允许当事人在法庭辩论终结前随时撤销，但应说明理由。

对当事人部分事实自认是否及于全部事实问题，存在不同观点。如原告诉被告借款5000元，而被告仅仅承认借款2000元。有的观点认为，当事人部分事实自认及于全部事实，部分事实与全部事实难以分开；有的认为，当事人部分事实自认不及于全部事实，应仅将双方当事人相一致的部分作为自认。

(四)当事人陈述的意义

当事人既是争议案件实体法律关系的当事人，又是诉讼主体。他们在诉讼中为获得有利于自己的裁判，正常情况下会积极、主动地向法院提供案件的事实情况，并对案件事实予以证明。当事人陈述是民事诉讼和行政诉讼中运用较为广泛的证据形式，对于发现事实真相、迅速查明争议事实、正确处理民事纠纷或者行政争议，具有十分重要的意义。

1. 当事人陈述有利于迅速确定案件事实和及时解纷息诉

当事人向法院陈述案件事实的同时，一般会提供掌握的一些证据或者提供了解的与案件有关的一些线索。法院通过当事人陈述，可以获取有关的证据，发现和收集其他证据，为查明案情、正确判决获取充分的依据。如果当事人在陈述中具有明确自认的内容，更有利于法院迅速终结诉讼。

由于民事诉讼或者行政诉讼的当事人都是发生争议的民事、行政实体法律关系的主体，对案件的事实情况一般都亲身经历过，比其他人更了解案件事实真相。他们为了维护其合法权益，在诉讼提起后，总是积极地向法院提供案件的情况，阐述自己主张的理由和根据。法院通过他们的陈述，可以迅速了解争议中的有关实体法律关系是否存在，知悉产生纠纷的缘由及引起争执的原因和发展过程、造成的后果等，为全面确定有关案件事实提供了重要的基础，也为及时解纷息诉提供了条件。

2. 当事人陈述有利于法院调整当事人之间的关系，提高审判的社会效果

当一方当事人所主张的事实在诉讼中为另一方当事人所自认，这种自认具备免除对方当事人举证责任的效力。法院便可以根据当事人的自认或者双方当事人一致的陈述对案件事实作出结论，这样有利于纠纷的及时解决，防止诉讼拖延。法院通过审查、分析当事人的陈述，还可以了解争议产生的原因、发展过程及当事人对案件的看法，从而根据情况及时消除当事人之间的对立情绪，改善他们之间的关系，使当事人双方"为权利而斗争"转化为"为权利而协商"，促进纠纷的及早解决与息事宁人。

第六节 鉴定意见

鉴定作为一种法律行为在诉讼历史上存在已久。据文献记载，古希腊时代就有医生进行死因检查的记录，在东罗马帝国的《查士丁尼法典》中可以找到有关鉴定的规定。1532年德国《加洛林纳法典》是最早使用鉴定一词的法律。英美法系国家将鉴定证据称为"专家证言"，大陆法系国家称为"鉴定结论"，我国称为"鉴定意见"。

一、鉴定意见概念与特征

鉴定意见是指在诉讼过程中鉴定人运用科学技术或者专门知识对诉讼涉及的专门性问题进行鉴别和判断并提出的书面鉴定意见。

我国《民事诉讼法》《刑事诉讼法》《行政诉讼法》规定了这种证据种类。鉴定意见本身包含鉴定人、鉴定活动与鉴定意见等要素。其中，鉴定人是鉴定意见作为证据的外在形式，鉴定结论是鉴定意见的基本内容。鉴定意见作为言词证据，[①] 与其他证据相比具有以下特征。

---

① 郭华：《鉴定结论论》，52—53 页，北京，中国人民公安大学出版社，2007。

(一)鉴定意见是鉴定人的个人意见

在英美法系国家，鉴定人被称为"专家证人"(expert witness)，是指被法院允许以意见作为证词或以其他方式提供证词的人。大陆法系国家称为鉴定人(sachverstandigen)，将其作为法院的协助人，并对其实行资格制度。我国对鉴定人实行资格制度，并将其称为司法鉴定人。

鉴定人是法官的助手，鉴定意见是法官认定案件手段的延长。鉴定人与普通人不同，应当是具有某些专长或者特殊技能的自然人。

1. 鉴定人是具有专门知识和能力的人

鉴定人是具备专门知识和特别能力、具有相应的鉴定资格的人。鉴定人在具有专门知识方面不同于一般的证人。

鉴定人不同于专家辅助人，也不同于专家证人。专家辅助人是协助当事人在法庭上质疑鉴定意见的诉讼参与人，有权对鉴定人进行询问，但对案件专门性问题所进行的说明不是法定的证据种类。专家辅助人具有当事人技术顾问的性质。当事人可以向法院申请的一至二名具有专门知识的人员或者专业人员属于专家辅助人。鉴定人不同于证人，他适用回避的规定，具有可替代性。

2. 鉴定人是列入鉴定人名册并被公布的人

鉴定人本身除了应当具备鉴定资格外，还应当被登记、编入名册并予以公布。我国对不同的鉴定机构采用不同的登记办法，对于侦查机关所属的鉴定机构实行主管机关登记，对于社会鉴定机构实行审查登记，并公告。鉴定人属于"职业证人"，对其应当实行高标准、高质资。

英美法系国家将鉴定人作为专家证人，在鉴定之前没有资格限制，但在法庭上仍审查其是否具有专家能力。法国要求鉴定人应从法院设置的鉴定人正式名单中挑选。专家证人不同于一般的证人，提供的证据不像证人那样是自己对案件事实的感知，而是一种判断性的推测意见。虽然鉴定人意见与证人根据经验所作的判断有点类似，但是鉴定人的经验不是普通人经验，而是具有特殊技能性的专家鉴别和判断经验。鉴定人从事司法鉴定业务应当在鉴定人和鉴定机构名册注明的业务范围内从事司法鉴定业务。

3. 鉴定人是自然人

鉴定人应当是自然人而不是单位。这是因为鉴定所需要的专门知识只有自然人才能掌握，为提出鉴定意见所进行的观察、调查、分析、判断等一系列活动也只有自然人才能完成。多人进行鉴定的，不能采取"民主集中制"或者"合议制"的"少数服从多数"的做法，各鉴定人对自己所作的判断负责。因此，鉴定人一般是自然人，实践中也存在单位鉴定。

鉴定人不同于鉴定证人。鉴定证人是指依专门知识对得知的过去事实或情况而作陈述的人。鉴定证人陈述的是自己体验的过去事实或情况，这些事实或情况是自己亲自感知的，在陈述内容上具有不可替代性，其陈述在专门知识作为判断依据时类似于鉴定人，鉴定证人具有证人与鉴定人的双重角色，但其性质仍属于证人。

(二)鉴定意见是办案机关或当事人指派或聘请的鉴定人所作的意见

鉴定人一般具有中立性，具有诉讼参与人的法律地位。其必须成为一个鉴定机构的成员，从事鉴定业务须由所在的鉴定机构统一接受委托。鉴定人所在的鉴定机构只有在接受办案机关或当事人的指派或聘请或者委托后，才能实施鉴定活动。鉴定人一经被指派或聘请成为鉴定人，也就成为诉讼法律关系的主体之一，享有一定的诉讼权利和承担一定的诉讼义务。鉴定人享有参与诉讼、了解案情、查阅与鉴定有关的案卷资料的权利；在鉴定过程中，享有参与与案件有关的现场勘验的权利，享有要求补充鉴定资料的权利以及独立进行鉴定的权利；同时，应当依法回避、履行出庭作证的法定义务，并对鉴定意见负责。

鉴定人从事鉴定业务不受地域的限制，可以依法接受位于我国境内的任何地方的办案机关和当事人的委托从事鉴定业务。只有依法接受指派或者聘请的鉴定人所提供的鉴定意见，才具有证据能力。鉴定机构统一接受委托，并不代表鉴定机构就是鉴定人。

医生作为医学专家所作的诊断证明书，是医生正常工作的产物，其本身不是作为证据的鉴定意见。医疗单位或者医生受到办案机关或者当事人指派或者聘请或者委托履行了相应的法律手续后对案件中的专门性问题作出的事实判断，才是鉴定意见。

(三)鉴定意见是鉴定人实施鉴定活动后的判断性意见

鉴定人实施意见应当依法亲自实施，按照法定程序和技术规范要求进行鉴定，遵守法律、法规、规章，遵守职业道德和职业纪律，尊重科学，遵守技术操作规范，独立、客观、公正地进行鉴定，并对自己作出的鉴定意见负责。鉴定意见与实物证据不同，它不是案件事实本身；鉴定意见与其他言词证据也有差异，它是对专门性问题的认识和判断，不同于证人证言、当事人陈述等对案件事实的感性认识。鉴定意见是借助于鉴定人的专门知识转换了其他证据的内容。其转换过程不是简单的物质交换，而是鉴定人的判断过程。其结果属于鉴定人对专门性问题的认识性意见或者判断性推断。即使是采用 DNA 技术的鉴定，其鉴定的结论也不是 DNA 技术直接自动生成的结果，因其产生的数据不会自动生成结论。DNA 鉴定意见仍是鉴定人对其检测结果或者数据的判读与认识，属于一种判断性意见。鉴定人应当亲自实施鉴定活动，否则，不能作为鉴定人在鉴定书上签名。

鉴定意见不同于证人证言、当事人的陈述、被害人陈述、犯罪嫌疑人和被告人供述与辩解。尽管证人证言也存在从一个主体向另一个主体转移的问题，如传闻证言，但传闻证言仅仅是证言的"转移"，内容没有发生变化；而鉴定意见则发生了"转换"，是证据的内容发生了变化。如对物证的鉴定，其内容转换为言词。这种言词仅仅是一种分析判断或者认识性判断，具有意见的本质特征。鉴定意见是鉴定人根据自己的专业知识对专门性问题所作的判断。在实践中，对于同一专门性问题，不同鉴定人有时会得出不同的判断意见。这是正常的，其存在差别也是合理的。多人参加的鉴定，对鉴定意见有不同意见的，应当注明。对于不同鉴定意见不得采用"少数服从多数"的方法来确定。

(四)鉴定意见是鉴定人对专门性问题作出的结论

鉴定意见是鉴定人对专门性问题作出的判断，它的作用是揭示其他证据与案件事实之间的因果关系或者证明价值。这种判断仅仅涉及事实问题，不得涉及法律问题。这些事实问题又是普通人仅凭直觉、直观或者一般经验知识、逻辑推理无法作出肯定性或者否定性的判断，必须借助于科学技术手段或者专门技能、特殊经验进行鉴别和判断才能得出结论的事项，如亲子关系的判断、精神疾病的判断、笔迹和印章真假的判断等。如果案件不存在专门性问题，则不需要鉴定。

法律问题应当由法官来认定。因为法律问题的认定权属于法官，职业法官对法律问题能够作出判断；而鉴定人的鉴定意见属于证据，仅仅涉及事实问题，若涉及法律问题则会侵犯法官的职权，不具有证据能力。如伤情鉴定中的轻伤、重伤鉴定意见以及精神疾病中有无刑事责任能力、限制刑事责任能力和完全刑事责任能力等，均存在法律判断的问题，属于法律事实。同时，办案机关也不得以任何理由要求鉴定人对法律问题作出判断。

（五）鉴定意见是确定性的书面结论

鉴定意见作为证据种类之一，其表现形式主要为鉴定意见书。鉴定人鉴定结束以后，应当制作书面的鉴定意见书。鉴定意见书是鉴定机构和鉴定人对委托人提供的鉴定材料进行检验、鉴别后出具的记录鉴定人专业判断意见的文书，一般包括以下内容：（1）标题。写明司法鉴定机构的名称和委托鉴定事项。（2）编号。写明鉴定机构缩略名、年份、专业缩略语、文书性质缩略语及序号。（3）基本情况。写明委托人、委托鉴定事项、受理日期、鉴定材料、鉴定日期、鉴定地点、在场人员、被鉴定人等内容。鉴定材料应当客观地写明委托人提供的与委托鉴定事项有关的检材和鉴定资料的简要情况，并注明鉴定材料的出处。（4）检案摘要。写明委托鉴定事项涉及案件的简要情况。（5）检验过程。写明鉴定的实施过程和科学依据，包括检材处理、鉴定程序、所用技术方法、技术标准和技术规范等内容。（6）检验结果。写明对委托人提供的鉴定材料进行检验后得出的客观结果。（7）分析说明。分析说明是鉴定文书的关键部分，也是检验鉴定文书质量好坏的标志之一。分析说明是根据上述资料摘要以及检查和检验结果，通过阐述因果关系，解答鉴定（检验、咨询、文证审查）事由中涉及的有关问题，必要时应指明被引用资料的出处。（8）鉴定意见。应当明确、具体、规范，具有针对性和可适用性。（9）落款。由鉴定人签名或者盖章，并写明司法鉴定人的执业证号；同时，加盖司法鉴定机构的司法鉴定专用章，并注明文书制作日期等。（10）附注。对鉴定文书中需要解释的内容，可以在附注中作出说明。鉴定文书正文可以根据不同鉴定类别和专业特点作相应调整。

鉴定意见书中的结论一般应当是确定的，明确其与案件事实的关系、事实的真伪以及确定事实有无、程度以及事实之间的因果关系。鉴定结论作为确定性判断包括肯定性判断和否定性判断，一般不能作出一些模棱两可的意见。

鉴定实践中，还存在鉴定检验报告书，如人体内酒精测试报告等。鉴定检验报告书是鉴定机构和鉴定人对委托人提供的鉴定材料进行检验后出具的客观反映鉴定人的检验过程和检验结果的文书。这种文书的结论虽然对检验具有较强的依赖性，检验本身也不会自动产生结论，其文书的结论仍是鉴定人对检测结果的判读，属于鉴定人的判断性意见，仍具有鉴定意见性质。实践中还存在事故调查报告（如火灾事故调查报告）、估价机构估价等，这些虽然可以作为论据使用，但不是鉴定意见。

实践中的多数鉴定意见书是对专门性问题作出的肯定性意见。但有时因为材料不充分或鉴定条件不能被满足等原因，鉴定人往往提出倾向性意见而不能作出肯定性结论。这种倾向性意见不是证据意义上的鉴定意见，不能作为定案的根据。

二、鉴定意见的分类

鉴定意见从证据的存在和表现形式看，属于言词证据的范畴，与实物证据有着极为密切的联系。由于多数的鉴定活动是以客观存在的实物为鉴定对象，鉴定意见与一般的言词证据相比更具有客观性。由于专门性问题的不同和专门知识的差异，鉴定意见存在不同的类别；并且随着鉴定事项的不断增加，鉴定的种类也在不断扩大。如日本的鉴定意见分为三类：一是有关一般性原则的鉴定意见；二是有关一定具体事实认定的鉴定意见；三是有关将一般性原则适用于一定具体事实时所得出的推论的鉴定意见。根据我国目前鉴定的状况，鉴定一般可以作以下分类。

(一)根据鉴定结果的确定程序不同，可分为确定性鉴定意见和倾向性鉴定意见

确定性鉴定意见是指就被鉴定问题作出的断然性结论的鉴定意见，主要包括肯定性的鉴定意见和否定性的鉴定意见，即对被鉴定问题的"肯定"或"否定""是"或者"不是""有"或者"没有""等级与能力确定"等明确回答鉴定要求的结论。

倾向性鉴定意见也称为或然性鉴定意见，是指鉴定人接受委托或聘请对案件中提请鉴定的某些专门性问题进行检验、鉴别和评定后，由于种种主观或客观上的原因，未能予以肯定或否定，只是提出了自己对该问题的"倾向性看法"的一种鉴定意见。倾向性的鉴定意见是一种"非典型意义上的"鉴定意见，因其"未置可否"的不确定性结论，对案件事实的证明程度并未达到证据要求的标准，对证明案件事实并没有实质性证明的意义，不能作为证据使用。

由于诸多主、客观因素的存在，鉴定有时能得出肯定性或否定性结论，有时只能得出倾向性结论或可能性结论，有时甚至还得不出结论。只有肯定性结论和否定性结论才能证明某种结论事实的存在或不存在，倾向性结论、可能结论并不能证明某种结论事实的存在，但作为辩护证据证明该事项存疑或者不存在具有积极的意义。

(二)根据鉴定可重复性或者可检验性的不同，可分为实验型鉴定意见和经验型鉴定意见

1. 实验型鉴定意见

实验型鉴定意见是指依靠科学技术检测和实验进行鉴定所作出的鉴定意见。这类鉴定主要依靠科学技术出具检验检测结果开展鉴定，鉴定活动依赖实验室建设水平、质量控制体系、机构管理水平、技术方法、技术规范等，一般可以进行定量分析。其鉴定结果具有可重复性，具有较强的客观性，如DNA鉴定、物证类鉴定等。

实验型鉴定强调鉴定技术的稳定性、可靠性、安全性且得到同行专家的普遍认可，并非技术越尖端越具有可靠性，但技术不可靠的不得用于鉴定。例如测谎鉴定、麻醉精神分析鉴定、骨龄鉴定等，因技术可靠性不强，在相同的条件下难以得到相同的结果而不能作为证据意义上的鉴定意见。

(1)测谎鉴定意见。测谎技术源于美国，其全称为"多参量心理测试技术"。其基本原理为，人在说谎时的生理活动或者人记忆中的一些事件再现时所产生的心理活动必然引起一系列生理(如血压、呼吸、脑电波、声音、瞳孔、皮肤电等)的变化，它们一般只受植物神经系统的制约，而不受大脑意识的控制。通过仪器测试人的这些生理参量的变化，可以分析其心理的变化，判断测试人对问题知情的程度，从而判断陈述的真假。这种活动测的是人的生理参量，而不是言语本身。测谎仪是综合心理学、生理学和现代电子学及其他应用科学技术设计而成，并伴随科技的进步而不断发展和更新，除了多道生理参数测试，还发展了瞳孔、声音分析、电脑波测谎技术。测量的软件系统也在发展，出现了多种不同模式的测量方法和计算机识别系统。我国学术界对测谎的结果能否作为证据存在不同观点。

一般认为，测谎仪的测试结果不是独立的证据。因为证据都是对案件事实的反映，案件事实具有客观性、关联性，而测谎是对涉案人身体各种生理参量的测试，不是对事实本身的鉴定。测谎结果与鉴定意见不同：①两者的对象不同。鉴定所指向的对象是事实本身，如伤情鉴定、血型鉴定、精神病鉴定等，这些都是客观存在的事实，需要鉴定人作出明确的判断，得出结论。测谎的对象是涉案人，是对涉案人生理参量的测试。尽管生理参量与人是否说谎有一定的联系，但涉案人不是事实本身。②两者采用的方法不同。鉴定是鉴定人运用专门技术知识，如痕迹检验学、法医学等对事实作出检验而得出结论；测谎则是运用纯机械的手段获取测试结果。前者是专门知识对事实的认识，后者是机械手段对涉案人心态的测试。③两者能否在诉讼中被直接使用不同。鉴定意见是独立的证据类型，可以在诉讼中使用；而测谎结果尚不能在诉讼中作为证据使用。

测谎结果不能作为证据，也不是鉴定意见。这并非测谎技术本身不具有科学性，而是测谎技术还存在一些难以解释的问题：一是在说谎与清晰的情绪反应之间是否存在直接的、牢固的联系还未得到科学证实；二是情绪反应与生理反应之间是否存在稳定的关联未得到确切证实；三是生理反应无法排除其他因素干扰的可能而与获得的结果不具有完全的对应性。由于测谎技术在心理学和生理学还未能达到普遍认同，测谎结果还不足以作为鉴定结论，这也是最高人民检察院对其证据性质进行否定的原因之所在。①

（2）骨龄鉴定意见。人是有很多种年龄的，这些年龄包括时间年龄、生物学年龄和心理学年龄等。时间年龄是指出生以后所经历的时间，是与出生时间有关并按日历来计算的，能够准确地反映个体生命存在的时间。我国刑法有关条文规定的年龄依据则是时间年龄。生物学年龄是与人体生长发育中的某些事件的出现时间有关，是根据正常人体生理学和解剖学的发育状态所推断出来的年龄，表明人体的组织机构和生理功能的实际状态。心理学年龄用来表示心理发展的绝对水平，把心理学年龄和时间年龄相对比就能看出智力水平的高低。在人的生长发育过程中，最容易真实地反映生长时间的是骨骼系统。骨龄是人体生物学年龄的重要内容，是用骨骼的生长发育成熟和衰老的规律来推断年龄的。骨龄是指骨骼年龄，是骨骼发育进程的年龄描述，代表了特定正常人体骨骼发育的一般状态。由于人的骨骼发育与人的生理成熟程度密切相关，因此骨龄可以反映人体发育的生理成熟程度，是评价人体生理成熟程度的重要指标。一般情况下，通过人体的肩、肘、腕、髋、膝、踝六大关节 X 光线片上所示的骨骼发育情况，运用科学的测评方法，可以比较准确地推断个体年龄。该鉴定方法能较为准确地反映人体的生物年龄，但由于受个体生长各种客观条件的影响，生物年龄与实际的生活年龄并不完全一致。骨龄鉴定是专家或者鉴定人根据被告人骨骼发育状况对其年龄所作出的鉴定意见，既受到被鉴定人个体发育程度的制约，还受到鉴定人、鉴定标准的影响，一般无法精确到具体日期。

骨龄鉴定一般不能独立于其他证据而直接作为认定年龄的证据。办案机关对被告人真实姓名、住址、年龄不确定时，可以委托进行骨龄鉴定。但在司法实务中，由于技术上的

---

① 1999 年 10 月《最高人民检察院关于 CPS 多道心理测试鉴定结论能否作为诉讼证据使用问题的批复》认为，可以使用 CPS 多道心理测试鉴定结论帮助审查、判断证据，但不能作为诉讼证据使用。

原因，骨龄鉴定结论还无法达到精确的程度，只是确定一个时间段，前后存在误差。法官应当在审查鉴定意见时认真审查鉴定人的资质、鉴定人在鉴定中是否受到外界干扰等情况，并结合其他证据作综合认定。骨龄鉴定仅仅作为参考，而不是参照，更不能作为认定案件的唯一依据。[①]

另外，还需要注意书写时间鉴定。这种鉴定目前只有少数鉴定机构用多次测定法能鉴定三个月以内的制成文件，极个别的鉴定机构能鉴定六个月以内的制成文件。由于受各种客观因素的影响，送检鉴定的检出率不高。由于检材与样本在纸张、墨水、油墨、保存环境等方面的不同会对鉴定结果产生决定性影响，一般不宜作为鉴定意见。

2. 经验型鉴定意见

经验型鉴定意见是指主要依靠鉴定人的专业知识、执业经验和职业技能进行鉴定所作出的鉴定意见。这类鉴定依赖于鉴定人的专业学历、技术职称、学术地位、执业经验、工作业绩等个人经验，与实验型鉴定相比具有较强的主观性，不具有可重复性。这种鉴定因与鉴定人个人经验存在密切关系，一般仅可进行定性分析；对同一鉴定对象可能因鉴定人不同而得出不同的鉴定意见，甚至出现相反的鉴定意见，如精神疾病类鉴定，尤其是功能性精神疾病鉴定。

经验型鉴定由于存在可验证性不可重复性，在客观性上与实验型鉴定相比略有逊色。但它与一般人对该专门性问题的认识相比，可靠性仍然较高，不能因此否定其科学性、可靠性，也不能否定其证据性质。

(三)根据鉴定对象的不同，可分为对人的鉴定意见和对物的鉴定意见

1. 对人的鉴定意见

对人的鉴定是指鉴定意见所认定的是具体的人。它是依据对人的某一方面的特性、某些技能习惯或人体某一部分的物质特性进行鉴定所作出的判断意见去认定案件中需要确定的人。对人的鉴定主要有：人体皮肤乳突花纹、书写动作习惯、语音习惯、人体外貌、牙齿、血液、毛发、骨质、人体组织、体液、人体分泌物、人体气味、人体其他皮肤花纹等。因此，鉴定中有皮肤乳突花纹鉴定、书写习惯鉴定、人体外貌鉴定、牙齿鉴定、语音习惯鉴定、血的鉴定(主要指 DNA 鉴定)、骨质鉴定、人体其他肤纹鉴定等。

对人的鉴定有直接认定和间接认定两种。直接认定是依据被鉴定对象的某些特征直接进行的，如法医学鉴定中依据尸体残肢认定整尸等。这种鉴定形式一般较少使用。间接认定是依据被鉴定对象所遗留的痕迹、声纹、字迹、气味和分离物质确定与其自身的关系。间接认定是对人的鉴定的主要形式。

2. 对物的鉴定意见

对物的鉴定是指通过鉴定确定检材是否是被寻找物。对物的鉴定主要有：犯罪工具、交通运输工具、鞋底、袜底、枪弹、印章、铅字、印刷图版、编织物、纺织物等的鉴定。

---

① 参见有关骨龄鉴定的规定可参考 1991 年 7 月 22 日《最高人民法院研究室关于如何认定被告人犯罪时年龄问题的电话答复》、2000 年 2 月《最高人民检察院关于"骨龄鉴定"能否作为确定刑事责任年龄证据使用的批复》以及最高人民法院行装局《关于对外委托文件制成时间鉴定有关事项的通知》(法司〔2008〕12 号)。

对物的鉴定又可分为对"单体物"的鉴定和对"合成物"的鉴定。"单体物"是具有单一固定形态和单一外表结构的客体，是以自身某一局部表面结构形态来反映其特性的，如鞋印、印文、枪弹痕迹、工具痕迹等。鉴定的方式主要是比较客体的反映形象。"合成物"是具有整体特性而非单一结构、单一形态的客体，它的每一个细小的部分都是独立的并能反映其整体特性。如纤维、爆炸物、毒物、植物果实、动物毛等。鉴定的方式多采用直接比较分析方法来确定客体物自身的特征。

(四)依照鉴定对象的特征不同，可分为客体外表形态鉴定意见、行为习惯鉴定意见、物质成分鉴定意见和气味鉴定意见

1. 客体外表形态鉴定意见

客体外表形态鉴定是指以客体外表形态特征作为鉴定对象。这种鉴定属于传统的鉴定方式。在科学技术高度发展的时代，它在鉴定中仍处于主要地位。这种鉴定大多是通过比较客体的反映形象特征来实现的，如指印鉴定、牙印鉴定、赤脚印鉴定、鞋印鉴定、工具痕迹鉴定、致伤工具鉴定、印文鉴定、人像照片鉴定等。

2. 行为习惯鉴定意见

人的习惯是多方面的，有生理活动习惯、心理活动习惯、技能动作习惯以及某些特殊行为习惯等。目前，只有书写动作习惯和语音习惯可以作为鉴定对象。笔迹是书写习惯的反映，声纹是语音习惯的反映。这种鉴定的稳定性不强。

3. 物质成分鉴定意见

物质成分鉴定是依据客体物质成分特征进行鉴定，主要是依据物质的形貌、结构、排列组合及含量比例等方面的特征进行的鉴定。自然界的任何具体物质，实际上都是混合物质。不仅不同种类的物质其成分的种类不同，在同类同种的物质中其成分、含量、组成结构、形貌也有一定差异，因而能够显示出其物理学特性、化学特性、生物学特性的不同，可作为区分物质种属和异同的依据，如爆炸物鉴定、毒物鉴定、油脂涂料鉴定、纤维鉴定等。

4. 气味鉴定意见

气味鉴定是依据客体的气味特征所进行的一种鉴定，实际上是物质成分鉴定的另一种途径。气味鉴定主要是通过对人的气味鉴定认定气味是属于何人的(确定气味与人的关系)。鉴别物的气味大多只能解决种类(属)异同问题。

另外，还可以分为法医学鉴定意见、精神病学鉴定意见、毒物学鉴定意见等，以及同一鉴定意见、种属鉴定意见。

三、鉴定意见的意义

鉴定意见是一种独立的证据种类，是查明案件事实的一种重要方法和手段，在现代诉讼活动中起着越来越重要的作用。鉴定意见作为言词证据不同于一般的证人证言、被害人陈述、当事人陈述，是人的判断意见。它不仅可以揭示证据与案件事实之间的关系，而且还能够揭示其他证据的内容，在诉讼实践中发挥着重要的作用。

(一)鉴定意见对案件事实的认定常起到关键性的作用

鉴定意见对于判断案件中的某些事实往往能够发挥其独特的认定作用。如指纹鉴定意见可以确定某人是否到过现场，精神疾病鉴定可以确定行为人有无责任能力，轻微伤鉴定意见、轻伤鉴定意见可以作为罪与非罪的证据。鉴定意见在诉讼实践中具有"证据之王"的效用，对于鉴别其他证据的真伪，提示物证、书证等其他证据的证明作用，具有特别重要的意义。

（二）鉴定意见对案件事实具有直接认定的功能

鉴定意见是审查判断其他证据的重要手段，是鉴别、认定其他证据是否真实、可靠的判断依据，具有印证和补强其他证据的作用。鉴定意见经过去伪存真的质证、认证过程后，查证属实的，可以作为裁判的依据。鉴定意见常常能够确定人身关系，可以直接确认案件的主要事实，如DNA亲子鉴定意见。

对于鉴定意见的证据作用和意义应当充分肯定，但不要过分夸大，因为它毕竟是人的判断，不是"科学的判决"。由于种种原因它也存在不准确、不可靠的情况。科学性不等于准确性、确实性或者确定性，不得未经审查质证而直接作为定案根据。

第七节　笔　录

笔录包括勘验笔录、检查笔录、辨认笔录、侦查实验笔录和现场笔录。勘验、检查辨认、侦查实验及现场笔录作为证据历史悠久。古代的《汉谟拉比法典》以及我国的《睡虎地秦墓竹简》均对其作了记载。我国《刑事诉讼法》《民事诉讼法》《行政诉讼法》对这一证据种类也作出了规定。《刑事诉讼法》将其为勘验、检查、辨认、侦查实验等笔录，《民事诉讼法》将其称为勘验笔录，《行政诉讼法》中称为勘验笔录和现场笔录。《监察法实施条例》中称为勘验检查、辨认、设计实验等笔录。

一、笔录的概念与特证

笔录是法定主体依法对与案件有关的场所、物品、尸体、人身以及违反行政法律规范的现场进行观察、检验、辨认、侦查实验等活动的客观记录。它包括勘验、检查、辨认、侦查实验笔录和现场笔录。这类证据主要是对收集证据及获取证据情况作出的客观描述与记录，体现了获取证据的经过，又被称为"过程证据"。

（一）勘验、检查、辨认、侦查实验笔录和现场笔录的概念

1. 勘验、检查、辨认、侦查实验笔录的概念

勘验、检查、辨认、侦查实验笔录是指办案机关为收集证据，对与案件有关的场所、物品、尸体和人身进行观察、检验、辨认、侦查实验等活动的客观记录。勘验、检查、辨认、侦查实验笔录包含以下几层含义。

（1）勘验、检查、辨认、侦查实验笔录制作的主体具有特殊性。勘验、检查、辨认、侦查实验在诉讼中属于一种职权性行为，其主体为办案机关以及行政执法人员。因此，勘验、检查、辨认、侦查实验笔录只有这些主体依法制作才具有法律效力。在刑事诉讼中勘验、检查、辨认、侦查实验的主体为公安司法机关；在民事诉讼和行政诉讼中，制作勘验笔录的主体为法院。在行政诉讼中还存在行政主体在实施行政行为时的勘验、现场。

(2)勘验、检查、辨认、侦查实验活动属于职权性活动。勘验主要是指对与案件有关的场所、物品、尸体等所进行的实地察看、检验。在刑事诉讼中，勘验是侦查人员对犯罪现场的勘验、对犯罪遗留物的勘验等；在民事诉讼中，勘验是法院对当事人争议的房屋的实地验查等。检查，又称为人身检查，是指对人身进行的验查，是为确定其人身特征或者伤害情况或者生理状态，对犯罪嫌疑人、被告人或被害人的人身进行的察看与检查。辨认，是指在侦查中为了查明案情，必要时让被害人、证人以及犯罪嫌疑人对与犯罪有关的物品、文件、尸体、场所或者犯罪嫌疑人进行辨认的一种行为。侦查实验，是侦查机关在侦查办案过程中，采用模拟和重演的方法，证实在某种条件下案件实施能否发生和怎样发生，以及发生何种结果的一项措施。

(3)勘验、检查、辨认、侦查实验的对象是与案件有关的场所、物品、尸体以及嫌疑人、照片等；本身不是作为具体权利义务的主体，一般只能作为权利义务的客体存在。

(4)勘验、检查、辨认、侦查实验应当依法进行。勘验、检查、辨认、侦查实验的对象涉及相关人员的合法权利，在对与案件有关的场所、物品、尸体以及人身进行此项活动时，应当依法进行。特别是实施可能侵犯被检查人的合法权利的人身检查，应当严格依照法定程序和用对人身侵害较小的方法进行，并注意对被检查人人身权利的保护。

在刑事诉讼中，勘验、检查、辨认、侦查实验既是一种侦查行为，又是一种调查证据的活动。侦查人员对于与犯罪有关的场所、物品、人身、尸体应当进行勘验或者检查。在必要的时候，可以指派或者聘请具有专门知识的人，在侦查人员的主持下进行勘验、检查。为避免对勘验、检查的客观公正性产生怀疑和争议，还应邀请与案件无关的人员作为见证人参与现场的勘验、检查活动。对于辨认应当采用混杂原则，不得暗示；对于侦查实验要禁止一切足以造成危险或有伤风化的行为。在民事诉讼中，法院有权对与争议有关的财产损害场所、所有权发生争议的客观物体、或者承包与买卖的标的物等进行勘验。

勘验和检查以及辨认、侦查实验的法律地位和性质是相同的，在刑事诉讼中均作为侦查行为或者措施，只是在适用对象上有所区别。勘验的对象一般是与案件有关的场所、物品、尸体等在性质上属于"死"的事物；检查的对象是与案件有关的"活人"的身体；辨认的对象可以是人，也可以是物品或者照片；侦查实验要求较为严格，禁止一切足以造成危险、侮辱人格或者有伤风化的行为，仅限于刑事诉讼。

2. 现场笔录的概念

现场笔录，又称当场记录，是指行政执法机关在行使行政职权、实施行政行为的过程中对某些事项当场所作的能够证明案件事实的记录。现场笔录包含以下含义。

(1)现场笔录主要源于行政执法活动的客观性文字记载，是行政主体作出行政决定的重要依据。它是行政机关及其工作人员对违反行政法律规范的人当场作出处理而制作的文书记录。现场笔录是行政人员在执法现场进行调查取证时当场制作的与案件有关情况的记录，是行政主体对案件事实进行初步认定的书面档案，它能够比较真实、客观、完整地再现执法现场的原貌，是行政主体作出行政决定的重要依据。

(2)现场笔录又是法院对行政行为进行司法审查的重要内容，是证明被诉行政行为合法性的原始、直接的证据。在行政诉讼中，现场笔录的内容首先是用来证明被诉行政行为的，反映行政执法人员在执法现场调查取证的过程，在行政诉讼中又是用来证明被诉行政行为是否符合法定程序的证据。

现场笔录是指国家行政机关在作出行政行为之前对有关事项当场所作的笔录，其直接目的是为作出行政行为提供依据。只有当事人对该行政行为不服并向法院提起诉讼后，它才具有行政诉讼证据的意义。

现场笔录与勘验、检查、辨认、侦查实验笔录既有相同之处，又有所区别。二者都是法定主体依法定程序制作的证据类型。它们之间的区别为：①制作的主体不同。现场笔录是行政诉讼中的被告制作的。勘验、检查、辨认、侦查实验笔录是公安司法机关在诉讼过程中为查明一定的案件事实，对与案件有关的场所、物品、尸体进行勘验、检查时所作的笔录。②制作的时间不同。现场笔录是行政机关作出行政行为之前对有关事项当场所作的笔录，是在诉讼发生前制作的。勘验、检查、辨认、侦查实验笔录是公安司法机关受理案件后，公安司法人员在进行诉讼活动过程中制作的。③制作的内容不同。现场笔录可以包含行政机关对违反行政法规的当事人进行询问所作的笔录。勘验、检查笔录只能是勘验、检查有关场所物品的客观记述，不包括询问当事人的记录。④影响证据效力的因素不同。现场笔录必须经过当事人核对无误并在笔录上签名或盖章，才能作为证据。刑事诉讼中的勘验、检查、辨认、侦查实验一般不要求当事人到场，但需要见证人。民事诉讼或行政诉讼中的当事人或者他的成年家属应根据情况通知到场。如果他们拒绝到场，并不影响证据效力。这些笔录不同于"破案报告""情况说明"等说明类材料。前者属于法定证据，但对其证据属于言词证据还是实物证据存在不同意见。有意见认为，它们属于以书面方式记载的言词证据；也有观点认为，它们属于非言词的客观证据。其存在明显问题的，需要制作人解释或说明。

(二)勘验、检查、辨认、侦查实验及现场笔录的特征

根据内在的本质属性，勘验、检查、辨认、侦查实验及现场笔录与其他证据相比具有以下特征。

1. 勘验、检查、辨认、侦查实验及现场笔录是一种客观记录

勘验、检查、辨认、侦查实验及现场笔录是办案机关为收集证据在对与案件事实有关的场所、物品、尸体、人身进行勘验、检查时所作的如实记录，是对有关物品、现场状况、人体的状态以及检查过程与结果的客观记载，载明时间、地点和具体的事件。其中，现场笔录是在某些事件现场当场制作的，如市场监督部门查获伪劣商品、金融监管部门调查金融事件。其内容具有客观性，不包含勘验、检查人员以及现场笔录制作人员的主观分析意见。

2. 勘验、检查、辨认、侦查实验及现场笔录具有规范性

勘验、检查、辨认、侦查实验及现场笔录是办案机关进行勘验、检查、辨认、侦查实验活动的客观记载，并由参加勘验、检查、辨认、侦查实验的人和见证人按法定程序签名或者盖章，其笔录制作受法律法规的调整，必须按照法律法规的要求制作，表现出较强的规范性。特别是现场笔录的制作，需要依据相应的法律、法规和规章。

3. 勘验、检查、辨认、侦查实验及现场笔录是一种客观性较强的证据形式

勘验、检查、辨认、侦查实验及现场笔录一般包括勘验、检查的过程，也包括勘验、检查结果，还能够反映出现场中各种痕迹物品存在的状态或形成的环境及他们之间的相互关系，是具有综合证明作用的一种证据。勘验、检查、辨认、侦查实验以及现场笔录的内容是对勘验、检查、辨认、侦查实验过程以及结果的客观记载，属于一种实况记录，具有较强的客观性。它不同于物证，也不同于书证，更不同于鉴定意见。

4. 勘验、检查、辨认、侦查实验及现场笔录具有特殊性

勘验、检查、辨认、侦查实验的人员，除办案人员外，在必要的时候，可以指派或者聘请具有专门知识的人参加，以便帮助其解决在勘验、检查、辨认、侦查实验过程中需用专门知识解决的问题；同时还应邀请与案件无利害关系的公民作为见证人参加。《刑事诉讼法》要求："勘验、检查的情况应当写成笔录，由参加勘验、检查的人和见证人签名或者盖章。"《民事诉讼法》也规定："勘验物证或者现场，勘验人必须出示人民法院的证件，并邀请当地基层组织或者当事人所在单位派人参加。"但是，勘验、检查、辨认、侦查实验及现场笔录必须由参加勘验、检查、辨认、侦查实验的公安司法人员以及行政执法人员制作。

勘验、检查、辨认、侦查实验及现场笔录不同于物证、书证。勘验、检查、辨认、侦查实验及现场笔录虽然是客观地记录与案件有关的场所、物品、尸体、人身等的书面形式，具有反映和固定实物证据的功能，如将物证的形态、特征、所在空间的情况、物证与物证之间的联系等如实地加以记录，但它本身不是物证。勘验、检查、辨认、侦查实验及现场笔录是依照法定程序由公安司法人员以及行政执法人员制作的，不同于办案人员按照法定程序通过勘验、检查等形式取得的物证、书证。

在诉讼过程中，勘验、检查、辨认、侦查实验及现场笔录与鉴定意见都是由法定人员或者机关制作的，而且勘验、检查与鉴定的对象在某种情况下是相同的，但这两种证据仍有差异。勘验、检查现场是由办案人员亲自进行的；鉴定是由具有专门知识的人进行的。勘验、检查、辨认、侦查实验及现场笔录是办案人员以及行政执法人员运用自己的感官或器材直观地进行如实、客观记载的结果，不具有分析、判断的因素，鉴定意见是鉴定人依靠其专门知识对某一事物进行检验、分析后作出的一种鉴别和判断的结论。

二、笔录的分类

笔录存在多种分类，主要包括讯问笔录、询问笔录、现场勘验笔录、物证检查笔录、尸体检查笔录、侦查实验笔录、搜查笔录、扣押笔录、现场笔录以及庭审笔录等。根据证据性质以及分类要求，笔录单独作为法定证据种类的是勘验、检查及现场笔录。勘验、检查及现场笔录应按照法定程序和规则制作。因此，笔录分类仅限于作为法定类型的证据。

(一)勘验笔录

根据诉讼的不同性质，勘验笔录可分为刑事勘验笔录、民事勘验笔录和行政勘验笔录。

1. 刑事勘验笔录

刑事勘验笔录的制作主体主要为职权机关，辩方没有制作勘验笔录的权利。刑事勘验笔录包括现场文字记载、现场照相与现场绘图。勘验笔录的内容主要包括前言、叙述事实和结尾，具体内容如下：(1)前言部分的内容包括案由及一般情况。记载接到报案的时间，案件发生和发现的时间、地点，报案人和被害人的姓名、职业、住址以及他们叙述的有关案件发生、发现的情况；保护现场情况，保护现场人员的姓名、职业、到达现场的时间以及保护现场中发现的情况；勘验人员的姓名、职务，见证人的姓名、职业和住址，以及勘验工作开始的时间和结束的时间，勘验的顺序，当时的气候、光线条件。(2)叙述事实部分的内容即勘验所见。现场的具体地点、位置和周围的环境主要包括现场所在的市、区、街道门牌号码，以及现场的左邻右舍和四周固定物及道路分布情况等；现场内部情况包括现场中心和有关场所的情况，特别要记明现场上的一切变动和变化的情况，对现场中心部位一定要写得详细具体(如凶杀现场，要记明尸体躺卧的位置、姿势，周围物体上有无血迹、血迹喷溅的形状、面积，凶器的位置和特征等)；同时记明有关场所的情况(如室内现场，应记明门窗是否被打开，室内、椅床、箱柜、被褥以及其他与案件有关物体的摆设和存放情况，有无被翻动和破坏的迹象)；各种犯罪痕迹遗留物的所在位置、数量、特征及分布情况；被害人的受害情况和物质损失情况，以及现场的反常现象。(3)结尾部分的内容。结尾部分主要包括记载提取的痕迹物证，书证的名称、数量；现场照相及现场绘图的内容和数量；现场勘验的参加人及有关人员的签名或盖章；见证人的签名或盖章。

2. 民事勘验笔录

勘验笔录是指法院为了查明案件的事实，指派勘验人员对与案件争议有关的现场、物品或物体进行查验、拍照、测量，并根据查验的情况与结果制成的笔录。其制作主体主要为法院的审判人员。其内容主要包括勘验情况和结果，应当记录勘验的时间、地点、勘验人、在场人以及勘验的经过和结果，由勘验人、在场人签名或者盖章。绘制的现场图应当注明绘制的时间、方位、测绘人姓名与身份等内容。

3. 行政勘验笔录

行政勘验笔录是执法人员或者法院对案件现场实施勘验所形成的事实记录。它主要包括勘验情况和结果，应当记录勘验的时间、地点、勘验人、在场人、勘验的经过和结果，由勘验人、当事人、在场人签名。绘制的现场图应当注明绘制的时间、方位、测绘人姓名和身份等内容，由文字、拍照、录像、绘图、制作模型等组成。

另外，勘验笔录还有现场照相、现场绘图等附件。现场照相是指运用照相的方法，客观、准确地记录现场的状态和固定提取现场上与案件有关的各种痕迹、物品。现场照相应当反映现场的原始状态和勘验实际过程中发现的各种痕迹与物证。现场绘图是通过绘图的方法来表示现场的状况及其周围环境之间的相互关系以及现场上各种与案件有关的痕迹、物体分布比例状况等的情况。随着科技的发展，勘验活动可采用录像的方式进行。录像已成为勘验笔录的内容之一。

(二)检查笔录

检查笔录主要用于刑事诉讼的人身检查，旨在确定被害人、犯罪嫌疑人的某些特征、伤害情况或者生理状态。检查笔录制作主体主要为侦查机关。检查笔录的内容包括：检查的时间、地点，检查人员的姓名、职务；被检查人的姓名、职业、住址；见证人的姓名、职业、住址；检查的内容、结果。我国《刑事诉讼法》规定，犯罪嫌疑人、被告人拒绝检查的，侦查机关认为有必要时，可强制检查，并将强制检查的情况在笔录上写明。

(三)辨认笔录

辨认笔录是侦查人员在辨认活动中对辨认活动的经过和结果依法作出的文字记录。其内容包括:(1)首部。包括名称、辨认时间、地点、辨认对象(即人、尸体、物或环境等)和目的等。(2)内容。包括辨认人员进行辨认的具体情况和现实条件提供辨认的对象的情况;辨认的方法和辨认过程中辨认人的态度;辨认结果等。(3)尾部。其包括办案人员、辨认人、见证人和记录人员签名。

(四)侦查实验笔录

侦查实验笔录,是指根据查明案情的需要,把案件发生的某些事件的情节按当时情况加以重演,并将实践情况和实验结果如实记载的笔录,主要包括:(1)首部。包括标题、实验时间、地点、参加人(单位名称、个人姓名、职务)、见证人(同前项)、实验人(姓名、性别、年龄、文化程度),犯罪嫌疑人或证人(要记明身份)。(2)内容。其包括实验原因、实验目的、批准手续、实验环境,具体解决什么问题,实验结果。(3)尾部。其包括参加人、见证人的签名,实验人所捺手印,年月日。

(五)现场笔录

现场笔录是行政诉讼法独有的证据类型,是行政机关或者行政执法人员执行公务时针对事件现场情况所作的笔录。这种笔录主要是行政机关及其工作人员在行政执法过程中,对于被处理、处罚事件及行政执法程序的客观记录。现场笔录的制作主体是行政执法机关及其人员,主要内容包括对现场或者物品进行勘验、检验、测量、拍照、绘图时所作的笔录。现场笔录应当载明制作笔录时间、地点和事件等,并由执法人员和当事人签名。当事人拒绝签名或者不能签名的,应当注明原因;有其他人在现场的,可由其他人签名。法律、法规和规章对现场笔录的制作形式另有规定的,按照规定制作。

现场笔录的制作应当遵循以下规则:制作的主体应当为行政机关及其工作人员;现场笔录必须当场制作,不得事后补记;应当有行政执法人员和当事人的签名。

现场笔录与勘验笔录存在某些相似之处,在证据属性上具有相同性,但两者存在如下的区别:(1)制作主体不同。现场笔录是行政主体制作的,具体由行政执法人员在相对人的参与下制作完成;勘验笔录的制作主体是办案机关。从性质上讲,前者属于行政文书,后者属于诉讼文书。(2)制作时间不同。现场笔录只能是行政主体在行政程序中制作,勘验笔录是办案机关在诉讼过程中制作。现场笔录必须现场制作,事后不得补作;勘验笔录是案发后制作,若当事人对勘验笔录的内容有异议,还可以申请重新勘验。(3)作为认定案件事实的依据不同。现场笔录是证明被诉行政行为的原始、直接证据,故其可以单独作为认定被诉行政行为是否合法的证据;勘验笔录只是勘验人员对勘验物的外部特征、特性等情况进行的认定,不能单独作为认定案件事实的依据。

三、笔录的意义

笔录是诉讼时用来查明案件事实的一种法定证据,它对于甄别其他证据真伪、说明物证和书证等其他证据的来源、保证收集证据的合法性和证据链的完整性、查明全案的事实真相等有重要的作用。

（一）笔录能够证明案件事实的基本情况

勘验、检查、辨认、侦查实验及现场笔录是对与案件事实有关的场所、物品、人身、尸体进行勘验、检查的客观记录，它能客观地反映现场的各种情况，能够为办案人员或者行政执法人员研究分析案情提供重要依据，对于查明案件发生的原因、过程，确立被告（人）或相对人责任，正确处理刑事、民事、行政案件或者其他非诉案件具有重要的作用。

（二）笔录可以审查其他证据的真伪

勘验、检查、辨认、侦查实验及现场笔录是诉讼中的一种重要证据。它不仅能够真实反映现场的客观情况，而且可以鉴别其他证据的真伪。因为勘验、检查、辨认、侦查实验及现场笔录对案件发生的地点、环境以及遗留证据的位置特征等情况客观全面的记录，基本上能够反映全案的概况，而其他证据一般只能反映案件的局部情况，勘验、检查、辨认、侦查实验及现场笔录可以起到印证其他证据、甄别其他证据真伪的作用。

（三）笔录是固定保全证据的重要手段

案件现场不会永久地保持原状，其遗留的物证、书证往往随着时间的推移很可能会发生变化，人身伤害的创伤也可能消失或出现变化。因此，及时、细致地进行现场勘验，客观、全面、准确地对现场情况进行记载，能够把有关的证据固定和保全下来，可以作为事后了解、分析有关情况的依据，"恢复"案件中某些事实的"原状"，也能够为认定案件事实提供客观依据。

第八节　视听资料

视听资料是科学技术发展到一定阶段后才作为证据形式的，是现代科技发展的产物。英美法系国家将其作为书证或者文书，适用最佳证据规则。有些国家将其纳入物证的范围。随着科技的迅速发展，特别是计算机的普及，视听资料因"视"与"听"的范围限制不能完全囊括新的证据类型，特别是概念的内涵与外延存在着不确定性。学者无论对其名称还是对其范围均存在不同的观点。

一、视听资料的概念和特征

视听资料，又称音像资料，是指以录音、录像机或计算机等科技含量高的技术设备记录并显现出的内容来证明案件事实的证据。它包括录像带、录音带、传真资料、电影胶卷、微型胶卷、电话录音、雷达扫描资料、计算机储存数据、资料以及视频、抖音等，是现代诉讼中较为重要的一种证据形式。①

---

① 我国司法实践的视听资料是指以图像和声音形式证明案件真实情况的证据。它包括与案件事实、犯罪嫌疑人以及犯罪嫌疑人实施反侦查行为有关的录音、录像、照片、胶片、声卡、视盘、电子计算机内存信息资料等。

视听资料与其他证据相比具有以下特征。

(一)视听资料具有特殊的物质性

视听资料是无形物质借助于有形物质来反映一定思想、活动内容、物质形态或者分析未知现象的一种带有科技性的证据，是以声、光、电、磁及其他形式来保存声音、图像、数据、信息的科学证据。这种声、光、电、磁等无形物质，借助于技术手段进行能量转换，保存在录音带、录像带、软盘等有形物质载体内，借助音像等技术设备还原成可供听、看的事实资料。如果没有有形的物质作为载体，可供听、看的资料就会转瞬即逝；如果没有有形的物质相依附，也就无法重现原存的可供视听的事实资料。视听资料的这种物质性与其他的证据相比明显不同。

(二)视听资料具有客观的逼真性

视听资料是采用现代科学技术手段记录下来案件情况的原始材料，并借助于科学技术设备使案件事实得以"再现"，一般情况不受录制人、操纵者或其他人主观因素的影响，特别是现场的监控录像。只要原始材料准确，提取的物品或储存的信息一般不会存在差错。如果采用的设备没有故障，操作的方式符合规范，就能够客观地反映当时的事实情形，逼真地显示当时的人和事物的各种形态、空间的面貌以及色彩、声音等，并且具有立体化的效果。也就是说，这些音响、图像、储存的数据和资料能够生动形象地"还原"案件事实"原貌"。视听资料这种客观逼真性是其他证据无法比拟的。

(三)视听资料具有生动的直观性

视听资料是依靠高新技术，采用先进设备储存的具有较强科技含量的证据。其无形信息虽然依附于有形物质，但其音像、储存资料借助于播放媒体可以重复显示案件发生时的原始情况，并能够直接生动显示案件发生的事实，与静止、片面的反映案件事实的物证、书证具有明显的不同。这种直观性不代表真实性，如声音合成而伪造，AI换脸可伪装。

视听资料中的声音与图像是一种感性符号，它不仅能够传达人类的语言，而且还可以再现人类社会和自然界的所有光影运动和音响变化，具有强烈的直接感受性，以至于它可以直观地展示与案件有关客体的声音特征和形象特征，可以生动地再现与案件有关事件或活动的过程，使人们能够比较真实、全面和相对连续地认识有关事实的情况和有关客体特征的情况。

(四)视听资料具有易变性

视听资料具有生动性、连续性、形象性，并能够完整、系统、清晰地反映原始的案件事实情况。由于视听资料的收集、固定、展示等需要借助于高科技手段，而高科技手段的使用也存在易被人通过科技手段删改的可能性，易于被掩盖且不留痕迹，致使变动的视听资料难以被发现而具有欺骗性。同时，由于视听资料可以录播分离，其传播一方面可以让更多的人准确了解声音和图像欲传达和再现的信息内容；另一方面，也为歪曲甚至拼接、剪辑一些片段事实的人提供了可乘之机。特别是有些视听资料还需要高科技手段予以恢复，其恢复的过程又有可能出现一些新的问题。视听资料依赖高科技手段以及录播分离的特征，致使其优缺点都相当明显。即使是视听资料本身不存在任何问题，传播者对事实现场的音像把握以及镜头组接也可能会影响视听材料的真实性和传达的准确性。

关于视听资料的证据名称，法学界有不同观点，主要存在计算机证据说、音像证据说和视听证据说。计算机证据说源于西方国家。西方国家因电子技术革命来得较早，发展较快，应用较广，以至于将运用电子技术制成的录音、录像等设备归属到电子计算机的范畴。如美国乔治城大学法律中心的保罗·罗斯坦教授把视听资料称为"电子计算机资料"。音像证据说认为，这类证据所反映的是当事人原始谈话声音和动作形象，表现录音资料和录像资料的内容主要在于"音""像"，其名称应为音像资料。视听证据说认为，这些证据是以录音带、录像带等为载体的声音和形象，供人们听和看，进而证明案件事实的证据形式。视听资料的音色、图像、储存资料等，并不单纯地以文字和符号来表达思想内容，而是独立地反映案件的一部分或全部的真实情况；不仅静态地反映案件事实，而且动态地说明案件事实的现实情景。视听资料可以包括计算机证据，在实践中也是如此处理的。

二、视听资料的种类

视听资料作为法定的证据类型，其范围相当广泛，形式相对复杂，对其进行分类研究具有特别重要的意义。

(一)根据来源不同，视听资料可分为原件和复制品

原件是指直接依据客体的声音或者图像生成的视听资料，如现场的监控录像、讯问的同步录音录像、电子数据、文件中最初输入的数据和文件等。复制品是指依据其他声像资料制作的视听资料。如复制的录音带、录像带等。

这种区别视听资料的原件与复制品的分类，可以帮助人们正确评断它们的证明力。其他证据佐证并以合法手段取得的、无疑点的视听资料或者与视听资料核对无误的复制件可以作为证据。

(二)根据视听资料表现形式的不同，可分为录音资料和影像资料

录音资料是指运用声学、电学、化学、机械学等方面的科学原理制成的收录设备，将正在进行的演说、发言、谈话、歌唱、呼叫、爆炸、机械摩擦、自然声响、电话或者视频对讲等声音如实地记录下来，然后经过播放再现原来的声迹，来证明案件事实情况的证据。它能够对声音进行固定、保存和重现，以恢复原始声音的真迹；能够使人们有耳共听；具有其他证据无法证明的效力，被称为"会说话的证据"。

录像资料是指运用光电效应和电磁转换的原理制成的摄像机、录像机，将事物发生、发展、运动、变化的客观真实情况原形原貌地录制下来，再经过播放重新显示原始的形象，来证明案件事实的证据。它通过将录像、摄像、磁信号转变成光信号，把录音和录像结合起来，把声音和形象联系起来，并且可以直接收录、随时传输、同步观看，使人们有目共睹或者一目了然地辨别证明案件的事实，被称为"会运动的证据"。

运用科学技术取得的其他信息资料是指运用科学技术设备，对常规方法不能解决的难题进行技术检测和处理，获取能够证明案件事实的证据。如运用计算机技术、激光技术和光谱技术，对印章、文字进行检测，就可以通过确认字形、笔画排列、结构特点、熟练程度等方面作出精确的异同结论。运用激光束照射技术，对压痕处物质分子原子排列发生的微小变化进行检测，可以检测发现五六层纸的压痕字迹。

三、视听资料的意义

视听资料作为现代科技发展的产物和新的证据类型，在实践中被广泛地运用，特别是社会治理中监控以及在刑事诉讼中对讯问犯罪嫌疑人进行全程录音录像作为一项制度被确立以及行政执法中监控录像的普遍采用，使得这一新型证据类型在诉讼中具有特别重要的意义。视听资料作为具有高科技含量的证据，不仅其制作具有及时性要求，而且易于篡改和伪造。其制作和收集的合法性对其证明力产生重要的影响，在理论上也引起学者的高度重视，"秘密录像"或者"偷录偷拍"问题倍受关注。

现代发达国家对视听资料这种证据类型极为重视，并已广泛使用在诉讼活动尤其是民事诉讼中。视听资料具有直观性、连续性、稳定性、信息量大、精确度高等特点，能够形象、生动地反映案件事实、重现案件过程；作为一种独特的证明手段，具有其他证据无可替代的优越性；在证明犯罪、维护公私财产和保护公民合法权益等方面发挥越来越重要的作用。

第九节　电子数据

随着电子计算机技术的发展、网络的普及以及数字经济的出现，尤其是电子商务的出现，以计算机及其网络为依托的电子数据在证明案件事实的过程中起着越来越重要的作用，在银行、证券等金融领域尤其明显，如数字货币。这种以新的形态出现的证据形式在证据法律实践与理论研究中得到认可。[①]《联合国电子商务示范法》中将其规定为电子数据，我国诉讼法均将其作为新的证据类型并称之为"电子数据"。

一、电子数据的概念与特征

电子数据（electronic data），在实践中也称数字证据（digital evidence）或者电子证据（electronic evidence）。[②] 对其是否可以作为独立的证据种类，理论界存在不同的观点。第一种观点认为，电子数据属于视听资料的内容之一。因为视听资料是指可视、可听的录音带、录像带之类的资料，需借助一定的工具或以一定的手段转化后才能被人们所感知，而电子数据也必须借助计算机系统显示为"可读形式"，也是"可视的"；故二者的承载媒介是相同的，从其物理性质进行归类属于电磁记录物。第二种观点认为，电子数据应归为书证。普通的书证是将某一内容以文字符号等方式记录在纸张上，电子数据只是以不同的方式（电磁、光等物理方式）将同样的内容记载在非纸式的存储介质上；两者仅仅在记录方式、记载内容的介质

---

① 如《加拿大统一电子证据法》及我国 2010 年《最高人民法院、最高人民检察院、公安部、国家安全部、司法部关于办理死刑案件审查判断证据若干问题的规定》（法发〔2010〕20 号）均将其确定为新的证据类型。

② 我们认为作为证据的种类，对电子证据不宜在电子的后面加上"证据"二字，因为所有的证据种类均没有以证据作为自己的名称，将其称为电子数据更符合数字经济的发展趋势。

上存在不同，其记录功能却是相同的。如我国《民法典》第 469 条部分条款规定："书面形式是合同书、信件、电报、电传、传真等可以有形地表现所载内容的形式。以电子数据交换、电子邮件等方式能够有形地表现所载内容，并可以随时调取查用的数据电文，视为书面形式。"第三种观点认为，电子数据不仅仅归属于视听资料或者书证，其他七种证据形式都可能存在着电子形式，其不同之处仅仅是载体。电子数据绝非一种全新的证据，只是传统证据演变出的新形式。第四种观点认为，其他任何一种证据种类都无法将电子数据完全囊括进去，作为一种独立的证据种类较为适宜，也符合证据类型的未来方向。

我国法律与国外的法律对此均有单独的规定。如我国《电子签名法》规定："数据电文不得仅因为其是以电子、光学、磁或者类似手段生成、发送、接收或者储存的而被拒绝作为证据使用。"《加拿大统一电子证据法》《美国统一电子交易法》《新加坡电子商务法》《联合国电子商务示范法》等对此均有相关规定。尤其是《联合国电子商务示范法》规定："在任何法律诉讼中，证据规则的适用在任何方面均不得以下述任何理由否定一项数据电文作为证据的可接受性。"电子数据作为证据，无论在产生、存储、复制、转移、读取中遵从的规则，还是电子数据提供、质证、审查判断以及认证规则均具有不同于其他证据的特殊性，有必要将其作为一种新的证据类型，这也是证据法学发展的必然趋势。

电子数据是指案件发生过程中形成的，以数字化形式存储、处理、传输的，能够证明案件事实的数据，主要是通过电子邮件、电子数据交换、网上聊天记录、博客、微博客、手机短信、电子签名、域名等形成或者存储在电子介质中的信息。电子数据主要包括但不限于下列信息、电子文件：(1)网页、博客、微博客、朋友圈、贴吧、网盘等网络平台发布的信息；(2)手机信息、电子邮件、即时通信、通讯群组等网络应用服务的通信信息；(3)用户注册信息、身份认证信息、电子交易记录、通信记录、登录日志等信息；(4)文档、图片、音视频、数字证书、计算机程序等电子文件。但是，以数字化形式记载的证人证言、当事人的陈述等证据不属于电子数据。在实践中时常出现的主要涉及网上聊天记录、博客、微博客、手机短信、电子签名、域名等形成或者存储在电子介质中的信息。电子数据与其他证据种类相比，具有以下特征。

(一)隐蔽性

电子数据作为证据，在存储、处理的过程中必须用特定的数据，一切信息数据都由这些不可见的编码来传递；与其他证据相比，外在表现形式完全不同(如手机微信等)，具有无形性的特征。它的产生和重现必须依赖于特定的电子介质，在这点上不如传统的证据(如书证)。这点也正是电子数据的弱点，直接削弱了它的证明力度。如运用黑客手段入侵电脑网络，就能改变电子数据本来的面目，而增、删、修改不留痕迹，给审查、判断电子数据的真实、可靠带来了困难。

电子数据可能并未记载制作人且无法确定制作人。尽管在网络中的传输可以确定网址(IP)及代号，但因存在冒用可能而难以确定制作人，与其他证据相比也存在隐蔽性的特征。

(二)易破坏性

电子数据特有的生成、储存和传递方式导致其特有的隐蔽性，与其他证据种类相比更容易被删改。电子数据所依赖的计算机系统容易受到攻击、篡改且不易被发觉，故其容易遭受修改且不易留痕。电子数据是以数据的形式存在的，被人为篡改后，如果没有可资对照的副本、影像文件，就难以查清、判断。书面文件使用纸张为载体，不仅真实记录签署人的笔迹和各种特征，而且可以长久保存；如有任何改动或添加，都会留下"蛛丝马迹"，通过专家或鉴定等手段均不难识别。但电子数据使用电磁介质，储存的数据修改简单而且不易留下痕迹，导致有人利用非法手段入侵系统、盗用密码以及操作人员的差错或供电系统和网络的故障、病毒等情况发生时，电子数据均有可能被轻易地盗取、修改甚至全盘毁灭而不留下任何证据。尤其是在网络技术日益进步的今天，破坏数据变得更轻易而事后追踪和复原变得更加困难。

（三）复制性

电子数据以手机、电脑、移动互联网等可变性的储存媒体作为记录器，其内容具有重复利用性，其复制简便易行且具有无限的复制性。随着智能手机、平板电脑等高科技产品高度普及，且集手写、录音、拍照、摄像、上网功能于一身，易复制且上传至网络后极具开放性，可随时制作、查询、上传、下载，从理论上讲，电子数据的传输只要未遇到设备的障碍或者篡改，其复制本与原本相同，甚至毫无差异。因此，电子数据具有复制的无差异性，使得这一证据的原件与复制件具有同等的真实性。

（四）多样复合性

电子数据的表现形式是多样的，尤其是多媒体技术的出现，更使电子数据作为证据综合了文本、图形、图像、动画、音频及视频等多种媒体信息。这种以多媒体形式存在的数据几乎涵盖了所有传统证据类型，不仅体现为文本形式，还集合了影像、图片、声音、图画等多种形态，具有较强的复合性和表现形式的多样性。电子数据在网络内部的存在形式是简单电磁形式的，但其外在表现的输出形式却是多种多样的，它可以输出在计算机屏幕上成为图像、动画等视频形式，输出在打印纸上成为传统纸介文件，输出在音箱中成为音频信息，输出在缩微胶卷上成为视听资料。其执行操作更是以不同的动作指令为表现形式。这都显示了它的外在多样性。由于其依托具有集成性、交互性、实时性的手机、计算机及其网络系统，不仅包括支付数据、点击数据、查询数据，还包括行为数据、习惯数据、喜好数据等，极大地改变了传统证据的运作方式，且与大量的无关信息复合在一起，多样复合性的特征更为明显。

（五）高科技性

电子数据是现代高科技发展的重要产物和先进成果，是现代科学技术的发展在诉讼证据上的体现，与其他证据相比技术含量高。电子数据的产生、储存和传输，都必须借助于计算机技术、存储技术、网络技术以及区块链技术等，离不开高科技的技术设备。其产生方式、存储载体、询问方式、表现形式、来源特点等都与传统数据不同。电子数据的收集与审查判断必须依赖于一定的技术手段乃至尖端科技，并将伴随科技的发展进程不断更新、变化，很少受主观因素的影响，能够避免其他证据的一些弊端（如证言的误传、书证的误记等），相对来说比较客观。电子证据无论的复制、存储还是读取，都需要相关操作人员利用科技手段进行。其精确性体现在能够直观、动态、形象地记录案件事实，有效减少证据链条节点，而且稳定、抗干扰，历经较长时间仍可呈现事实原貌，不夹杂主观因素。由于电子数据的数字信号是非连续性的，如果有人故意或因为差错对电子数据进行截收、监听、窃听、删节、剪接，从技术上就难以查清，常常需要作为专家的鉴定人利用科技手段进行鉴定，使其与科技密切相关。

另外，电子数据还具有收集迅速，易于保存，占用空间少，传送和运输方便，可以反复重现，易于使用、审查、核实，便于操作的特点。

二、电子数据的分类

电子数据主要是以"数据"的形式存在，是由电子技术带来的存在形式，本身无法为人眼或人耳所直接阅读或聆听，必须予以转换才能为人所知。在技术上电子数据通常分为以下四类：内容数据，是指与案件有关的文档、图片、图像等电子数据；衍生数据，是指对内容数据进行操作时，计算机自动生成的有关操作行为的数据；环境数据，是指数据的生成、增加、删除、修改、传输所依赖的软硬件环境；通信数据，是指在利用网络传输数据时生成的关于通信的数据。这种证据作为新的证据种类，主要包括以下类型。

(1)根据形式，电子数据可分为网页、博客、微博、网盘等网络平台发布的信息，手机短信、电子邮件、即时通信、通讯群组等网络应用服务的通信信息，用户注册信息、身份认证信息、电子交易记录、通信记录、登录日志等信息，文档、图片、音视频、数字证书、计算机程序等电子文件，其他以数字化形式存储、处理、传输的能够证明案件事实的信息。

(2)根据证明机制，电子数据可分为以电子形式所记载的意思表示来证明案件真实情况的电子数据，以电子信息的存在或状况来证明案件真实情况的电子痕迹证据，以电子数据形式展现的可视图像和可听声音来证明案件真实情况的数码录像片段证据，以可视电话作为形式的陈述证据，以数码相机拍摄的现场照片的证据，等等。

三、电子数据的意义

我国的司法实践和相关立法不仅发现了电子数据作为证据的重要性，并已尝试性地对其作了一些规定。电子数据的意义不可低估。随着现代信息技术的发展，尤其是国际互联网具有不受时间、地域限制的特性，在电子商务中，传统的合同、提单、保险单、发票、税单、电子发票等书面文件被储存于计算机存储设备中的相应的电子文件所代替，并需要电子数据的确认。同时电子隐私、网络与计算机安全、网络中的知识产权、网络中的行政管理与行业管理等诸多方面涉及的法律事实在很大程度上需要电子数据来认定。因此，电子数据在现代化尤其是信息化社会中具有特别重要的意义。

(一)电子数据能够证明信息技术纠纷的真相

自20世纪90年代以来，数字化通信网络和计算机装置使得信息载体的存储、传递、统计、发布等环节实现无纸化，但引发了诸多法律问题，而电子数据成了解决这些法律问题的关键证据。从网络隐私权和网络知识产权侵权案件到电子合同纠纷、平台的消费者权益保护乃至网络广告的行政规制、网络和电子商务中的犯罪追究等诸多案件，均需要电子数据予以证实。如用电子邮件或者微信等现代信息技术发出的要约、承诺来签订合同，电子邮件发送、接收的时间不同肯定会影响合同成立和生效的时间。一旦对合同生效时间发生争议，对电子邮件发送、接收时间的认定就显得至关重要，而证明这些至关重要的事实则需要科学、可靠的电子数据。

(二)电子数据有利于证据理论的发展

在证据学方面，传统的证据理念受到了电子信息的巨大冲击，且不说电子数据的形式与传统意义上的证据截然不同，甚至电子数据的收集、审查判断也出现了新的特征。电子数据本质上是一组数字化的信息，通过数字的不同编码记录于磁性介质中。电子数据将被纳入证据法学研究的视野，其研究将会引发计算机及其网络技术发展方向的重新思考。保障网络与电子商务活动的顺利开展，维护当事人的合法权益，密码、数字签名、身份验证技术、防火墙、灾难恢复、防病毒、防黑客入侵等信息技术保障的力度会不断加强。

【问题与思考】

随着人工智能、物联网等现代信息技术的发展和电子商务、电子政务、网络教育和各类网络服务在社会生产和人类生活中不断涌现，智能设备已渗透到人们日常生活的方方面面。由于智能终端的不断升级换代及规模拓展，电子数据的载体不断向智能化方向更新和发展。这些智能设备通常具备存储、计算、联网等功能。微博、微信、第三方支付等不断留下信息和"无图无真相"的视频迭代更新，形成新的电子数据类型。根据前面的引导案例，结合本章内容，考虑大数据、区块链等现代信息技术，思考下列问题：(1)该案存在哪些证据种类？(2)如何判断证据种类归属？(3)哪些材料不属于证据种类？(4)划分证据种类的标准如何确定？(5)如何解决划定证据种类的交叉问题？(6)将该案证据进行电子化是否属于电子数据？

【延伸阅读】

1. 谭秋桂、冯林：《对民事诉讼证据概念和分类的再思考》，载《法学评论》，1999(1)。
2. 雷建昌：《论我国刑事证据分类模式的缺陷及其完善》，载《法律科学》，2004(3)。
3. 龙宗智：《证据分类制度及其改革》，载《法学研究》，2005(5)。
4. 邵明：《我国民事诉讼当事人陈述制度之"治"》，载《中外法学》，2009(2)。
5. 王进喜：《刑事证人证言论》，北京：中国人民公安大学出版社，2002。
6. 樊崇义：《视听资料研究综述与评价》，北京：中国人民公安大学出版社，2001。
7. 郭华：《鉴定结论论》，北京：中国人民公安大学出版社，2007。
8. 袁志：《勘验、检查笔录研究》，成都：西南财经大学出版社，2007。
9. 赵长江：《刑事电子数据证据规则研究》，北京：法律出版社，2018。

第七章

证据的分类

【引导案例】

　　某个凌晨，在杭(州)萧(山)公路上，发生了一起交通肇事案，事故现场有被害人的尸体和被害人骑的摩托车，尸体旁边有被害人的血迹。尸体不远处有汽车急刹车留下的摩擦痕迹。被害人手腕上的手表已被摔坏，指针停在 5 点 50 分。侦查人员对现场进行了勘验，拍摄了一张现场全景照片。法医鉴定结论为：被害人系被汽车撞击而死。有妇女张某对侦查人员说，她丈夫告诉她，事故发生时，他行走在离事故现场约 50 米处，目击一辆解放牌大卡车撞倒被害人后逃离而去。事故现场不远处有里程碑记明事故发生地距萧山 15 公里。萧山区交通管理局通过公路收费站的录像查明，5 点 50 分左右曾有两辆解放牌大卡车经过事故现场处。其中有一辆萧山某厂车辆。经侦查人员查看，该车上有一处漆皮新脱落的痕迹。厂调度证明司机刘某当日早驾车从杭州返回萧山，下车后脸上有慌张的神色。出车登记表记明司机刘某当日早晨 5 点 55 分回厂。侦查人员询问刘某和与司机同车的赵某，两人均否认他们当天早上发生过交通肇事。

【本章概要】

　　本章是有关证据在理论上的分类，主要包括原始证据和传来证据、言词证据和实物证据、直接证据和间接证据、本证和反证等形式。这种理论分类对于全面理解证据对案件事实发生的证明作用具有特别重要的意义。

第一节　证据分类概述

　　证据的分类是证据在理论上的类型化，是对证据深化认识的一种特殊手段。它通过对相互关联的证据进行逻辑上的整理与归类，进一步对不同类别证据的特点及规律性予以总结，将各类证据的共同点和差异点区别开来，有利于对证据进行更深刻的理解，并在运用证据中发挥每个证据在证明案件事实上的特有功能。

一、证据分类的概念

证据分类又称证据的理论类别，是指按照不同的标准或者从不同的角度在理论上对证据所作的不同划分。它是人们认识和研究证据的一种逻辑思维方法，旨在借助于分析证据的复杂性与特殊性来探讨各种法定证据之间的相互关系，为运用证据提供科学的认识路径和审查判断方法。

证据的理论分类不同于证据的法定种类，它属于学理研究的范畴，体现为一种理论上的力量。证据种类中的一种证据在证据分类中可能表现为多种类别。如当事人的陈述，依据证据的表现形式可划为言词证据；依据证据的来源又可划为原始证据；如果是与案件事实直接接触的陈述，又可划为直接证据；但在证据的法定种类中只能是当事人的陈述，而不能是其他的证据类型。

证据分类与理论研究的状态有关。因研究主体的视角不同，证据在理论上可呈现出不同的证据分类。这种划分属于一种理论上的解释，不具有法律上的强制性。尽管证据分类不同于证据种类，但它又是以证据种类作为研究对象，以证据种类为其存在的基础和前提。

二、证据分类的概况

证据在理论上的分类最早可追溯到英国法学家边沁。他在《司法证据原理》一书中将证据分为以下几类：实物证据和人的证据，自愿证据和强制证据，宣誓证据、言词证据和书面证据，直接证据和情况证据，原始证据和传来证据等。边沁的证据理论分类引起了许多证据法学者的浓厚兴趣，并在证据的理论研究中作为一项内容不断地进行探讨，如乌利兹、包利叶、葛拉泽尔、符拉吉米罗夫等。由于各国法律制度的差异和分类的着眼点不同，同一国家不同时期或同一个时期的不同学者分类标准的不同，致使证据在理论上出现了不同的分类。如与边沁同为英国籍的另一位法学家罗纳得·沃克在《英国法律制度》中将证据分为直接证据和情况证据，原始证据和传来证据，最佳证据和次要证据，口头证据、书面证据和实物证据。美国法学家格里菲斯在《法律概念》中将证据分为直接证据和情况证据，而美国另一位学者威格摩尔则将证据分为实物证据、情况证据和言词证据。德国学者一般将证据分为直接证据和间接证据，人的证据和物的证据，目击证人和传闻证人等。一般来说，大陆法系国家主要从证据概念出发，对其进行系统化整理，注重证据功能上的不同，强调证据分类的逻辑方法。英美法系国家强调证据的外部形式，注重证据的构成形态，主要从证据形式进行分类。

我国学者对证据分类源于苏联的有关证据分类理论。早期的分类主要为有罪证据和无罪证据、控诉证据和辩护证据、原始证据和传来证据、直接证据和间接证据。我国《刑事诉讼法》第52条规定："审判人员、检察人员、侦查人员必须依照法定程序，收集能够证实犯罪嫌疑人、被告人有罪或者无罪、犯罪情节轻重的各种证据。"根据法律的规定，学者归纳出了有罪证据与无罪证据的分类形式。苏联学者对"有罪证据和无罪证据"这种分类进行分析认为:"只有这种证据的性质在法庭调查的火力下经过考验以后,只有这种证据的有罪意义或无罪意义在诉讼本身的结果上决定以后,才能说是有罪的证据或无罪的证据。但是证据分类所以具有意义,不是在证据已经实践采用以后,而是经实践采用以前,这是为了利用对证据特点的了解在实践上更好地加以采用。否则任何理论上的分析都没有任何实际上的意义。"[①]随着我国证据法研究的深化,证据又增添了新的类型,如有利于被追诉人的证据和不利于被追诉人的证据、证明力强的证据和证明力弱的证据、实体证据和程序证据、主证据和补强证据、一般证据和辅助证据、主要证据和派生证据(再生证据、过程证据)等。

鉴于理论研究的状况以及学者对证据的反思而形成了较为通行的观点,本书仅对常规性的证据分类进行论述。这些证据分类主要有:原始证据和传来证据、言词证据和实物证据、直接证据和间接证据、本证与反证。

三、证据分类的意义

证据的分类是证据理论上对证据的一种类型化,它不仅为证据理论研究提供了宽阔的领域,还为证据的立法提供了可借鉴资料,同时也为实践科学地审查判断证据提供了参考标准。无论在理论方面还是在实践方面,证据的理论分类均具有特别重要的意义。

第一,证据的理论分类有利于人们将纷繁复杂的证据形式系统化,从中洞察出各类证据的特征、作用及规律,更有利于深化对各类证据的认识,拓宽对证据研究的理论视野,为证据立法的科学性提供理论资源。

证据分类是根据证据自身的特征而作的一种划分,这种划分重在在某一方面集中体现证据的特征,有助于对这一特征的认识更加深刻,掌握其内在的规律;特别是从不同角度对证据进行划分,有利于从多层面揭示证据的复杂性,从而丰富证据理论的研究成果。

第二,证据分类揭示各类证据的特点和适用规律,也为实践对各类证据的适用提供了理论上的指导,能够引导办案机关和当事人根据不同证据的特点进行有效地收集证据、保全证据、审查和判断证据,从而提高运用证据的效率和发挥证明案件事实的能力。

第二节　原始证据和传来证据

一、原始证据和传来证据的概述

原始证据和传来证据是最为古老的一种证据分类形式,是根据证据的来源以及形成过程的不同而进行的一种分类。

---

① [苏]安·扬·维辛斯基:《苏维埃法律上的诉讼证据理论》,王之相译,305 页,北京,法律出版社,1957。

(一)原始证据的概念和特点

原始证据是指直接从第一来源获得的并能够与案件事实保持原始联系的证据。原始证据直接源于最初原因或者表现为最初形式的证据。凡是在形式上未经过复制、复印、增减、传抄、转述、转达的证据，均为原始证据。

原始证据直接源于案件事实本身，证据的形成与案件事实之间存在因果环节。如当事人签订的合同，即使后来又签署了补充协议，其补充协议也是原始证据；勘验、检查笔录也是原始证据，不能因为勘验、检查笔录的内容不是勘验、检查客体本身而否认其原始证据的性质。原始证据具有以下特点。

1. 原始证据与案件事实具有直接的关系

原始证据一般是犯罪行为或民事行为、行政行为直接产生的证据，与案件事实具有直接的关联性，没有经过中间环节，干扰源较少，能客观地反映案件事实的本来面目，属于距离案件事实最近的证据，具有较强的可靠性。

2. 原始证据与案件事实之间具有自然关系

原始证据与案件事实之间存在着自然的、未经过人为设立或者改变的关系，是未经过复制、复印、传抄、转述等中间环节获得的证据，真实性较强，证明力也较强。

原始证据不以获取主体不同而发生变化。如当事人亲自提取它为原始证据，法院提取它也为原始证据，法院委托外地法院提取它仍为原始证据。它未经过任何中间环节的"污染"，与案件事实之间具有自然关系。

3. 原始证据不是一成不变的

原始证据由于受自然环境、自身的原因和收集、固定的条件差异等外部环境因素的影响，也会发生变化，甚至"面目全非"。如作为原始证据的物证因时间久远或风雨侵蚀而变形甚至变质，证人因记忆不清而陈述错误，或者因收集证据的技术落后、收集过程的不当损害使之发生变化。因此，原始证据不能不经审查就被直接认定或者采纳。

(二)传来证据的概念和特点

传来证据，也称派生证据，是指经过转述、转抄、复制、复印等中间环节而生成的证据。凡是从第一来源之外获得的证据均可被称为传来证据。

传来证据是指从第一来源以外获得的证据，不直接源于案件的事实，一般是经过转述、传抄、复制、复印等中间环节或间接渠道形成的证据。传来证据因非来源于案件事实，所以又称为非第一来源的证据。传来证据也称为"传替证据""派生证据"或者"衍生证据"。

"派生证据"或者"衍生证据"在新的证据类型中与再生证据类似。再生证据主要是指犯罪嫌疑人、被告人在实施了犯罪行为之后，为掩盖犯罪、逃避法律追究而进行的一系列反侦查、反追诉活动中产生的，侦查人员依法通过必要的侦查手段所获取的，能够证明"原生证据"存在或证明反侦查活动存在的一切事实。传来证据具有以下特点。

1. 传来证据与案件事实不具有直接的关系

传来证据不直接来源于案件的事实，一般经过复制、复印、传抄、转述等中间环节或间接渠道形成的证据，与案件事实之间不具有直接的关系。一般来说，复制、复印、传抄、转述的次数越多，它与案件事实的距离就越远，出现差错、失真的可能性就越大，真实性与可靠性也就越差；其证明力具有逐渐越弱的可能性。

2. 传来证据相对原始证据具有派生性

传来证据可以源于原始证据，也可以源于传来证据，但其最初的本源仍是原始证据。传来证据是在另一个证据基础上生成的，它不仅可能在原始证据的基础上产生，也有可能在传来证据的基础上产生。

传来证据不同于传闻证据。传闻证据在英美法系国家具有约定俗成的意义和规则，在适用上多限于非直接感知的言词证据，与传来证据具有不同的含义。传闻证据是指陈述人在法庭以外就自己所感知的案件事实所作的陈述或由他人制作的陈述笔录即传闻书面证据，或由他人在法庭上所作的转述。传来证据主要是针对证据的来源而作的分类，包括的范围比传闻证据广泛，不仅包括言词证据，而且包括实物证据。如证人的庭外陈述属于传闻证据，而在我国却属于原始证据，而不是传来证据。

尽管原始证据一般情况下比传来证据可靠，但传来证据在诉讼中也具有不可低估的作用。

一是传来证据可作为发现原始证据的线索。一般来说，原始证据并不是可以唾手可得的，在诉讼的开始往往不能一下子就直接接触到原始证据，有的原始证据是根据获得的传来证据而收集到或者获得的。

二是传来证据可以作为审查原始证据的手段来审查原始证据是否可靠。在特定情况下，原始证据的可靠性可以通过传来证据的检验而得到核实。如原始证据发生了变化，作为变化前的传来证据可以证实和增强原始证据的证明力。

三是传来证据在不能获得原始证据或原始证据无法直接取得或不必直接提取时，经过查证属实可以作为定案的根据。如文件原本已经毁灭或遗失，或者有些原始证据不能提交或者无法提交时，可取得它的复印件、复制品作为证据。当然，在采用传来证据时，应当尽可能地收集或者采用最接近原始来源的传来证据。

二、原始证据和传来证据的适用规则

原始证据与传来证据的区别体现在证据与案件事实之间的关系或者是否经过中间环节上，与收集证据的主体无关。如张某说："刘某告诉我他看到王某昨天偷了其他同学的东西。"针对这一证据进行分析，刘某告诉张某这一事实则为原始证据，而张某知晓的"王某昨天偷了其他同学的东西"则为传来证据。张某同时获知的事实因内容不同表现为不同的证据类型。

(一)原始证据的适用规则

原始证据由于源于案件事实，与案件事实有直接的关系，相对于传来证据更为可靠。因此，对于同源的证据来说，当原始证据与传来证据并存时，应优先采用原始证据。如《民事诉讼法》规定："书证应当提交原件。物证应当提交原物。提交原件或者原物确有困难的，可以提交复制品、照片、副本、节录本。"对于原始证据与传来证据的一般适用规则，不可机械地理解或者僵硬地执行。

原始言词证据也应当经过法庭质证，目击证人应当到法庭接受交叉询问。对于证人未到庭作证的原始书面证言，应当有其他证据予以验证。

（二）传来证据的适用规则

第一，传来证据未能查明来源或来源不明的，或者传出源存在相互矛盾的，不能作为定案根据。对传来证据，查明来源是第一要务。

第二，当存在相同的两个传来证据时，一般复制、复印、传抄、转述的次数较少的或者与案件事实的距离近的，应当优先适用。

第三，传来证据存在疑点、能够被排除疑点的，可以适用；其疑点不能被排除的，不得作为定案的根据。

第四，只有原始证据提交确有困难的，才可以提交传来证据。《最高人民法院关于民事诉讼证据的若干规定》第61条规定："对书证、物证、视听资料进行质证时，当事人应当出示证据的原件或者原物。但有下列情形之一的除外：（一）出示原件或者原物确有困难并经人民法院准许出示复制件或者复制品的；（二）原件或者原物已不存在，但有证据证明复制件、复制品与原件或者原物一致的。"

原始证据与传来证据并存时，一般应当采用原始证据，不得采用传来证据。但原始证据也应当经过查证属实，并不能依据这种分类简单地得出原始证据优于传来证据的结论。当原始证据与传来证据并存时，也不应绝对地采用原始证据，或者机械地认为"原始证据的证明力一定大于传来证据"。

三、原始证据和传来证据分类的意义

原始证据和传来证据的划分揭示了不同类别证据的可靠程度，反映了它们与案件事实之间证明力的强弱样态，是衡量证据可靠性与证明力的一个标准。证据越接近案件事实、与案件事实的距离越近，它与案件事实之间的可靠性就越强，其证明力也就越大。证据与案件事实越远、经过的中间渠道或者环节越多，可靠性相对也就越差；经复制、复印、传抄、转述等中间环节的次数越多，发生传递失误、信息耗损、增加因素或形式歪曲等造成证据失真的可能性越大，如实地反映案件事实的真实情况也就越困难。

在证据的适用中，办案机关或当事人应当尽力寻找、收集原始证据；对于物证应当努力寻找原物，只有原物不能获得时，才能提供复制品。对于证言来说，应当尽可能找到最初的证人，从其亲身体验中获取陈述，避免传来证据的内容失实或者出现以讹传讹的现象。只有在原始证人无法寻找或作证不能时，才可提供书面证言。同时，应当重视传来证据，绝不能因原始证据的重要而对传来证据不主动收集或视而不见，丧失发现原始证据的线索。

传来证据虽然与案件事实的关系不如原始证据那么密切，但可作为寻找原始证据的线索来源，通过寻根问底、溯追源头，借助传来证据收集到原始证据。"力求尽可能使用原始证据，并不意味着从传来证据中就不能得出真实的结论，也不意味着传来证据就是'第二等'证据。"①同时，传来证据与原始证据并用可以增强原始证据的证明力。在特定的情

---

① ［苏］И.В.蒂里切夫等：《苏维埃刑事诉讼》，142页，北京，法律出版社，1984。

况下，传来证据可替代原始证据证明案件事实。因此，原始证据与传来证据的分类对于正确选择适用证据和科学地判断证据的证明力具有特别重要的意义。

第三节 言词证据和实物证据

一、言词证据和实物证据的概述

言词证据和实物证据是根据证据外在形态、表现形式、存在状况、提供方式以及表述事实的载体不同而作的分类。有学者也将其分为人证与物证，但这种分类与前者有一定的区别。

（一）言词证据的概念和特点

言词证据是指通过询问或讯问获得的有关人员直接或间接感触的与案件事实有关的陈述。这种陈述由于瞬间即逝，往往需要笔录予以固定，如证人证言笔录、被害人陈述笔录、犯罪嫌疑人、被告人供述和辩解笔录、书面鉴定意见等。尽管这些笔录以书面的形式出现，其本质仍为言词证据。言词证据具有以下特点。

1. 言词证据是以人作为载体，通过表达的内容来证明案件事实

言词证据的内容比较形象、生动，在一定程度上具有深刻性、全面性，又因人的陈述能够将案件发生的原因、过程、结果等具体情节描述得较为清晰，一般与案件事实之间具有明显的关联性；查证属实后，能够直接揭示案件事实情况，甚至直接证明案件事实。其证据的内容以人作为载体，将其他事实的内容转化为语言，与直接源于案件事实的物证本身相比具有一定的间接性。

2. 言词证据是人对案件事实的反映，具有主动性和可变性

由于人受自身条件（记忆力、理解力、表达力以及诚实等）或客观环境的影响，对于同一个事实陈述在某些方面可能存在一定的差异性。这些问题应当通过一定的交叉询问程序予以过滤，通过质证查实或实物证据验证后，才能作为定案的根据。

3. 言词证据是以语言的方式提供的，其内容具有复杂性

由于语言本身具有多义性以及人们对语言理解的差异性，尽管表达是正确的，但在某些方面人们也会因对同一问题理解不同而产生歧义。同时，语言本身往往不仅仅表达人对外在事实的反应，而且还会夹杂着人的价值判断和选择性推断等，故表达出来的内容具有复杂性。因此，对言词证据的认识、理解应当限定在一定的语境之中，不可借题发挥，进行创造性想象。

（二）实物证据的概念和特点

实物证据是指以实物样态、方式为表现形式的证据。它既包括以实物样态存在的物证、书证、视听资料，又包括通过书面材料、照片、绘图、摄影等手段获取的实地察看、检验、调查等勘验、检查与现场笔录。这种证据分类形式有时被泛称为"物证"，但与法定种类的物证具有不同的含义。实物证据具有以下特点。

第一，实物证据是以实物为载体来证明案件事实的，受人为因素的影响较少，具有较强的客观性。

第二，实物证据一般为间接证据，具有被动性。这种证据仅仅反映案件事实的一个片段，通常情况下不能反映案件事实的全貌，无法直接证明案件事实的存在与否。它也不会主动证明案件事实，只有借助于多种实物证据的结合和人们的推理，才能证明案件事实。

第三，实物证据并非一成不变，会随着自然的变化而变化，或因自然的影响而遭到污染、破坏。同时，由于收集方法的非科学性以及科学技术的有限性或人类本身的弱点，收集到的实物证据有可能会与原物存在一定差异。但是，这种变化只要符合规律性，即使发生了变异，人们也能够从变化规律中发现真实，发挥其作为证据的作用。

二、言词证据和实物证据的适用规则

(一)言词证据的适用规则

第一，言词证据以口头询问(讯问)的方式产生，应在法庭上以口头的方式来证明案件事实，采用直接口头规则，一般情况下不宜以书面的形式作为证据使用。

第二，言词证据由于言词易出现歧义的特点，一般采用交叉询问的方式审查其真实性。其审查的内容为人的诚实性和信用性，但不能简单以人的诚实或品格来确信其言词的正确性。

第三，言词证据是以人作为证据的载体，作证主体与案件及当事人的关系应当作为审查对象，防止因存在利害关系而出现伪证、瞒证、漏证等现象。

第四，言词证据一般要有实物证据验证，仅有言词证据一般不应认定案件事实。

(二)实物证据的适用规则

第一，实物证据在一般情况下，只能证明案件事实的一个方面或一个侧面，无法证明案件事实的全貌，并且它属于"不会说话"的证据，需要借助相关言词证据查清它与案件事实之间的关系。

第二，实物证据因具有间接性，其证明力多以科技手段为依托，通过勘验、检查、搜查、扣押、鉴定等行为，借助科学技术设备或具有专业知识的人员予以体现；对实物证据审查时，同时应当对其借助的手段的可靠性或专业人员的能力进行审查。

第三，实物证据一般属于间接证据，运用实物证据时应当适用间接证据规则。

实物证据需要人的视觉、触觉、知觉直接感知或者借助某种仪器设备而感知其内容，即使实物证据本身是客观的，也可能由于获知其意义的环节出现差错，致使其客观性失真，因此不能不经审查而直接作为定案根据。

三、言词证据和实物证据分类的意义

言词证据属于人证的范畴，它包括证人证言、被害人陈述、犯罪嫌疑人、被告人供述和辩解以及鉴定意见。这种证据由于采用了语言形式，具有生动形象、具体深刻的特征，对证明案件事实具有较好的指导形象，特别是当事人的陈述能说明案件事实的目的、动机、前因后果、来龙去脉、细微情节，对办案机关透过陈述分析研究案情，把握案件的全貌，相对实物证据来说其作用尤其突出。但是，由于经过了感知、记忆、回想和表达等一系列的主观过程，它易受到各种主客观因素的影响和干扰，具有较强的不稳定性；由于陈述人与案件的利害关系以及依赖人作为个体的能力，有可能出现虚假陈述或歪曲事实的说明，可靠性与实物证据相比较差。因此，收集和适用言词证据应保持较好的陈述环境、提供优质的陈述条件，保证陈述的过程不出现失真现象；同时要考察陈述获得的来源，保证来源的可靠性。言词证据可以通过其提供的时空逻辑关系将实物证据拼接在一起，从证据之间的相互印证中来发现其证明案件事实的作用。

实物证据具有客观性强、稳定性好、不易失真的特点。实物证据不像言词证据那样易受人的主观性影响而出现失真和虚假，也难以伪造。即使被伪造也易于被发现；一旦收集和固定就可以长期保持原有的形态和特征，成为证明案件事实的最有力的证据之一。

言词证据需要实物证据予以印证，以便审查判断言词证据的真伪；言词证据可以说明实物证据的来源、收集、固定、保全方法以及获得程序的合法性、科学性，具有强化实物证据证明力的作用。

第四节　直接证据和间接证据

一、直接证据和间接证据概述

直接证据和间接证据是指根据单独一个证据与案件主要事实之间的关系及其证明的直接和间接的作用而作的理论划分。这种证据分类因仅仅涉及案件的主要事实，未涉及案件的次要事实，在逻辑上存在一定的问题而被认为不具有科学的严密性。

(一)直接证据的概念和特点

直接证据是指能够单独、直接证明案件主要事实的证据。直接证据因与案件主要事实存在直接关系，而能够单独、直接对案件主要事实发生证明力。

这类证据在刑事诉讼中主要有犯罪嫌疑人、被告人的供述，被害人陈述或者目击证人证言，某些书证、视听资料和电子数据；在民事诉讼中主要有当事人的陈述，证人证言，某些书证(证明合同关系存在的合同书)和视听资料；在行政诉讼中主要有行政机关在现场对相对人所作的现场笔录、当事人的陈述以及现场监视形成的视听资料等。

由于案件的性质不同，案件的主要事实也不同。一般来说，案件的主要事实涉及两个基本要素，即"何人做了何事"。刑事诉讼中的案件事实一般包括"何人""何事""何时""何地""何方式""何因""何果"等"七何"要素。其中，包含"何人"和"何事"同时存在的事实为主要事实。民事诉讼中的案件事实分为主要事实和次要事实。案件的主要事实包括当事人双方之间民事法律关系发生、变更或消灭与否的事实。凡是能证明当事人之间民事法律关系发生、变更或消灭与否的证据就是直接证据。行政诉讼中的案件的主要事实为行政主体的行政行为合法性事实。凡是能够单独直接证明行政执法机关作出行政行为的合法性的证据则为直接证据。直接证据具有以下特点。

1. 直接证据与案件事实具有重合性

直接证据所蕴涵的事实与案件的主要事实是重合的。证据内容一般不存在矛盾，具有较强的稳定性和明确的实在性。直接证据具有或人或小的证明力，其可贵之处在于它只有一个能够被质疑的地方，[①] 即证人证言（包括犯罪嫌疑人、被告人供述、被害人陈述、当事人的陈述）的真实性和准确性。

2. 直接证据证明案件事实具有直接性

直接证据在证明案件的主要事实时不需要经过任何中间环节，也无须借助于其他证据进行逻辑推理和综合判断，查证属实后，即可单独、直接地证明案件主要事实或者关键事实的存在，对案件事实做出肯定性认定。

3. 直接证据多表现为言词证据

由于言词证据受陈述人主观意志的影响较大，以言词证据表现出来的直接证据存在虚伪、误漏的可能性，其真实可靠性尤为复杂。因此，在适用直接证据作为定案根据时，必须严格按照法律程序对其真实性和准确性进行查证核实。

不同的直接证据证明案件事实的范围不同，有的证明范围大，有的证明范围小。如证人证言可能会详细地描述案件的全部经过，却无法说明行为人的主观心理状况。而被告人的供述不仅能对犯罪行为的各个情节予以描述，而且对其心理状态也可以准确地予以说明。被害人在特定条件下能够指认出犯罪行为人，一般无法陈述犯罪行为的全部过程及其心理状态。在具体的案件中，一方面应当尽可能多地收集直接证据，尽管在现实中直接证据数量较少且难以获得，甚至并非在每个案件中均能获得直接证据；另一方面也不能过分迷信直接证据，盲目扩大其证明作用。只有在广泛收集所有证据、综合运用各种证据的基础上，才能全面充分地展示案件的全景。

(二)间接证据的概念和特点

间接证据，又称为情况证据，是指不能单独证明案件的主要事实，必须与其他证据配合才能证明案件主要事实的证据。

在诉讼中，存在的证据多为间接证据，如物证、书证、勘验笔录和鉴定意见等。间接证据具有以下特点。

1. 间接证据的形式具有复杂多样性

间接证据的种类繁多、形式多样，既可以是言词证据，也可以是实物证据，这些证据因与案件事实不具有直接的关系，仅仅能够证明案件事实的某些片段或者情节。其证明案件事实需要借助于推理过程或与直接证据结合，其证明案件事实的过程也更为复杂。但这类证据的数量是较多的。

2. 间接证据证明案件直接事实具有间接性

间接证据在证明案件事实或当事人系争的事实时，需要通过逻辑推理来完成。只有将多个间接证据证明的某些相关案件事实结合起来经过推理等方法，才能推论出直接案件事实，在证明直接案件事实上无法一步达到案件中实质争议的问题，表现出间接性。

---

① ［英］理查德·梅：《刑事证据》，王丽等译，4 页，北京，法律出版社，2007。

二、直接证据和间接证据的适用规则

(一)直接证据的适用规则

第一,一个独立的直接证据不能作为案件事实肯定性认定的根据。任何证据都不能证明自己的真实性,直接证据也不例外。尽管单独一个直接证据能够证明案件的主要事实,即使能够较为全面地描述案件的情况,但因其无法确认本身内容的真实,仅仅依靠其作出案件事实的肯定性认定存在着极大风险。因此,我国《刑事诉讼法》规定,只有被告人供述,没有其他证据的,不能认定被告人有罪和处以刑罚。民事诉讼中,即使当事人自认,其陈述也应当结合该案其他证据确定能否作为认定事实的根据,以免出现虚假诉讼。

第二,直接证据作为证据应当经过法定程序查实,得到其他证据印证后,才能作为定案的根据。当案件主要依靠直接证据作出肯定性认定时,需要对直接证据的真伪予以查证。这种查证需要得到其他证据的佐证或者补强。

当证明同一事实,既存在直接证据又存在间接证据时,直接证据的证明力一般大于间接证据的证明力。

(二)间接证据的适用规则

间接证据不能单独证明案件的主要事实,必须与其他证据结合起来才能发挥其证明案件主要事实的作用。由于间接证据与案件主要事实没有直接关系,适用起来不如直接证据方便,致使实践不敢定案而反复退查。如果把案件事实比作一堵墙,间接证据则是构筑这堵墙的每一块砖。只有每一块砖的质量和数量均达到标准,其垒砌的墙才有可能站立起来,否则砖有瑕疵则会影响墙的质量甚至造成整个墙的倒塌。

第一,间接证据是指不能单独证明案件的主要事实,必须与其他证据结合才能证明案件主要事实的证据。在诉讼中,多数证据为间接证据,如物证、书证、笔录和鉴定意见等。这些证据因与案件主要事实不具有直接的关系,仅仅能够证明案件事实的某些片段或者情节,不能单独证明案件的主要事实;其证明案件事实需要借助于推理过程,必须与其他证据结合起来才能发挥其证明案件主要事实的作用。

第二,据以定案的每个间接证据都是依法取得的且已查证属实。这是对每个间接证据本身的要求。证据是认定案件事实的依据,因此必须审查间接证据的来源和表现形式是否符合法律规定。每个间接证据必须经过庭上质证来查证核实。未经查证核实的,应予排除,不能纳入证据体系。在运用间接证据判定案件时,作为推论的案件主要事实基础的每一个间接证据必须具有确实性,并有其他证据予以佐证。

第三,据以定案的间接证据之间相互印证,不存在无法排除的矛盾和无法解释的疑问。这是通过间接证据之间的关系来对间接证据的审查判断。间接证据之间的印证性关系、同向性关系均表现为一致性的关系。印证关系要求间接证据间具有高度一致性,即达到共同性或吻合性。同向性关系或一致性关系则要求间接证据的证明方向一致,即如果某一项间接证据的出现使其他间接证据证明的结果更为可能,那么这项间接证据就与其他间接证据具有一致性关系。

间接证据之间没有矛盾是指各个证据间具有相互支持性,在各个间接证据中每一项证据的存在并不会使其他证据证明的结果更为不可能。由间接证据组成证据体系来证明案件主要事实，要求组成证据体系的各个间接证据之间的关系一般要达到指向目标的一致性。用间接证据组成证据体系判定案件，不允许证据间存在矛盾或冲突；即使存在矛盾，也应当得到合理解决。

间接证据作为证据应当具有排他性，排除了各种可能性和合理怀疑。如果间接证据之间存在着多种可能性或合理怀疑，这些间接证据就不能作为定案的证据。如果间接证据证明的是一堆相互不能结合的事实甚至内部之间还有冲突，这样的间接证据即使再多仍然不能作为案件肯定事实的认定依据。

第四，据以定案的间接证据已经形成完整的证明体系是指间接证据必须有足够的数量，并已经形成一个完整的、严密的体系结构。单一证据不能定案，证据只有形成了一个完整的证明链条才能作为定案的根据。间接证据必须形成一个完整的证明体系，即案件事实中的每一事实环节或情节都需要相应的间接证据予以证明。如在刑事案件中，这些环节主要包括犯罪时间、地点、过程、手段、工具、后果、目的、动机、被告人的个人情况等，主要是应当完全证明"七何要素"。这些事实环节的结合就如同锁链一样，一环扣一环，环环相扣，结成一个间接证据的整体，以至于证明这些事实环节的间接证据结成一个体系并形成"证据锁链"。这个证明体系究竟需要多少间接证据才算完整需要具体案件具体分析。凡是作为对被告人定罪量刑根据的事实，包括犯罪构成要件诸方面的事实，以及应予从重或者从轻、减轻，或者免除处罚等的事实，都应有相应的间接证据予以证明。

第五，据间接证据认定的案件事实的结论是唯一的，足以排除一切合理怀疑。间接证据形成"证据锁链"应当在所证明的案件事实之间协调一致。只有这样，作出认定的案件事实才有可靠的依据，才具有无懈可击的说服力。足以排除一切合理怀疑是指应当排除以下怀疑：(1)现有间接证据不能完全涵盖案件事实；(2)有现象表明某种影响案件真实性的情况可能存在，且不能排除；(3)存在人们常识中很可能发生影响案件真实性的情况。间接证据的证明体系必须足以排除其他可能性，能得出案件事实存在的唯一结论。这种唯一性是指只有一种可能性而不存在多个解释答案。

第六，运用间接证据进行的推理符合逻辑和经验判断。用间接证据证明案件事实，就必须借助逻辑推理。因为每个间接证据只能反映出案件事实的某个片段、某个侧面，不可能反映出案件事实的全貌。只有通过推理，才能认识证据与证据之间、证据与案件事实之间的联系，从而联结事实的各个片段，从已知的间接证据证明事实中推出未知的案件事实；同时，还要正确把握逻辑推理与主观臆断之间的界限。由于推理具有逻辑性并不等同于推理结论是真实的、客观的、必然的，而是指推理的前提与结论之间的联系是有效的，因而结论的真实依赖前提的真实性；在一个有效的逻辑推理中，前提真则结论是必然的，前提假则结论不具有必然性。在进行逻辑推理中，要特别注意以下三个因素的影响：所依据的前提内容是真是假、推理是否具有逻辑性和结论本身的可靠程度。

在符合逻辑的基础上还应当重视经验的作用。经验反映的是一般情况下、通常情况下事物的性质或事物间关系的一种可能性。将经验适用于具体事实的判断时，还需要考虑案件中的证据是否有什么特殊情况。根据各个单个间接证据推论案件主要事实，就推理的逻辑性质来说，只是程度高低不同的或然性结论，不可能得出必然性结论。当这种概率达到一定可信赖的高度，对案件主要事实又提不出合理疑问时，可以对案件事实做出认定，但不得违背经验法则、伦理法则。

三、直接证据和间接证据分类的意义

证据分为直接证据和间接证据是自然的且符合实际的，因为符合生活上及关系上所存在的情形，有利于正确适用这两类不同的证据形式。这样分类可以较为准确地把握它们的特点，掌握它们的各自优势，巧妙地将这两类证据结合起来使用，发挥相互补充的作用。

直接证据和间接证据分类有利于利用间接证据证明案件事实或发现直接证据以及审查判断直接证据，使定案的根据更加全面、确实。"我们在承认这种证据分类的合理性时，应当坚决反对使这一种证据同那一种证据对立起来，比较可靠的同不太可靠的对立起来。"①间接证据可以作为发现、收集直接证据的线索，也可以作为查证、印证直接证据是否真实的有效手段。间接证据与直接证据相结合，可以更加全面、充分地证明案件主要事实的真相。在没有直接证据的情况下，间接证据也可以借助于推论来确认案件直接事实。特别是在"一对一"受贿案件、私密空间的侵害案件以及"内幕交易"的案件中，收集大量的间接证据，充分发挥间接证据的作用，是可以对直接案件事实作出肯定性认定的。

第五节 本证和反证

本证和反证是依据民事诉讼与行政诉讼证据与举证责任承担主体的关系而作的理论分类。它是按负有举证责任的当事人提出的证明事实是否为其所主张的事实所作的划分，是民事诉讼与行政诉讼中特有的一种证据分类形式。

一、本证和反证的概述

在民事诉讼与行政诉讼中，根据其能够证明负举证责任的一方所主张的事实的成立为标准，证据可划分为本证与反证。我国立法中没有直接使用"本证""反证"词语，但有与反证相近的"相反证据"之说。如我国《民事诉讼法》规定，法院对经过公证证明的文书等，应当作为认定事实的根据，但有"相反证据"足以推翻的除外。

(一)本证的概念与特点

本证是指能够证明负举证责任一方所主张的事实存在或者成立的证据。它属于支持诉讼主张事实成立的证据。本证具有以下特点。

1. 本证在证明案件事实上具有积极性

本证的证明主体对所主张事实的成立负有举证责任，旨在积极影响法官心证的形成，以便对其所主张的事实作出肯定性认定。

2. 本证在证据性质上具有主张证据的属性

本证是负有举证责任的一方为证明其主张成立所提供的证据，在一定程度上具有攻击

---

① ［苏］安·扬·维辛斯基：《苏维埃法律上的诉讼证据理论》，王之相译，301 页，北京，法律出版社，1957。

的性质，旨在积极影响审判人员的心证。

3. 本证与当事人的举证责任和诉讼利益相关联

一般来说，对负有举证责任的一方有利且支持其主张的证据为本证。原告为了证明作为自己诉讼请求根据的事实而提出的证据是本证，被告为了证明作为答辩根据的事实的存在所提出的证据也叫本证。如甲起诉要求乙偿还借款 1 000 元。甲基于举证责任的要求，证明自己主张事实的存在提出了乙借款之事存在的证据，如出具了乙的借据，则甲举出的借据为本证。被告乙答辩说，这 1 000 元借款已经偿还。为证明其答辩所主张的事实，甲提交了甲所写的收据。该收据是甲证明自己主张已偿还事实成立的，故也是本证。如在行政诉讼中，原告控告某市场监督管理部门对他的罚款决定违法，原告举出证明其行为为合法经营的证据是本证；而被告市场监督管理部门提供作出此罚款决定时所依据的现场笔录等证据也是本证。

对于本证的认定不能简单地认为原告提供的证据为本证，被告提出的证据为反证。本证与原告和被告的身份无关，仅仅与举证责任以及是否可以证明主张的事实有关。

（二）反证的概念与特点

反证是指当事人一方为否定对方当事人所主张的事实而提出的、证明其主张的事实存在的证据。凡能证明负举证责任的一方所主张的事实不成立的证据，都称为反证。反证具有以下特点。

1. 反证是一种防御证据

反证是为阻止本证证明事实成立的证据，即当事人一方对于他方主张的事实，防止审判人员确信其为真实而提出的证据，以前例予以说明。甲要求乙偿还 1 000 元欠款的诉讼中，乙说从甲处取得的 1 000 元并非借款，而是赠与，并提出甲写给乙的赠款书信，那么这封书信即是反证。因为它所证明的事实与对方所主张的事实相反；如果真实可靠，就可推翻对方所主张的事实。如果乙提供了甲的 1 000 元收据，则该收据属于本证。如果乙提供了甲的 1 000 元借条非本人签名的证据，其提供的证据则为证据抗辩而非本证或者反证。

反证同本证一样，既有被告提出的，也有原告提出的。本证与反证都是证明案件的同一事实的证据，只是发挥的作用相反。在理论上应当分清哪些证据为本证，哪些证据为反证，以及哪些证据为证据抗辩。

2. 反证是一种消极证据

反证具有侵吞和消灭本证证明事实存在的功能，作用在于削弱、动摇本证的证明力，具有防御的功能，最终使本证主张的事实不被法院认定。它与当事人的诉讼地位无关，原告、被告或第三人均可成为反证的主体。

3. 反证与举证责任不相关联

反证提供证据的主体不负有举证责任，反证具有否定或者反对本证的意义，其目的主要是消极妨碍法官心证的形成。

4. 反证与推定密切相联

某些推定可以成为反证的对象，如我国司法解释关于"妨碍举证的推定"：一方当事人控制证据无正当理由拒不提供，对待证事实负有举证责任的当事人主张该证据的内容不利于证据控制人的,法院可以认定该主张成立。对毁灭、隐藏证据以妨害他造进行证明活动之当事人,课予其证据法上一定之不利效果。[①]

反证与反驳证据或者证据答辩不同。反驳证据是指一方当事人对另一方当事人提出的证据,指出其不合法、不真实的依据。由于它并没有证明新的事实存在,不一定能推翻对方主张的事实。反证是一方当事人另行提出证据,用以证明有相反的事实存在,从而否定、推翻对方当事人的主张。如甲诉乙要求偿还到期借款 1 000 元,并提出借据为证。乙答辩称,他没有写过借据,甲提出的借据是虚假的,此则属于反驳证据或者证据答辩。

反驳证据或者证据答辩是相对对方提供的证据而言,仅证明证据不具有合法性、真实性、关联性,是反驳对方提供的证据的依据,目的在于使本证不得作为证据使用,具有弹劾证据的性质。反证则是通过证明对方主张的事实不存在,促使本证证明的事实不能被认定。

二、本证和反证的适用规则

本证和反证的适用除应当遵循一般的证据规则外,还应当注意以下规则。

第一,当事人在证明主张事实存在与否时,无论是原告还是被告或者第三人,对自己提出的主张均应当提出本证或者反证予以证明,即负有举证责任但对方当事人自认的除外。在民事诉讼中,在本证与反证均已提出的情况下,法官应当先对本证进行调查。如果本证的证明力明显薄弱而不能达到证明要求时,一般无须对反证进行调查。"如本证不能达到其目的,则无庸以反证推翻矣。"[②]

第二,本证和反证不可能同时为真,但可能同时为假。本证与反证并存时,不能既认定本证又认定反证。固应由裁判官本其自由心证,判断何者较为优越、确实、可信;如本证并不存在或者不真实,虽无反证,仍不得为不利于被告之裁判。[③] 也就是说,反证依赖本证而存在,先有本证才有反证。当本证不能成立又无反证推翻其主张的事实时,也不得作出不利于无举证责任方的事实认定;当只有本证而无反证时,不能因为没有反证而直接认定本证的成立,更不能直接认定其主张的事实存在。

反对本证的反证和排斥反证的本证分别属于不同的范畴,均是具有独立形态的证据类型,具有独特的证据地位,不可混淆,也不能混同。

三、本证和反证分类的意义

在民事诉讼、行政诉讼中,将证据分为本证与反证,其目的是为了明确两类不同证据的证明作用,以便法院全面收集和正确审查判断证据,防止主观片面性。这种分类尽管是以是否负有举证责任的当事人提出及其所能证明的事实作为标准划分的,但法院依职权收集的证据也可据此而加以划分,即法院收集的能够证明当事人主张的事实存在的证据为本证,证明其主张的事实不存在的证据为反证。

这种分类还有利于明确举证责任归属,落实举证责任的承担,明确提供证据的顺序,

---

① 黄国昌:《民事诉讼理论之新开展》,216 页,北京,北京大学出版社,2008。
② 王甲乙等:《民事诉讼法新论》,394 页,台北,三民书局,2007。
③ 陈朴生:《刑事证据法》,129 页,台北,三民书局,1979。

促使提出诉讼主张的当事人积极地履行举证责任，有利于诉讼的顺利进行，也便于查明案件的客观真相，保证案件的审判质量。

【问题与思考】

在证据分类问题上，有学者认为，一种证据方法具备两种不同的证据属性，如本证与反证共存，因此可将这种证据方法称为"混合证据"。也有学者认为，司法实践应关注"问题证据"的分类，并将其分为非法证据、缺判性证据和瑕疵证据。根据前面的引导案例，结合本章内容，考虑理论分歧，思考以下问题：(1)该案中哪些证据为言词证据和实物证据？(2)哪些证据为原始证据和传来证据？(3)哪些证据为直接证据和间接证据？(4)这些不同证据是如何对案件事实发生证明力的？(5)对证据分类你有何观点？

【延伸阅读】

1. ［苏］安·扬·维辛斯基：《苏维埃法律上的诉讼证据理论》，王之相译，北京：法律出版社，1957。

2. 陈仁华：《试论刑事诉讼中的传来证据》，载《法学评论》，1985(4)。

3. 何燕：《关于本证与反证之再思考》，载《国家检察官学院学报》，2008(2)。

第八章

证据规则

【引导案例】

李某就职于某网络公司。公司为李某配备了工作手机用于工作。公司员工手册规定，员工"飞单"的，要按成交价的40％追究赔偿责任。李某辞职后，将工作手机归还公司。公司从李某手机中导出了通话录音，并恢复工作手机的通话数据，证明李某有"飞单"行为，于是以此作为证据向劳动仲裁部门提出劳动仲裁。仲裁部门根据该通话录音认定了李某存在"飞单"行为。李某对该仲裁不服，向法院提起诉讼。法院认为，公司享有工作手机的所有权，并未证明告知李某对运用该手机的通话予以录音并恢复数据，故对该证据的合法性不予认可，支持了李某的诉讼请求。

【本章概要】

本章是有关证据规则的内容，主要包括传闻证据规则、非法证据的排除规则、补强证据规则、最佳证据规则和意见证据规则。这些规则对于规范证据的选择适用具有重要意义。

第一节　传闻证据规则

传闻证据规则是英美法系最为发达的证据规则，源于陪审团的审判。英国1680年就确立了此项证据规则。美国承继了英国的这一规则传统，并对此进行了完善与发展。如《美国联邦证据规则》对传闻证据规则作了较为全面的规定。大陆法系国家也逐渐实行这一规则。

一、传闻证据的概念和特点

传闻证据，是指证明案件事实的法庭外的陈述。"传闻证据，本有广狭二义，从狭义言，系专指言词而言，即证人并非陈述自己亲身经历之事实，而仅就他人在审判外所为之陈述(原供述),代为提出以作自己之供述者而言;从广义言,则除上述言词外,书面之陈述亦包括之。"[1]传闻证据主要包括三种情形:一是转述他人的口头陈述;二是借助于文书来表达他人的陈述;三是重复、模仿知情人的行为。传闻证据具有以下特点。

(一)传闻证据是陈述人的一种意思行为

传闻证据无论是在法庭内陈述人转述他人所见所闻的陈述,还是对案件事实直接感知的人亲自书写的书面材料或由他人对直接感知人陈述制作的笔录,以及具有某种意义的非语言行为,均表现为陈述人的一种意思行为,不是对案件事实的直接反映,属于法庭内陈述证据的替代品。这种替代品是陈述人的一种意思表达。

(二)传闻证据是用来证明案件事实的陈述

传闻证据是指在审判法庭外作证的陈述人提出的证明一方主张事项为真实的陈述。审判外陈述是否为传闻证据,应先确定它与案件事实的关系。如果陈述事实的真实性与案件事实无关,该陈述为非传闻证据。根据《美国联邦证据规则》的规定,下列陈述不属于或"不是传闻":(1)在前一诉讼程序中被提出并记录下来的证人证言,在以后的诉讼程序中提出该证言记录不是传闻。(2)已经过法庭交叉询问的证人的先前陈述,如果用以证明作伪证,或者用以反驳指控,或者属于察觉某人后所做的一种辨认,该证人的先前陈述不是传闻。(3)由一方当事人作出反对自己的承认,该项承认或陈述可以是该当事人自己有意作出的,也可以是无意作出的;可以是其自己作出的,也可以是其授权的人在其授权或受雇期间在代理或受雇的职责范围内作出的。

(三)传闻证据一般不具有可采性

传闻证据不具有证据能力,一般不得提交法庭调查,在庭审前一般被排除,无法进入法庭作为认定案件事实的根据。任何证人所提供的包含他人先前陈述的证据,不论是以口头、书面还是以其他任何诸如手势之类的方法,如果提出该证据的目的是证明某人以前所说的事实为真,则该证据是不可采的。当该陈述为证明案件事实真实以外的其他证明目的提出时,则具有可采性。

传闻证据的不可采性存在大量的"例外",甚至在各国司法实践中出现容许的传闻证据比排除的传闻证据还多的情况。如《美国联邦证据规则》规定了几十种例外规则,同时还存在概括性例外的规定。

传闻证据不同于传来证据。传闻证据的形式主要是陈述性证据、笔录证据和行为表示,它的存在是以否定其证据能力为目的,而传来证据以证明力为目的,并不否认其证据能力,但是传来证据与传闻证据有相互重叠的地方。我国的立法和司法实践并不排除对传闻证据的适用。

二、传闻证据规则的适用

传闻证据规则是英美法系排除规则的重要证据法则之一。由于传闻证据属于审判外的陈述,未能经过宣誓、质证或交叉询问,法官又未能亲自见闻,存有真实性疑惑和信用性

---

[1]　刁荣华:《比较刑事证据法各论》,218页,台北,汉林出版社,1984。

危机，因此根据直接言词原则，特别是直接见闻规则，这种证据应当排除。然而，有原则就存在例外，传闻例外的重要性逐渐被制定法所固定。在民事诉讼中，传闻规则逐渐被废除或者不再适用。

(一)传闻证据的排除规则

传闻证据作为审判外的一种陈述，因未经过宣誓、质证或交叉询问，法官又未能亲自见闻，违反了大陆法系国家的"直接言词"和英美法系国家的"交叉询问"的验证原则，一般不得进入法庭作为证据采纳，适用排除规则。《最高人民法院关于民事诉讼证据的若干规定》第 68 条、第 81 条规定："无正当理由未出庭的证人以书面等方式提供的证言，不得作为认定案件事实的根据。""鉴定人拒不出庭作证的，鉴定意见不得作为认定案件事实的根据。"这些规定尽管与传闻证据规则还存有一定的差距，但仅就规定而言，已具有传闻证据排除适用的意义。

(二)传闻证据排除规则的例外

传闻证据尽管具有不可信性，但不能否认在特殊情况下，有些传闻证据比非传闻证据更为可信。因为有些庭前传闻证据受外界干扰较少，对于证人来说距离案件事实发生较近，其记忆更为清晰，特别是有些证人已经无法出庭作证(证人已经死亡)，一味强调其出庭作证已不具有现实可能性，司法实践和立法应当考虑这些例外情况。

传闻证据具有很大的误传危险，排除适用理所当然。如果绝对地一概排除，实践中也未必行得通，甚至有可能出现物极必反的现象，造成案件事实真相难以查明的困境。为了提高诉讼效率，降低诉讼成本，实现发现真相的诉讼目的，法律一般规定传闻证据的例外规则。如在英美法系国家，认为传闻证据具备下述条件之一的，可以被采纳：(1)具有"可信性的情况保障"。通过全面、综合考虑该传闻证据的各相关情况，可以相信其具有较高的可信度或者不具有通常情况下传闻证据不真实的危险性，即使未经当事人交叉询问也不会对当事人利益构成危害。(2)已经在其他程序中给予当事人反询问或质问的机会。

传闻证据规则的例外一般分为无条件的例外和附条件的例外两类。

1. 无条件的例外

无条件的例外是指即使在直接感知案件事实的人可以作证的情况下，传闻证据也可以采纳为证据，旨在从立法上承认此类传闻证据的证据能力。这类传闻证据主要包括：(1)陈述者在事发当时或时隔不久作出的关于该事件的陈述；(2)陈述者就令人吃惊的事件在极度兴奋或受刺激的状态中所作的陈述；(3)陈述者就自己心理状态、感情、知觉或身体状态，如意图、打算、动机、内心感情、疼痛或身体健康等的陈述；(4)出于医疗诊断或治疗目的所作的陈述；(5)证人亲身经历但已不能充分回忆时，其记忆犹新时所作的记录；(6)属于商业、协会等日常业务活动的记录档案；(7)公共机构或公务员依其法定职责就其进行的活动或观察的情况所作的记录、报告等；(8)关于出生、死亡、婚姻等重要统计资料，商业和科学出版物，结婚证书，学术论文，法院判决，关于在家系中的名分以及品格的名声等。

2. 附条件的例外

附条件的例外是指在直接感知案件事实的人不能或者无法出庭作证时，传闻证据方可采纳为证据。这类传闻证据的证据能力取决于直接感知案件事实的人能否出庭作证的条件限制。如果他们能够出庭作证，传闻证据就不具有可采性；如果他们不能出庭作证，传闻证据则具有可采性。直接感知案件事实的人不能出庭作证的情形大致有：(1)陈述人享有免予作证的特权并拒绝作证的；(2)陈述人虽无免予作证的特权，但宁愿受处罚也不作证的；(3)陈述人由于死亡，或患身体上或精神上的疾病，或健康状况不佳不能出庭或不能作证的；(4)陈述人声称对自己所作陈述的内容已经记忆不清的；(5)通过传票或其他合理手段无法通知陈述者出庭作证的。

我国的立法没有明确规定传闻证据规则，其司法解释却暗含这一意义，类似于"附条件的例外"。例如，我国规定了无正当理由未出庭的证人以书面等方式提供的证言，不得作为认定案件事实的根据。但有下列情形的例外：(一)因健康问题无法出庭的；(二)特殊岗位确实无法离开的；(三)路途遥远、交通不便不能出庭的；(四)因自然灾害等不可抗力不能出庭的；(五)其他有正当理由不能出庭的，可以提交书面证言或者视听资料或者通过视听传输技术作证。

在我国，尽管司法解释规定了传闻证据规则的例外，但在实践中例外却成为常态，成为一种附加条件的例外。

三、传闻证据规则的意义

传闻证据规则最早在英国确立，它与英国陪审制度有着密切的关系，也可以说是当事人主义审判模式的直接产物。因此，该规则在英美证据法中最具有特色，它对于司法程序运作的贡献仅次于陪审制度。这一规则也得到国际社会的肯定。如《公民权利和政治权利国际公约》第14条第3款规定："在判定对他提出的任何刑事指控时，人人完全平等地有资格享受以下最低限度的保证……(戊)讯问或业已讯问对他不利的证人，并使对他有利的证人在与对他不利的证人相同的条件下出庭和受讯问……"《欧洲人权公约》第6－3D条规定："任何被告人都有权询问或提请法院询问对其作有罪证词的证人，并且有权获准按照对其作有罪证词的证人相同的条件，传唤与询问对其作无罪证词的证人。"传闻证据规则具有以下意义。

(一)有利于维护证据内容的真实性

任何人在陈述过去的事实时，常会受到其知觉、记忆、表达能力以及诚实性的影响。人的知觉过程易于产生瑕疵，如果对其观察到的事物未看到全貌，常会根据自己的过去经验对视角漏点通过推测予以填补，并将其作为观察到的内容予以陈述；人的记忆是人对过去发生的一切根据自己的主观进行的复制，易于产生"想象的记忆"；人的表达由于自身的因素或外界的影响，可能造成对事实的扭曲。证人感知、记忆、表达以及语言模糊等因素是证人证言作为证据的弱点，证人亲自到庭陈述过去发生的事实，其瑕疵在所难免，如果再经过另外他人的转述相当于又增加了一个不可靠的因素，在某种意义上也等于增加了偏差与错误的可能性，有放大原来的瑕疵的可能，使人们难以置信其言为真。传闻证据规则具有对此类证据排除的功能，从而维护了证据内容的真实性，达到利用证据发现真相的目的。

(二)有利于保障当事人的程序权利

诉讼的现代化、理性化和程序人权的保障引发了程序的正当化革命，于是证人宣誓对证人证言的控制程序和当事人对证人的质证权成为正当程序的重要组成部分。现代法律将"质证权"视为当事人的基本程序权利，有的国家将其提升为一种宪法性的权利。传闻证据规则的意义已经不再是仅仅为了保障证据的真实性，远远超出保障其真实的意义，具有了保障当事人宪法性质证权利实现的作用。

(三)有利于贯彻直接言词的审判原则

传闻证据规则发轫于西方陪审制度中提醒陪审团的证据法则。因为证人不直接在法庭，致使陪审团难以有足够的机会觉察和获悉在法庭外陈述的主体的状态，即原陈述的主体是否有清晰的记忆，是否有意据实陈述以及是否了解遣词用字的一般意义，陪审团无法获知。如果陪审团使用传闻证据会使审判的直接言词原则落空以及违反法官对证据亲历性的要求。法官需要通过法庭调查等程序对作证的证人察言观色，亲历证人的态度、表情、姿态等因素，只有这样才能对证人证言的可靠性作出判断，并通过与其他证据比较判断其真实性。只有采用传闻证据规则，才能够保障这些目标得到有效的实现。

第二节　非法证据排除规则

非法证据排除规则在历经司法判例的调试、理性的反思以及权利不断的斗争后，逐渐得到各国的承认和认可。各国面对客观真实、程序正义和人权保障的价值选择，对非法证据是否具有证据能力，是否能够成为定案根据在某些方面持有相同的态度，相继建立了类似的非法证据规则。我国确立了相对完善的非法证据排除规则。

一、非法证据排除规则的概念和特点

非法证据有广义与狭义之分。广义说认为，非法证据之所以不合法，是因为收集或提供证据的主体、证据的内容、证据的形式、收集证据或提供证据的程序和方法等不合法而形成的不合法证据。狭义说认为，非法证据是由于办案机关及其人员违反法定程序或者采用了不正当方法收集的不合法证据。非法证据一般指的是后者，即违反法定程序或者采用非法方法或者手段获得的不合法证据。对于存在一些瑕疵的证据或者形式上不合法的证据则不是非法证据排除规则所指的不合法证据。非法证据不合法，但并非不合法的证据就是非法证据。尤其是对于程序不合法或者言词证据因瑕疵而不符合法定形式要求的，可以通过补证的方式解决，无须排除。因为排除非法证据是一种程序禁止，针对的是非法取得的证据。如果取证中没有违反程序禁止规则，则属于违反了实体法规定或者采取不适当方式取得的证据；此类证据一般可以使用，也并不会引起证据本身的排除。

非法证据排除规则是指违反法定程序或者以非法手段获取的证据不具有证据能力，而不被采纳的证据规则。我国的非法证据排除规则仅是对采用刑讯逼供等非法手段取得的犯罪嫌疑人、被告人供述和采用暴力、威胁等非法手段取得的证人证言、被害人陈述予以排除的规则。民事诉讼中，以严重侵害他人合法权益、违反法律禁止性规定或者严重违背公序良俗的方法取得的证据，也在排除之列。在证据分类上多涉及非法言词证据，也包括可能严重影响司法公正且不能补正或作出合理解释的物证、书证。非法证据排除规则作为确认非法且无证据能力的规则具有以下特点。

（一）非法证据排除规则的规范对象为审判行为

非法证据排除规则在国外一般仅适用于审判程而不适用于侦查程序和起诉程序。这与国外的审判中心主义有关。如《意大利刑事诉讼法典》第191条规定："在违反法律禁令的情况下获取的证据不得加以使用，同时可以在任何阶段和审级中指出上述证据的不可使用性。""违反了排除规则的行为，在程序的各个阶段及审级中均可构成提起上诉的理由。"

由于我国检察机关与国外的检察机关在法律地位上的不同，我国检察机关除了作为公诉机关外，还是国家的法律监督机关，负有监督侦查行为、审判行为之责，在一定条件下非法证据排除在侦查、起诉程序中也予以适用。例如，我国《刑事诉讼法》规定："采用刑讯逼供等非法方法收集的犯罪嫌疑人、被告人供述和采用暴力、威胁等非法方法收集的证人证言、被害人陈述，应当予以排除。收集物证、书证不符合法定程序，可能严重影响司法公正的，应当予以补正或者作出合理解释；不能补正或者作出合理解释的，对该证据应当予以排除。"

（二）非法证据排除规则仅适用办案机关及其工作人员违法收集的证据

非法证据排除规则确立的目的之一是遏制办案机关及其工作人员的滥用职权行为，这种行为包括公务员教唆、指示或者帮助私人违反法定程序的情形。如美国的"银盘理论"。私人非法收集的证据，一般情况下不适用此规则。但严重侵害他人合法权益而收集的证据也是禁止适用的，如私自或者秘密侵入他人住宅或者他人私人生活领域窃取有关物证或书证，私自截留他人信件或者非法窃取手机等。

（三）非法证据排除规则仅限于违反法定程序或者采用非法的方法收集的证据

非法证据排除规则是对非法取证的限制。这种限制在不同的国度以及法治背景下其规定的内容不尽相同。美国对非法证据排除规则贯彻得较为彻底，同时还确立了"毒树之果"理论（the fruit of the poisonous tree），即将非法证据的排除扩展到以非法证据获得的证据的后果上。"毒树之果"是以违法方法收集到的证据为毒之树，以这些违法的方法收集的证据为线索获得的其他证据为毒树之果，并排除毒树之果的适用。有些国家对该类证据的取舍一般授权于法官，由其自由裁量。在德国，"非法证据排除规则"在通常情况下，是指"非自主性证据使用的禁止"，在刑事诉讼中享有侦查权或调查权的国家机构在收集证据中有错误或有违法行为所导致的证据禁止使用。德国的"证据禁止"包括"证据取得禁止"和"证据使用禁止"。

一般来说，非法证据排除规则主要抑制公权力对私权利的侵害，其价值基础在于限制国家的权力，防止国家权力对公民的宪法权利构成侵犯；民事诉讼的证据收集一般不涉及公权力问题，不适用此规则。但是，采用严重违反社会公德或者公序良俗的手段收集的证据，如未经他人同意或者擅自闯入他人私人领域拍摄照片，涉及公民宪法性权利的获取的证据也应当排除适用。

办案机关及其工作人员在合法程序中侵害了公民的基本权利一般也适用此规则。德国的"自主性的使用禁止"是指办案机关取得证据过程没有违法，但基于宪法上更高价值、目的的维护，法院则禁止使用此证据。如1960年私人秘密录音案件，联邦德国最高法院判定在他人不知情的情况下秘密录音，因严重侵害人格权利及人性尊严属于重大违法，虽然国家机关取得证据并未违法，但使用此证据本身，就足以构成另一次新的、自主的侵害行为，因此拒绝使用此证据。

证据的排除规则不同于非法证据排除规则，它分为外在排除规则和内在排除规则。其中，外在排除规则是作为英美法系国家以及大陆法系国家共有的，内在排除规则则是英美法系国家独有的。前者"为提高事实认定的准确度而设立的排除规则"；后者为"与事实真相的追求无关的诸多价值而排除有证明力之信息的规则"。

二、非法证据排除规则的适用

非法取得的证据能否在法庭上作为证据提出，能否作为认定案件事实的根据，是诉讼中最易发生价值冲突的问题。价值冲突引发了价值的选择，而价值的选择又需要基于利益权衡予以判断。如果着眼于正当法律程序和当事人及其他诉讼参与人的合法权益，应当否定非法取得的证据的证据能力；如果基于发现事实真相和实现实体真实的目标，应当肯定其证据能力。对非法证据问题，无论作出何种选择都不可避免地要付出一些代价或者牺牲某些利益。非法证据排除与否是一个价值选择上的问题。一般的规则为：原则上排除适用，特定条件下的不排除。

(一)非法证据排除规则的适用

非法证据排除规则的适用因证据类别不同，在适用上存在差别。这些差别主要体现在言词证据和实物证据的排除适用上。

1. 非法言词证据的排除适用

非法言词证据的收集一般会对人身权利或人格尊严造成极大的侵犯，被各国宪法所禁止。这种证据一般将会被排除适用，形成了所谓的绝对排除规则。

非法言词证据被排除的原因主要有：(1)这类非法证据侵害人们宪法规定的基本权利，属于违宪行为，世界各国对非法言词证据均予以排除。(2)以非法手段获取的言词证据，其虚假性极大，极易造成事实的错认，也往往并不具有"形式上有缺陷而实质上真实"这一特性。(3)国际社会存在一定的要求。如联合国《禁止酷刑和其他残忍、不人道或有辱人格的待遇或处罚公约》第15条规定："每一缔约国应确保在任何诉讼过程中，不得援引任何业经确定系以酷刑取得的口供为依据。"

我国除排除刑讯逼供等非法方法收集的证据外，对于采用以暴力或者严重损害本人及其近亲属合法权益等进行威胁的方法，使犯罪嫌疑人、被告人遭受难以忍受的痛苦而违背意愿作出的供述，也予以排除。采用非法拘禁等非法限制人身自由的方法收集的犯罪嫌疑人、被告人供述，应当予以排除。采用刑讯逼供方法使犯罪嫌疑人、被告人作出供述，之后犯罪嫌疑人、被告人受该刑讯逼供行为影响而作出的与该供述相同的重复性供述，应当一并排除，但下列情形除外：

(一)侦查期间，根据控告、举报或者自己发现等，侦查机关确认或者不能排除以非法方法收集证据而更换侦查人员，其他侦查人员再次讯问时告知诉讼权利和认罪的法律后果，犯罪嫌疑人自愿供述的；(二)审查逮捕、审查起诉和审判期间，检察人员、审判人员讯问时告知诉讼权利和认罪的法律后果，犯罪嫌疑人、被告人自愿供述的。

另外，非法言词证据之所以被严格禁止，是因为这些证据还存在被重新收集的可能，具有重复收集的特性。

2. 非法实物证据的排除适用

非法实物证据排除规则是指办案机关及其工作人员在采用搜查、扣押等行为取证时违反法定程序或者采取非法的方法，并达到一定危害程度且不符合例外条件所取得的实物证据不具有证据能力的规则。一般情况下，非法实物证据采用原则上排除规则。

对于非法实物证据是否排除除需要考虑到社会治安形势和案件的严重程度外，法律也赋予法官自由裁量权，由法官根据具体情况决定排除与否。法律为了避免法官的任意性，在此规则的基础上设立了一些例外情况。非法证据的排除可以以侵犯"严重法益"作为衡量的标准；在刑事案件中，还参照非法行为违背法定程度的主观意图、客观情节、侵害他人权益的轻重、对被告人在诉讼上防御不利益的程度、犯罪的危害程度、禁止使用该证据的抑制违法收集的效果以及侦查机关如依法定程序有无发现该证据的必然性等情形进行衡量，从人权保障与社会安全的维护中考量作出判断。对于物证、书证的取得明显违反法律规定，可能影响公正程序的，应当予以补正或者作出合理解释，否则，该物证、书证不能作为定案的根据。

在民事诉讼中也存在非法实物证据的排除问题。如《意大利民事诉讼法》规定了排除当事人一方以非法手段从对方当事人处取得的并且属于对方当事人所有的书证。我国限制以严重侵害他人合法权益、违反法律禁止性规定或者严重违背公序良俗的方法形成或者获取的证据。其中，违背公序良俗的情形主要包括：违反人伦的行为，违反正义观念的行为，乘他人窘迫、无经验获取不当利益的行为，极度限制个人自由的行为，限制营业自由的行为，处分生存基础财产的行为，显著的射幸行为。

(二)非法证据排除规则的例外

非法证据排除规则的例外是指虽然为非法证据，但不适用排除规则而作为证据适用的特殊规则。这些例外在国外(主要是美国)主要包括：(1)大陪审团审理的除外。非法证据排除规则不适用于大陪审团审理，因为大陪审团审理是在法庭审理之前的行为，不涉及对被告人的最终定罪。(2)善意的例外。善意的例外是指收集证据的主体怀有善意且有合理根据的情况下违法取得的证据，或不是故意违法取得的证据。(3)弹劾证据的例外。反驳证人的证据是针对被告人或证人前后陈述的矛盾，或实物证据与被告人或证人陈述的矛盾而减弱被告人或证人的可信度，使法庭不信任的证据。一些非法取得的证据可以在法庭上被用作反驳被告人或证人的证据，这种用来反驳证人(被告人)的弹劾证据可以作为例外。(4)私人非法收集的例外。非法证据排除规则一般不适用于"私人搜查"。

在司法实践和理论上，一般认为下列情况可以作为例外：(1)排除非法证据，可能会危及国家重大利益的，如国家安全、主权统一的；(2)取证违法而不涉及公民人身权，或者对公民人身权侵害显著轻微，而将其排除不利于维护正常社会秩序的；(3)证据以侵犯当事人合法权益的方式取得，但当事人认同的；(4)非法证据为有利于受侵害人利益的；(5)需要综合各种因素而应当采用的其他情况。

对于办案人员出于过失或情况紧急，缺少或未履行某种具体的法律手续的形式上不合法的证据，仅在形式上存在瑕疵的证据(如未签名、盖章等)，并不是真正意义上的非法证据。

另外，国外存在"毒树之果"的排除例外。这些例外主要包括"独立来源""必然发现""污染中断"的例外情形。

三、非法证据排除规则的意义

非法证据排除规则的核心就是解决证据的证据能力问题，旨在维护证据真实性的同时充分保障人权，促使诉讼活动严格依法进行。非法证据排除的确立尽管可能会给社会利益以及当事人的利益造成一定损害，它却有利于防止社会利益以及组成社会的每个公民的权利受到职权滥用的侵害，更符合社会要求权利保障的普遍利益。确立和适用此规则具有特别重要的意义。

（一）有利于办案机关及其工作人员严格依照法律的规定进行活动

非法证据排除规则能够有效制止办案机关非法取证行为，也有利于公民、法人或其他组织监督执法机关，在执法机关采取非法手段调查或者收集证据时，公民、法人或其他组织有权予以拒绝，并在以后的诉讼程序中要求排除，能够从后果上督促办案机关及其工作人员依照法定程序办案。

（二）有利于彻底纠正违法行为，防止或减少冤假错案

在实践中，造成冤假错案的原因之一与办案人员违法取证有关，非法证据排除规则尽管存在放纵一些违法犯罪的可能性，但可最大限度地保证言词证据的自愿性，维护当事人的程序利益。非法证据排除规则是保障公民权利的必然要求，也是公民权利得到有效保障和违法行为获得有效遏制的重要措施。

（三）有利于切实保障诉讼参与人的权利

非法证据排除规则能够促进办案机关及其工作人员转变法治观念。非法证据排除规则是否在诉讼活动中确立，存在一个价值权衡的问题。如果允许将非法取得的证据作为定案证据，尽管对查明某一具体案件的真实情况是有益的，但这是以破坏国家法律所确立的秩序和侵犯公民基本权利为代价的。确立非法证据排除规则是一国文明水平的标志，也是人权诉讼理念得以真正体现的保障规则。

第三节　补强证据规则

补强证据规则源于18世纪后半叶的英国，后在英美法系国家以及日本形成了简便易行的补强证据规则。它属于限制特定证据证明力的规则，并要求特定的证据只有在获得其他证据补强后，才能作为定案的根据。

一、补强证据规则的概念与特点

补强证据（corroboration evidence）是相对主证据（substantive evidence）而言，是以对案件事实能否起主要的证明作用和一方对另一方有无担保或依赖关系为依据而作的理论分类。补强证据规则是限制证据证明力的规则，旨在限制采信证据的自由裁量权，借以担保主证据真实性，才能作为定案根据。

(一)主证据的概念与特点

主证据，也称为"通常证据"，是指为能够证明案件主要事实需要增强或担保其证明力的证据。主证据在证明案件事实时，具有以下特点。

第一，主证据在证明案件主要事实上起关键性作用，属于证明力不完善证据，具有证明主要事实的能力。其本身不存在证据瑕疵，其证据能力也不存在疑点，不同于需要补证的瑕疵证据。

第二，主证据基于自身的性质，未经补强证据增强、担保其证明力，不发生对案件主要事实的证明作用。

(二)补强证据的概念与特点

补强证据是指在证明案件事实的同时，具有增强或担保主证据证明力，并能够与主证据共同证明案件事实的证据。英国法认为，补强证据(佐证)，是指在重要事项上，对其他证据的准确性起支持和确认作用的证据。"补强证据，指为增强或担保主证据证明力之证据，并不以与主证据系各自独立证据为必要；即依主证据所得之证据而证明之者，亦无不可，且不限直接证据，并包括间接证据在内。"[①]

补强证据对主证据起支持、确认或者增强、担保的作用，它直接影响到主证据的证明力。补强证据具有以下特点。

1. 补强证据是具有独立来源的证据

补强证据是具有独立来源的证据，与主证据有不同来源，也不是主证据的附属性证据。在巴斯克维尔(Baskerville)案中，瑞丁(Reading)法官认为，严格意义上的补强证据必须具备5个要素，即相关性(relevancy)、可采性(admissibility)、可靠性(credibility)、独立性(independence)、与被告的牵连性(implication)。因此，补强证据不得是需要补强的主证据的产物或复制品，如证人的两次证言，不得以一次证言来补强另一次证言。

2. 补强证据具有证明案件事实的作用

补强证据与案件事实的关系与主证据相比，无论地位、作用或证明的着力点、功能上均具有自己的特点。一方面，它不仅可以证明案件事实，可能与主证据证明的着力点、方向以及对象在某些方面或某种程度上重合、交叉，而且它既能证明案件事实，又能增强主证据的证明力。补强证据在一般情况下，并不能直接证明案件的主要事实，不像主证据那样证明的方向直接指向案件的主要事实，一般为间接证据。

二、补强证据规则的适用

补强证据规则是指对可能程度较大的特定类型的证据规定不得单独作为认定案件事实的依据，只有在其他证据增强或佐证时，才能作为定案根据的证据适用规则。补强证据规则与一定证据数量有关，但不同于"数量规则"，更表现为证明"质量规则"；与补强证据规则类似的是"剩余规则"，但其本身不是剩余规则。

---

① 陈朴生：《刑事证据法》，146页，台北，三民书局，1979。

(一)国外补强证据规则的适用

国外的补强证据规则一般适用于对言词证据的补强，可分为口供的补强规则和证人证言的补强规则。

1. 口供的补强规则

大陆法系国家一般将被告人口供(供述)作为证据方法的一种，通过否定刑讯逼供和非法手段获得口供的证据能力，来确立口供补强证据规则增强其证明力。日本、俄罗斯对口供证据作了强制性补强的规定。如《日本刑事诉讼法》规定："被告人在其自白是对自己不利的唯一证据时，无论该自白是否是在公审庭上的自白，不得被认定为有罪。"我国沿用了大陆法系的传统，对口供采用了法定强制补强的证据规则。

美国的证据法学者认为，口供补强证据应当对"犯罪主要事实"或称"犯罪实体"具有独立证明，形成独立补强(助证)口供规则。犯罪起诉事实包括：(1)存在被指控犯罪造成的打击；(2)这种被打击的罪行是由于某人的犯罪行为造成的；(3)被告人就是实施罪行的那个人。犯罪主要事实仅包括犯罪起诉事实的第一和第二两个部分。对被告人就是实施罪行的那个人，即"犯罪事实中被告人与犯罪人同一"无须补强。在实际意义上，犯罪主要事实的独立性证据能证实供述证据的可靠性，能够达到"有助于建立可靠性证据的实质的独立性证据"。[①] 美国与日本证据法学者设计的口供补强证据规则基本一致，认为口供补强证据的证明均与犯罪的主要事实有关，并非仅担保口供的真实性与增强口供的证明力，自身还应具有证据能力和有证明案件事实的证明作用，对案件事实具有证明力。日本法学界通说认为，自白(口供)中有关"罪体"即犯罪构成客观要件的全部或部分事实，应有补强证据。补强证据同自白证据对象相同，共同构成认定事实的基础。口供在下列案件中需要补强：(1)犯罪事实的认定，必须予以补强；(2)对犯罪构成的客观要件事实，必须补强；(3)在犯罪事实中被告人与犯罪人的同一问题，无须补强；(4)犯罪构成要件中的主观要件，无须补强；(5)对涉及非犯罪的事实，无须补强；(6)对非构成犯罪的事实，如犯罪阻却事由不存在的认定，无须补强证据。

2. 证人证言的补强规则

公元 9 世纪英国的"盎格鲁-撒克逊法律""助誓人"(Oath-helper)的誓词，具有证人证言补强证据的萌意。[②] 但"助誓人"的誓词不涉及案件中争议的事实问题。这种"助誓人"可能对案件争议的事实一无所知，仅对当事人的品格作证。这种誓词具有增强当事人的可信性，进而影响法官对其陈述予以采信，而非证明案件事实，具有"补助证据"的性质。英美法系的证人证言补强具有不同的分配规则，对于不同的证人证言配置不同的补强规则。

(1)对特定案件的证人证言的强制补强规则。因为这些证人的证言被认为"容易制造，但是难以驳斥"。如伪证罪、叛国罪中的证人证言。

(2)感知型的证人意见性证言的补强规则。感知型证人证言是指证人根据亲自经历的

① ［美]乔恩·R·华尔兹：《刑事证据大全》，何家弘等译，281 页，北京，中国人民公安大学出版社，1993。

② "助誓人"的誓词为："我在上帝面前宣誓，他(原告或被告)的誓词是清白的和真实的。"对这种誓言进行分析，我们发现它仅增强被告人陈述可信度，未证明案件事实，不具有真正意义上补强证据的意蕴。

事实或特别知识等感知体验作出的推测性意见。如证人有关速度的证言。这种证言具备证据能力，"如果是作为表达其亲身感知的相关事实的途径，可以作为他所感知的事实的证据。"①这些具有证据能力的意见证据，属于证人的感知和经验的综合，容易产生误差和错误，其证明力应当予以限制，只有经过补强，才能使其证明力得到恢复。

（3）证人证言的程序上补强警告规则。这种程序上的补强不是针对特定的案件，而是针对特定范围的证人而言。它一般包括儿童的宣誓证言。这种补强仅在程序上具有提醒的功能。如果法官没有作出这种提醒，陪审团作出不利于被告人的裁判，便成为被告人上诉的理由之一，上诉法院可能因程序违法而撤销其裁判。

（4）证人证言的裁量补强规则。法律既没有规定实体补强和程序上补强。补强与否，由法官自由裁量。法官对何种案件或何种证人证言采用何种补强(实体还是程序)，基于案件的具体情况、案件争议的事实以及证人证言的内容和质量、可信度的高低予以判断。

（二）我国补强证据规则的适用

根据我国的诉讼法及司法解释对补强证据规则的规定，补强证据规则适用如下。

1. 刑事诉讼的补强证据规则

对被告人口供的补强规则，我国《刑事诉讼法》规定："只有被告人供述，没有其他证据的，不能认定被告人有罪和处以刑罚。"根据此条的规定，案件只存在被告人口供这种证据时，必须有其他证据予以补强，否则被告人口供不具有证据的证明力。

2. 民事诉讼与行政诉讼的补强证据规则

我国民事诉讼法和司法解释对补强证据规则作出了规定。我国《民事诉讼法》规定："人民法院对视听资料，应当辨别真伪，并结合本案的其他证据，审查确定能否作为认定事实的根据。""人民法院对当事人的陈述，应当结合本案的其他证据，审查确定能否作为认定事实的根据。"司法实践中，下列证据不能单独作为认定案件事实的依据：（一）未成年人所作的与其年龄和智力状况不相适应的证言；（二）与一方当事人有亲属关系或者其他密切关系的证人所作的对该当事人有利的证言，或者与一方当事人有不利关系的证人所作的对该当事人不利的证言；（三）应当出庭作证而无正当理由不出庭作证的证人证言；（四）难以识别是否经过修改的视听资料；（五）无法与原件、原物核对的复制件或者复制品；（六）经一方当事人或者他人改动，对方当事人不予认可的证据材料。以上证据不能单独证明案件事实，没有完全的证明力，需要其他证据进行强制性补强。但第二项却是补强证据能力，不同于补强证据规则的本意。

（1）未成年人证言补强规则。未成年人由于智力与发育的原因，对某些事物的理解可能以偏概全或突发幻想。由于同龄的未成年人发育程度、智力水平、理解能力等参差不齐，无法仅凭年龄对其做统一要求或者作出评价。未成年人证言在适用中也应当受到一定的限制，需要其他证据补强后，才能作为定案的根据。

（2）与当事人有亲属关系或者其他密切关系的证人证言的补强规则。与当事人有亲属关系或者其他密切关系的证人证言主要包括对于一方当事人有亲属关系或者其他密切关系的证人所作的对该当事人有利的证言以及与一方当事人有不利关系的证人所作的对该当事

---

① 参见1972年《英国民事证据法》第3条第2款的规定。

人不利的证言。其他密切关系的证人，如雇员与雇主对催讨债务的作证，因为这些证人与当事人有特定的关系，根据"利益有涉"规则，对其证明力应当进行适当的限制，对当事人自己提供的证人与当事人有亲属关系、密切关系或其他利害关系有利于其的证人证言应当予以补强。

(3)无正当理由未出庭作证的证人证言的补强规则。证人作证应当在法庭上充分履行作证义务，接受当事人的质询，使法官从中判断其所作证言的真实性。未出庭作证的证人证言因未得到当事人的充分质疑，其真实性难以保障，不能作为单独认定案件事实的根据，只有经过补强才能对案件事实发生证明力。

另外，还涉及视听资料、复制件及其复制品的补强问题。实质上，这些证据需要结合其他证据确定能否作为认定案件事实的依据，而主要不是补强问题，体现鉴真的意义，也非本质意义上补强。

三、补强证据规则的意义

补强证据规则有利于当事人明确应当补强的证据，一旦提供了不能单独作为认定案件事实依据的证据，其仍需要积极地提供其他证据，对先前向法院提供的证据的证明力予以补强，及时承担补强的义务，从而保障其主张的事实得到确认，使自己的合法权益得到维护。

补强证据规则有利于法官合理地确认当事人的证明规则，在一定范围内也限制了法官评判证据证明力时拥有的自由裁量权。通过法律明确特定证据的证明力不完全性，要求当事人补充佐证，能使案件事实的真相得到充分揭示；同时还可以限制法官的认证规则，保证诉讼的公正性。

第四节　最佳证据规则

最佳证据规则源于英国古代的"文书审"(trial by charter)，是英国普通法上最为古老的证据规则之一。它是司法实践适用不同类型证据时，确认其证明力大小的规则。

一、最佳证据规则的概念与特点

最佳证据规则(the rule of best evidence)，又称原始文书规则(the original writing rule)，是指某一特定的有关案件事实，只能采取能够寻找到的最令人信服和最有说服力的有关的证据方式予以证明的规则。"在现在则为关于文书内容之证据容许性之法则。该法则需要文书原本之提出，如不能提出原本，直至有可满意之说明以前，则拒绝其他证据。"[①]

最佳证据规则主要适用书面材料或者书证的证据规则。这一规则包括三个方面的内

---

① [美]E. M. 摩根：《证据法之基本问题》，李学灯译，385 页，台北，世界书局，1982。

容：一是提供原始文书；二是由辅助证人证明文书的制作过程；三是口头证言不能更改或者修正文书的内容。这些内容逐渐发展为书证的最佳证据规则。美国第二巡回法庭在1945年的赫济格诉斯韦特公司的判决中表述为："最佳证据规则在其现代的应用中仅指这样一条规则，即一份文字材料的内容必须通过引入文书本身来证明，除非对原始文书的缺失提出令人信服的理由。"法学家塞耶将最佳证据规则界定为，证明文书的内容，文书的原件是第一位的证据，除非不能提供原件的原因得到合理解释，否则第二位证据不可采纳。

最佳证据规则的适用，一般应当具备以下条件：(1)最佳证据规则的证据应当属于文字材料。这种文字材料一般为信件、电文、合同、地图、照片、磁脉冲、机械或电子录音或以其他形式的数据汇编记载下来的内容。(2)最佳证据规则的文字材料是以记载的内容作为证明方法。如果该文字材料不是以记载的内容作为证明方法，或文字材料记载的内容与案件事实无关，或虽有证明作用但不是证明案件事实的，则不适用最佳证据规则。

随着社会的发展，英美法系中的最佳证据规则不断地发展，其适用范围不仅仅限于文字材料，而且包括录音、照相、普通摄影、射线胶片、录像带、电影胶片。如《美国联邦证据规则》第1001条(3)规定："原件"是指"文字或录音的'原件'即文字或录音材料本身，或者由制作人或签发人使其具有与原件同样效力的副本、复本。照相的'原件'包括底片或任何由底片冲印的胶片。如果数据储存在电脑或类似设备中，任何电脑中打印或输出的能准确反映有关数据的可读物，均为'原件'"。

二、最佳证据的适用规则

最佳证据的适用规则是指在数个证据对同一事实均有证明力，不同的证据证明相反的事实主张的情况下，对数个证据证明力之间的大小作出确认的规则。其中，数个证据既包括同类型证据的数个证据，也包括不同类型证据的数个证据。

(一)最佳证据规则的适用规则

最佳证据规则——实际上是一组规则——为"书写文件""录制品"和"影像"的提供者设定了额外负担。该规则能够防止提出篡改过的复制件和扣押原件的行为[①]。根据司法解释的规定，最佳证据的适用规则如下。

1. 公文书证的最佳证据规则

国家机关和特定的公职人员在职权或职责范围内，依照一定的程序和规则制作的公文书证，一般推定为真实。私文书证应当由提供方证明其真实性。在我国，国家机关是指行使国家职能的各种机关，一般为党的机关、权力机关、行政机关、监察机关、审判机关、检察机关以及军队及国家机关的内设机构及派出机构。根据我国《国家行政机关公文处理办法》的规定，公文文书包括有关命令、指令、决议、决定、公告、布告、通告、通知、通报、报告、指示、批复、函、会议纪要等文书。但国家机关不是因为公务行为所制作的文书不是公文书证。

国家机关制作和发出的公文文书，一般应当具备法定条件以及在法律明确授予的权限

---

① ［美］罗纳德·丁·艾伦等：《证据法文本、问题和案例》(第三版)，张保生等译，683页，北京，高等教育出版社，2006。

范围内或事务范围内依照严格的法定程序做成，具有较强的规范性，证明力优于其他书证。国外也存在相应的规定。如《德国民事诉讼法典》规定，公文文书从形式和内容两方面都可以认定为是由官署或由具有公信权限的人所制作的证书，推定其本身是真实的。公文证据适用最佳证据规则的原因为：（1）公文文书具有客观性。公文的制作和完成一般在诉讼外，不是为了诉讼，具有客观性。（2）公文文书具有法定的权威性。公文的制作机关是国家机关以及其他职能部门，是单位或国家意志的体现，具有较强的公信力。（3）公文文书具有较强的规范性。

2. 书证的原件与物证的原物的最佳证据规则

物证具有极强的稳定性，及时提取并妥善固定和保全，一般不会发生变化。书证是在诉讼开始前形成的，一般具有较强的真实性。由于现代科学技术的发展，通过复印拼接、照片拼接翻拍、计算机合成制作等手段伪造、变造、仿造证据的复制件、复制品相当容易。书证的原件和物证的原物，能够排除伪造、变造、仿造证据的问题。书证的原件、物证的原物的证明效力优于复制件、复制品。① 收集、调取的书证应当是原件。只有在取得原件确有困难时，才可以是副本或复制件。收集、调取的物证应当是原物。只有在原物不便搬运、不易保存或者依法应当返还被害人时，才可以拍摄足以反映原物外形或者内容的照片、录像。

3. 经过公证或者登记的书证的最佳证据规则

经公证证明的法律行为、法律事实和文书是指公证机关根据当事人申请，依法对于某种行为和具有法律意义的事实与文件的真实性、合法性所作的证明。各国法律都赋予经过公证证明的法律行为、法律事实和文书很强的证据效力。我国的公证证明属于国家证明行为，公证机关依照严格的法定程序对有关法律行为、法律事实和文书作出的公证文书，一般具有真实性。《民事诉讼法》规定："经过法定程序公证证明的法律事实和文书，人民法院应当作为认定事实的根据，但有相反证据足以推翻公证证明的除外。"对方当事人提供相反证据的，法庭应当对其进行审查，如果没有证据足以推翻公证证明文书的，法庭应当确认该公证证明文书的证明力。

经过登记的书证是指法定的机关办理了登记手续的书证，如证明结婚关系成立的结婚证、所有权人的不动产产权证、土地使用权证等。经过登记的书证具有较高的社会公信力，因此，在诉讼中推定其具有较强的证明力。②

4. 原始证据与传来证据的最佳证据规则

原始证据与案件事实有直接关系，没有经过转手或者复制，真实性较大。传来证据是

---

① 对于书证原件的问题，可参照 2004 年 8 月 28 日全国人民代表大会常务委员会通过的《电子签名法》第 5 条规定："符合下列条件的数据电文，视为满足法律、法规规定的原件形式要求：（一）能够有效地表现所载内容并可供随时调取查用；（二）能够可靠地保证自最终形成时起，内容保持完整、未被更改。但是，在数据电文上增加背书以及数据交换、储存和显示过程中发生的形式变化不影响数据电文的完整性。"

② 如《最高人民法院关于周维华诉周维鸿房屋纠纷案的复函》指出："本案当事人讼争之 179 号房屋在 1947 年购买时，买契上所载的是周维辉（周维鸿）的名字，1953 年昆明市人民政府进行换证，仍以周维鸿的名字登记，并一直由周维鸿管理使用至今。诉讼过程中周维华又举不出有力证据来证明其产权主张。据此，讼争之 179 号房屋应认定为周维鸿所有。"

从原始证据或者其他传来证据中派生出来的，可以看作原始证据经过转手、复制、传抄等方式形成的，由于与案件事实的联系不如原始证据紧密、中间环节较多、出现差错的可能性也较大，不如原始证据可靠。因此，原始证据的证明力优于传来证据。

5. 直接证据与间接证据的最佳证据规则

直接证据对案件主要事实的证明关系具有直接性，无须借助于其他证据就可以直接证明案件的主要事实。适用直接证据证明案件主要事实比较简单，只要证据本身经查证属实，主要事实就可以认定。间接证据证明案件的主要事实比较复杂，证明必须经过许多中间环节以及推论过程。因此，直接证据相对间接证据具有优势。

6. 证人证言的最佳证据规则

证人证言作为一种言词证据，易受证人自身影响。特别是证人与当事人有亲属关系或者其他密切关系，一般有意识或无意识地、或多或少地会作出有利于和倾向该当事人的陈述，以及回避对该当事人不利的问题，不能真实、全面、客观地反映案件事实。出庭作证的证人证言或与当事人不具有利害关系、亲情关系、友谊关系所作的证言相对客观，不会有意回避对当事人不利或有利的问题。所以，证人提供的对与其有亲属或者其他密切关系的当事人有利的证言，其证明力一般小于其他证人的证言。另外，通过法庭询问的证人证言，能够发现其不真实的情况，与法庭外的书面证言相比具有较大的可靠性。

(二)最佳证据规则的例外

最佳证据规则优先考虑采纳原件。当证据原件、原物无法获得，而能够说明理由，并能够证明其真实时，副本或者第二手资料、复制品、复制件可以作为证据适用。这些证据的适用属于最佳证据规则的例外。根据美国判例的发展和立法规定，最佳证据规则具有以下例外：(1)对方当事人提供原始文书的，可以采纳第二手资料；(2)第三人占有而合法拒绝提供原始文书的，可以采纳副本；(3)文书已经毁损、灭失或者无法提供、出示的，可以采纳第二手资料；(4)经过证明或者盖章的公共记录的副本，可以作为证据。物证的照片、录像、复制品，经与原物核对无误、经鉴定或者以其他方式确认真实的，可以作为定案的根据。书证的副本、复制件，经与原件核对无误、经鉴定或者以其他方式确认真实的，可以作为定案的根据。

另外，文书复印件的真实性已经被法院先前判决或者公证机关的公证书确认以及对方当事人对复印件记载的内容没有疑义的，可以作为证据。

三、最佳证据规则的意义

最佳证据规则并非一个排他性的证据规则，它是作为可供法官选择适用的证据规则。由于案件待证事实之间存在不同层次的关系，有些是平行关系，有些则是递进关系，还有的是交叉关系，最佳证据规则对于确定数个证据的证明力是有益的。同时，这一规则可以促使当事人按照最佳证据规则提供证据，具有确保证据真实的功能。

最佳证据规则在引导诉讼使用原始证据尤其是原始证据优先的前提下，允许特定情况或者特定条件复制件等派生证据的使用，进而解决原件不能提供而利用替代物来认定案件事实的问题。对于替代物的审查与判断方法则有利于事实真相的发现。

最佳证据规则只是为了给法官判断数个证据证明力提供方向上的指导，不具有绝对的效力。如果当事人能够提出证据足以推翻较强证明力的证据，则不能将具有较强证明力的证据作为定案根据。

第五节　意见证据规则

在英美证据法中，意见证据规则也是一项重要的证据规则。英美法系国家一般要求证人必须以口头方式出庭作证，并陈述自己亲身经历以及感知的事实。陈述其意见、推论不能作为证据，专家证人的意见除外。

一、意见证据规则的概念和特点

意见证据规则(the rule of the opinion evidence)是指证人就自己知觉直接感知到的事实陈述其意见、推论或者结论，不得作为证据适用的规则。"证人基于直接呈现于其感官上之事实，推论系争事实存在与否，法律上称之为意见，证人本于上述推论所作的陈述，称之为意见证据。"①意见证据规则具有以下特点。

(一)意见证据规则一般表现为言词证据意见

证据是证人就观察、感知的事实所作的推断或判断性意见，而不是对观察或感知事实的描述。这种陈述因加入了证人的一些经验或想象，伴有对所观察事实所进行的分析，其本身不是事实，不能作为证明案件事实的证据，应当适用意见证据规则。

(二)意见证据规则适用于对事实作出的推断

意见证据是证人对事实的判断。由于法官具有普通人所具有的能力，证人对事实的判断，法官也能做到，且法官综合案件证据对事实作出判断更具有合理性，其判断的准确性也会高于普通人对单一事实的判断。如证人发现被告人从酒店出来，摇摇晃晃的，而陈述"他喝醉了"。在证人陈述中，证人陈述的"被告摇摇晃晃"是对事实的客观描述，属于证人证言，而"他喝醉了"的陈述则是证人的意见。对证人的判断适用意见证据规则。

(三)意见证据规则是一种排除规则

意见证据规则是一种排除规则，意见证据在适用上原则上不得采纳为证据，也不具有证据能力。证人只能就自己所见的事实予以陈述或提供证据；其提供证明案件的陈述属于有关的意见、推论或判断的，则不得作为定案的根据。如1995年《澳大利亚联邦证据法》规定："不得采纳意见证据以证明所表达意见的事实之存在。"

意见证据与事实有区别，又与事实交织在一起。从现象和心理印象形成的过程来分析，似乎所有的证人证言都经过了证人的思考、判断，均有意见证据的倾向。在法庭上对同一事项的陈述，辩方认为是事实，而控方则可能坚持是意见。在实践中，法院总是采用常识及经验判断的方法，排除一些明显是意见的证据。排除意见证据的原因为：证人的意

---

① 刁荣华：《比较刑事证据法各论》，259页，台北，学林出版社，1984。

见证据与案件事实不具有相关性；采纳意见证据侵犯法官的职能，因为判断证据或事实是法官的职责，法官完全胜任这一工作。

传闻证据规则与意见证据规则虽然出自同源，均来自证人亲身体验事实的陈述，但两者有重大的区别。前者排除的是庭外陈述，是排除证明手段；后者排除的是非事实陈述，排除的是证据的内容。

二、意见证据规则的适用

意见证据规则适用的关键是如何区分意见与事实。而意见与事实间的分界线至多是一程度问题，应该只取决于事实上的理由。因为证人与大多数人一样，认识不到推理结论他的感觉的程度。[①]

(一)意见证据排除规则的适用

在英美证据法上，证人分为普通证人(lay witness)和专家证人(expert witness)。意见证据规则主要适用于普通证人，专家证人则是意见证据规则的例外。专家证人的作用在于为法庭审理提供必要信息，以弥补法官和陪审团专门知识方面的不足。如果没有专家证人的帮助，法庭无法作出推断，因此专家的意见具有可采性。意见证据规则只适用于普通证人。因为普通证人的意见证据与案件事实不具有关联性和可采性，原则上予以排除。证人的猜测性、评论性、推断性的证言，不能作为证据使用，但根据一般生活经验判断符合事实的除外。因为法官根据证人作证的内容与表情、状态等完全有能力作出猜测、评论、推断性意见，并且结合其他证据能够使这些猜测性、评论性、推断性与证人相比更加可靠。

(二)意见证据排斥规则的例外

证人的推断尽管不是事实本身，但仍是以其感知的事实作为依据的，其意见并非无本之木、无中生有。意见证据在某种情况下对案件具有一定的证明作用，特别是证人对自己所观察的事实得出的体验性的意见。因此，普通证人的意见证据并非一律均被排除，存在一些例外的情形。如英国证据法学者理查德·梅认为，对下列情况可以不排除意见证据：(1)个人印象及其叙述事实；(2)证人的自身情况；(3)书写笔迹；(4)恐怖分子案件中的证据。[②] 如《美国联邦证据规则》第701条规定："如果证人不属于专家，则他以意见或推理形式作出证词仅限于以下情况：(a)合理建立在证人的感觉之上；和(b)对清楚理解该证人的证词或确定争议中的事实有益。""禁止普通证人提供意见证言这一规则的例外情况包括身份、笔迹、数量、价值、重量、尺寸、时间、距离、速度、外形、尺码、年龄、力量、热度、冷度、疾病以及健康等问题；还包括与人类的各种精神和道德层面相关的问题，如性格、脾气、愤怒、兴奋、迷醉、诚实、普通性格等识别依据。"[③]根据相关规定、司法实践以及判例，意见证据规则的例外情形如下。

1. 关于某人的感情和身体状况的意见证据

普通证人可就某人表现出来的感情状况进行作证，如某人显得愤怒或滑稽的，陈述某人表现出的力量、精力、虚弱、疾病等身体状况的。但有关动机、意图、推断或信念，不

---

① 沈达明：《英美证据法》，251页，北京，中信出版社，1996。
② [英]理查德·梅：《刑事证据》，王丽等译，194—195页，北京，法律出版社，2007。
③ Holland v. Zollner，102Cal. 633，638-639(1894).

能作为证据。

2. 关于辨认声音的意见证据

如果证人先前曾与某人交谈或在电话中听过此人说话，他就可以作证说他能够辨别出此人的声音。在实践中，即使证人不熟悉甚至不认识说话者，也不妨碍他就曾经听到的声音和随后听到的声音进行对比、辨别，作出一些判断。

3. 关于运动中的机动车的速度的意见证据

普通证人可以证明正在运行的机动车的速度，但他必须显示一些观察运动物体速度的经验或者提供其他合理的理由。如证人距离肇事汽车很近，对该车速度观察所得印象的意见陈述，一般具有可采性。

4. 关于证人自身状况的意见证据

证人就自己的身体或心理状况所作的陈述，具有可采性。另外，证人的猜测性、评论性、推断性的证言，不得作为证据使用，但根据一般生活经验判断符合事实的除外。

三、意见证据规则的意义

意见证据规则的确立为正确地区分证人作证的职能与法官裁判的职能提供了基础，有利于科学、合理地规范证人与法官在证据法上的行为，限制法官对证据能力和证明力判断的任意性，保证法官审查和适用证据的客观性和公正性。意见证据规则的确立可以通过程序保障当事人的反询问权，同时有助于法官全面理解证人的陈述。

【问题与思考】

我国先后对偷录、偷拍等获得的证据采用不同规定。而实践中借款金额较小，通常采用现金给付方式，出借人因碍于情面不会要求借款人与其签订借款合同或出具借据、收据、欠条等借款书面凭证，一旦出现借款人不按口头约定归还借款本金及利息，出借人主张债权时，将可能面临没有书面证据证明借贷关系存在的困境。此时，出借人经常会通过不经借款人同意，私下录音、录像等方式记录借款人自认已借款、借款数额、还款期限、约定利息等事项。对于偷录、偷拍获得证据应否定位为非法证据予以排除，需要考虑是否采用严重侵害他人合法权益、违反法律禁止性规定或者严重违背公序良俗的方法。根据前面的引导案例，结合本章内容，考虑司法解释规定的意义，思考下列问题：(1)案件中的录音证据是否适用传闻证据规则？(2)录音证据是否适用非法证据的排除规则？(3)录音证据经过补强是否还适用此证据规则？(4)如果将偷拍、偷录的照片视频发到网上，然后将网上的评论也作为支持其事实主张的证据，那么该照片或视频及其评论如何认定？

【延伸阅读】

1. 宋英辉、李哲：《直接、言词原则与传闻证据规则之比较》，载《比较法研究》，2003(5)。

2. 杨宇冠：《非法证据排除规则研究》，北京：中国人民公安大学出版社，2002。

3. 汤维建：《民事诉讼非法证据排除规则刍议》，载《法学杂志》，2004(5)。

4. 郭华：《口供补强证据规则研究》，载《甘肃政法学院学报》，2004(3)。

5. 易延友：《最佳证据规则》，载《比较法研究》，2011(6)。

6. 吴光升：《论普通人意见证据的审查与运用规则》，载《法治研究》，2014(10)。

第三编　证明论

第九章

证明概述

【引导案例】

　　杨某在某建材公司从事设计工作，由于设计部在没项目的时候很空闲，有项目时双休日也不休息。因其与公司发生纠纷后，她计算了一下自己这一年加班的时间，包括平常延时加班和双休日加班一共是 310.5 小时，便向公司要求将 310.5 小时的加班工资结算给她，公司没有答应。于是，杨某诉之法院。被告公司辩称杨某加班时间只有 285.5 小时，其中双休日加班 61 小时，延时加班 224.5 小时。原告杨某已经向公司申请了补休 277.5 小时，并拿出了杨某的加班申请单和调休申请单。公司同意支付杨某未调休的 8 小时加班工资。而杨某认为，双休日加班可以以补休进行冲抵，但延时加班不能冲抵，公司应该全数支付她加班费，其加班申请单也远不止这些，公司只拿出了部分加班申请单。

【本章概要】

　　本章是有关证明的内容，主要包括证明的概念和特征以及释明、严格证明、自由证明等范畴及其区别，证明在证据法学的意义。证明是诉讼活动的主要环节，对于发现真相具有重要的作用。

第一节　证明的概述

　　证明是人类社会生活中最为常见的一种认识活动，是证据法学的重要范畴，也是证据法的重要内容。证明是查明和判明事实真相的中间环节，是整个诉讼活动的灵魂和基础，也是证据成为定案根据的关键性活动。证据能够证明案件事实，却不能自动证明案件事实，它必须是某些主体借助于某些活动来对案件真实情况发生作用，这些活动或过程则为证明。

一、证明的概念

证明是指用证据来表明或者断定人或者事物真实性的活动。它有社会生活的证明、自然科学的证明和诉讼法上的证明之分。证明作为证据法上的概念具有多义性。有学者认为："当事人提出证据，使法院就其主张之事实，得生强固之心证，信其确实如此者，称为证明。"[1]也有学者认为，证明一词是指内心确信的结果，或者是因出示证据所产生的说服力的最终结果。[2] 还有学者认为，证明可称之为以证据而推定认定案件事实的过程。这些概念均包括凭借证据说服他人或者使自己相信特定事实为真的含义。

证明，是指证明主体依法提供和运用证据进行论证案件事实真实情况的活动。证明包括证明主体、证明的客体(对象)、举证责任和证明标准等基本要素构成。证明是这些要素交叉作用的过程。

二、证明的特征

证明活动不同于人们在处理日常生活事物中的逻辑活动，即社会生活证明；也不同于采用纯技术手段进行的自然科学活动。证明与这些活动相比，具有以下特征。

(一)证明的主体为特定的机关和诉讼参与人

刑事诉讼中，证明的特定机关为检察院，诉讼参与人为当事人(自诉人、附带民事诉讼的原告人)；民事诉讼和行政诉讼中，证明的主体为当事人(包括行政机关)、第三人。法律对特定的机关和诉讼参与人的证明范围、程度及要求不同。在特殊情况下，证明的主体还可能是侦查机关、刑事被告人、民事诉讼或者行政诉讼的被告。法院在诉讼活动中作为案件事实的判明者，不是证明的主体。证人、鉴定人在诉讼中属于协助法官判明案件事实的主体，也不是证明的主体。

(二)证明是在诉讼过程中进行的

证明是一种诉讼活动，受诉讼法的调整。无论是收集证据还是运用证据都应在法定程序中完成，并受诉讼期限、证据收集手段、适用程序的限制。它不同于在任何时间、空间都可以进行的自然科学证明。无论是证明采用的手段还是采用的方法均具有限定性，证明的手段在诉讼中受到限制，证明的方法也受到法律规范的约束。

(三)证明的目的是发现案件真实情况

案件事实已经发生，不可逆转，无法恢复，也不可能采用实验的方法予以验证，发现案件事实的存在必须通过特定的主体和诉讼参与人提供证据予以证实。因此，获得对案件事实真实情况的认识需要证明。证据法上的证明所需要的确信程度不同于丝毫无疑义的自然科学的证明，只要通过人们在日常生活上不怀疑并且达到作为其行动基础的程度就行。[3] 但绝不能得出诉讼上的证明不是为了发现真相，尽管对不同案件或者不同的事实存在不同的证明要求，其目的均是为了发现案件的真实。

---

① 陈荣宗、林庆苗:《民事诉讼法》，482 页，台北，三民书局，1996。

② John Willian Strong: *McCormick on Evidence*, *Fourth Edition*, West Publishing Co. 1992, p. 568.

③ [日]兼子一、竹下守夫:《民事诉讼法》，白绿铉译，101 页，北京，法律出版社，1995。

证明不同于查明。查明一般情况下是使自己对案件事实明白并确信，在一定意义上可以称为"自向证明"。证明不仅要求使自己对案件事实明白，而且还需要使裁判者对其明白而确信。它包含自向证明和他向证明两项内容，在实践中起到将证据与指控或者主张的事实连接起来的作用。

第二节 证明的基本范畴

证明是一种运用证据推求已经发生之事实的回溯性认识活动，证据是认识活动的基石。然而，由于证明对象不同，法律对证明程度的要求存在差异，证明活动也应当有轻重之分。这样既有利于提高诉讼效率，也不妨碍诉讼公正。在证明问题上需要厘清一些不同的基本范畴。这些范畴主要有证明和释明、严格证明和自由证明、行为意义上的证明和结果意义上的证明。

一、证明和释明

根据法律对证明对象的不同要求，即是否要求法官获得完全的确信，证明可分为证明和释明。在理论上，学者对证明和释明的理解存有不同观点。有的认为："提出证据，而使法官获得完全之确信者，即为证明；惟提出证据，若仅使法官获得大概可信而形成较为薄弱之心证者，则非证明，而称为释明。"[①]也有的认为："当事人在诉讼上主张之事实，通常须证明，惟于有迅速简易决定之若干情形，法律无明文规定，仅须释明即可。"[②]证明为完全证据，释明为不完全证据。[③]

1. 证明

证明是指运用证据使实体法所载明的实体法律关系以及某种法律事实所具备的构成要件存在的活动，也是经过法庭调查、口头辩论、相互质证等法定程序后，在裁判上对案件事实得以产生的确信状态。这种"'确信'即指社会上普通人的不夹杂任何疑念的相信"。[④]这里的证明指的是狭义上的证明。

2. 释明

释明，又称为"疏明""陈明"或者"旁证"，是指当事人为保障法官在裁判上作出有利于己的事实认定，而对与之相关的程序性事项提出相应的主张所负担的一种证明。释明与"表见证明"具有相同的功能，达到大致确信的程度即可。它一般用于不法行为的构成要件、因果关系的证明等一些非常态事实以及一些程序性事实，如回避事由、证据保全的事实等。

---

① ［日］林山田：《刑事程序法》（五版），400 页，台北，五南图书出版公司，2004。

② 陈荣宗、林庆苗：《民事诉讼法》，104 页，台北，三民书局，2017。

③ ［日］松冈义正：《民事证据论》，张知本译，13 页，北京，中国政法大学出版社，2004。

④ ［日］中村英郎：《新民事诉讼法讲义》，陈刚等译，199 页，北京，法律出版社，2001。

证明与释明源于德国普通法时期完全证据和不完全证据的区别。证明一般适用于实体法事实的证明，不仅需要指出证明方法，还应当提供相应的证据；释明一般用于程序法事实以及原因事实，只需叙明证明的方法即可。

二、严格证明与自由证明

根据证明对象所属的领域不同，证明又可分为严格证明和自由证明。严格证明和自由证明来源于德国诉讼法上的概念。这一概念由德国学者迪恩茨 1926 年提出，逐渐演变为德国证据法学界的通说，后传入日本和我国台湾地区。1930 年以后普遍被民事诉讼法学界所接受。

1. 严格证明

严格证明是指以法律规定的证明方法并且依照法定程序进行的证明。在严格证明过程中，所采用的证据形式、取证方式与证据调查程序都受到严格的法律规范的约束和限制。

在刑事诉讼中，对于构成犯罪要件的事实，无论是直接事实还是间接事实，都需要严格证明。一般来说，基于"诉讼标的之法律关系或权利之主张所需事实之断定，必须依严格证明"。在诉讼上采用严格证明必须依照法定程序和法律规定的证明方法以及言词辩论原则作为认定案件事实的前提。严格证明的方法不仅严格约束初审法院，而且也约束终审法院。严格证明对于发现案件事实真相具有客观上的保障作用。

严格证明与严格证明责任是不同领域的两个概念。严格证明是证明活动，适用于法院和诉讼各方；严格证明责任则是对举证责任的规定，只是适用于承担举证责任的一方。

2. 自由证明

自由证明，也称"任意证明"，是指采用法律规定的证明方法以外的且不受法定程序约束的证明。自由证明所涉及的事实大多是与程序事项有关的事实，这些事实伴随诉讼而产生，如刑事诉讼中对犯罪嫌疑人、被告人采取拘传、取保候审、监视居住、拘留、逮捕五种强制措施的事实，有关回避的事实，有关诉讼程序的进行是否超越法定期限的事实，是否存在侵犯犯罪嫌疑人、被告人诉讼权利的事实，管辖等其他与程序的合法性有关的事实，犯罪嫌疑人、被告人是否怀孕等与执行合法有关的事实。这些事实不涉及实体问题，不能作为确定当事人胜诉或败诉的依据。在民事诉讼中，自由证明的对象一般包括涉及法院依职权追加当事人、中止诉讼、终结诉讼、回避等与实体争议无关的程序事项。

一般来说，用以严格证明的证据必须是法律明确规定的证据形式；自由证明则可"以一般实务之惯例"选择适当的证据形式。证据调查程序是严格证明的标志性特征；法律一般不明文规定自由证明适用的调查程序，而授权法院根据具体情况裁量决定，而不是证明的自由化。一般而言，单纯的程序法事实只需经自由证明，但不能将全部程序法事实简单地归为自由证明的范围。如果发生程序法事实涉及实体法结果的"事实之复合性"情形时，应当适用严格证明。

严格证明和自由证明是证明的深度规则，这一规则使得证明活动更具有明确性和程序性。它不仅细化了证明规则，使得证明更加明确、稳定而具有可预测性，还弥补了严格证明与释明之间的空隙，缓解了严格证明的僵硬，使法官形成内心确信更具有了明确的深度要求。同时，它还为当事人（控辩）双方在诉讼中的证明活动提供了方向性的指导，对哪些证据与案件事实应该适用哪种证明规则有一个清楚的认识，从而使证明规则具有较强的可操作性。

三、行为意义上的证明和结果意义上的证明

根据证明所处形态的不同，证明可分为行为意义上的证明和结果意义上的证明。

1. 行为意义上的证明

行为意义上的证明是指证明主体根据已知的证据论证案件事实的活动，即指证明行为本身。它主要包括收集证据、提供证据以及质证、认证和采证等行为，是一种连续意义上的证明过程。

2. 结果意义上的证明

结果意义上的证明是指证明主体根据已知的证据查明案件事实的结果，特别是证明主体凭借证据证明的案件事实所形成的结果，即法官对案件事实或者当事人系争的事实予以确信的心态。

第三节 证明的意义

在诉讼中，被争议的事实是指所有那些为刑事诉讼中的控方或者民事诉讼、行政诉讼中的原告为赢得诉讼必须证明的事实。这些事实是根据实体法以及诉讼请求所确定的。无论是当事人（控辩）双方的举证、质证等活动还是法院需要判明的事实均围绕着证明活动而展开。证明在整个诉讼中处于特别重要的地位。

一、证明是发现案件真实情况的基本方法

证明的含义之一是用证据来表明或断定人或事物的真实性，这对事先不知晓或不了解案件事实的法官而言，证明活动则是其发现事实真相的基本方法。法官查明案件事实主要依照当事人（控辩）双方的证明活动，没有当事人的证明活动，仅靠法官直接进行收集证据，不仅会影响程序的公正性，而且有可能偏离案件事实的方向，造成案件事实认定出现偏差。因此，证明是证据对案件事实发挥作用的基本渠道，也是法院发现事实真相最为可靠的方法。

二、证明是利用证据判明案件事实的主要途径

证明是整个诉讼活动的中心环节，也是查明案件事实的前提条件。诉讼制度之所以采用证明这种手段来查明案件事实，是因为它具有通过诉讼程序查明案件事实真相的功能。查明案件的主要途径也就是证明。同时，证据是静态的，它需要靠动态的证明来推动。动态的证明又是依靠调动当事人（控辩）双方积极主动地提供证据来进行的，具有使静态的证

据活起来的作用。因此，法院利用证据来判明案件事实必然依赖证明来完成，证明也就成为证据裁判的主要途径。

【问题与思考】

日本学者平野龙一教授基于简易程序和量刑程序两个方面提出，在严格证明和自由证明之间存在"适当的证明"的范畴。适当证明是处于严格证明与自由证明之间的一种证明方法，强调听取当事人的意见。如果按照严格证明程序应当排除的证据，在自由证明程序是否可以适用，能否出现"败不复活"，理论存在争议。上述引例中，法院认为杨某缺少足够的证据证明加班时间，仅判决公司支付杨某8小时的加班工资及解除劳动合同的经济补偿金三千多元。杨某不服提起上诉，二审法院维持了原判。根据案件情况，结合本章内容，考虑理论上有关证明的论断，思考以下问题：(1)证明是一种什么性质的活动？(2)证明活动包含哪些内容？(3)证明分类具有何种意义？(4)加班申请单在证明其加班时应属于何种证明？

【延伸阅读】

1. ［日］松冈正章：《严格证明与自由证明》，郭布、罗润麒译，载《环球法律评论》，1981(5)。

2. 吴宏耀、魏晓娜：《诉讼证明原理》，北京：法律出版社，2002。

3. 卞建林：《刑事证明理论》，北京：中国人民公安大学出版社，2004。

4. 熊跃敏：《民事诉讼中法院的释明：法理、规则与判例》，载《比较法研究》，2004(6)。

5. 占善刚：《论民事诉讼中之自由证明》，载《法学评论》，2007(4)。

6. 闵春雷：《严格证明与自由证明新探》，载《中外法学》，2010(5)。

第十章

证明对象

【引导案例】

　　原告诉称被告欠款 3 万元，并提供了一张被撕碎又粘贴起来的借据。被告辩称此款已还，其理由为：原告到自己家索款，自己即将 3 万元还给原告，然后撕碎了借据扔在了纸篓里。原告的陈述与此相反，并称：原告到被告家索要此款，被告赖账不还，并诈称看看借据，被告拿过借据后说我就不还你，看你怎么办，说着将借据撕碎，扔到了地上。原告急忙捡起被告撕碎的借据。被告究竟偿还与否，已无其他证据。

【本章概要】

　　本章是有关证明对象的内容，主要包括证明对象的概念和意义、实体法事实、程序法事实、证据事实以及证明对象与免证事实。证明对象是诉讼必须解决的问题之一，它是诉讼证明活动的目标与方向。

第一节　证明对象概述

　　证明对象是证据法学的重要范畴之一，与诉讼主体、诉讼行为和诉讼目的紧密相连，是证明的基础性要素，在证明活动中居于重要的位置。只有解决了证明对象，其他证明活动才能得以具体展开，诉讼活动才能有条不紊地进行。因此，准确地确定证明对象，是证明活动得以正确展开的关键，不仅有利于证明体系的科学化，也能够为证明活动指明路标。

一、证明对象的概念

　　证明对象，又称证明客体、待证事实、要证事实或者争议事实，是指证明主体必须运用证据加以证明或确认的法定要件事实。

证明对象是一个流动或者抽象的概念，不同类型的诉讼其证明对象不同；同一类型诉讼的案件不同，其证明对象不尽相同；同一诉讼案件在不同的诉讼阶段其证明对象也存在一定差别。证明对象与诉讼主张、争议的问题以及诉讼需要保护的利益关系密切。从诉讼活动的过程来看，它既包括在启动诉讼之前已经发生或者存在的实体法事实，也包括在诉讼过程中发生的程序法事实。

诉讼中与处理案件有关的事实往往是证明对象。证明对象在诉讼中是证明活动的起点，又是证明活动直接的指向和归宿。只有确立了证明对象，才会产生举证责任、证明主体等问题。同时，证明对象又与证明标准相联系。证明对象争议的要件事实是确立证明标准的前提和基础，并依此可以推演出证明的方向、证明的内容、证明的要求等其他有关证明的内容。一般来说，证明对象主要包括以下内容。

(一)证明对象是与案件有关的事实

诉讼中证明的事实是否与案件有关，关系到案件能否得到正确处理的根本性问题。如果这些事实与案件有关联并对案件的处理产生较大的影响，即需要运用证据予以证明，它就会成为证明对象。证明对象既是当事人提出主张或者进行辩论的根据，又是查明案件事实的内容和作出正确处理的根据，也是解决案件争议作出裁判的基础。这就决定了证明对象必然与案件事实相关联，属于案件事实的内容。

(二)证明对象是受法律法规调整的事实

事实分为法律事实与不涉及案件认定的普通事实。由于法律事实的存在或者发生，才引起法律关系的发生、变更或者消灭。只有事实成为法律事实时，才对处理案件具有重要意义。法律事实不同于一般的生活事实，是受到法律法规调整的事实。证明对象是法律事实中的待证事实，必然受到法律法规的规范。

(三)证明对象是通过证据证明而确认的事实

诉讼中，并非任何事实均需要通过证明才能确认。有些事实不需要证据证明，法院就可以直接作为定案的根据。这些不需要当事人举证证明的案件事实，则属于法律明确规定的免证事实，不是证明的对象。多数事实是必须运用证据加以证明的事实，只有经过证明才能确定其客观真实性。这些需要证据证明的事实属于证明对象。无须证据证明的众所周知的事实或推定的事实，则不属于证明对象。

证明对象不同于裁判对象。证明对象是从证据的角度出发，回答哪些事实需要证据证明以及哪些事实不需要证据证明的问题；裁判对象是从裁判权的角度出发，回答哪些事实属于法官职权调查的范围。证明对象所涉及的事实一般属于裁判对象所调查的事实。证明对象也不同于诉讼客体。它们之间互为表里关系，后者是前者的派生。

在英美法系国家，证明对象一般包括三部分：争议事实(facts in issue)、与争议事实相关的事实(facts relevant to the issue)和附属事实(collateral facts)。争议事实，又称为结局事实(ultimate facts)，主要包括诉讼原因(cause of action)的构成事实和抗辩的构成事实。与争议事实相关的事实又称为证据性事实或逻辑上起证明作用的事实。根据此类事实，通过推理能够推断出争议事实是否存在或是否真实。附属事实，又称为次要事实(subordinate facts)，是指涉及证据的可采性或可信性等事实。在大陆法系国家，证明对象一般包括要件事实(tatbestand)和法律规范。

二、确立证明对象的意义

证明对象是证明活动的基础性因素，是诉讼证明的首要环节。无论在理论上还是在司法实践中，证明对象对于诉讼活动均具有重要意义。

证明对象是证明理论的重要范畴，确立证明对象有利于证明科学体系的建立。证明对象既是连接证明标准和举证责任的中间环节，又是证明活动的起点和落脚点。证明对象确立的科学与否决定着整个证明体系的科学性和完整性。对于证明对象的研究有利于推进证明体系合理、科学的确立。

证明对象科学的确立，能够使办案机关和当事人明确收集证据、提供证据的范围，保障质证、认证和采证的具体方向，有助于确定起诉与审判的范围，避免在诉讼中因证明的方向不明而纠缠于细枝末节或者证明范围确定的不清遗漏某些应当由证据证明的案件事实，从而保障证明目的得到充分实现。

研究证明对象有利于明确实体法与程序法的区别，进而据此确立不同的证明标准和证明程序。从某种意义上说，确立了证明对象，也就等于确立了相应的证明标准。因此，明确证明对象在诉讼证明中可以节省司法资源，保证案件能够迅速得以处理，提高诉讼效率。

第二节　实体法事实

案件事实是对解决案件有法律意义且涉及证明主体实体权利义务的事实。由于刑事诉讼、民事诉讼和行政诉讼的性质、目的和任务不同，其证明对象也不同；甚至在同一诉讼领域，由于案件有异，其证明对象也有差别。由于实体利益对证明对象的确定具有至关重要的作用，绝大多数的证明对象属于实体法事实，因此实体法事实成为证明的主要对象。

一、刑事诉讼的实体法事实

刑事诉讼的实体法事实包括案件的犯罪事实和量刑事实。案件的犯罪事实是证明对象中最重要又是最难确定的问题。为了明确法官在审判中需要查明的事实范围，刑事诉讼"应当运用证据证明的案件事实包括：（一）被告人、被害人的身份；（二）被指控的犯罪是否存在；（三）被指控的犯罪是否为被告人所实施；（四）被告人有无刑事责任能力，有无罪过，实施犯罪的动机、目的；（五）实施犯罪的时间、地点、手段、后果以及案件起因等；（六）是否系共同犯罪或者犯罪事实存在关联，以及被告人在犯罪中的地位、作用；（七）被告人有无从重、从轻、减轻、免除处罚情节；（八）有关涉案财物处理的事实；（九）有关附带民事诉讼的事实；（十）有关管辖、回避、延期审理等的程序事实；（十一）与定罪量刑有关的其他事实。"根据证明对象的要求和司法实践中的需要，刑事诉讼中的证明对象主要包括与定罪量刑有关的实体法事实。这些实体法事实主要有以下方面。

(一)案件的定罪事实

定罪事实主要包括：(1)犯罪事实是否确已发生；(2)犯罪的实施者是谁；(3)犯罪行为的实施过程和犯罪造成的危害后果，即犯罪的时间、地点、手段、方法和条件以及犯罪行为与犯罪结果之间的因果关系等；(4)被告人是否达到刑事责任年龄，有无刑事责任能力，被告人的主观罪过(故意和过失)以及犯罪的动机和目的；(5)排除行为违法性的事实、行为可罚性事实、刑事责任的事实；(6)其他有关应否追究刑事责任的事实。

以上事实是与犯罪构成有关的事实，主要包括"七何"要素，即"何人""何事""何地""何动机""何目的""何手段""何结果"，可以简练地表述为："何人""为何"在"何时""何地"采用"行为"制造了"何结果"，旨在解决罪与非罪、此罪与彼罪、重罪与轻罪的问题。

(二)案件的量刑事实

量刑事实是指对被告人应当处以何种刑罚的事实。这些事实主要是指法定情节的事实和酌定情节的事实。这些事实主要包括：(1)被告人的个人情况，即姓名、性别、年龄、民族、住址、职业、一贯表现，是否受到过刑罚处罚和其他处分等；(2)犯罪后有无主动积极挽回因犯罪造成的损失的行为，有无自首、认罪认罚、积极退赃以及立功等悔罪的表现，或者是否有逃跑、毁灭证据、伪造证据、串供、拒不认罪等抗拒的表现；(3)是否有法定的从重、从轻、减轻或者免除处罚的事实等。

另外，定罪事实与量刑事实有时存在交叉和包含关系。有些实体法事实既是定罪事实，又是量刑事实；定罪事实有时包含了量刑事实。对此类事实尤其从重量刑的事实一般应当划归需要严格证明的定罪事实的范围。

二、民事诉讼的实体法事实

民事诉讼中作为证明对象的实体法按照其性质和作用，可以分为要件事实、间接事实和辅助事实。法律规定的法律效果发生的构成要件的事实称作要件事实。法官根据经验法则推定要件事实是否存在的具体事实是间接事实。说明证据能力和证明力及证据价值的事实则称为辅助事实。

当事人主张的事实应当为民事诉讼的证明对象。一般来说，当事人主张的实体法事实主要包括涉及当事人民事实体权利义务关系的事实。这些事实主要包括：(1)当事人之间权利义务关系赖以发生、变更或消灭的事实；(2)民事权利遭到侵害或发生争议的事实；(3)妨碍权利发生、变更和消灭的事实；(4)当事人的基本情况；(5)外国法或我国港澳台法以及习惯或者惯例等。

三、行政诉讼的实体法事实

行政诉讼的实体法事实主要涉及行政机关行政行为的事实。行政诉讼的实体法事实可分被告应当证明的实体法事实和原告应当提供证明的实体法事实，其中，主要为被告应当证明的实体法事实。

(一)被告应当证明的实体法事实

被告应当证明的实体法事实主要包括：(1)与被诉行政行为合法性和合理性有关的事

实，如行政机关具有法定职权的事实、实施被处罚行为的事实、作出被诉行政行为具有目的正当性的事实和被诉行政行为的处理与案件的性质、事实、情节相一致的事实。（2）有关抽象行为具有合法性的事实。特别是行政行为的法律依据和规范性文件及其某些行政法规、规章及规范性文件是否有效；行政机关的行政行为是否具备法律、法规及规章所规定的事实要件。（3）规范性文件存在以及适用的合法性事实。

（二）原告应当证明的实体法事实

在行政诉讼中，原告一般不承担举证责任，但并不妨碍其需要提供证据证明一定事实的义务。一般而言，原告对下列事项需要举证：（一）证明起诉符合法定条件，但被告认为原告起诉超过起诉期限的除外；（二）在起诉被告不作为的案件中，证明其提出申请的事实；（三）在一并提起的行政赔偿诉讼中，证明因受被诉行为侵害而造成损失的事实；（四）其他应当由原告承担举证责任的事项。在行政诉讼中，有关行政行为侵权损害的事实以及行政机关不作为或者滥用职权或超越职权的事实应当作为原告的证明对象。

第三节　程序法事实与免证事实

一、程序法事实

程序法事实主要指诉讼法所规定的有关推动程序展开的状况事实。我国法学界对程序法事实是否作为证明对象存有争议，大致存在肯定说、否定说和折中说。其争论的主要原因是我国诉讼法没有明确确立程序法定原则，深层原因是实体正义作为诉讼的目标所致，没有看到程序问题对实体的制约、影响的功能。程序法事实应当作为证明对象，这样有助于保持实体正义与程序正义的平衡，体现程序法的自身价值。

（一）刑事诉讼中的程序法事实

刑事诉讼中的程序法事实主要包括：（1）对犯罪嫌疑人、被告人是否应当采取某种强制措施的事实；（2）需要回避的事实；（3）耽误诉讼期限的事实；（4）侵犯犯罪嫌疑人、被告人的诉讼权利方面的事实，剥夺或限制当事人的法定诉讼权利可能影响公正审判的事实；（5）其他违反法定程序的事实。

（二）民事诉讼中的程序法事实

民事诉讼中的程序法事实主要包括：（1）有关当事人适格的事实；（2）有关法院主管以及其管辖的事实；（3）有关合议庭组成是否合法以及审判人员回避的事实；（4）有关采取排除妨碍民事诉讼强制措施的事实；（5）有关举证期间的事实；（6）其他有关程序事项的事实。

（三）行政诉讼中的程序法事实

行政诉讼中的程序法事实主要包括：（1）有关当事人适格的事实；（2）有关案件管辖的事实；（3）有关审判回避的事实；（4）有关采取排除妨碍行政诉讼强制措施的事实；（5）被告及其代理人在诉讼期间自行向原告或者证人收集证据的事实；（6）有关诉讼期间的事实；（7）其他有关程序事项的事实。

二、证据事实

对于证据事实应否作为证明对象，理论与实践存在不同的观点。

(一)证据事实是证明对象

这种观点认为：(1)证据必须查证属实，才能作为定案的根据。对证据查证属实，本身就是一个证明过程。(2)办案机关以及当事人、辩护人、诉讼代理人收集的各种证据材料，有真有假，不经查实不能用以证明案件的实体法事实和程序法事实。因此，需要查实的证据，也应当是诉讼中的证明对象。(3)证据事实有些就是案件事实。借助一部分案件事实去证明另一部分案件事实，而所要借助的这一部分案件事实，如果需要证明时，它就是证明对象。只有它被证明后，才能去证明另一部分案件事实，这时它为证据。大陆法系国家在学理上一般认为证据事实是证明对象，将证据事实作为证明证据可靠性事实，如证人证言的可靠性事实。

(二)部分证据事实是证明对象

这种观点认为：(1)人证的事实首先是证明对象。因为人提出的事实都是过去曾经发生过的事实，这样的事实已经是存而不在，属于不证不明的待证事实。物证不是证明对象，因为物证是客观存在的物品和痕迹，有形体，看得见，摸得着，是现实存在的事实。尽管其需要勘验、检查或者鉴定，但是，这些活动不是证明物证的活动，而是认识物证的活动。(2)诉讼中，当证据事实成为证明案件真实情况时，证据事实就成为证明对象。英美法系国家的证据法学者将作为证明对象的辅助事实划分为三个方面：一是影响证人能力的事实，如一个潜在的因精神上的残疾而使他不能作证的事实。二是影响证人证词可信度的事实，如一个证人对发生在 50 米以外的事件进行陈述，而实际上她的眼睛有疾病而无法看到超出 20 米以外的任何东西的事实以及证人对一方当事人的偏见或者偏向的事实等。三是先决事实。作为那些证明主要事实的证据的可采性的先决条件而必须证明的事实。如原始书证已经灭失或经过法律程序收集仍无法找到的事实，经证明后，书证的复印件可以作为证据被法庭采信。

(三)证据事实不是证据对象

这种观点认为：(1)直接证据事实与案件主要事实重合，间接证据事实与案件事实实际上也是重合的，再将它们独立地列为证明对象，没有实际意义。(2)证据事实归根结底只是证明实体法事实或程序法事实的方法，即证明的手段。(3)根据案件情况，有的证据事实必须查证属实，有的证据事实则可以不查。作为证明对象的案件事实则不然，对它们中间的每一事实，一般来说，都应当有证据证明。(4)证据需要经过查证属实才能作为认定案件的根据，这属于对证据的审查判断问题，不宜划归证明对象，应纳入证明要求的范畴。

证据事实是解决案件事实的手段，它与案件事实之间是证明手段与证明对象的关系。证据事实不是案件事实，不能把对案件事实的证明与对具体证据的审查判断混淆，不能因为证据须经查证核实就当然地成为证明对象。否则，会出现逻辑上的循环，即证明证据事实的事实仍需要查明，也应当作为证明对象，依此类推，将会不断地循环下去，出现循环论证问题。

三、免证事实

免证事实，也称为不需要证据证明的事实，是指免除当事人提供证据证明的事实。这些事实一般包括法院对显著(notorious)或无可争议(readily demonstrable)事实的司法认知(judicial notice)、对主张一方有利的事实的推定(presumption)、生效法律文书所确认的事实(法院生效裁判所认定的事实、仲裁机关生效仲裁裁决所认定的事实、公证机关公证文书所认定的事实)以及为诉讼目的而进行的当事人正式承认(formal admission)。

在诉讼中，有些事实的真实性相当明显、一目了然，无须当事人提供证据证明即能查证属实。尽管免证事实构成法院判决的事实基础，但因其特殊情况而使其真实性得到了确认或者当事人双方无争议，毋庸要求当事人再提供证据来证明，除非当事人提出合理和充分的反证，或者发现了新的事实。一般说来，免证事实是举证责任或者证明对象的例外情形，因不需要证据证明而无须作为证明对象。

免证事实作为举证责任或者证明对象的例外情形，作为法院判决的基础一般会影响到当事人的实体权益，应当由法律对此明文规定，不能由法官自由裁量确定。由于我国诉讼法以及实体法对此没有作出明确规定，司法解释填补了空缺。一般而言，下列事实，当事人无须举证证明：(一)自然规律以及定理、定律；(二)众所周知的事实；(三)根据法律规定推定的事实；(四)根据已知的事实和日常生活经验法则推定出的另一事实；(五)已为仲裁机构的生效裁决所确认的事实；(六)已为人民法院发生法律效力的裁判所确认的基本事实；(七)已为有效公证文书所证明的事实。上述第二项至第五项事实，当事人有相反证据足以反驳的除外；第六项、第七项事实，当事人有相反证据足以推翻的除外。免证事实主要包括以下内容。

(一)众所周知的事实

众所周知的事实，是指能为具有一定知识经验的一般人共同知晓的常识性事实。一般说来，众所周知的事实是众人皆知且对其真实性不存争议的事实。这些事实主要包括自然规律及定理、历史事件、时事新闻、法定节日、国界省界、日常生活知识和经验等。某件事实是否众所周知往往因时间、地域、领域而异。有些可能是长久为众所周知，有些则为存续短暂众所周知；有些是在一省、一国乃至世界范围内众所周知，有些仅在一个较为狭小的地域内为该地域的众人所周知(如地方性事件、地方习惯等)；有些为全社会所普遍知悉，有些则为某些或者某个领域内众人周知(如行业性事件、行业习惯或惯例等)。

由于众所周知的事实可能存在违背事实真相的可能，程序上允许当事人提出反证。其内容可结合第十九章"司法认识"有关"众所周知"事实内容来理解。

(二)法院依职责或者职务所知悉的显著事实

对于法院依其职责或者职务所知悉的显著事实，在许多国家和地区通常作为免证事实。法院因依法履行其职责或者执行其职务所知道的事实，如法院或法官所作的判决内容以及其他法院或法官所作的判决、作为法官职务上应知道的破产宣告的公告、失踪宣告等。这些事实既包括法官办理本案中所知的事实，也包括在其他民事诉讼、行政诉讼或刑事诉讼中所知的。但这类事实并不包括法官在职务之外的私人经验的事实，如果作为审判者的法官在法庭上陈述或者提供这类事实则为证人证言。

　　与法院职责相关的事项主要是指国家机关公报的事实。国家机关公报的事实往往属于重大的或典型的事实，并且国家机关公报的事实都经过内部严格的审查而具有较高的真实性和可靠性，对此法院或者法官应当知悉。这些国家机关主要包括中央国家机关和享有立法权的地方国家机关等。法院作为国家的审判机关，应当知悉国家机关公报的事实。

　　对于法院依其职责或者职务所知悉的显著事实，若是采用合议庭作为审理案件的审判组织，则需要半数以上的法官对这类显著事实有明确的记忆。对于这类显著事实，法院不要求当事人举证，但允许当事人进行争辩和反驳。我国民事诉讼和行政诉讼中，有关法院依其职责或者职务所知悉的显著事实仅仅包括生效的法院裁判文书或者仲裁裁决文书确认的事实。

　　另外，对于当事人无争议的事实，并非必然的属于免证的事实。在行政诉讼中，法院对当事人无争议但涉及国家利益、公共利益或者他人合法利益的事实，可以责令当事人提供或者补充有关证据，也可以自行调查。对于推定的事实、司法认知的事实等有关内容将在第十八章和第十九章作专门论述，当事人承认的事实在第六章"当事人陈述"一节已经做了论述，可参照其内容。

【问题与思考】

　　证明对象是证明首先需要明确的问题。只有明确了证明对象才能进一步确定谁负责举证责任，证明到何种程度以及如何进行证明的问题；也只有明确了证明对象，取证、举证、质证和认证等证明活动才能有的放矢地进行。但理论上需要区分"实体法事实、程序法事实和证据法事实"，厘清"待证事实和免证事实"，分清"案件事实的单一性和同一性"。引例中，法官根据呈现在法庭上的证据，认为被告如果已偿还了原告3万元，要回借据并撕碎后竟容忍原告收回借据而无动于衷，违背常理，撕碎了的借据仍能够证明借款未还事实的存在。根据案件情况，关注上述观点，结合本章内容，思考下列问题：(1)该案件中哪些属于证明对象？(2)撕碎了的借据还是借据的内容是证明对象？(3)该案件是否存在免证的事实？

【延伸阅读】

　　1. 李建明：《论行政诉讼中的证明对象的范围》，载《法学研究》，1990(2)。

　　2. 胡锡庆：《诉讼证明学》，北京：中国法制出版社，2002。

　　3. 谢进杰：《审判对象的运行规律》，载《法学研究》，2007(4)。

　　4. 鲁杰、曹福来：《论证明对象的范围是诉辩双方的诉讼主张》，载《政治与法律》，2009(1)。

第十一章

举证责任

【引导案例】

原告庞某鹏与被告北京趣拿信息技术有限公司、中国东方航空股份有限公司隐私权纠纷案。庞某鹏委托鲁某通过去哪儿网平台订购了 MU5492 泸州至北京的东航机票 1 张。去哪儿网订单详情页面显示该订单登记的乘机人信息包括原告姓名及身份证号，联系人信息、报销信息均为鲁某及其尾号 1858 的手机号，并发送短信："泸州蓝天机场到北京首都机场 T2 的 MU5492 航班……星旅航空优选，唯一客服电话：010-89930736。"后原告收到号码来源不明的尾号 9949 手机号发来短信……您预订的 MU5492 次航班由于机械故障已取消……请收到短信后及时联系客服办理改签业务，服务热线 4008-129-218[注：改签乘客需要先支付 20 元改签手续费，改签成功后每位乘客额外得到补偿 200 元]。庞某鹏认为趣拿公司和东航涉嫌泄露隐私信息。庞某鹏为证明趣拿公司和东航涉嫌泄露众多旅客隐私提交了相关网页打印件等。而趣拿公司提供证据材料证明资金已采取多种加密措施保护用户信息，去哪儿网的安全性获得国内国际权威安全评估机构的认证。一审法院认为，庞某鹏委托鲁某通过去哪儿网购买机票时未留存其本人手机号，代理商星旅公司未获得其手机号，星旅公司向东航购买机票时亦未留存其号码，故法院无法确认被告在本案机票购买过程中接触到庞某鹏手机号，且他们并非掌握其个人信息的唯一介体，故庞某鹏的诉讼请求缺乏事实依据，法院不予支持。原告认为，本人是被告的常旅客，有理由推断在被告系统中存有庞某鹏的隐私信息，不能排除隐私信息系被告泄露出去的可能，对一审判决不服，提起上诉。二审法院针对东航和趣拿公司有泄露庞某鹏隐私信息的高度可能之下是否应当承担责任作出评断。

【本章概要】

本章是有关举证责任配置的内容，主要包括举证责任的概念与特点、举证责任分配的理论、刑事诉讼的举证责任、民事诉讼的举证责任、行政诉讼的举证责任和举证责任倒置。举证责任是诉讼脊梁，对当事人的实体权利的影响较为深刻。

第一节 举证责任概述

举证责任肇起于古罗马法时代。举证责任可概括为，"为主张之人负有证明义务，为否定之人则无之"；"原告对于其诉讼以及其诉讼请求之权利，须证据证明之"；"若提出抗辩，则就其抗辩有证明之必要"。这种观点演变为今理论上通俗的"谁主张，谁证明"的术语表达。

一、举证责任的历史演变

举证责任，也称证明责任，是诉讼证明理论中的核心内容，被称为诉讼的脊梁，是证明理论最为复杂的问题。举证责任概念的形成和理论的发展无论在外国还是中国都经历了一个较长的历史时期。古罗马法确立了"谁主张，谁证明"的原则，这一原则成为一条古老的举证责任"黄金"准则。

在大陆法系国家，举证责任(beweisnotwendigkeit)称为"立证责任""立证负担""证明责任"。在近代，举证责任的理论在大陆法系的德国得到了发展和繁荣。在德国，举证责任在早期主要是指提供证据责任。这种责任属于主观上的证明责任。1883 年德国学者尤利乌斯·格拉查(Julius Glasser)最早对证明责任的概念进行分解，提出了主观证明责任(形式意义上的证明责任)和客观证明责任(实质意义上的证明责任)，即证明责任的行为责任和结果责任。后经过莱昂哈德(Leonhard)、罗森贝克(Rosenberg)以及汉斯·普维庭(Hanns Pritting)得以发展与完善。在英美法系国家，举证责任一般称为证明负担(burden of proof)，主要包括提证责任、举证责任和说服责任。

我国古代没有举证责任这一法定概念。举证责任在我国作为法定概念可追溯于 1910 年的《大清民事诉讼律(草案)》，该草案第 230 条规定："当事人应立证有利己之事实上主张。"这一规定是对日本民事诉讼法举证责任概念的直接移植。[①] 新中国的法律上，第一次作为法定概念的则为 1989 年的《行政诉讼法》。该法第 32 条规定："被告对作出的具体行政行为负有举证责任……"我国诉讼法学界对证明责任与举证责任的相互关系，分别提出了同一说、并列说、包容说、大小说等多种学说。"同一说"属于通说，认为证明责任与举证责任原本就是同一个概念，两者并没有什么不同。在刑事诉讼中，举证责任由控诉方承担；犯罪嫌疑人、被告人不承担证明自己无罪的责任，也不承担举证证明自己有罪的责任，可以提出无罪或者罪轻的材料和意见，旨在要求减轻或免除当事人的刑事处分，这是犯罪嫌疑人、被告人及其辩护人的诉讼权利。由于公诉案件承担公诉职能的检察机关与被告人处于完全不平等的地位，公诉案件中的举证责任分担相当简单，即"公诉案件中被告人有罪的举证责任由人民检察院承担，自诉案件中被告人有罪的举证责任由自诉人承担。"民事诉讼或行政诉讼中的"举证责任"是指当事人对于自己的诉讼主张负有提供证据加以证明的义务。民事诉讼中，当事人不能提出足够的证据，其诉讼主张便得不到证明，有可能

---

① 在清朝末期，协助清朝政府起草民事诉讼法的外国学者为日本的松冈义正，他的学术思想直接影响到我国民事诉讼法的理论和立法概念，对于我国台湾地区民事诉讼法影响甚巨。

会受到不利于己的判决。法院的职责是居中裁断，即对诉讼双方当事人证明的案件事实作出裁判。法院不是证明主体，也不应当承担举证责任。我国《刑事诉讼法》规定的"审判人员、检察人员、侦查人员必须依照法定程序，收集能够证实犯罪嫌疑人、被告人有罪或者无罪、犯罪情节轻重的各种证据"，仅是要求法院也承担一定的查明责任。这种查明责任与控辩双方所承担提供证据证明自己的诉讼主张的举证责任有明显的区别。也有的学者主张证明责任包括举证责任，举证责任是证明责任的一部分。

二、举证责任的概念

举证责任是指办案机关或当事人应当履行的提供证据证明其主张的事实成立或者存在的负担，否则将有可能承担其主张的事实不成立的风险。举证责任一般包括如下内容。

（一）当事人对有利于自己的主张负有提供证据的行为责任

当事人有义务提出适当的证据来证明某些系争事实，以便法官在被证明的事实基础上作出对其有利的认定。如我国《民事诉讼法》规定："当事人对自己提出的主张，有责任提供证据。"当事人对有利于自己主张的案件事实负有提供证据予以证明的责任，这时的举证责任表现为行为责任。

（二）当事人利用证据论证有利于己方主张成立的说服责任

当事人在证明案件事实时，对于自己提供的证据应当论证它的真实性、关联性以及与案件事实之间的证明关系，充分地利用证据论证主张事实存在来说服法官，使之信服并接受。如果当事人未能适当履行这一举证责任，一旦法官对当事人主张的事实出现犹豫时，就有可能作出不利于负有举证责任的当事人的裁判，让其承担其主张上的不利后果，这时的举证责任表现为说服责任。

（三）当事人提出证据不利或论证不能时当事人承担的败诉风险责任

当事人对利己的主张不能提供证据，或者提供证明不能证明利己主张的存在，造成主张的事实真伪不明时，应当承担对己不利的裁判后果，这时的举证责任则表现为结果责任。

在我国，举证责任之所以被定位于风险责任而不是败诉责任，是因为我国诉讼采取职权主义诉讼模式，法官还存在一定程度的证据调查权，承担着履行追求客观真实的查明职责。如我国《民事诉讼法》规定："当事人及其诉讼代理人因客观原因不能自行收集的证据，或者人民法院认为审理案件需要的证据，人民法院应当调查收集。"法院调查收集的证据可能会使当事人提供证据证明的案件事实由真伪不明而明朗化，因此，不排除法院根据查明的案件事实作出有利于主张事实成立一方的实事求是的裁判。

学术界对于举证责任的性质存在"权利说""义务说""权利义务说"以及"风险说"等主要观点。我国司法解释对此的表述也不尽相同。从证据失权的规定来看，举证责任则属于权利；从证明的结果来看，则属于一种风险。在我国，将举证责任作为事实真伪不明的风险配置更能反映举证责任的本质。

三、举证责任的意义

举证责任在诉讼中具有重要的价值。它决定着诉讼的最终结局，是法院判明案件事实情况以及正确适用法律和准确处理案件的基础。因此，合理地明确举证责任的分担以及正确地分配举证责任，对于充分发挥证明主体的证明作用，及时查明案件情况以及公正地处理案件均具有特别重要的意义。

合理地确立举证责任有利于明确举证主体，发挥举证主体的证明主动性和积极性。通过明确举证责任，合理分担举证责任，当事人可以根据明确的举证责任分配来提供证据，积极主动地履行证明义务，并借助于不尽举证责任所应承担不利的法律后果来促使举证主体全面地履行举证责任，使案件事实能够得到充分证明，也便于案件事实的判明。

科学地确立举证责任有利于提高办案的效率。举证责任是诉讼经济和提高诉讼效率的内在要求，它要求举证主体根据自己的举证责任适时地履行证明义务，并在合理的期限内为证明自己的主张来寻找证据、提供证据，可以节省不必要的时间和人力、物力的浪费，避免诉讼的拖延，有助于诉讼效率的提高。

正确地确立举证责任有利于法院及时解决真相不明的案件。举证责任明确了不尽举证责任者应承担相应不利的法律后果，法院可以根据当事人的举证责任的承担对案件依法作出实体性处理，及时处理真伪不明的案件，从而避免案件事实因未得到证明而"悬而未决"的迟到的正义问题。

第二节 举证责任的分配

一、国外的举证责任分配

举证责任的分配是大陆法系国家与英美法系国家重要的理论问题。这一理论对于我国立法或者司法解释如何科学合理地配置举证责任具有一定的参考价值，对于解决司法实践存在的疑难事实认定也具有特别重要的意义。由于两大法系的诉讼模式不同以及传统法律文化有异，其举证责任的分配理论以及实践也存在一定差别。

(一)大陆法系国家的举证责任分配

1. 大陆法系国家举证责任的含义

大陆法系自从德国法学家尤利乌斯·格拉查将举证责任区分为主观证明责任和客观证明责任以后，罗马法传统上的"谁主张，谁证明"等简单的举证责任分配就让位于更复杂的证明责任理论体系。

主观证明责任，也称行为责任或者形式意义上的举证责任，是指当事人为避免败诉而以自己的证明活动来证明系争事实的责任。这种责任只有在以辩论原则为基础的诉讼中才能发挥作用。

客观证明责任，也称结果责任或者实质意义上的举证责任，是指在诉讼中，待证事实至审理最后时仍无法确定或者未经证据证明时的法律后果问题，即系争事实真伪不明时由一方当事人承担诉讼上的不利后果。客观证明责任一般由主张事实成立的一方承担，不得转移。其功能并不是解决由何方提供证据的问题，而是解决事实真伪不明的裁判问题。因此，客观证明责任仅表现为一种特殊的风险分配机制。

在 20 世纪以后，德国的举证责任理论相继出现了确认责任和证明责任、[①] 形式的证明责任和实体的证明责任。

大陆法系的举证责任概念是与职权主义相联系的，以事实真伪不明的不利后果作为分配的基点，对事实问题的真伪不明并不意味着对法律问题也真伪不明。举证责任属于一种抽象意义上的证明责任，当事人双方的责任分配基本上是主观证明责任的分担，这种责任分配形式对诉讼后果并不具有决定性意义。

2. 大陆法系国家的举证责任分配

大陆法系国家的举证责任分配理论在"法律要件说"形成之后，又出现了"危险领域说""盖然性说"以及"损害归属说"等，但在举证责任分配上仍以"法律要件说"作为通说。"法律要件说"主要是指"当事人应就其有利之规范要件为主张及举证"。一般来说，凡是归属于某一类法律构成要件的事实，当事人应就该事实承担举证责任。主张权利存在或者其他法律上效果的当事人，应当对权利发生的法律事实承担举证责任；主张权利已经不存在或者其法律效果已经变更的当事人，对权利的消灭、变更或者限制的法律事实承担举证责任。

近年来，大陆法系国家通过一些立法和判例，在确立主张事实成立的一方承担举证责任外，根据社会发展的实际情况还确立了一些例外的规定。法国是大陆法系国家中例外规定较为典型国家。这些例外主要有以下方面。

(1)法律规定被告人就提出具有某种证明效力的事实作为证据时，如在诽谤罪案件中，当控方已证明存在行为人进行诽谤的事实，如果被告人进行抗辩，应提出证据证明该事实并不存在。

(2)在正当防卫问题上，法律则强制被告人提出其行为是进行正当防卫的证据，但"推定为正当防卫"的情形除外。

(3)在被告人援用亲属免证特权时，被告人应当提供证据证明。

(4)在有关公路交通的案件中，警察以司机违反收费停车的规定予以处罚时，如果司机辩称自己并无过错，则须证明场内没有明确的收费停车指示牌。对于违反停车规章应科处罚金的犯罪，推定汽车注册证的持有人负有责任；在车辆已经出租给第三人的情况下，推定该出租人负有责任。如果汽车注册人和出租人主张应由他人负责时，应对其主张负举证责任。

(5)在涉及行为人不可归罪的原因时，被告人辩称其实施犯罪行为是因为受到强制或者因本人发生精神错乱所致时，被告人承担举证责任。

(6)在违警罪及税收案件中，有现场笔录可推定犯罪事实存在。如果受追诉者主张其并未实行犯罪，则须以书面方式或者由证人提出证据。

(7)被告人援用足以使犯罪实际上不能存在的某一事实，如不在现场等，应当由被告人提出证据证明。

(8)在海关管辖范围内扣押"无有效验关证据"的商品，推定属于走私货物。如果被追

[①] ［德］莱奥·罗森贝克：《证明责任论》(第五版)，庄敬华译，29—42 页，北京，中国法制出版社，2018。

诉人主张该商品并非走私货物时，则应负举证责任。

（9）按照刑法的规定，与惯常从事卖淫活动的人在一起生活的人，视为"淫媒谋利犯"。如果被告人提出无罪抗辩，须证明与其生活水准相称的合法收入来源。

（10）在某些经济犯罪及污染水流的轻罪，或者进行欺诈性公告的犯罪中，被告人如果以"不可抗力"作为辩护理由时，应负举证责任。

（二）英美法系国家的举证责任分配

英美法系国家基于历史的传统和长期的判例实践，形成了较为系统、相对完备的举证责任理论体系。英国与美国的举证责任问题存在一些不同。

1. 英国的说服责任和举证责任

英国证据法的证明责任实际上由两个部分组成，即说服责任和举证责任。

说服责任，又称法定责任，是指诉讼的一方当事人为使法庭的事实审理者（法官或陪审团）信服其提出的全部事实而应当承担的举证责任。当事人应提出充分的证据来说服法官或者陪审团，使其形成心证，故称之为说服责任。由于这一责任是法律规定的，是不可推卸的，所以称为法定责任。如果当事人无法依照证明标准卸除其所负的法定责任，最终将会导致其败诉。因此，这种责任又称最终责任或全面责任。在刑事诉讼中，这一责任始终由控诉方承担，即控诉方应当按照证明标准说服事实审理者（法官或陪审团）基于其提出的全部证据，确信其指控罪行的事实是真实的，否则，这一责任不能卸除。这种法定的说服责任，在诉讼的任何时候都不具有可转移性。

举证责任，又称提证责任或推进责任，是指当事人提交足够的证据，以使己方主张的事实成为法庭上陪审团审议的争议问题，进而获得对自己有利的决定，又称"证据负担"、提供证据的责任或推进责任。

英国证据法学者泰勒（Taylor）认为，在对抗制诉讼中，一位当事人——无论在刑事诉讼还是民事诉讼中——为击败对方当事人必须做两件事：他必须提供足够的证据以满足法律审理者，他提供的证据还必须在要求的程度上最终说服事实审理者。换言之，一位当事人要赢得诉讼，有责任证明其主张的事实，并且其证明应达到必要的标准。[①]

2. 美国的双层举证责任

在美国，较为流行的举证责任分配是赛耶（Thayer）提出的"双层证明责任"说。他将举证责任分为提出责任和说服责任。

提出责任是指当事人提出证据，说服法官将案件递交陪审团的责任，或者提出某项证据使自己的主张成为争议点的责任。提出证据责任首先由主张该事实存在的当事人承担。当事人在诉讼之初就应当提出表面成立的证据，使法官受理自己的指控。法官对其有权决定，无需陪审团辩议。[②] 原告或控方的证据不足，被告人可以作出"无诉可答"的动议，法官也可以裁定驳回起诉。

说服责任是指在诉讼中由主张一方提出证据说服陪审团裁判己方主张为真的责任。刑

---

① Alan Taylor，Principles of Evidence，Cavendish Publishing Ltd，2000，p. 13。

② ［美］约翰·W. 斯特龙：《麦考密克论证据》，汤维建等译，649 页，北京，中国政法大学出版社，2004。

事诉讼中，控方承担以"排除合理怀疑"的程度说服陪审团裁定被告人有罪的责任。说服责任实际上只是针对陪审团裁判的事实，即被告人是否有罪的问题。虽然有时被告人的辩护，也应由陪审团裁决，但是被告人只要让陪审团产生合理怀疑即可，无须达到排除合理怀疑的程度，因此不是最终责任意义上的说服责任。

3. 英美法系国家的举证责任分配

英美法系国家的举证责任的分配源于判例法。无论什么指控，在刑事诉讼中均由控方承担证明被告人有罪的事实，这一原则成为英国普通法的一个组成部分。英国大法官桑基认为，"纵观英国刑法之网，常常可以看到一条金线，那就是证明被告人的罪行是控方的责任……在最终考虑全部案情时，不论是控方还是被告人提交的证据，如果在被告人是否蓄意杀害被害人问题上能够引起合理怀疑，那么控方就没有证实其指控，被告人因而有权获得无罪判决。"[1]一般情况下，控方负担指控犯罪的法定责任即说服责任，被告人不负证明自己无罪的义务。但在大多数案件中，被告人可能提出某些争议问题，而该争议问题若要移送陪审团审理，被告人必须提出足够的证据。但不要求控方在每一个抗辩事由提出之前予以否定。英国法官戈达德勋爵在一个判例中说："坚持（法定）责任总是由控方承担的规则，并非意味着在（被告人）提出正当防卫的抗辩前，控方必须提出反驳该事由的证据。"如果被告人提出受胁迫、受挑衅、紧急情况、意外事件、精神失常等抗辩时，必须提交足够的证据以使法官认为该抗辩理由构成争议事实，应交由陪审团审理。如果没有证据支持其抗辩，那么法官有权将争议从陪审团撤出。一旦被告人已适当地履行了证明责任，控方的法定责任就开始发生作用。要完成证明被告人有罪的任务，控方不仅要证明犯罪构成的诸要素，还要证明犯罪并非基于受挑衅或正当防卫等免责理由实施的。由于被告方通过成功地提出抗诉争议，在一定程度上扩大了控方的法定举证责任的范围。

在某些案件中，由于控方证明案件事实相当困难，且有履行不能之原因，英国的判例便转换视角强调被告来履行一定的举证责任，以保持"安全与自由"的平衡，并通过立法予以明确。英国规定被告人承担证明责任大致有以下几类。

（1）在严重欺诈案调查中，接受讯问的犯罪嫌疑人如果在没有合理理由的情况下拒绝回答问题或者说谎，本身就构成犯罪，并可能被判处短期监禁。这就意味着被指控犯有严重欺诈罪的被告人，如果要提出无罪的抗辩，必须对抗辩事项承担证明责任。

（2）犯罪嫌疑人、被告人如果不能提供证据，法官与陪审团即可据此作出对其不利的推论。犯罪嫌疑人在接受讯问时没有告诉警察期待提及的事实，这一事实被辩方在审判中可以用来作为辩护的依据，法官和陪审团可以据此作出对被告人不利的推论。法官和陪审团可以因为被告人在法庭审理过程中没有提供证据或者无正当理由拒绝回答问题而作出"看起来适当的推论"，即对被告人不利的推论。

嫌疑人拒绝回答警察关于可疑物体、物质、痕迹的提问，而这些东西在被告人的身体上或者被逮捕的地点发现时，法官和陪审团可以作出对被告人不利的推论。警察发现被他逮捕的人在犯罪前发生前后出现在某一地方，并确信他实施了被指控的罪行，警察要他对此作出解释，而嫌疑人不向警察解释。在这种情况下，法庭或陪审团可以作出"看起来适

---

① Lord Templeman and Rosamund Reay，Evidence，Old Bailey Press，1999，p. 74。

当的推论"。

(3)严格证明责任。严格证明责任是指依据刑法的规定,行为人实施了特定的危害行为或处于非法状态,而没有相反证据表明其缺乏主观罪过时,法官即可推定其具有罪过且令其承担刑事责任。英国普通法上的严格证明责任主要包括以下四种:公害罪;中伤性诽谤罪;亵渎性诽谤罪;蔑视法庭罪。英国制定法上的严格证明责任主要体现在《交通法》《食品法》《酒类与药物法》《渔业法》《狩猎法》中有关侵犯公共福利或者具有严重公害的工商业犯罪中。如阻塞公路,制造大量噪声,非法持有枪支弹药,拥有或出售伪劣药品、毒品等。在严格证明责任的案件中,如果被告人提出自己无罪抗辩,就必须对抗辩的事由承担证明责任。

(4)在英国的判例中,被告人在下列情况下也应承担证明责任:①如果被告方提出被告人有精神病或不适于受审,应就其主张的事实提出证据。②如果成文法规定在没有合法授权、正当理由、特殊情况或例外情况下,如携带违禁品就是违法的,被告方如果辩称存在合法授权、正当理由、特殊情况或例外情况,应当承担相应的举证责任。③如果被告人主张其行为曾取得同意或者出于意外、事故、受胁迫、激于义愤或目的在于自卫等,被告方负举证责任。④如果被告人拟推翻成文法对某些事实的推定,或引用条文中的但书、例外或豁免,被告人应负举证责任。

英美法系国家和大陆法系国家在举证责任问题上存在一定区别。前者一般基于事实问题,当事人借助于证明事实最终获得权利;后者一般基于法律规范,当事人通过满足法律规范的相关要求,最终使自己的权利得到保障。在刑事诉讼中,不仅在理论上阐明了被告人在反驳控诉的情况下应当承担举证责任,而且在总结司法实践经验的基础上,通过成文法逐渐明确被告人在哪些具体情况下需要承担举证责任。其共同点就是要求被告人在反驳控诉的情况下,应当对其主张的事实承担一定的举证责任。理论上基本形成了主张责任、提证责任和说服责任的举证责任体系结构。

二、我国的举证责任分配

根据我国三大诉讼法的规定以及相关司法解释的内容,举证责任可分为刑事诉讼的举证责任、民事诉讼的举证责任和行政诉讼的举证责任。

(一)刑事诉讼的举证责任分配

我国刑事诉讼实行以公诉为主和以自诉为辅的原则,根据公诉与自诉的不同,举证责任可分为自诉案件的举证责任和公诉案件的举证责任。

1. 刑事自诉案件的举证责任

刑事自诉案件贯彻"谁主张,谁证明"的原则。自诉人起诉的,必须提供证明被告人犯罪事实的证据,并承担指控被告人有罪事实的举证责任。对于缺乏罪证(包括没有证据和证据不充分)的自诉案件,如果自诉人提不出补充证据,法院应当说服自诉人撤回自诉或者裁定不予受理。如果被告人对自诉人提起反诉,也应当对反诉主张的事实承担举证责任。刑事自诉案件的举证责任类似于民事诉讼的举证责任。

2. 公诉案件的举证责任

公诉案件的举证责任由作为控方的检察机关承担。检察机关提供证据证明案件事实的行为是一种职权证明行为，其承担的举证责任也是其应当履行的职责。刑事公诉案件证明责任的分配如下。

（1）公诉案件原则上由控方承担举证责任。公诉案件中，检察机关代表国家对被告人提起公诉，指控被告人有罪，在诉讼中的诉讼地位为控方。检察机关作为控方在提起公诉时，必须向法院提供足以证明被告人有罪以及从重处罚的"确实、充分"的证据，并应积极派员出庭支持公诉。

检察机关派员出庭支持公诉的意义在于向法庭充分展示证明犯罪事实的证据，以说服法庭相信其控诉的证据是确实、充分，并足以认定被告人构成犯罪。这种职责属于一种完全性责任，检察机关不能推卸给被告人。如果检察机关提出的证据不足，法院应依法"作出证据不足、指控的犯罪不能成立的无罪判决"。

（2）公诉案件中的被害人不承担举证责任。公诉案件的被害人尽管也是案件的当事人，他们有权控告犯罪，但不承担举证责任。因为犯罪不仅仅是对被害人权益的侵害，更是对国家保护的合法利益的侵犯，被国家视为一种公害，破坏的是国家正常的社会秩序。因此，应由国家设立的专门机关负责对刑事犯罪的侦查和提起公诉。被害人在刑事诉讼中可以提供若干证据和本人了解的某些线索，帮助侦查机关侦破案件，辅助检察机关进行公诉，他们不承担提供确实充分的证据来证实犯罪事实的责任。

（3）被告人不承担举证责任，但在反驳指控的抗辩也需承担部分证明责任。现代刑事诉讼基于无罪推定的要求，被告人一般不承担举证责任。法院既不能要求其证明无罪，也不能强迫其自证有罪，法律另有规定的除外。

我国司法实践认为被告人在下列情况下应承担部分举证责任：①对"巨额财产来源不明"的指控提出抗辩，辩方需要说明财产的来源；②提出"正当防卫"的抗辩，辩方需要提供自己曾受到不法侵害的证据；③提出"紧急避险"的抗辩，辩方需要提供曾遇到紧急情况或不可抗力的证据；④提出"有精神病"不负刑事责任或从轻或减轻处罚的抗辩，辩方需要提供其精神疾病的证据；⑤提出"不在现场"的抗辩，辩方需要提供其当时正在何处的相关证据或查证线索；[①] ⑥对查获的违禁物品提出"合法持有"的抗辩，辩方需要提供"合法持有"的证据；⑦提出控方存在非法取证行为的抗辩，辩方需要提供涉嫌非法取证人员、时间、地点、方式、内容等相关线索或材料；⑧在某人的身边或住处发现可疑物品或痕迹，如果辩方称这些东西与自己无关，则应提供这些可疑物品或痕迹的可能来源，完全不知情者例外；⑨其他反驳指控的事项，视具体情况提供相关的证据。

被告人及其辩护人在反驳指控犯罪的情况下承担部分提证责任只是相对而言的。它同公诉人证明犯罪的存在或者犯罪事实成立所承担的举证责任有明显区别。这些不同主要表现在以下三个方面：①性质不同。被告人及其辩护人在反驳指控的情况下所需承担一定的提证责任，法律不强制辩护方必须提供证据证明其主张事实的成立；控方提出被告人有罪

---

①　理论上对被告人"不在场"的证明责任存在不同观点：一种观点认为，被告人不在场属于其知识范围内的事项，基于公平之观点，被告人较控方更容易取得证据，由其承担证明责任并无不当。另一种观点认为，根据否定的一方不负证明责任的原理，被告人否定其在场则不应当承担证明责任。但从另一方面来说，被告人不在此场，他必然在另一场，在另一场则属于肯定的事实，应当证明其在另一场。还有的认为，应当由控方证明被告人在场。

的指控，所要承担的举证责任则是绝对的。②证明要求不同。辩方在反驳指控的情况下所承担的一定举证责任并不要求其证据必须达到确实、充分的程度；起诉方提出的犯罪指控，不仅要达到证据确实、充分的要求，而且还要达到确定无疑的证明标准。③法律后果不同。辩方在反驳指控的情况下应承担一定的举证责任，但法院不得仅根据辩方提不出有力的辩护证据而认定被告人有罪或者加重其刑罚；如果起诉方提不出确实、充分的证据来证明其指控，法院只能作出有利于被告人的判决或者宣告被告人无罪。

实质上，被告人及其辩护人所承担的部分举证责任仅为提供证据责任，提供证据能够引起法庭对控方证明的犯罪事实存在怀疑则等于履行了举证责任，不承担说服责任。法院不承担举证责任，但为追求实体真实，依职权负担"澄清案情"的职责。法院应善尽其职务以发现真实依其职权收集所得之证据而决定，对证据之收集是法院审理之职责。

(二)民事诉讼的举证责任分配

民事诉讼中，举证责任的分配应当遵循"谁主张，谁举证"提供证据的一般原则，即当事人对自己提出诉讼主张有责任提供证据并予以证明。负有举证责任的当事人未能证明或者拒绝证明的，则可能导致其主张不成立。法院的主要职责是按照法定程序，全面地、客观地审查核实证据，但在下列两种情况下，法院负有查证职责，应当对证据主动调查收集：(1)当事人及其诉讼代理人因客观原因不能自行收集的证据；(2)法院认为审理案件需要的证据。

民事诉讼之所以遵循"谁主张，谁举证"的举证明责任分配原则，是因为民事诉讼需要解决的实体问题是民事争议，是公民、法人或者其他组织为了维护自己的私权利而要求得到法律救济的活动。这一活动由于受当事人处分原则的影响，国家一般不予积极干预。因此，只有当事人提出证据证明自己的主张，才能使法院查明事实真相，如果承担举证责任的当事人不能提供证据或者提供的证据不足以认定其主张的事实存在，将承担其主张不能成立的危险。对于举证责任的分配除应当遵循上述原则外，我国司法解释对特殊案件的举证责任分配又进行了明确，并要求遇到有关特殊举证责任配置需要向最高人民法院请示，由最高人民法院批复的方式解决，而不能在个案中随意变更法律所确定的举证责任分配规则，旨在解决审判实践中随意适用举证责任的风险。

举证责任分配具有法定性，实体法律规范本身包含了有关举证责任分配的内容，原则上举证责任由法律分配而非由法官分配，只有在极为特殊的情况下，按照法律分配的举证责任会导致明显不公平的结果时，才允许法官根据诚实信用原则、公平原则等因素分配举证责任。法官应当依照下列原则确定举证责任的承担，法律另有规定的除外：(一)主张法律关系存在的当事人，应当对产生该法律关系的基本事实承担举证证明责任；(二)主张法律关系变更、消灭或者权利受到妨害的当事人，应当对该法律关系变更、消灭或者权利受到妨害的基本事实承担举证证明责任。法院根据诚实信用和公平责任原则分配举证责任时，应当综合当事人证明的能力等因素确定。一般应当斟酌案件的性质、证明的难易程度、当事人与证据远近距离、事实可能发生的盖然性程度、收集证据能力等因素配置。

(三)行政诉讼的举证责任

行政机关作为行政诉讼的被告应就行政行为负有举证责任。当被告不能证明自己作出的行政行为合法而法院又无法查明案件的事实真相时，则由被告承担败诉的后果。相反，不能因为原告举不出证据证明行政行为的违法性而判决原告败诉。如原告提出被诉行政行为不合法而不能提供证据，法院也有可能经过审查认定被诉行政行为存在超越职权、违反法定程序或者适用法律有错误等而判决撤销被诉的行政行为。

行政诉讼法之所以规定由行政机关承担举证责任，主要基于行政诉讼法的性质、当事人的证明能力、程序的公平以及法律对依法行政的要求。主要有以下原因。

第一，行政行为的构成要件要求举证证明的行政行为应当是合法的。合法性要求行政主体在作出行政行为前，应当按照法定程序进行"先取证后裁决"，充分收集证据，根据有证据证明的事实情况，依照法律作出裁决。绝不能在毫无证据或证据不足的情况下，对公民、法人或其他组织作出行政行为。因此，当行政机关作出的行政行为被诉至法院时，被告应当已经存在证明其行政行为合法性的充分证据。原告可以提供证明被诉行政行为违法的证据，不能因为原告提供的证据不成立，而免除被告对被诉行政行为合法性的举证责任。

第二，在行政法律关系中，行政机关居于主动地位，其实施行为时无须征得公民、法人或其他组织的同意，公民、法人或其他组织则处于被动地位。由于行政法律关系中双方当事人的这种地位的不平等，原告一般很难甚至无法收集到证据，即使收集一些证据，也难以保全。法律为了体现双方当事人在诉讼中的平等性，要求被告证明其行为的合法性，而不要求处于被动地位的原告承担举证责任。

第三，行政机关的证明能力比原告强，在一些特定情况下，原告几乎没有任何的证明能力。有的案件的证据需要一定的专业知识、技术手段乃至仪器设备才能取得，这些又往往是原告所不具备的。如涉及环境污染的案件、药品管理中伪劣药品案件、有毒有害的食品案件等，这些都是原告无法收集和保全的，因而要求原告提供证据会超出其承受能力，法律有强人所难之嫌，也有显失公平的可能。

一般情况下，对行政机关作出的行政行为提起的诉讼，由行政机关承担证明行政行为合法性的举证责任。但原告对行政机关不作为提起的诉讼，原告应当提供其在行政程序中曾经提出申请的证据，但有下列情形的除外：（1）被告应当依职权主动履行法定职责的；（2）原告因被告受理申请的登记制度不完善等正当事由不能提供相关证据并能够作出合理说明的。在行政赔偿诉讼中，原告对被诉行政行为造成损害的事实提供证据。特殊案件需特别关注，如证券行政处罚案件中，监管机构除依法向法院提供据以作出被诉行政处罚决定的证据和依据外，还应当提交原告、第三人在行政程序中提供的证据材料。因考虑到部分类型的证券违法行为的特殊性，监管机构承担主要违法事实的举证责任，通过推定的方式适当向原告、第三人配置部分特定事实的举证责任。

第三节　举证责任的倒置

一、举证责任倒置概述

举证责任倒置是指一方当事人提出的权利主张由否定其主张成立或否定其部分事实构

成的对方当事人承担证明责任的一种分配形态。它是对基于法律要件该配置举证责任的修正，源于 20 世纪 60 年代德国理论。它是现代法律公平、正义和保护弱者理念对"谁主张，谁证明"规则的补充、变通或者矫正，属于"谁主张，谁证明"的常规性举证责任分配的例外。

法律可以将常态情形下本应由提出主张的一方当事人负担举证责任而规定为不负担证明责任，而由他方当事人就其事实的存在或不存在承担举证责任，如果他方当事人不能就此提供证据予以证明，则可以确定一方当事人的事实主张成立。由于举证责任倒置涉及当事人的实体权利问题，特别是对事实真伪不明风险的分配，一般只有实体法才能作出规定。举证责任"倒置"是以"谁主张，谁证明"的"正置"为前提，属于"正置"规则的例外。实质上，这种"例外"在实体法中已作分配，具有规范上的前置性，从分配结果的状态来看是倒置的。

举证责任倒置包含以下含义。

第一，举证责任倒置是指提出主张的一方就某种事由不负担举证责任，而反对的另一方负有证明的义务。举证责任倒置意味着提出主张的当事人就某种事由(过错或因果关系等问题)不负担举证责任，实体法明确规定不同于程序中的举证责任转换，仅是举证的"反方向行使"。

举证责任转换是指在具体诉讼中当事人提供证据责任在程序上因某种原因发生的转移，他不涉及举证责任的分配问题。在诉讼中，一方提出请求，另一方提出抗辩，双方都需要对自己的主张负担提供证据的责任。证明过程中，由于这种请求或者抗辩，使提供证据的责任在当事人之间依次转换。举证责任转换并没有免除任何一方举证证明的责任，它仍然是"谁主张，谁证明"原则的体现，它所转换的只是当事人提出证据的责任，属于主观证明责任的转换。举证责任倒置则"逃离"了"谁主张，谁证明"规则的限制，它免除了提出主张的一方就某种事由的存在或不存在应负担的举证责任，而将此种负担置于反对的另一方，它属于法定的举证责任，具有强制性的特点。"举证倒置"仅仅属于理论上的一种归纳。

第二，否定或反对的另一方在举证责任倒置中，应当就某种事由的存在或不存在负有证明责任。举证证明责任倒置的反对方应当证明什么，证明的范围大小，一般由实体法明确规定。法律规定的证明事由主要包括两类：一是对自己没有过错的证明；二是对不存在因果关系的证明。在某种情况下，也可以是这两个事实的同时证明。

第三，在举证责任倒置的案件中，由另一方承担证明某种事实的存在或不存在的责任，如果另一方未提供证据证明或证明未达到标准，一方当事人主张的事实则成立。举证责任倒置表面上是提供证据责任的倒置，实际上是举证责任在当事人之间如何分配的问题。举证责任倒置不仅仅是举证责任的分配，更重要的是这种举证责任的分配会直接影响到诉讼结果。如在高度危险责任的情况下，被告必须证明危险是由原告故意造成的，否则被告就会面临败诉的危险。

第四，在举证责任倒置的案件中，提出主张的一方当事人也应当对部分事实的存在承担举证责任。在举证责任倒置的情况下，并不意味着一方当事人不负担案件事实的任何证明责任，一切举证责任均由另一方当事人负担。提出主张的一方当事人对特定事实也应承担一定的提证责任，这种责任称为推进责任。

第五，在举证责任倒置的案件中，另一方当事人一般有能力负担起倒置的举证责任。举证证明责任本应当有主张的一方当事人负担，因其无法承担或者承担起来相当困难，实体法不强人所难，为了维护公平而将举证责任作出倒置规定，相当于免除了此方当事人的举证责任。相反，实体法将举证责任规定给另一方当事人也不能强其所难而失去公平。因此，法律或者司法解释对举证责任倒置不能是无限制的。

二、举证责任倒置的适用

举证责任倒置加重了另一方当事人的责任，影响其实体权利，实体法上应当对此作出严格的限定。由于个案的复杂，适用法律设有规定的规则不宜绝对化。对于法律没有具体规定，法院可以根据公平原则和诚实信用原则，综合当事人举证能力等因素确定举证责任的承担。

举证责任倒置是以法律和司法解释的直接规定为依据的，但不排除法官根据公平原则和诚实信用原则，综合具体案情的需要和当事人证明能力等因素在个案中确定举证责任的承担。法官自由裁量应当受到严格的程序限制。

（一）刑事诉讼中举证责任倒置

在刑事诉讼中，基于无罪推定原则的要求，控方应当对其指控的犯罪事实承担举证责任，被告人不承担举证责任。但特殊情况下，控方在有些案件中也会出现证明上的困难，并且被告人易于提供相关证据，有些是被告人独知的事实，法律将举证责任适当地分配给被告人，由被告人负担举证责任具有一定的合理性。如我国《刑法》第 395 条第 1 款规定："国家工作人员的财产、支出明显超过合法收入，差额巨大的，可以责令该国家工作人员说明来源。不能说明来源的，差额部分以非法所得论……"其中，责令国家工作人员就其财产或者支出明显超过合法收入说明来源具有举证责任倒置的意义。刑法的这种规定有利于诉讼效率价值的实现，在一定意义上属于举证责任的倒置。

（二）民事诉讼中举证责任倒置

《民法典》《民事诉讼法》《最高人民法院关于民事诉讼证据的若干规定》和《最高人民法院关于审理证券行政处罚案件证据若干问题的座谈会纪要》对特殊案件的举证责任倒置作出了如下规定。

《民法典》第 1253 条规定："建筑物、构筑物或者其他设施及其搁置物、悬挂物发生脱落、坠落造成他人损害，所有人、管理人或者使用人不能证明自己没有过错的，应当承担侵权责任。所有人、管理人或者使用人赔偿后，有其他责任人的，有权向其他责任人追偿。"受害人作为原告不需要提供证据证明谁造成的过错，由所有权或者管理人承担无过错举证责任。这些案件主要包括饲养的动物侵权案件、专利侵权案件、环境污染等案件、共同危险行为致损案件、缺陷产品致损案件、高度危险作业致损案件、部分劳动争议案件、商品瑕疵争议案件等。这些案件涉及法律除《民法典》外，还包括《消费者权益保护法》《公司法》《劳动争议调解仲裁法》《工伤保险条例》等。

（三）行政诉讼中举证责任倒置

根据《行政诉讼法》的规定，行政诉讼中举证责任倒置的适用为：被告对被诉行政行为的合法性负有举证责任。被告应当在收到起诉书副本后，提供据以作出被诉行政行为的全部证据和所依据的规范性文件。被告不提供或者无正当理由逾期提供证据的，视为被诉行政行为没有相应的证据。但在证券处罚等特殊案件中，基于上市公司董事、监事、高级管理人员与信息披露违法行为之间履行职责的关联程度，认定其为直接负责的主管人员或者其他直接责任人员并给予处罚，被处罚人不服提起诉讼的，应当提供其对该信息披露行为已尽忠实、勤勉义务等证据。在个案中，如内幕交易案件，监管机构提供的证据能够证明以下情形之一，且被处罚人不能作出合理说明或者提供证据排除其存在利用内幕信息从事相关证券交易活动的，法院可以确认被诉处罚决定认定的内幕交易行为成立：(1)证券法规定的证券交易内幕信息知情人，进行了与该内幕信息有关的证券交易活动；(2)证券法规定的内幕信息知情人的配偶、父母、子女以及其他有密切关系的人，其证券交易活动与该内幕信息基本吻合；(3)因履行工作职责知悉上述内幕信息并进行了与该信息有关的证券交易活动；(4)非法获取内幕信息，并进行了与该内幕信息有关的证券交易活动；(5)内幕信息公开前与内幕信息知情人或知晓该内幕信息的人联络、接触，其证券交易活动与内幕信息高度吻合。

在行政诉讼中，被告行政机关负有的举证责任属于一种证明自己行政行为合法性的证明责任。例如，监管机构对上市公司董事、监事、高级管理人员之外的人员认定为上市公司信息披露违法行为直接负责的主管人员或者其他直接责任人员并给予处罚的，应当证明被处罚人具有下列情形之一：实际履行董事、监事和高级管理人员的职责，并与信息披露违法行为存在直接关联；组织、参与、实施信息披露违法行为或直接导致信息披露违法。在一定意义上来说，是行政机关必须履行的法定职责，属于"谁主张，谁举证"的一种特殊形式。

【问题与思考】

美国学者波斯纳认为，"法律制度常常对它必须解决的法律纠纷的是非曲直没有任何线索，但是，通过举证责任，以它来作为缺乏这种知识的代位者，法律制度就避开了这种耻辱。"因为"对事实问题真假不明并不意味对法律问题也真假不明。"在上述引例中，二审法院认为，从机票销售的整个环节看，庞某鹏自己、鲁某、趣拿公司、东航都是掌握庞某鹏姓名、手机号及涉案行程信息的主体。在排除了庞某鹏和鲁某的泄露可能性之后，趣拿公司、东航都存在泄露信息的可能。而从收集证据的资金、技术等成本上看，作为普通人的庞某鹏根本不具备对东航、趣拿公司内部数据信息管理是否存在漏洞等情况进行举证证明的能力。根据案件情况，结合本章内容，思考下列问题：(1)该案件的事实应当有哪一方当事人承担举证责任？(2)承担举证责任的主体所承担的是何种性质的举证责任？(3)承担举证责任是否意味着必然败诉？(4)该案基于涉案事件发生前后东航等被多家媒体泄漏情况作出认定，其举证责任是如何分配的？

【延伸阅读】

1. 陈刚：《证明责任法研究》，北京：中国人民大学出版社，2000。

2. ［德］汉斯·普维庭：《现代证明责任问题》，吴越译，北京：法律出版社，2000。

3. ［德］莱奥·罗森贝克：《证明责任论》（第五版），庄敬华译，北京：中国法制出版社，2018。

4. 刘善春：《行政诉讼举证责任分配规则论纲》，载《中国法学》，2003(3)。

5. 李浩：《证明责任与不适用规范说——罗森贝克的学说及其意义》，载《现代法学杂志》，2003(4)。

6. 龙云辉、段文波：《略论证明责任与主张责任的相互关系》，载《法学评论》，2008(3)。

7. 霍海红：《证明责任的法理与技术》，北京：北京大学出版社，2018。

第十二章

证明标准

【引导案例】

美国非洲裔橄榄球明星辛普森因涉嫌杀死前妻妮可及其男友戈尔德曼被起诉。案发现场提取的辛普森的血迹和毛发、辛普森家中被害人的血迹以及在案发现场和辛普森家中发现的同一副血手套，在辛普森的卧室中发现的沾有被害人血迹的袜子，经血液化验和DNA检验，所有疑点都指向辛普森。辛普森聘请的"梦幻律师队"，认为警方证明在被告人家中发现的血手套还是湿的，这时距发案已有7个小时之久，血迹应该已经干透，而不应还是湿的。于是，认为不能排除有栽赃陷害的可能。由于辩方充分利用控方证据的瑕疵，使陪审团产生"辛普森并不一定是案犯，案犯极有可能另有其人"的认识，并对辛普森的"杀妻行为"产生怀疑，最终裁定辛普森无罪。后来，两名受害人戈尔德曼和妮可的亲属分别向法院提起非法致人死亡而要求民事损害赔偿的诉讼。除了原有的刑事诉讼证据外，仅传唤了数名在福尔曼警探之前就已到达案发现场的洛杉矶警员出庭作证。法庭认为，原告提供的辛普森应该承担民事责任的证据证明力大于不承担民事责任的证据的证明力。

【本章概要】

本章是有关证明标准的内容，主要包括刑事诉讼中的证明标准、民事诉讼的证明标准和行政诉讼的证明标准。在不同性质的诉讼或者相同性质的诉讼不同性质的案件中，其证明标准存在一定程度上的差异。

第一节　证明标准的概述

证明标准是衡量证明是否达到法律要求的尺度，也是承担举证责任主体卸除责任的分水岭，在诉讼历史上历经了神示真实、法定真实、内心确信真实以及排除合理怀疑等不同要求。现代诉讼中，因刑事诉讼、民事诉讼和行政诉讼追求的目标不尽相同，对案件事实的证明要求存在程度上的差异，在证明标准的确立上也不尽一致。我国诉讼立法的要求是"案件事实清楚、证据确实充分"。但学者对其理解存在分歧，并在理论上出现了"客观真实""法律真实"以及"相对真实"等不同观点。

一、证明标准的不同观点

证明标准是诉讼证明的重要范畴，是当事人以及办案机关履行举证责任的灯塔，是指导和规范证明活动的行为准则，也是法院进行案件事实认定的重要尺度，是证据法学研究的重要范畴之一。

证明标准，又称证明要求、证明任务、证明度或者解明度。中外学者在理论上对其存有不同的表述，这些不同的表述也蕴涵着不尽相同的内容和程度不同的差异。

自 18 世纪末到 19 世纪初，欧洲资产阶级革命冲击了封建制度，资产阶级启蒙思想，如自由、平等观念、尊重个人理性以及宣扬人道主义，使得纠问式诉讼模式被辩论式诉讼模式所取代，出现了自由心证的证据制度，并形成了自由心证的证明标准。自由心证的证明标准在不同国家、不同的历史发展时期，在立法、理论研究以及判例上存在着不同表述和要求。对其进行梳理，大致存在盖然性占优势、排除合理怀疑、高度盖然性和证据确实、充分等理论上的概括。

英美法系国家一般从当事人角度来理解证明标准，将证明标准视为负有举证证明责任的一方当事人提供证据证明其主张事实应达到的水平、程度或量（level，degree，quantum）。如美国证据法学者墨菲（Murphy）认为："证明标准是指履行举证责任所必须达到的范围或程度，是证据必须在事实裁判者头脑中造成的确定性或盖然性的程度，是承担举证责任的当事人在有权赢得诉讼之前，使事实裁判者形成确信的标准。从履行证明责任的角度，它是证据质量和证据所需要的确信力的标尺。"[1]

大陆法系国家主要从法官角度来界定证明标准，将证明标准理解为法官认定案件事实的尺度。如德国法学家汉斯·普维庭认为："如果说证明评价仅仅限于检测证明是否成功，即法官可以否认个案中的某个事实已经被证明，那么证明尺度（有时也称证明标准、证明额度或者证明强度）则是一把尺子，衡量什么时候证明成功了；证明尺度也决定对某个具体内容的法官心证，它决定着法官凭什么才算得到了心证。"[2]

我国早期有关证明标准的定义深受苏联法的影响，近年来大陆法系和英美法系国家有关理论对我国的研究以及司法实务产生了较大的影响，学术界对证明标准的概念出现了不同的争议。证明标准之所以会存在不同的观点，是因为证明标准与当事人的举证责任紧密相连，也与法官认定案件事实的活动难以截然分开。由于当事人对案件事实的证明与法官对案件事实的认定的关系密切，使得单纯从当事人或者法官角度来对证明标准下定义，均存在难以涵盖其全部内容的问题。

二、证明标准的含义

证明标准是指承担举证责任的主体提出证据对案件事实加以证明应达到的程度以及法

---

[1]　Peter Murphy，*A Practical Approach to Evidence*，Blackstone Press Ltd，1992，p. 104.

[2]　［德］汉斯·普维庭：《现代证明责任问题》，吴越译，91 页，北京，法律出版社，2000。

官认定案件事实存在的尺度。对证明标准可以从以下方面来理解。

一是从法官认定案件事实的角度来理解证明标准，可以将其看作法官判断一方当事人举证分量相对于另一方当事人举证分量超过多少的衡量尺度，也是其对案件事实作出肯定性认定的界限。无论内心确信无疑的证明标准还是排除合理怀疑的证明标准，这种心理上的标准，均与案件事实裁判者信任程度有关。

二是从当事人负担举证责任的角度来理解证明标准，它是指承担举证责任的一方当事人为了成功地赢得诉讼，提供证据证明所主张事实应达到的程度。无论是"所举证据达到具有说服力的程度"，还是"证据证明所应达到的可能性程度"，均是对当事人证明的要求或者法律给予当事人的任务，证明标准自然会成为当事人证明负担能否卸除的界限，所以它也被称为"解明度"。从一定意义上说，侧重于从当事人举证责任的层面来理解证明标准可以说会更具有意义。但是，当事人的证明脱离了法官的事实认定是没有意义的，无论当事人所举证达到何种程度的说服力，还是当事人证明负担何时卸除，均与法官认定案件事实有关。因此，证明标准从当事人或者法官的角度进行定义也就更具有一定的合理性。

证明标准的确立影响到当事人的权益及法官对案件事实认定能否达到真实的问题。如果确定的证明标准过高，相对地提高了当事人证明案件事实的难度，导致当事人承担较重的证明负担，促使当事人付出沉重的代价来履行这一义务，同时也会给法院认定案件事实带来一定的困难，为达到这一高标准的要求会造成诉讼的拖延，影响诉讼的效率与事实认定。反之，如果确定的证明标准过低，则会增大错认案件事实的风险。因此，科学、合理、适当地确定证明标准对于司法效率与公正均具有特别重要的意义。

我国法律规定的证明标准是"案件事实清楚，证据确实、充分"。对这一表述可以从两个方面进行理解。从当事人的角度来理解，特别是控方或者原告，"案件事实清楚，证据确实、充分"是其提供证据要达到的法律要求。如果"案件事实不清，证据不足"，其诉讼主张就有可能被法院"依法不予认定"。刑事诉讼中，法院则会"以证据不足、指控的犯罪不能成立"，判决宣告被告人无罪；民事诉讼中，则会导致承担举证责任方存在败诉的风险。从法官的角度来分析，"案件事实清楚，证据确实、充分"是对当事人诉讼主张作出肯定性认定的基础；否则，"案件事实不清，证据不足"只能作出否定性认定。如果一审法院判决认定的事实不清或者证据不足的，二审法院"可以裁定撤销原判，发回原审人民法院重新审判"。也可以说，证明标准是法律对法官认定案件事实的要求，是衡量法官认定案件事实的尺度。

第二节　刑事诉讼的证明标准

刑事诉讼证明标准在不同的国家存在不同的要求。它高于民事诉讼、行政诉讼的证明标准。就其本身而言，作为肯定性事实认定的证明标准与否定性事实认定的证明标准也有着不同的要求。

一、国外刑事诉讼的证明标准

在证据法学理论上，英美法系国家最初适用的证明标准是对被告人的定罪量刑必须有"明白的根据"。嗣后交替使用过各种不同的用语。由于证明标准受自由心证的影响，旨在表示"信念"的不同程度，在都柏林审理的叛逆案件中将信念程度落在"疑"字上，形成了一直沿用至今的刑事证明标准，即"排除合理怀疑"。"排除合理怀疑"的证明标准是以试错法和反证法来表述证明标准的方法，此标准的确立与英美法系国家怀疑主义的思维传统有关。对"排除合理怀疑"的合理怀疑被引用最为广泛的定义是美国《加利福尼亚刑法典》中的表述："它不仅是一个可能的怀疑，而且是指该案的状态，在经过对所有证据的总的比较和考虑之后，陪审员的心理处于这种状态，不能说他们感到对指控罪行的真实性得出永久的裁决已达到内心确信的程度。"

大陆法系国家对证明标准一般表述为"内心确信"，将其作为"自由心证"的基本内容。内心确信是从正面来表述"自由心证"的刑事证明标准，而"排除合理怀疑"是"自由心证"的另外一种表达方式。"排除合理怀疑"与"内心确信"二者具有相同的面向。在主观确信方面，"内心确信"意味着排除合理怀疑，二者是一个标准的两个方面，或者说是一项标准的两种操作性的表述。日本学者认为，"'高度的盖然性'的标准是双重肯定的评价方法，'无合理的怀疑'的证明标准是排除否定的评价方法。两者是同一判断的表里关系。"[1]

不同程序或者不同性质的案件有着不尽相同的证明标准。英国起诉的标准与作出有罪判决的标准是不同的。如英国《1994 年皇家检察官守则》第五(一)条规定："皇家检察官应当确信对每一个被告人提出的每一项指控，都具有'预期可予定罪'所需的充分的证据。"美国对于证明标准作出等级性解释，将证明的程度一共分为九等：第一等是绝对确定，由于认识论的限制，认为这一标准无法达到；第二等是排除合理怀疑，为刑事案件作出定罪裁决所要求，也是诉讼证明方面的最高标准；第三等是清楚和有说服力的证据，在某些司法区在死刑案件中当拒绝保释时，以及作出某些民事判决时有这样的要求；第四等是优势证据，是作出民事判决以及肯定刑事辩护时的要求；第五等是可能的原因，适用于签发令状，无证逮捕、搜查和扣押，提起大陪审团起诉书和检察官起诉书，撤销缓刑和假释以及公民扭送等情况；第六等是有理由相信，适用于"拦截和搜身"；第七等是有理由的怀疑，足以将被告人宣布无罪；第八等是怀疑，可以开始侦查；第九等是无线索，不足以采取任何法律行为。

大陆法系国家的德国学者埃克罗夫和马森以刻度盘作为工具来说明证明标准。刻度盘的两端为 0 和 100％，从 0 到 100％分为不同的级别。第一级为 1％—24％，第二级为 26％—49％，第三级为 51％—74％，第四级为 75％—99％。0 为绝对不可能，100％为绝对可能。第一级为非常不可能，第二级为不太可能，第三级为大致可能，第四级为非常可能，即高度盖然性。[2] 一般来说，穷尽了获得证据的手段和途径后，依然未达到 75％的证明程度，法官应当认定案件事实的不存在；如果超过了 75％，案件事实的存在就获得了

---

① ［日］田口守一：《刑事诉讼法》，刘迪等译，223 页，北京，法律出版社，2000。
② ［德］汉斯·普维庭：《现代证明责任问题》，吴越译，108—109 页，北京，法律出版社，2000。

证明。

概率是指某一事件在一定条件下发生之可能性大小的比率。相对案件事实来说，存在就是存在，不存在就是不存在，其本身无概率所言。法官评断若干证据构成的证据组合的证明力时，可以运用统计概率理论的概率值合成公式，也可以辅助人工智能算法。但是，法官的判断活动不能简单地等同于概率推算，概率理论在证据上意义仅仅是一种近乎纯理论的探讨，也不得让位于现代人工智能(AI)的算法，用其作为证明标准的要求在实践中并不可行，在评价证据的真实性上也不可取。

二、我国刑事诉讼的证明标准

对刑事诉讼案件来说，不同的证明对象存在不同的证明要求，而不同的案件需要适用不同层次的证明标准，即使是同一案件的不同诉讼阶段的证明要求也不尽相同。这就形成了不同层次结构的证明标准体系。

(一)刑事实体法与程序法的证明标准

1.刑事实体法的证明标准

在刑事实体法的证明标准中，存在定罪的证明标准和量刑的证明标准。通常我们所说的主要是定罪的证明标准。

(1)定罪的证明标准。我国刑事诉讼的证明标准是"案件事实清楚，证据确实、充分"。诉讼证明或者认定案件事实达到这一要求，特别是作为肯定性的标准，应当考虑以下方面：一是据以定案的证据均已查证属实，这是启动证明标准的基础；二是案件的证明对象均应有相应证据予以证明，没有证据证明的事实不能认定；三是证据本身、各种证据之间以及证据与案件事实之间不存在矛盾；四是依据全案证据证明的结论是唯一的，能够排除其他可能性或者认定的案件事实已经排除合理怀疑。

在司法实践中，还应当注意"两个基本"的把握与运用。定案应当做到"基本事实清楚"和"基本证据充分"，即对案件的主要事实或起决定性的关键事实、根本性的事实应当清楚。"基本事实"包括罪与非罪的事实、此罪与彼罪的事实、罚与非罚的事实、此罚与彼罚的事实、从重情节的事实。"基本证据充分"主要是指对案件基本事实起决定性影响的证据应当充分确凿足够，不留余地。绝不能将其混淆于"案件事实基本清楚，证据基本充分"，后者是法律禁止的。因为"基本事实清楚、基本证据确凿充分"是实践中办理刑事案件的证明要求，适用"两个基本"认定的案件事实，必须达到确定无疑的程度，同时必须排除其他可能性，结论和指向具有唯一性，保证对被告人定罪量刑的正确性。

我国刑事诉讼证明标准的理论设置应当符合三项基本的要求，即"语言的准确性、表述的简明性、适用的可操作性"。理论上对我国的证明标准可以从正反两个方面予以完善，同时吸收国外证明标准的合理之处，使之符合我国刑事司法的实际情况与实际需要，即建立"确定无疑"的证明标准。

"确定无疑"是从实践中总结的适合我国刑事诉讼的证明标准的一种正面表达方式。从主观方面看，"确定无疑"表示法官对案件事实完全肯定的心理状态即"确定"，同时表达出该案件事实的确认具有极高的可信度即"无疑"；从客观方面来看，"确定无疑"表明案件事实以具体客观性的充分证据为根据，被确定的案件事实完全符合定案的标准，具有不以法官意志为转移的客观性。可以说，"确定无疑"是对"案件事实清楚，证据确实充分"的准确诠释，作为表述刑事诉讼的证明标准较为合适。

"确定无疑"在语言上简明清楚，内涵丰富，它兼采英美法系国家刑事诉讼的"排除合理怀疑"证明标准与大陆法系国家"内心确信"的证明标准，在确立的理念上体现了"证实主义"与"伪证主义"相结合的思想，具有可验证性与可操作性。"确定"是指确实肯定，不是勉强认定，更不是游移不定。这种确定是建立在确凿证据基础上对事实的充分、完全的肯定，也是法官对案件事实建立"内心确信"的结果。同时"确定"一词在语境上体现了较强的客观性而不像"内心确信"那样主观色彩浓厚，也有助于防止法官的主观随意性。"无疑"是指毋庸置疑，排除其他怀疑，不存在其他可能性。它既是对"确定"的解释和界定，又是采用排除法来表述证明标准的方式，为进一步验证事实判定的可靠性提供坚实的基础。"无疑"与"排除其他可能性""排除合理怀疑"具有排除的同等功效，符合我国刑事司法传统和语言逻辑的传统习惯。

（2）量刑的证明标准。确定量刑事实的证明标准时，一般应考虑两个基本因素。一是量刑事实的性质及其适用的结果。如果量刑事实的性质及其适用的结果可能剥夺被告人的财产、自由乃至生命，则应适用较高的证明标准。二是举证责任主体证明能力的强弱。在确定争议事实的证明标准时，应根据当事人的证明能力，法律既不要赋予当事人不能实现的权利，也不能强加其所不能履行的义务，如被告人承担举证责任时，法律不宜设定太高的证明标准。

大陆法系国家一般将不利于被告人的量刑事实和有利于被告人的量刑事实区分开来，从而确定不同的证明标准。英美法系国家量刑事实的证明以争议为前提，将争议的量刑事实区分为罪轻情节和罪重情节并确立不同的证明标准。

我国量刑事实的证明标准也有必要根据量刑情节以及对量刑的影响程度，设置与之相应的证明标准。对有利于被告人的量刑事实，如从轻、减轻、免予刑事处罚的事实，可以采取"优势证据"标准。因为控辩双方所处立场不同，有利于被告人的证据多数为辩方主动提出，与控方的取证能力相比，辩方的取证能力较弱，不宜将有利于被告人的量刑情节证明到较高的标准。对不利被告人的量刑事实，如从重的事实，一般要达到排除合理怀疑的证明标准。但对违法所得及其他涉案财产，可采用高度可能的盖然性证明标准。

2. 程序法的证明标准

因实体法事实和程序法事实证明的要求不同，其证明标准也有异。对于实体法事实应当采用严格证明，程序法事实可以实行自由证明。实体法事实采用严格证明的标准为案件事实清楚、证据确实充分；程序法事实实行自由证明或者"释明"标准，低于盖然性优势的标准，达到存在的可能性大于不存在的可能性即可，无须完全达到确实的要求。如对回避、强制措施、诉讼期限等程序性事实适用较低的证明标准，以免标准较高导致诉讼期限延长，使犯罪嫌疑人、被告人因诉讼的延长致其合法利益受到侵害。

在实际操作中，案件事实的证明不要盲目追求证据的数量，甚至以证据数量的多少作为判断依据。同时，对程序性事实的证明标准并非固定不变的，随着诉讼程序的推进其标准呈递升的趋势，呈现一个动态的发展过程。但是，应当避免实体法事实的证明标准与程序法事实的证明标准平均分配的做法，这样会不利于程序的展开。

(二)不同诉讼阶段的证明标准

我国刑事诉讼不同于国外的"审判中心主义",刑事诉讼具有阶段性,证明在立案、侦查、提起公诉和审判、执行中具有不同的要求,并随着程序的不断推进,对证明标准的要求也在逐渐地提高。在立案侦查阶段,其证据证明到达一定的标准才能启动该程序。在这一阶段中,一般证据比较少,很难对案件真实作出非常准确的判断,其主要任务为收集证据,目的为通过侦查对案件获得感性认识。由于这种认识具有局限性,其证明标准一般较低,认为有犯罪事实需要追究责任就可以立案侦查。在审判阶段属于案件事实认定的决定性阶段,既要对证据证明案件事实的量有一定的要求,又要对证据证明案件事实的质有较高的要求,即证明应当达到"案件事实清楚,证据确实、充分"并排除合理怀疑的标准。

刑事诉讼的不同阶段必然存在着不同的要求,也应当有着不同的标准。在侦查终结和起诉阶段,规定的是"'犯罪'事实清楚,证据确实、充分",而在作出有罪判决规定了"'案件'事实清楚,证据确实、充分"。刑事诉讼法对于侦查、起诉和审判这三个阶段采用不同的标准还是同一的标准,在学术界仍然存在不同观点。

(三)死刑案件的证明标准

死刑案件人命关天,一旦事实认定错误,就给无辜而又无价的生命造成无法挽回的影响,人死不能复生。对于死刑案件的证明,无论是在事实认定上还是在证据采信上,其证明要求均需比其他普通刑事案件更为严格。对于被指控的犯罪事实是否发生,被告人是否实施了犯罪行为,实施犯罪行为的时间、地点、手段、后果以及其他情节,影响被告人定罪的身份情况,被告人有无刑事责任能力,被告人的罪过,是否共同犯罪及被告人在共同犯罪中的地位、作用,对被告人从重处罚的事实的证明等,都必须达到证据确实、充分,在程度上应力求合议庭意见一致,排除一切怀疑。

(四)刑事疑案处理的原则

刑事疑案,也称为"悬案",是指案件虽然有证据,但不足以证明被告人犯罪事实的确实存在,也无法否定其犯罪事实的不存在,出现了既不能证明被告人有罪也不能排除被告人无罪状态的所谓"虚实之证索,是非之理均"案件。

刑事疑案包括实体法上的刑事疑案和程序法上的刑事疑案。实体法上的刑事疑案是指犯罪事实已经查清,但办案人员对如何认定犯罪的性质有不同见解、发生分歧,体现在法律适用上的疑案;程序法上的刑事疑案是指案件本身的事实不清,或证据不足,对被告人是否构成犯罪存有疑问,无法断决且未达到证明标准的疑案。此处所指的刑事疑案为后者,既有有罪的证据,也无法排除无罪的证据,有罪证据和无罪证据真实均无法排除,使案件事实存在既有有罪的可能,又有无罪的可能,认定其有罪出现迟疑,认定其无罪又存在不放心,而出现左右为难的刑事疑案。同时,法律又要求法官不得拒绝裁判,必须作出处理。

1. 罪疑从无

办案机关没有确实、充分的证据证明被告人有罪,也不排除被告人无罪时,法院应作出无罪裁判,同时产生以下规则:(1)罪疑虽然是一个程序问题,但对实体仍发挥作用,不能不予宣判;(2)应当不因此中止裁判,悬而未决,一旦宣判就产生既判力;(3)判决作

出以后，应贯彻"禁止双重危险原则"或者"一事不再理原则"；（4）罪疑从无只有"有"与
"无"的质的差异，在"有"与"无"之间选择，不得从量的"大"与"小"予以衡量，作出评价。
它是对法官裁判权的合理限制，属于裁判规则，不同于约束控辩双方的举证规则。

2. 刑疑从轻

刑事案件在定罪事实上不存在疑问，而对轻罪与重罪存在疑问、难以解决时，应当采
用有利于被告人的原则处理。对构成轻罪与重罪的事实难以认定时，应当按照轻罪事实认
定。刑疑从轻应当具备的条件为：（1）有疑问的犯罪事实不是轻罪的部分或重罪的部分，
而是它们交叉在一起无法分清。（2）在有疑问的犯罪事实中，重罪到轻罪无法分割，不能
将轻罪的事实不清或单纯的重罪的事实不清纳入此范围。对处刑的事实存在疑问时，应当
按照较轻的刑罚处断。

第三节　民事诉讼的证明标准

民事诉讼中的证明标准一般取决于民事诉讼的证明任务。因民事诉讼的证明任务不同
于刑事诉讼、行政诉讼，证明要求的程度与它们之间也存在差别，在案件事实认定的要求
上存在不同的证明标准。

一、国外民事诉讼的证明标准

英美法系国家对于普通民事案件，基本上适用盖然性占优势（preponderance of
probability）的证明标准，但是用语表达有所不同。美国法中多使用"优势证据"
（preponderance of the evidence），英国法多见于"盖然性权衡"（balance of probabilities）标
准。对于一些重要的或性质特别的民事案件的证明标准，不同国家也存在差异。英国在一
些重要的案件中，一般适用从盖然性权衡基本标准中派生出的另外两种方式：灵活的方式
和优先可能性的方式。对于前者，证明标准随着案件问题的严重性而发生变动；对于后
者，证明标准则保持固定不变。在判例中，尼科尔斯（Nicholls）曾指出，证明的标准是盖
然性权衡，但是当被估计可能性时，法官必须记住这样一点：主张越严重，发生的可能性
越小。因而，在法院断定主张在盖然性权衡基础上被确认之前，证明的程度就越强。但这
并不意味着诉讼主张越严重，证明标准就要求越高。这仅仅意味着在斟酌盖然性并基于权
衡确定事件是否发生时，必然考虑到该事件成其为一个事件的内在可能性和不可能性。[1]
但在下列两类案件中，适用何种标准目前仍存在较大的分歧：一类是婚姻案件，英国上诉
法院和上议院主张通奸案件适用排除合理怀疑的标准；另一类案件是民事诉讼中待证明的
事实是犯罪行为时，对于此类案件有适用排除合理怀疑和盖然性权衡两种标准，但英国上
诉法院和上议院目前倾向于适用排除合理怀疑标准。

美国民事诉讼主要适用优势证据的证明标准。这种标准要求负有举证责任的当事人需

---

[1]　齐树洁：《英国证据法》，208页，厦门，厦门大学出版社，2002。

要将其主张的事实证明到存在比不存在更为可能的程度。在一些特殊的案件中，从排除合理怀疑和优势证据之间发展出第三种标准，即明确的和有说服力的证明标准，其证明程度介于盖然性占优势和排除合理怀疑之间。其适用的案件主要包括国籍丧失、父母亲权终止等案件，但在美国各州适用的情况略有不同。有的州适用于欺诈性指控、书面合同的修订等案件；有的州则在不当胁迫、灭失文件、遗嘱内容、口头赠与契约等案件中适用此标准。

大陆法系国家一般将民事案件分为一般案件和特别案件，不同案件采用不同的标准。一般案件适用高度盖然性标准(the high degree of probability)；特别案件(如口头信托、口头遗嘱以及以错误或者欺诈为由更改文件等)采用比高度盖然性更高的标准，即明确的及令人信服的标准(clear and convincing evidence)；也有个别特殊案件采用比高度盖然性低的标准，如德国一般在交通事故、产品责任、医疗纠纷、环境污染等诉讼案件中适用比高度盖然性证明程度低的证明标准。高度盖然性低的标准一般称之为表见证明的标准，是指法院利用一般生活经验法则，就一再重复出现的典型事项，由一定客观事实，以推断某一待证事实之证据。

英美法系国家与大陆法系国家民事诉讼的证明标准均是建立在自由心证基础之上的，但其标准存在一定程度上的差异。英美法系国家民事诉讼的证明标准注重事物的外部发展过程，在诉讼中注重程序的公正；大陆法系国家民事诉讼的证明标准强调事物的内在性，在诉讼中更倾向于实体的公正。这些问题与它们的诉讼模式、文化传统等相适应，不宜简单地对其进行优劣评论。

二、我国民事诉讼的证明标准

民事诉讼的证明标准是指在民事诉讼中，用来衡量证明主体利用证据证明的活动是否达到了要求以及达到了何种程度的准则。证明标准是民事诉讼案件证明要求的标尺。一旦当事人提供证据证明的程度跨越了该标尺，该项证明所要证明的案件事实则可以认定为真。

民事诉讼的证明标准包括以下含义：(1)提供证据的主体是双方当事人，对证据进行判断的主体是法官；(2)证明标准是法定的标准，由法律预先设定，作为认定事实的尺度；(3)当证据的证明程度达到法律规定的证明标准时，该证据所证明的案件事实可以成为法官进行裁判的事实依据。

(一)我国民事诉讼证明标准的确立基础

民事诉讼的目的在于解决当事人之间的纠纷。这种纠纷往往是当事人之间因财产权益、身份关系以及知识产权而发生的。当事人为避免承担败诉的风险，需要收集证据、提供证据、运用证据证明自己的诉讼主张，而收集证据、举出证据的代价也由当事人负担。案件的证明程度越高，负有举证证明责任的当事人所需耗费的时间和精力越大，证明难度也就越大。如果某一事实以盖然性占优势的证明标准就能够证实，法律却要求当事人在确实、充分的标准上予以证明，就等于无端地让当事人耗费过多的金钱和精力，违背了诉讼经济的原则，影响诉讼的公正；而且由于证明标准过高，案件事实难以得到证明，在一定程度上也会造成当事人之间法律关系长期处于一种不稳定、不确定的状态，影响正常的社会、经济、生活秩序，不利于纠纷的解决。

民事诉讼贯彻"谁主张、谁举证"的原则，即主张权利发生的当事人对权利发生的法律事实承担举证责任，否认权利存在之人，就权利妨害的法律要件、权利消灭的法律事实或权利受制的法律事实承担举证证明责任。当事人双方由于利己性，在诉讼中往往出示有利于己的证据，而对于不利于己的证据时常会隐匿，甚至毁弃。这样，如果诉讼一方控制着主要证据不提供，另一方就会处于被动地位，使诉讼结构处于失衡状态。这与民事诉讼保障当事人合法权益，追求诉讼公正的宗旨不相吻合。这一问题可以通过妨碍证明责任的分配来解决。

（二）确立民事诉讼证明标准的因素

民事诉讼证明标准的确立应当考虑以下因素。

1. 案件的性质

各种案件在性质上存在着客观上的差异性，不同性质的案件其社会影响力不同以及对当事人权益影响的程度也不同，对于证明程度的要求也应有所差别。如一般合同纠纷案件与离婚案件相比，侵犯财产权与侵犯人身权案件相比前者给社会和家庭带来的危害一般会小于后者，因此其证明标准也低于后者。

2. 案件的重要程度

同类案件的重要性可以从案件的复杂程度和影响范围大小来考虑，可以以案件诉讼标的额作为衡量案件重要性程度的指标。一般说来，案件越重要，其涉及国家、社会和个人的利益也就越大，证明程度也应当越高。

3. 案件发生的概率

虽然法官裁判时所面对的事实是一次性纠纷事实，如将该案件置于纠纷发生的整体之中就会发现，法院审理的案件已出现定型化趋势，不同类型的案件发生概率是不同的。如损害赔偿发生的概率要远远大于票据纠纷；重大案件的发生概率小于一般案件。

4. 案件证明的难易程度

经济的发展导致社会生活日益复杂化，新型纠纷不断出现。在有些新型纠纷案件中，由于证明方掌握的证据资源较少、取证困难等因素在一定程度上可能影响举证，如私密空间的侵权案。

对上述因素在确立民事诉讼证明标准时，针对案件的不同情况可以单项考虑，有时也需要综合考虑，全面衡量。

（三）我国民事诉讼的证明标准

民事诉讼证明不应拘泥于某一种固定的证明标准。因为任何一种标准都不足以适应所有复杂的社会纠纷，应结合案件的具体情况，对不同案件可以采用不同标准。但是，民事诉讼证明标准也应当确立一个相对标准，以便在司法实践中有一个最低的基准；对于民事诉讼案件的实体事实和程序性事实一般采用盖然性占优势的证明标准，对于民事诉讼性质严重、重大和发生概率低的案件，一般采用高度盖然性的证明标准。

1."盖然性"占优势的证明标准

一般民事案件可确立为"盖然性"占优势的证明标准。"盖然性"占优势的证明标准是指当案件事实主张被法官确信为在证据上存在的可能性大于不存在的可能性时，其事实主张就可以被认定为是真。具体来说，在民事诉讼中，承担举证证明责任的一方当事人，最终所证明的结果能达到一般正常人在普通常识的情况下认为具有某种必然的或合理的盖然性或确定程度时，应当作出主张成立的认定。"'盖然性'是有可能而不是必然的一种性质，或者说一种可能的状态。"①在民事诉讼中，如果实行较高的证明标准，有一些案件的当事人有可能竭尽全力也无法使提供的证据达到法律所要求的标准。民事诉讼适用"盖然性"占优势的证明标准是必要的。在法院认定案件事实的把握性不是很大的情况下，这有助于法官认真地分析双方的证据，比较双方所提供的证据的证明力，而不是简单地以未履行举证责任作出认定。

2. 高度盖然性证明标准

一般的证明标准是诉讼证明过程中所要达到的最低标准，并非只要达到了这一标准就应当对证明的事实或者对主张事实的存在予以认定，在特定的情况下和特殊案件中还需要更高标准。但达不到此标准则不能认定案件事实却应是绝对的。法院可以根据案件与当事人利益的相关性和责任承担程度的不同而采用不同的证明标准。因此，民事诉讼性质严重、重大和发生概率低的案件，一般适用高度盖然性的证明标准。

高度盖然性与盖然性占优势作为证明标准存在证明程度的不同，判断尺度主要是证据证明的质量和达到的要求，不应仅仅局限于证据数量。我国司法实践要求，对负有举证证明责任的当事人提供的证据，法院经审查并结合相关事实，确信待证事实的存在具有高度可能性的，应当认定该事实存在。对一方当事人为反驳负有举证证明责任的当事人所主张事实而提供的证据，法院经审查并结合相关事实，认为待证事实真伪不明的，应当认定该事实不存在。法律对于待证事实所应达到的证明标准另有规定的，从其规定。

第四节　行政诉讼的证明标准

行政诉讼是法院运用审判权处理发生在行政主体与行政相对人之间的行政争议的活动。它通过案件的审理和裁判，保护公民、法人和其他组织的合法权益，维护和监督行政机关依法行使职权。由于行政诉讼处理的案件的性质、诉讼的目的及任务不同于刑事诉讼和民事诉讼，在证明标准方面也体现其自身规律的要求。

一、行政诉讼证明标准的含义和确立

(一)行政诉讼证明标准的含义

行政诉讼的证明标准是指在行政案件中依据行政诉讼法的规定，当事人提供证据证明

---

① 何家弘：《外国证据法》，117 页，北京，法律出版社，2003。

案件事实所应达到的程度和法院认定被诉行政行为合法性的基本要求。

行政诉讼的证明标准包括以下含义。

1. 行政诉讼的证明标准是衡量当事人在行政诉讼中是否履行了举证责任的标准

在诉讼中承担举证责任的当事人提供证据证明案件事实，必须有一个衡量标准，达到了这个标准，举证责任卸除才有可能。

2. 行政诉讼的证明标准是法院认定案件事实的标准

法院必须根据案件事实来解决行政争议。法院认定事实必须有一个标准，达到了这个标准，也就等于查清了当事人争议的案件事实。

3. 行政诉讼的证明标准包含了对证据质和量两个方面的要求

事实真实的获得是通过对当事人提供的证据进行质（是否合法）和量（是否充分）进行分析判断的基础上形成的，体现对证据质与量两个方面的要求。

从当事人的角度来理解证明标准，行政诉讼的证明标准是当事人特别是被告方履行举证证明责任、证明其被诉行政行为成立应达到的程度。如果达不到这一要求，其证明的事实将不被法院所支持，其行政行为的合法性就难以得到维护。从裁判者角度来看，行政诉讼的证明标准是裁判者支持当事人案件事实主张的尺度，否则不能作出案件事实的肯定性认定。如果一审没有按照这一标准认定案件事实，在二审或再审中，该裁判所认定的事实可能会被推翻，据此作出的判决也可能被改判或撤销。

(二)行政诉讼证明标准的确立

我国立法要求行政诉讼的证明标准要达到"案件事实清楚，证据确实、充分"。这种标准在字面上与刑事诉讼法规定尽管相同，但因行政诉讼的特殊性，在确立证明标准上却不同于刑事诉讼、民事诉讼。

我国学界对行政诉讼的证明标准存在不同观点。主要观点有：（1）刑事、民事、行政三大诉讼实行同一证明标准，即证据确实、充分标准。要求案件事实有已经查实的必要证据予以证明，证据之间、证据与案件事实之间的矛盾得到合理排除后的唯一结论。（2）行政诉讼与民事诉讼一样，对证据的认证标准并非要达到如同刑事诉讼的"证据确实、充分"和排除合理怀疑的程度，仅要求占优势的盖然性。（3）行政诉讼证明标准应和刑事诉讼证明标准相同，高于民事诉讼的证明标准。（4）行政诉讼证明标准具有中间性，低于刑事诉讼而高于民事诉讼的证明标准，并且取决于具体判决的种类。这些不同观点的存在，充分反映出行政诉讼证明标准的复杂性。因此，设置行政诉讼的证明标准，应考虑行政行为性质的多样性，体现出多元化的要求。

行政诉讼主要是审查行政行为的合法性。由于行政行为种类繁多，各种行政行为的性质不同，程序也不同，行政法律法规针对不同的行为规定了不同的程序以及不同的取证要求。如行政处罚中，依简易程序由行政执法人员当场作出的处罚不同于依普通程序作出的行政处罚，在行政诉讼中对这两种不同的行政程序认定事实所要求的证明标准也应有相应的区别。同时，由于各种行政行为性质的差异较大，行政机关与相对人在不同的行政管理中，权利义务不对等的程度存在较大差别。如行政处罚与行政登记行为，前者因相对人承担被剥夺财产或自由或者减损权益增加新义务；后者相对人承担的义务较轻甚至有的还只是单纯地享有某些权利。因此，对两者证明的要求应有所区分。一般来说，行政诉讼中的证明标准应略高于民事诉讼的证明标准，低于刑事诉讼的证明标准。也就是说，行政诉讼证明标准应当低于刑事诉讼的"确定无疑"高于民事诉讼的"盖然性"占优势。

根据行政行为的不同行政诉讼可以采用层次不同的证明标准。行政诉讼的证明标准之所以如此确立，是因为行政诉讼的性质、目的、任务以及诉讼活动的规律与其他诉讼不同，采用的标准应当不同。行政诉讼当事人之间的地位不平等，与民事诉讼中处于平等地位的当事人存在区别。原告当事人与被告行政主体地位相比处于劣势，但却高于刑事诉讼的被告人。这种复杂的关系决定了行政诉讼的证明标准处于刑事诉讼与民事诉讼的中间地带，具有中间性；一般来说，以高度盖然性的证明标准为原则，以盖然性占优势的证明标准和确信无疑的标准为补充。对于限制当事人人身自由或生命安全的行政行为以及对涉及财产权益及其他非财产性的案件，可以考虑采取确信无疑的证明标准；在行政裁决和行政赔偿案件中，可以考虑采取盖然性占优势的证明标准。

二、行政诉讼证明标准的多样性

行政诉讼因涉及的问题不同，对证明的要求也会有所不同，形成了不同层级的证明标准，即一般行政案件的高度盖然性的证明标准、特殊案件的盖然性占优势的证明标准和确信无疑的证明标准。

(一)一般行政诉讼案件的高度盖然性的证明标准

在行政法律关系中，由于行政主体是依法享有国家行政管理职权，代表国家独立进行管理，并独立参加行政诉讼活动。在行政程序中，行政主体始终居于领导、支配、主导地位，享有某种管理特定事物的职权，可以以自己的名义对外行文，以自己的名义作出处理决定。而行政相对人在行政程序中始终处于被领导、被支配、被管理地位，只能在法律、法规允许的范围内处分自己的权利。这种地位上的不平等，导致行政主体在处理事务上享有某些特权，调查某些事项比行政相对人更容易，更易于全面调查、收集、获得相关证据，以保证其所作出的处理决定事实清楚，证据确实充分。所以，我国行政诉讼法规定被告要对其作出的行政行为承担举证证明责任以证明其作出的行政行为合法有效。行政相对人也可能提供相关证据，但多数情况下均不如行政主体提供的证据全面、系统。鉴于此，行政诉讼原则上采用高度盖然性的证明标准既符合我国行政诉讼的立法本意，也能体现公正、公开、公平的原则。

适用高度盖然性的证明标准应当符合以下条件：一是比较双方当事人提供的证据的证明效力，一方当事人提供的证据证明效力具有较大的优势；二是该优势足以使法庭确信其主张的案件事实存在，或者更具有真实存在的较大可能性。

(二)行政诉讼的盖然性占优势的证明标准

盖然性占优势的证明标准是指法庭按照证明效力占优势的一方当事人提供的证据认定案件事实的证明标准。其"优势"是指一方当事人提供的证据较另一方当事人提供的证据更有说服力和证明力，即一方当事人提供证据的证明效力及其证明的案件事实比另一方更具有可能性，诉讼主张成立的理由更充分，其证据证明的效力更占优势。

这种证明标准一般适用于涉及财产权的行政裁决案件、行政处罚、行政强制以及行政合同案件等，同时还可以适用不作为案件和行政赔偿诉讼的案件。因为财产权和人身权争议的行政案件，在性质上属于经过行政机关处理的平等主体之间的民事权利义务争议的案件，可参照民事诉讼的证明标准采用优势证明标准。在行政诉讼中适用此标准的主要原因是，作为行政诉讼客体的行政行为具有多样性，既有公权力色彩较浓的单方行政行为，也有公权力色彩较淡的双方或多方行政行为。后者更多地渗透了当事人的意志，在诉讼中采用的证明标准也会更加类似或者接近民事诉讼。但是，行政诉讼毕竟不同于民事诉讼，其证明标准在相当程度上要高于民事诉讼。这是因为行政裁决的客体是民事纠纷，行政诉讼审查的是行政裁决这种行政行为的合法性，民事纠纷已经经过了公权力的作用，其证明标准比同等情况下进入民事诉讼的证明标准更高一些才具有合理性和正当性。

（三）行政诉讼的确信无疑的标准

在行政诉讼中采用确信无疑的标准的主要原因是，行政行为本身是一个多层次、多角度的行政手段，既包括具有一般行政行为特点的行政处理行为，也包括接近于民事行为的双方合意行为，甚至还包括一些比刑事制裁更为严厉的行政行为，如强制隔离或者强制戒毒、强制治疗等。这些行政行为可以限制公民较长时间的人身自由，在一定程度上对公民权利的影响不亚于刑事诉讼，比刑罚中的罚金、管制、拘役更为严厉。因此，在行政诉讼中此类案件应当适用确信无疑的标准。

确信无疑的标准适用必须是对行政相对人人身有重大影响的案件，人身权以外的权益，如受教育权、劳动权、社会保障权和政治权利等不在此限；同时，行政行为必须对行政相对人人身或者财产权益产生了重大影响。正因为行政行为对行政相对人的人身和财产权益有"重大影响"，这种重大影响的权益接近于刑事诉讼法保护的公民的权益，采用刑事诉讼的证明标准才具有正当性。

【问题与思考】

美国民事陪审团对于该案件作出裁决，一致认定辛普森对两名受害人之死负有责任，并裁决辛普森赔偿原告方 850 万美元；另外，还裁决辛普森向两名受害人家庭各支付 1 250 万美元的惩罚性赔偿金，共计 3 350 万美元。我国民事诉讼的证明标准采用"排除合理怀疑"和"可能较大"的不同标准。"当事人对欺诈、胁迫、恶意串通事实的证明，以及对于口头遗嘱或者赠与事实的证明，人民法院确信该待证事实存在的可能性能够排除合理怀疑的，应当认定该事实存在。""与诉讼保全、回避等程序事项有关的事实，人民法院结合当事人的说明及相关证据，认为有关事实存在的可能性较大的，可以认定该事实存在。"根据前面的引导案例，结合本章内容，思考下列问题：（1）刑事诉讼与民事诉讼证明标准存在何种不同？（2）基于相同证据刑事诉讼不能认定辛普森有罪而民事诉讼认定辛普森承担赔偿责任是否存在矛盾？（3）该案件如果按照我国法律的规定应当如何处理？

【延伸阅读】

1. 樊崇义：《客观真实管见》，载《中国法学》，2000（1）。

2. 陈光中等:《刑事证据制度与认识论》,载《中国法学》,2001(1)。

3. 张卫平:《证明标准建构的乌托邦》,载《法学研究》,2003(4)。

4. 李浩:《事实真伪不明处置办法之比较》,载《法商研究》,2005(3)。

5. 周洪波:《刑事证明标准问题之争中的四大误区》,载《清华法学》,2008(5)。

6. 郭华:《我国疑罪从无的理论省察及规则重述》,载《政法论坛》,2021(1)。

第四编　程序论

第十三章

证据适用原则

【引导案例】

　　某晚，钱女士与三名同事来到某酒店聚餐，钱女士喝了半瓶啤酒后去了洗手间，三名同事听到洗手间一声巨响，发现钱女士已倒在地上，店内人员立即将其送至医院，一星期后钱女士死亡。钱母诉至法院，认为造成女儿死亡的原因是当时酒店内没有任何防滑措施或者警示标记，酒店应承担赔偿责任。酒店认为，他们在事发后及时将钱女士送至医院，表明其已经履行了安全保障义务，钱女士发生这次事故是因为有高血压等病史，因此不承担赔偿责任。法院认为，按照"谁主张，谁举证"的原则，对于被告酒楼的服务行为与钱女士的死亡之间是否具有因果关系，原告负有举证责任。原告所提供的证据并不能证明钱女士是因被告酒楼地砖滑而跌伤致死的，也未在法定举证期限内向法院申请对被告酒楼地砖防滑性能进行鉴定。根据医院病史记载，钱女士生前患有高血压，在出事之前，曾喝下过半瓶啤酒，故对其当日摔倒的原因，有多种可能性存在。由于原告的原因，钱女士遗体已被火化，致使钱女士死亡的真正原因难以通过司法鉴定予以查明。

【本章概要】

　　本章是有关证据适用基本原则的内容，这些原则包括证据裁判原则、直接言词原则和真实发现原则。证据裁判原则是案件事实认定的保障性原则，直接言词原则是证据确认原则，真实发现原则是证据适用的目的性原则。

第一节　证据裁判原则

一、证据裁判原则的基本含义

　　证据裁判原则自古到今备受关注。在早期社会，由于受到宗教、道德等因素的冲击，证据裁判原则不具有严格的意义。证据裁判作为一项证据适用原则的确立和发展，是近代以后的事。"刑事裁判，应凭证据，即采所谓证据裁判主义，为近代刑事诉讼之一基本原。"①世界各国存有不同的证据裁判原则的立法模式，有的国家通过法律的形式予以明确规定，如日本、法国；有的国家通过收集、审查和判断证据的规则予以体现，如英国、美国。证据裁判原则并非一个简单而抽象的原则，还凝结着一系列紧密相连的具体规则。这些规则以证据裁判原则为核心和连接点，并影响证据裁判原则在证据法中的地位。

证据裁判原则，又称"证据裁判主义"，是指对于诉讼中事实的认定，应依据证据认定；没有证据，不得认定事实。这一原则包含着两个基本法则：一是诉讼中的事实应根据证据认定，这是证据裁判原则的积极性法则；二是如果没有证据，不能对有关的事实予以认定，这是证据裁判原则的消极性法则。在诉讼中，认定事实的根据，除法律明文规定外，只能是证据。证据以外的任何东西，如主观臆测、妄想、推测等均不得作为认定事实的根据。"无证据之裁判，或仅凭裁判官理想推测之词，为其认定事实之基础者，均与证据裁判主义有违。"②多数国家和地区对证据裁判原则均有相应的立法规定。如日本《刑事诉讼法》第 317 条规定："认定事实应当根据证据。"《法国刑事诉讼法典》第 427 条规定，在轻罪的审判中，"除法律另有规定外，罪行可通过各种根据予以确定……法官只能以提交审理并经双方辩论的证据为依据作出判决。"我国台湾地区的"刑事诉讼法"第 154 条规定："犯罪事实应依证据认定之，无证据不得认定其犯罪事实。"我国《刑事诉讼法司法解释》第 69 条规定："认定案件事实，必须以证据为根据。"而非以其他标准进行裁判。《最高人民法院关于民事诉讼证据的若干规定》第 85 条规定："人民法院应当以证据能够证明的案件事实为根据依法作出裁判。"第 97 条规定："人民法院应当在裁判文书中阐明证据是否采纳的理由"这些规定构成了证据裁判原则的中国式表达。证据裁判原则可从以下方面理解。

（一）证据裁判原则的证据

诉讼中的事实应依据证据认定，证据作为认定案件事实的基础具有不可替代性。证据裁判原则的第一层含义是指证据是认定事实的依据，裁判以此为本。诉讼中的事实应依据证据认定，这是从正面肯定认识事实的基础只能是证据，这是证据裁判原则的积极性意义。法国学者认为，法官的内心确信可以产生于现场进行的验证（现场勘验）……讯问被告，也可以是法官获得形成这一意义或那一意义上的内心确信材料……当然，自由心证可以从初步调查或预审过程中收集到的各项材料中形成。从另外一个方面来说，证据以外的任何东西，如主观臆测、妄想、推测等，都不是认定事实的根据。其中，证据裁判中的证据不仅是具有证据能力的证据，还应当是经过法定证明程序查证属实的证据，并且所根据的证据达到了证明的要求或者标准。

证据裁判原则的第二层含义是指如果没有证据，不能对有关事实予以认定。这是从反面对证据裁判作出的限定，属于证据裁判原则的消极性意义。没有任何证据当然不能认定案件事实，当证据在数量和质量上不能满足证明需要时，同样也不能认定案件事实。因此，没有证据既包括没有任何证据，也包括证据不充分，还包括证据不全面、证据有瑕

---

① 刁荣华：《比较刑事证据法各论》，40 页，台北，汉林出版社，1984。
② 陈朴生：《刑事证据法》，13 页，台北，三民书局，1979。

疵。没有证据不仅是指在实体上缺乏相应的、充分的证据，而且还指证据在程序性事项上或者形式上未能满足法律的要求。

证据裁判原则的第三层含义是作为定案根据的证据必须合法，应当排除非法证据，即使这些非法证据是真实的，也不能作为认定案件事实的依据。

(二)证据裁判原则的裁判

证据裁判下的裁判是指在公开的法庭上，由法官以听取当事人(控辩)双方的举证、质证和辩论，在对证据进行充分的核实查证的基础上，对双方的纠纷依法作出的权威性断定。裁判的基础源于证据所证明的事实，事实的获得是证据证明的结果。裁判过程需要经过接受证据、调查证据、判断证据并最终运用证据认定事实而作出裁断等一系列的过程。证据裁判原则的裁判应当建立在对证据辩论的基础上，未经质证的证据不能对案件事实作出裁判。

法官裁判案件应当坚持证据裁判原则，以证据证明的案件事实为依据，这是自由心证判断证据力合理性的基石。然而，证据裁判原则本身需要一定的制度和规则予以配合，以此来保证该原则在诉讼过程中得到全面、切实的贯彻。这些相关制度主要包括审判公开制度、判决理由公开制度和具有事实审性质的救济制度等。这些制度，一方面有助于当事人对法官是否遵循证据裁判原则进行外部监督；另一方面也有利于上级法院在上诉审中对原审是否遵循了证据裁判原则进行监督，督促法官严格奉行证据裁判原则。同时，法官未执行裁判理由说明制度，可视为违反了证据裁判原则，导致原来审判行为无效。在我国台湾地区，如果裁判理由内遗漏或未记载其认定事实所凭之证据，或者裁判书中叙明其认定的事实与之不相适合，均视为不依证据而为裁判。对于在证据上存在问题的裁判，当事人有权要求法院予以重新审判，法院也有责任予以重新审判，这是证据裁判原则的基本要求。我国《民事诉讼法》规定："当事人的申请符合下列情形之一的，人民法院应当再审：(一)有新的证据，足以推翻原判决、裁定的；(二)原判决、裁定认定的基本事实缺乏证据证明的；(三)原判决、裁定认定事实的主要证据是伪造的；(四)原判决、裁定认定事实的主要证据未经质证的；(五)对审理案件需要的主要证据，当事人因客观原因不能自行收集，书面申请人民法院调查收集，人民法院未调查收集的……"这些规定体现了证据裁判原则的基本要求。

(三)证据裁判原则的例外

许多国家和地区在其诉讼法典或者证据法典及实体法中对证据裁判原则适用例外作出规定，如《美国联邦证据规则》第 201 条规定了"关于裁判事实的司法认知"。这些例外主要包括"众所周知的事实"或者"毋庸证明的事实"或者"免证的事实"，还包括经验法则、地方习惯、交易习惯、行业惯例、国际惯例等。

我国证据裁判原则的例外一般涉及众所周知的事实、公证的事实、预决的事实、推定的事实、当事人诉讼上自认的事实等无须当事人举证证明的事实。

坚持证据裁判原则必须做到认定案件事实应有相应的证据予以证明，案件事实依靠质证的证据才能确认，没有证据不得认定案件事实；坚持证据裁判原则必须做到对存疑的证据不能采信，认定案件事实的证据应当确实、充分；坚持证据裁判原则对存在瑕疵的证据不得作为定案的根据。坚持证据裁判原则，还必须做到认定案件事实的证据合法，对于非法取得的证据应当排除，不能作为定案的根据。

二、证据裁判原则的意义

证据裁判原则是程序理性的基本要求，也是人类从非理性的事实认定走向理性事实认定的一个重要标志。它要求裁判对事实认定必须建立在经过合法程序确认为真的证据的基础上，没有证据不得认定事实。尽管各国对此的规定不同，但作为证据适用原则已获得各国的普遍认可。

证据裁判原则使证据处于诉讼的中心位置，并在案件事实裁判中具有了决定性的作用。因为这一原则确认了只有证据才是查明和判定案件事实根据的基本立场，也使证据成为整个诉讼的核心。诉讼的任何过程都不能离开证据，否则程序就不能或者无法向前推进，即证据是诉讼推进的助推器。证据裁判原则还对法官的自由裁判行为予以限制，从而防止了法官的主观臆断，为发现真实、实现裁判的准确性奠定了坚实的基础。

第二节　直接言词原则

一、直接言词原则的基本含义

（一）直接言词原则的概念

直接言词原则是指法官亲自听取双方当事人、证人及其他诉讼参与人的当庭口头陈述和法庭辩论，从而形成案件真实性的内心确认，并据以对案件作出裁判。直接言词原则可分为直接原则和言词原则；两者关系密切，均以发现真实为目的。在现代诉讼制度中，审理形式一般采取直接言词原则，它是证据能够得以有效质证的证据适用原则。

直接原则，又称在场原则或者直接审理原则，是指办理案件的法官、陪审员只能以亲自在法庭上直接获取的证据作为裁判之基础的诉讼原则。要求参加审判的法官必须亲自参加证据审查、亲自聆听法庭辩论，以期发现实体真实。该原则强调审理法官与判决法官的一体化，注重"审"与"判"的合一。与之相对的是间接审理，即判决法官将其他法官审理所得结果作为判决基础，即审理法官与判决法官存在着分立。

言词原则，又称口头原则或者言词审理原则，要求当事人等在法庭上须用言词形式开展质证辩论的原则。该原则是公开原则、辩论原则和直接原则实施的必要条件。与言词审理相对的是书面审理。以书面形式进行诉讼是根据书面材料和证据来认定事实。

直接言词原则要求法官必须经过当事人的言词辩论后才能对事实作出认定。在法庭审判中，法官通过与当事人和证人"面对面"的活动，从当事人和证人的相貌、诉讼时的态度和情状中获悉语言所无法传递的案情信息，从实际审判中获得"心证"。由于陈述者的相貌、陈述时的态度和情状对听者产生不同的影响，这种影响是客观存在的且往往能够反映出真情，因此法官可从中产生这样的经验和体会。直接言词原则实践了司法的亲历性，强调司法亲历性获得形成"心证"的经验以及心理上的根据。

(二)直接言词原则的例外

直接言词原则作为一项原则并不完全排除书面程序，允许合理例外规则的存在。这些例外规则主要表现如下。

1. 对于非讼事件的审理原则上采取间接审理和书面审理

直接言词是争讼案件的审理原则，对非讼案件因无对立的双方当事人而只有申请人一方，不可能也无须言词辩论，法官对申请人的申请和提供的事实证据进行书面审查。既然以书面审理为原则，那么就没有必要要求审理法官与裁判法官的一体化，也无须适用直接原则。当然，在非讼程序中，间接审理和书面审理原则并不排除直接言词审理，必要时审判法官也应询问申请人、证人后作出裁判。

2. 审判过程中，法官有变更的，诉讼程序无须重新进行

庭审过程中因部分合议庭成员不能继续履行审判职责的，更换合议庭成员，重新开庭审理。审理法官有正当理由需要变更的，当事人可以在新法官面前陈述以前言词辩论的结果，不必重新进行。

二、直接言词原则的意义

直接言词原则有助于发现真实和提高效率。直接言词原则要求法官、当事人和证人等在法庭上直接接触，法官亲自聆听当事人陈述辩论和证人言词作证，直接观察当事人和证人的表情态度，直接察看证据实际状况，易于准确掌握案件事实。同时，法官、当事人和证人等直接见面，加之言词方式具有传达简便快捷的优点，有助于法官和当事人尽快发现争议和及时解决问题，从而推动诉讼迅速进行。

直接言词原则强调法官的亲历性。只有法官与当事人和证人"面对面"的活动，通过证人对涉及事项的说明、答疑等活动传递的信息，才能对证言的可靠性作出判断。有研究表明，人与人之间的沟通有 50% 以上是靠身体语言，例如眼神、声音、小动作、身体姿势等。有关身体语言影响人们心证的生动描述，这是诉讼认定案件事实采纳"直接言词"原则和强调司法亲历性的经验和心理上的根据。

直接言词原则体现了诉讼过程与诉讼结果的结合，案件最终的判决是法官在听审过程中客观因素和主观因素共同累积的结果；通过对言词证据的亲自聆听，提高发现证据与案件事实的能力和提高判断其他证据真伪的能力。它与公开原则、辩论原则等一并作为实现程序公正和实体公正的重要原则。

第三节　真实发现原则

诉讼活动归根结底是诉讼主体依照一定的法律程序，利用各种合法的手段和方法来发现案件事实真相的活动。在法治国家中，发现真实是在实质正当的程序下进行的，法律强调获得证据的合法性与正当性，反对不计代价或者不计后果地发现真实。发现真实是诉讼活动的基本目标，无论采取何种诉讼模式或者在何种国度，发现真实均被视为证据适用的基本原则。

一、真实发现原则的基本含义

在适用证据证明案件事实的过程中，存在着两个不同层次的问题：一是需要证明控方指控的犯罪事实或者当事人争议的"案件事实"是否曾经发生或存在过。法院对此作出"存在与否"的裁判时，需要获得足够的证据支持，藉此来保证审判活动能够发现事实的"真"；二是法官通过审判程序对呈现在法庭上借助于证据获得案件事实的正确认识，进而获得事实"确定与不确定"的判断，诉讼主体内心获得确定无疑的"信"。

对于"真实"问题，理论上经常与"真""真实性""真理"交叉使用，并在不同学科领域（本体论、认识论和伦理学）中存在不尽相同的界定，特别是我国对西方学者著述中的"truth"有不同的翻译，使得这一概念相当混乱。按照目前广义上的理解，"真"或"真实"主要包含五个层面的含义：一是与"有""存在"同义；二是指具有某些规定性的东西；三是指主观映象的正确；四是指思想的正确；五是与"好"同义。① 这种多重含义以及多义性的理解被引入法学领域后，给法律界的认识也带来了一些分歧，在案件事实认定上出现了"实体真实"与"法律真实""实质真实"与"形式真实"以及"客观真实"与"主观真实""相对真实"等不同的观点。那么，证据证明的事实是获得"客观真实"还是"法律真实"，或是"相对真实"；通过证据认定的案件事实是"形式真实"还是"实质真实"；发现事实是需要"相对真实"还是需要"绝对真实"。这些问题反映在方法论上，则主要表现为是通过"再现（复原）案件事实"获得真实还是通过证据证明"主观符合客观事实"来检验真实。②

证据法学上的真实应当是有证据证明的真实，不排除特定条件下推定的真实和司法认知的真实。然而，这种有证据证明的真实，在一定程度上属于法官的内心确信或者心证不疑而充分相信其是"真"的真实。这种真实是基于证据针对裁判中认定事实的信赖程度而言的。因此，法官对案件事实的认定应当依据当事人提出的证据进行。只有在充分尊重当事人程序主体地位和充分保障当事人程序权利的前提下，并在当事人积极参与事实认定和法官公开心证的过程中形成的认定才能使"真实"具有正当性。只有当事人对法官认定的案件事实因自己的充分参与而随之产生了认同感和信赖感，才有可能相信或者应当相信借助于正当程序认定的案件事实是真的。"总而言之，真实之确定……最关紧要者，厥为信赖程序保障之有无，其保障愈厚，则确定值得当事人信赖的真实之可能性亦愈大。至于经由此过程所确定之真实，实际上究竟仅达到形式的真实说所指之真实，或已至于客观的真实说所希求者，则非所问。"③发现真实的"真实"具有以下含义。

第一，证据证明案件事实不是对案件发生的事实的再现或者复原，也无法将其通过案件发生的事实来检验，但绝不能因此得出绝大多数案件的事实认定必然与案件发生的事实

① 郭继海：《真理符合论的困难及其解决》，1 页，北京，中国社会科学出版社，2003。

② 郭华：《案件事实认定方法》，80—87 页，北京，中国人民公安大学出版社，2009。

③ 邱联恭：《程序制度机能论》，44 页，台北，三民书局，1996。

相背离。在实践中，恰恰相反，法官通过证据对案件事实的认定，一般情况下能够与案件发生的事实达到契合或者保持一致。

在司法实践中，案件事实认定的准确率具有绝对性，世界各国的错案发生率仍处于较低的水平。事实上，案件事实认定并未因为理论上的"相对真实"而在实践中出现"对半"的相对"不真实"。从制度层面来看，采用庭审程序采纳的证据的方式来认定案件事实能够保障法官对案件事实认定与案件发生的事实的基本一致。如果没有与真实一般相一致的事实认定，久而久之，国民就会对裁决程序的公平性、法庭的可信赖性、政策手段的有效性和争端解决渠道的有效性丧失信心，不论民事程序还是刑事程序，均是如此。也就是说，通过法庭正当、公开、公正的程序借助于证据来认定的案件事实易于取得与实际发生的事实保持一致的真实。

第二，案件发生的原原本本的历史事实属于"本相"。这种以"原""始""初"为内涵的东西早已丧失殆尽。在法庭出现的案件事实是案件发生的原原本本的历史事实的"实相"，属于"本相"的外在体现，其外在体现有可能因其他因素的影响或者介入而歪曲地表现为"虚相"。但是，人们借助于证据能够辨别"虚相"，也能够透过证据识破"虚相"获得对"本相"的正确认识，对案件发生的原原本本的历史事实获得其本质的认识，从而发现案件的真实。

真实发现既取决于人们对自然规律以及对人本身的认识能力、水平，也取决于诉讼程序、证据规则设计的科学合理的程度。无论基于何种情形，都无法摆脱目的上对案件事实认定具有的一致性追求，即发现真实。由于初审法院在确定事实方面的问题很多，如有伪证者，有证人失踪或死亡，有的物证灭失或被销毁，有为非作歹和愚蠢透顶的律师，有愚蠢透顶或心不在焉的陪审官等，所有这些情况都使客观事实难以确定，使确定事实成为主观的、非理性活动。[①] 因此，发现真实的过程需要法官将人与物之间的"知"借助于证据转化为人与人之间的"信"。不否认在某种情况下，即使有证据支持也会出现与案件发生的事实背离的可能性。但不能因此否定发现真实作为证据适用的基本原则。如《德国刑事诉讼法典》第 244 条第 2 款规定："为了查明事实真相，法院应当依职权主动地采取足以证明一切事实真相的证据，以及对作出裁判有意义的一切证明方法。"因为"刑事程序就是为寻找实体真实服务的"。即使是在当事人具有平等地位的民事诉讼中，法律也赋予法院一定的调查取证的权力，这基于满足发现真实的需要。如我国《民事诉讼法》规定："……人民法院认为审理案件需要的证据，人民法院应当调查收集。"

法院通过证据发现真实，可以使诉讼主体将目光停留在庭审案件事实的判断上，从其判断是否有充分的证据来认定主张的事实是否存在。对有证据证明的真实还需经过证伪的考验，借助于质证从反面来增强其"真"的可能性。一旦证据不足，法官对案件事实作出否定性认定，并不代表当事人主张或者指控的事实就必然的假，是因当事人主张或者指控的事实未被确定为真，不需要对有争议的主张的真实与否作出积极的确认。在此种情况下，无法再证实其是"真的假"或者"假的假"，仅能根据举证责任进行处理。这种处理方式与发现真实也并不矛盾，仅是难以发现真实的处理方法。

---

① 张保生：《法律推理的理论与方法》，44 页，北京，中国政法大学出版社，2000。

二、真实发现原则的意义

真实发现原则是证据适用的基本原则，也是诉讼活动所追求的主要目标，它在证据适用过程中具有特别重要的意义。

(一)真实发现原则是引导当事人借助于证据保护其合法利益的指南

在刑事诉讼中，控方力求发现真实是为了正义得到实现；犯罪嫌疑人、被告人力求发现案件事实真相是为了避免自己受到错误的追究，罪轻受到不正当的惩罚；被害人及其法定代理人力求发现案件事实真相，是为了使被告人的犯罪行为得到应有的法律追究，维护其合法权益；附带民事诉讼当事人及其法定代理人力求发现案件事实真相，是为了维护自己或被代理人的民事合法权益。民事诉讼中，原告、被告、第三人及其法定代理人、诉讼代理人力求发现案件事实真相，是为了自己或被代理人的民事实体权益得到维护，使纠纷得到公正地解决。行政诉讼中，原告及其法定代理人力求发现案件事实真相，是为了使不合法的行政行为依法得到撤销，维护自己的合法权益；被告力求发现案件事实真相是为了证明自己作出的行政行为的合法性，维护公共权益；第三人及其法定代理人是为了使合法的行政行为得到维护或不合法的行政行为得到撤销，以免自己的合法权益受到侵害。在诉讼过程中，各诉讼主体只有借助于证据，正确地适用证据，才能实现这一目标。

(二)真实发现原则是促使证明手段科学的重要动力

发现真实是诉讼证据制度的内在本质要求。任何证据制度的设置和证明规则的确立，尽管因其所处的情况不同而各有差异，其目的都不是为了限制事实真相的发现，而是为了最大限度地保障事实真相的发现。即使证据的适用规则属于限制性规则，其目的是为了尽可能减少错误。尽管在某些情况下，程序正义可能与案件事实真相的发现和认定会产生矛盾，在一定限度内牺牲了个案的实体正义，但并不意味着证据制度不以最大限度地保障实体正义的实现为价值目标。因此，发现真实是证据适用的基本原则。

【问题与思考】

证据裁判原则意味着通过证据来认定案件事实，将证据作为事实裁判的根据。而证据必须经过查证属实，才能作为定案的根据。作为定案根据的证据的证明又必须达到案件事实清楚、证据确实充分的要求。发现真实对于诉讼有着原始的推动力，但绝不是解决纠纷的终极的唯一追求。证据规则在某些方面阻挡了诸多对发现真实极具价值的证据作为定案的根据，人为地损耗了查明真相的基础。上述引案中，法院判决驳回了原告的诉讼请求。根据案件情况，参考上述观点，结合本章内容，思考下列问题：(1)法院对于钱女士死亡的原因未查清而驳回原告的诉讼请求是否违背发现真实原则？(2)该案件的事实认定是否遵循了证据裁判原则？(3)在钱女士死亡原因存在数种可能性的情况下，法院基于何种原则驳回原告的诉讼请求的？(4)一般而言，没有证据，就没有案件事实；反之，有证据，因其不确实充分，也不一定就认定案件事实存在。那么，证据与事实真相究竟存在何种关系？其裁判的正当性在何？

【延伸阅读】

1. ［英］乔纳森·科恩：《证明的自由》，何家弘译，载《外国法译评》，1997(3)。

2. 李祖军：《确信真实，一种新理论的结构性优势——论民事诉讼事实审理的日的》，载《法学评论》，2000(3)。

3. 陈景辉：《事实的法律意义》，载《中外法学杂志》，2003(6)。

4. 陈永生：《法律事实与客观事实的契合与背离——对证据制度史另一视觉的解读》，载《国家检察官学院学报》，2003(4)。

5. 张卫平：《"民事证据裁判原则"辨识》，载《比较法研究》，2021(2)。

第十四章

证据的收集与保全

【引导案例】

　　广州市公安局曾发布《关于奖励市民拍摄交通违章的通告》（以下简称《通告》），让市民充当"义务监督员"，对违章车辆进行拍摄并以照片的形式向公安部门进行检举，检举者可获得一定奖励。赖某收到广州市公安局交通警察支队机动大队开具的《公安交通管理行政处罚决定书》，该决定书以市民孔某提供的照片为证据，认定赖某的车辆违反交通标志、标线规定，决定对其处以100元罚款。赖某不服，认为广州市公安局把群众提供的违章线索作为行政处罚依据不妥，证据收集必须由获得法定授权的行政机关来进行。赖某向广州市公安局提起行政复议申请，请求审查并撤销《通告》；同时请求撤销广州市交通警察支队机动大队作出的处罚。市公安局经过复议认为：《通告》合法，交警部门认定赖先生违章的法规依据不正确，遂裁定《通告》合法，并撤销广州市交通警察支队机动大队的处罚决定。赖某认为，市民依据广州市公安局发出的《通告》进行取证不合法，有超越职权之嫌疑。他请求法院判令撤销广州市公安局的行政复议决定书。广州市越秀区人民法院对这一行政案件进行审判，驳回赖某的诉讼请求。法院认为，广州市公安局发出的《关于奖励市民拍摄交通违章的通告》"属没有强制力的行政指导行为"，"不属于人民法院行政诉讼的受案范围"，所以不对《通告》进行审查。赖先生不服，提出上诉。同年，广州市中级人民法院作出二审判决，驳回了赖先生的诉讼请求，维持了一审法院的判决结果。但广州市中级人民法院认为，市民"拍违照片"不能直接作为处罚证据，因为依据《行政处罚法》的规定，调查取证是行政执法机关行使处罚权的组成部分，是不能委托公民行使的。

【本章概要】

　　本章是有关证据收集和保全的内容，主要包括证据收集概念、基本要求、常用方法和特殊方法以及证据保全的条件和程序。证据收集和保全是办案机关和当事人获取证据的基本渠道，也是正确认定案件事实的前提。

第一节 证据的收集

证据的收集与保全是证据收集主体和证据保全主体进行的具有前后连贯的活动。尽管法律对它们的规定是分开的，但在司法实践中却不是完全独立的。证据的保全伴随证据的收集而进行。只有收集证据后迅速进行保全或者在收集的同时进行保全，才有可能达到证据收集的目的。证据收集在整个诉讼活动中以及诉前都可以发生，而证据保全则常发生在审判之前。法庭审理过程一般不再涉及证据保全问题，特殊情况例外。

一、证据收集概述

（一）证据收集的概念和特征

证据收集，也称证据的调取，是指办案机关、律师、当事人及其法定代理人、诉讼代理人，依照法定程序以及合法的手段和方法，发现、固定、提取与案件有关的各种证据的活动。

证据收集是查明案件事实的前提，也是处理案件和解决争议的一项基础性工作，还是程序推进和发现真实的重要措施。由于诉讼模式、诉讼传统的不同，各国对证据收集的程序、方法、手段的要求也不尽相同，特别是法院作为中立的裁判机关是否可以庭外调查并收集证据差异较大。但是，各国法律在对证据收集程序和控制证据收集手段的规范方面却具有一致的方向。证据收集作为一项重要的诉讼活动具有以下特征。

1. 证据收集是严格依法进行的活动

证据收集不同于一般社会生活、工作中的调查活动，其活动本身既是诉讼权利（职权）行使的方式，也是一项严肃的诉讼行为。证据收集活动本身的性质和目的决定了它是一项法律性很强的工作，因其可能会影响到他人的正常工作和生活，甚至有可能限制、侵犯他人的合法权益，法律要求其依法进行。为此，法律对收集证据的主体、收集的程序、收集的手段、方法等方面作出了明确的规定，并为其设定了一定的界限以及一些禁止性规定，因为通过收集证据来查明事实真相的任务会受其他重要的利益所限制，特别是宪法所保障的基本个人权利的利益。

对办案机关来说，证据收集是一项法律性、政策性、纪律性很强的职权行为，法律在授予其职权的同时规定了严格的程序和限制性条件，并规定了一定的法律后果，旨在保障其职权在法定范围内行使，防止其权力滥用或者误用。如《刑事诉讼法》第 52 条规定："……严禁刑讯逼供和以威胁、引诱、欺骗以及其他非法方法收集证据……"证据收集不仅必须由法定机关的法定人员进行，其收集证据的方法、手段和过程也必须依法进行。收集证据的整个过程均必须符合法律的要求。

对当事人来说，证据收集属于一项权利。当事人以及"代理诉讼的律师和其他诉讼代理人有权调查收集证据……"收集证据不得以严重侵害他人合法权益、违反法律禁止性规定或者严重违背公序良俗的方法形成或者获取证据。尽管法律对其权利的行使程序和范围没有作出严格的限制性规定，但不允许采用"严重违反法定程序收集证据"以及"侵害他人合法权益或者违反法律禁止性规定的方法"收集证据，否则，收集的证据不具有证据能力。

2. 证据收集是一项复杂的诉讼活动

证据收集不仅是一项法律性、政策性很强的工作，而且是一项复杂的活动。其复杂性不仅是收集证据主体具有复杂性，既包括办案机关，也包括一般的公民、法人或者其他组织，而且其证据收集活动本身也具有复杂性，既有依职权主动收集证据的活动，也有行使权利进行的证据收集活动，还包括收集证据活动无法进行或者出现妨碍时，当事人申请办案机关进行的证据收集活动。同时，证据收集也是一个复杂的过程。案件事实发生在过去，对办案人员来说，对案件事实的了解是一个从一无所知到知之甚少再到逐渐知之全面的渐进性过程。

收集证据本身具有极为复杂的难度，能否收集到证据不仅取决于案件性质本身以及所处的环境条件，也受限于证据收集人员的能力、水平和采用的方法。无论是重大刑事案件的侦破，抑或普通民事诉讼或行政诉讼案件，证据收集相对其他诉讼活动来说，是一项极为复杂的活动。如对能够证明涉及违法案件真实情况的网站页面、上网记录、电子邮件、电子合同、电子交易记录、电子账册等电子数据进行提取、复制、固定，不仅要对提取、复制、固定电子数据的过程制作相关文字说明，还要记录案由、对象、内容以及提取、复制、固定的时间、地点、方法，电子数据的规格、类别、文件格式，提取、复制、固定电子数据的制作人、电子数据的持有人应当签名或者盖章，附所提取、复制、固定的电子数据。①

证据收集是审查判断证据认定案件事实的前提。没有证据收集，就没有证据的提供，更没有证据的审查判断。审查判断证据又为进一步收集证据指明方向。证据收集与审查判断证据的活动互为条件，相互作用，还有可能往复。

3. 证据收集是一项目的明确的法律活动

证据收集旨在促进案件事实的查明和事实真相的发现，从而保障案件得到公正合法的处理。对于办案机关来说，证据收集的目的在于查明案件事实和发现事实真相；对于当事人来说，证据收集则为证明自己的诉讼主张或者争议的事实。证据收集无论基于何种动机，均不得为了达到目的而不择手段、不问是非或者采用不计代价、不顾后果的方法，必须在合法的范围内采用法律不禁止的手段实现自己的目的。

在民事诉讼中，英美法系国家的证据收集由当事人自主决定，并有相关的制度保障；在大陆法系国家，证据收集对当事人来说存在一定的限制，强调办案机关对当事人证据收集的协助。

(二)证据收集的意义

证据收集是诉讼得以推进的条件，是审查判断证据的前提，也是运用证据证明案件事实的基础，在诉讼中具有特别重要的意义。

证据收集是诉讼最基本的活动。无论刑事公诉案件还是刑事自诉案件，也无论民事诉讼案件还是行政诉讼案件，整个诉讼过程均需要收集证据，这是诉讼赖以推进的基础。只

---

① 参见《最高人民法院、最高人民检察院、公安部关于办理网络赌博犯罪案件适用法律若干问题的意见》(公通字〔2010〕40 号)第 5 条规定。

有通过证据收集，才能获得推进诉讼的依据，才能保障诉讼活动的顺利进行。由于证据收集是一项艰苦复杂的工作，只有认真对待，才能及时避免证据的变化或者灭失，才能为诉讼活动提供足够的证据支持，否则诉讼活动无法开展。因此，证据收集在整个诉讼活动中处于根基性的地位。

证据收集是案件事实得以认定的基础。案件事实须经过对证据的质证、审查判断后才能辨明，才能够认定。对证据的审查判断是建立在收集的证据基础之上的，收集的证据的质量和数量直接影响对案件事实的判断。收集证据是否迅速及时，是否细致全面，是否真实客观，是案件事实能否准确认定的关键。证据收集的质量如何，不仅会影响到案件事实的认定，更会制约案件处理的质量，也是当事人合法利益能否得到有效保障的关键性因素。因此，证据收集不仅意义重大，而且在诉讼中作用也相当重要。

二、证据收集的基本要求

诉讼活动开展基本上是围绕着证据进行的，证据收集作为诉讼的基础性活动，需要法律对此进行严格的规范，以保证其活动能够严格依法进行，不因其影响社会正常秩序。

(一)证据收集必须依法进行

我国诉讼法对证据收集作了相对明确的规定。《刑事诉讼法》在"侦查"一章对证据收集方法规定得较为详细，《民事诉讼法》和《行政诉讼法》在"证据"一章中对证据收集的方法也有相关的规定，证据收集不得违反这些规定，必须依法进行。其"依法"主要包括以下内容。

(1)证据收集的主体应当为法定主体。《刑事诉讼法》赋予了公检法机关及其侦查人员、检察人员、审判人员收集证据的职权，他们有权也有职责向有关国家机关、企业、事业单位、人民团体和公民个人收集调取证据。这些权力不是无限的，仍受到法律的限制。监察机关、律师和行政执法机关也有权收集证据。如《监察法》规定："监察机关行使监督调查职权，有权依法向有关单位和个人了解情况，收集、调取证据"。《律师法》规定："律师自行调查取证的，凭律师执业证书和律师事务所证明，可以向有关单位或者个人调查与承办法律事务有关的情况。"

(2)证据收集不得采取法律禁止的方法。办案机关及其人员收集证据不仅不得违反法律的禁止性规定，如不得以刑讯逼供和以威胁、引诱、欺骗以及其他非法的方法收集证据，而且必须采用法律授权的手段或者措施收集证据。其他主体在证据收集时，也不得侵犯他人的合法权益或者采用法律禁止的方法。否则，收集的证据没有证据能力，情节严重的，还会受到相应的法律制裁。"搜集证据采用严重违反社会公德的手段，限制他人的精神和肉体上的自由等带有侵犯人格的方法去搜集时，这本身就是违法，因此不得不否定其证据能力。"①

(3)证据收集应当遵循法定的程序。证据收集主体收集证据活动应当依照法定程序进行，严重违反法定程序的，应当承担相应的法律后果。如《刑事诉讼法》规定："审判人员、检察人员、侦查人员必须依照法定程序，收集能够证实犯罪嫌疑人、被告人有罪或者无

---

① ［日］兼子一、竹下守夫：《民事诉讼法》，白绿铉译，108页，北京，法律出版社，1995。

罪、犯罪情节轻重的各种证据。"其法定的程序既包括内部的审批程序，也包括相应告知程序，还包括实施程序及相关手续。

(二)证据收集应当客观、全面

证据收集主体在收集证据时，应当坚持唯物主义反映论，从实际出发，实事求是，忠于事实真相。这里的客观是指从案件的客观实际情况出发，按照证据的本来面目去如实地收集，既不能用主观猜想去代替客观现实，也不能按主观需要去收集证据或者以自己的主观意志去寻找证据或任意取舍证据，更不能弄虚作假去伪造证据。全面是指从不同的角度去收集证明案件事实的证据，既不要夸大，也不要缩小。对于办案机关来说，收集证据不可先入为主、以偏概全，而应当收集能够证明当事人双方各自利益的各种证据。

(三)证据收集应当主动、及时

世界万物都处在运动变化之中，静止不变只是暂时的，诉讼中的证据作为材料也同样具有"易变性"的特点。在刑事诉讼中，犯罪人实施犯罪后，为了逃避惩罚往往破坏现场，隐匿、销毁罪证，转移赃物，订立攻守同盟，制造伪证和伪供以掩盖自己的罪行；有些物证会随着时间的流逝发生变化，甚至消失；存在于人头脑中的事实也会随着时间的流逝逐渐淡漠，甚至忘却。一旦收集证据的时机被延误，则会造成原本可以收集到的证据收集不到，本来可以证实的事实无法证实。在民事和行政诉讼中，当事人也应当根据案件的不同情况，及时收集证据或者主动申请办案机关调取证据。同时，办案机关对于当事人申请调取证据的，也应当迅速及时进行，不得拖延。因此，证据收集应当主动、及时进行，迟疑则会造成"真理的蒸发"。

(四)证据收集应当深入、细致

证据的数量和质量关系到办案的质量，这就决定了证据收集需要深入、细致。深入是指到案件实际中去，深入到群众中去，调查研究，收集一切与案件有关的证据。细致是指在收集证据的过程中，既要有严肃的态度，又要有缜密的作风，详细询问，仔细发现和了解细微的迹象以及一些可能存在证据的线索，不漏过任何疑点以及存在证据的蛛丝马迹；绝不能有丝毫的粗心大意，否则难以收集到应有的证据，会因证据收集不全给查明案件事实造成难以弥补的损失。

(五)证据收集应当科学、有效

社会关系的复杂以及科技的发达，使得诉讼中证据收集的难度也越来越大，特别是涉及高科技化和智能化的案件，如网络侵权及电信诈骗案件。证据收集必须借助强有力的现代科学技术手段以及专业人员，保障收集证据的有效性。证据收集不仅应当采用科学技术手段，同时也应当保障获得的证据具有有效性。一是证据收集采用的方法和手段应当具有科学性；二是收集证据的过程应当具有可靠性；三是收集证据的结果应当具有有效性；四是收集证据应当与待证事实或者案件事实有关，例如，对于借贷需要收集借据、收据、欠条等债权凭证以及其他能够证明借贷法律关系存在的资金流向证据。

证据收集可以借助于高科技手段去发现、提取各种证据，如形貌显示与放大技术、组成与结构分析技术(如色谱、光谱分析)、法医生物学技术(如 DNA 分型技术)、激光技术以及区块链等现代信息技术。但是高科技手段的运用不得侵犯他人的合法权益(如隐私权)

和妨碍他人的正常生活或者工作秩序。

证据收集的基本要求因证据收集主体不同存在差异，对办案机关和行政机关更是具有特殊的要求，其证据收集不仅是一项职权，也是应当履行的职责；不仅要收集对其有利的证据，也应收集对其不利的证据，不得偏袒、懈怠，在证据收集上的要求比当事人更为严格，其行为也比当事人更为规范。

三、证据收集的基本方法

证据收集应当根据证据的不同特点，有针对性地采用与之相对应的收集方法，保障收集的证据具有证据能力，同时不因收集方法的不当而影响其客观性和真实性。证据收集主体不同，拥有的证据收集权力(利)不同，其能够采用的收集手段、方法也不同。

(一)办案机关收集证据的基本方法

办案机关收集证据应当采用法律授权的方法，当事人收集证据不得采用法律禁止的方法。这些方法包括一般性的方法和特殊性的方法。

1. 办案机关收集证据的一般方法

(1)勘验、检查、搜查和扣押、封存的方法。勘验、检查、搜查和扣押是诉讼中带有强制性的收集证据的方法，是收集证据的重要手段，主要适用于收集物证、书证、视听资料和电子数据。

勘验、检查是法定主体对与案件有关的场所、物品、人身、尸体等进行的收集证据的活动。勘验作为证据收集方法可以运用于各种诉讼中；检查仅仅运用于刑事诉讼。勘验、检查人员应当将勘验、检查情况和结果制作笔录，由勘验、检查人员、当事人和被邀请参加人签名或者盖章。[①]

搜查是针对隐藏犯罪证据的人的身体、物品、场所进行搜索。搜查主要用于刑事诉讼。搜查人员应持有"搜查证"，被搜查人的家属或邻居作为见证人在场，并将搜查时的情况制作笔录。搜查笔录上要有被搜查人、见证人和搜查人员的签名或盖章。搜查女性的身体，应当由女工作人员进行。

扣押是法定主体对与案件有关的物品、文字或者视听资料电子数据予以暂时扣留的诉讼活动。扣押应当有见证人在场，开列一式二份的扣押清单。清单上写明物品名称、数量、质量、特征等情况，由有关人员签名盖章后，一份交持有人，一份附卷。

封存是法定主体对可能转移、隐匿、篡改或者毁损的文件、资料、电子设备等采取的登记保存方法。如《反洗钱法》规定："调查人员封存文件、资料，应当会同在场的金融机构工作人员查点清楚，当场开列清单一式二份，由调查人员和在场的金融机构工作人员签名或者盖章，一份交金融机构，一份附卷备查。"

(2)询问的方法。询问主要用于当事人(被害人)陈述和证人证言的收集。询问人员在询问证人、当事人(被害人)时，应对不同态度的证人、当事人(被害人)采取不同的方法。司法实践中一般采用证人、被害人自由陈述和回答相结合的方法，先由证人自由陈述，当其陈述不够完善时，可以时适引导，但不得暗示、诱导，更不得采用暴力、胁迫和威胁的

---

① 对于现场勘验可参照公安部《公安机关刑事案件现场勘验检查规则》(公通字〔2015〕31号)执行。

方法。

询问应当个别进行并依法制作个别询问笔录一般采用询问制作询问笔录。询问笔录应当交被询问人核对。记载有遗漏或者差错的，被询问人可以要求补充或者更正。被询问人确认笔录无误后，应当签名或者盖章；询问人员也应当在笔录上签名。

（3）讯问的方法。讯问的方法只能用于犯罪嫌疑人、被告人。办案机关讯问被羁押的犯罪嫌疑人、被告人时，应当开具提审证，在看守所内进行。犯罪嫌疑人、被告人没有被羁押的，办案人员应当出示其机关的证明文件，可以将犯罪嫌疑人、被告人传唤到其所在市、县的指定地点或者到其住处进行讯问。办案人员讯问犯罪嫌疑人、被告人时，应当先告知其申请回避的权利和聘请律师的权利。

讯问犯罪嫌疑人、被告人的方法为：①讯问自然情况。讯问犯罪嫌疑人、被告人时，应当问明被讯问人的姓名、年龄、职业、家庭住址和个人简历等自然情况，如实填写讯问笔录的有关事项。对于不讲明真实姓名、住址的，可按其自报姓名填写并加注明。②询问是否有罪，让其陈述和辩解，然后提出问题。③讯问应当个别进行。④讯问人员不得少于二人。⑤拘捕后须在 24 小时内进行讯问。⑥不得以刑讯逼供和以威胁、引诱、欺骗以及其他非法的方法讯问犯罪嫌疑人、被告人。⑦制作录音、录像。录音、录像应当不间断地进行并制作双份：一份封存保管以备发生争议时启用，一份供法院使用。同时，讯问犯罪嫌疑人、被告人时应当保障其合法的诉讼权利。这些诉讼权利主要包括：①犯罪嫌疑人、被告人有权用本民族语言回答讯问和用本民族文字书写供词；②犯罪嫌疑人、被告人有权进行无罪、从轻或者减轻、免除刑事责任的辩解；③犯罪嫌疑人、被告人有权拒绝回答与本案无关的提问；④犯罪嫌疑人、被告人有权要求阅读或向其宣读讯问笔录以便核对并进行补充或更正；⑤犯罪嫌疑人、被告人有权对讯问人员非法讯问和侮辱人格的言行提出控告；⑥未成年的犯罪嫌疑人、被告人在接受讯问时，有权要求依法通知其法定代理人到场。

（4）鉴定的方法。对案件事实涉及专门性问题时，可以采用鉴定的方法收集证据。因无鉴定机构，或者法律、司法解释有规定的，可聘请有专门知识的人就案件的专门性问题出具报告。

2. 办案机关收集证据的特殊方法

证据收集的特殊方法主要适用于在刑事诉讼中的侦查机关，同时履行审批程序。这些特殊的方法主要有以下几种。

（1）辨认的方法。辨认是有组织、有计划地让有关人员对与案件有关的人和物进行分析辨别的方法。它是收集证据的重要方法之一。这种方法可分为对人的辨认、对物的辨认以及对场所的辨认。

对人的辨认主要适用在刑事案件中的强奸、诈骗、抢劫等案件。辨认犯罪嫌疑人时，被辨认的人数不得少于七人；对犯罪嫌疑人照片进行辨认的，不得少于十人的照片。

对物的辨认主要包括对现场遗留物的辨认以及对案件中其他物证的辨认，对作案工具、赃物的辨认等。辨认物品时，同类物品不得少于五件，照片不得少于五张，公安机关规定不少于十张。

由于辨认的结果影响到案件的处理，有些错案的发生是由于辨认错误而导致的，因此，对辨认的方法须持慎重的态度；辨认中不能给辨认人以任何暗示，应采用混杂辨认，对辨认的结果不可盲目听信；辨认应当制作笔录。

（2）侦查实验的方法。《刑事诉讼法》规定："为了查明案情，在必要的时候，经公安机关负责人批准，可以进行侦查实验。"侦查实验的结果一般不能作为肯定案件事实存在的证据，但可作为否定性证据。

（3）通缉、堵截的方法。通缉、堵截是侦查活动收集证据的一种方法。这种方法用于犯罪嫌疑人实施犯罪后潜逃，转移物证等情况。通缉、堵截可以缉拿犯罪嫌疑人以及赃款赃物和案件中的各种物证。这种方法较之其他收集证据的方法，时间性更强，要求及时、迅速和果断。

（4）技术侦查方法。侦查人员自己或者指派的其他人员依法采取秘密方式或者技术侦查获取的证据，可以直接作为证据提交法庭。采取上述方式获取证据的，获取人应将获取该证据的时间、地点、经过，获取人的姓名等制作成笔录附卷。

另外，办案机关有权向有关单位和个人收集调取证据。民事诉讼、行政诉讼中，法院有权向有关单位、公民调取证据。在调取证据时，应当出具一式二份《调取证据通知书》和《调取证据清单》。一份交被调取单位和个人保存，一份存卷备案。涉及国家秘密和被调取单位商业秘密以及个人隐私的证据，应当严格保密。同时，制作调取证据的笔录，调取证据的人员应在笔录上签署姓名和日期。

（二）当事人收集证据的方法

法律没有规定当事人收集证据的方法，却存在一些限制性使用的方法，即"严重侵害他人合法权益、违反法律禁止性规定或者严重违背公序良俗"。当事人收集证据的方法主要是查阅、复制案件有关材料。当事人或者辩护律师、诉讼代理人因客观原因不宜或者不能、无法收集与案件事实有关的证据时，可以向有关办案机关申请收集调取证据。其申请应当符合与待证事实关联、对证明待证事实有意义或者其他调查收集必要的条件和履行相应的程序，在不同的诉讼程序中有着不同的规定。

1. 刑事诉讼中的申请调查收集证据的方法

根据法律和司法解释的规定，受委托的律师根据案情的需要可以申请检察院、法院收集、调取证据。检察院根据辩护律师的收集、调取证据申请，认为需要调查取证的，可以收集、调取。在收集、调取证据时，申请人可以在场。法院认为辩护律师不宜或者不能向证人或者其他有关单位和个人收集、调取并确有必要的，应当同意辩护律师的申请。对于申请调取在调查、侦查、起诉期间监察机关、公安机关、检察机关收集证明被告人无罪或者罪轻证据材料未随案移送的，法院应根据辩护律师的申请收集、调取的证据。

2. 民事诉讼中的申请调查收集证据的方法

当事人及其诉讼代理人因客观原因不能自行收集证据的，可以申请法院调查证据。当事人及其诉讼代理人申请法院调查证据应当符合下列条件：（1）申请调查收集的证据属于国家有关部门保存并需法院依职权调取的档案材料；（2）涉及国家秘密、商业秘密、个人隐私的材料；（3）当事人及其诉讼代理人确因客观原因不能自行收集的其他材料。

另外，法院认为审理案件需要的证据可以自行收集。这些证据主要涉及可能有损国家利益、社会公共利益或者他人合法权益的事实或者依职权追加当事人、中止诉讼、终结诉讼、回避等与实体争议无关的程序事项。一般情况下，法院不主动调查证据，由当事人申请调取。

申请书应当载明被调查人的姓名或者单位名称、住所地等基本情况，所要调查收集的证据的内容，需要法院调查收集证据的原因及其证明的事实；一般也应当提供调查收集的证据线索。这些线索主要包括证据的内容、能证明的事实、证据的位置、由谁掌控等情况。

3. 行政诉讼中的申请调查收集证据程序

在行政诉讼中，原告或者第三人可以自行收集，也可以申请法院调取证据。这些证据主要有：(1)由国家有关部门保存而须由法院调取的；(2)涉及国家秘密、商业秘密、个人隐私的；(3)确因客观原因不能自行收集的。

当事人申请应当在举证期限内提交申请调取证据申请书。对于符合条件的，法院应当及时决定调取；对经调取未能取得相应证据的，应当告知申请人并说明原因。

对于不符条件的，法院应当向申请人及其诉讼代理人送达通知书，说明不准许调取的理由。申请人可向受理申请的法院申请复议一次。法院应当及时作出复议决定。

第二节　证据的保全

一、证据保全的概述

(一)证据保全的概念和特征

证据保全是指为了防止证据自然灭失、人为毁坏、不能使用或者以后难以取得而对证据的客观性采取的一种保护性措施。

证据保全作为一种证据制度源于寺院法，后继受德国普通法影响沿传至今，并被大陆法系国家所采用。它是固定证据的一种方法，也是保护证据的一种制度。我国《民事诉讼法》和《行政诉讼法》对证据保全作了相应的规定，《海事诉讼特别程序法》对此设专章予以规定。它主要适用民事诉讼、行政诉讼的审前程序。刑事诉讼、民事诉讼和行政诉讼都存在证据保全问题，由办案机关协同当事人固定与保护。由于刑事诉讼绝大多数案件属于公诉案件，由办案机关收集证据；在行政诉讼案件中由行政机关在作出行政行为前收集证据，行政机关在收集证据的过程中会对有些证据进行固定和保护。在多数情况下，当事人收集证据有可能会受到阻碍，需要办案机关协助保全，以免自己的合法权益因证据的灭失而得不到保障。民事诉讼中，收集证据的主体主要是当事人，由于当事人收集证据的权利与能力往往受到一定条件的限制，特别需要法院协助，特定条件下也需要公证机关来实施。对证据保全制度来说，民事诉讼是最为典型的。

证据保全是收集证据的一个重要内容，也是收集证据不可分割的一部分，还是收集证据的一个环节。发现的证据，如果不及时固定提取或者妥善保管，则会因自然或人为的原因灭失或者毁掉从而失去证明案件事实的效力，最终使法律应当保护的合法权益因缺乏证据支持难以获得真正的保护。证据保全作为固定和保护证据的一项活动，往往伴随着证据收集活动进行。其本身含有证据收集的成分，但仍与证据收集存在差别。证据保全具有以下特征。

1. 证据保全主体为法定主体

实施证据保全的主体除办案机关外，还包括其他法律明确规定的有权机关，如公证机关和行政机关。证据保全程序不仅必须依法启动，而且还必须有法定主体依法进行。我国《民事诉讼法》规定："在证据可能灭失或者以后难以取得的情况下，当事人可以在诉讼过程中向人民法院申请保全证据，人民法院也可以主动采取保全措施。"证据保全程序可以由诉前的申请人或诉讼中的当事人提出申请而启动。公证机关和行政机关实行证据保全必须以申请人或当事人的申请为前提，[①] 不得自主进行，否则不具有效力。一般情况下，法院在诉前不得主动依职权进行。

2. 证据保全是一种法律行为

证据保全应当依据法定条件启动，其条件为证据将会发生灭失或者以后难以取得，并对确定事物的现状有法律上利益且有必要。如《著作权法》第 57 条规定："为制止侵权行为，在证据可能灭失或者以后难以取得的情况下，著作权人或者与著作权有关的权利人可以在起诉前依法向人民法院申请保全证据。"证据所要证明的案件事实是否重要不是实施证据保全的必具备条件，但证据保全需要符合法定的情形和形式。对申请人为迫使对方当事人或者第三人提出有利于自己的证据而申请的保全、对非法财产申请的保全或者为了不正当目的对他人隐私申请的保全，因保全目的的不正当而不符合法律的要求，有关机关或者部门不得进行保全。

3. 证据保全是一个独立的程序

证据保全具有独立的程序地位，是当事人和办案机关预先调查收集证据和固定与保存证据的程序，一般会与证据收集同时进行，但多数发生在法庭开庭之前；在特殊情况下，也可以在审判活动中进行，将其作为"诉讼程序的附随程序"。[②] 证据保全具有证据收集的属性，属于证据收集的一种特殊方法或形态。

(二)证据保全的性质和意义

关于证据保全的性质主要有非讼事件说、诉讼事件说和折中说三种观点。非讼事件说认为，证据保全的目的主要在于及时保存证据，并非一定需要对方当事人的参与，不强调当事人双方的对立性，不具有诉讼的形态。诉讼事件说认为，证据保全的目的并非仅仅是为了保全证据，而在于为将来进行诉讼而预先进行证据调查及事实认定。折中说认为，主张证据保全兼具诉讼事件和非讼事件的两种性质。

我国《海事诉讼特别程序法》《商标法》《专利法》《著作权法》《最高人民法院关于诉前停止侵犯注册商标专用权行为和保全证据适用法律问题的解释》以及其他司法解释中对于诉前证据保全作出了较为全面的规定。从这些规定来看，无论是诉前的证据保全还是诉讼中的证据保全，均受诉讼法的调整与规范，是一种为了争议案件的解决而预先进行的证据调

---

① 对于公证机关是否作为证据保全的法定机关在理论上还存在不同观点。参见占善刚：《民事证据法研究》，275—276 页，武汉，武汉大学出版社，2009。

② ［日］新堂幸司：《新民事诉讼法》，林剑锋译，424 页，北京，法律出版社，2008。

查活动，作为一项制度不应因其预先进行而发生性质上的变化，具有诉讼的性质。从立法上考察，在德国，证据保全一向被区分为两种意义，并将其归结为诉讼和非诉讼两种不同的程序性质。前者是指为了保障将来能够依据可靠的证据公正地进行诉讼而预先进行证据调查及事实认定的活动；后者是指为了永久性地留存记忆而保全证据的行为。其性质在学说上也存在不同观点。一种观点认为，证据保全具有诉讼性。证据保全虽有诉前和诉后两种类型，但原则上二者的性质并没有什么不同。诉前证据保全，虽未必与某一特定诉讼事件相连，带有非讼事件的要素，但其定位与诉后证据保全相同，均是为了实现诉讼请求的程序，是附随于案件的程序，与诉讼程序都采用同样的证据调查方法。另一种观点认为，证据保全既有诉讼性又有非诉讼性。在证据可能灭失或以后难以取得时，为"保全证据"而进行证据保全，其目的与在对立当事人之间为事实之确定并不相同，这种形式的证据保全具有非讼性。

在传统意义上，证据保全是在证据有可能灭失或以后将难以取得的情况下所采取的保全证据的措施，多数属于情况比较紧急的情形，即如果不立即采取证据保全措施，证据就会发生灭失或难以取得的危险。现代证据保全已不再以证据的紧急性为要件，特别是公证机关的证据保全，不再以证据处于灭失或以后难以取得的危险状态作为必备条件。证据保全的目的在于保证证据的真实性和证明力，它对以后案件处理起着重要作用。因为诉讼是一个过程，实施这一活动需要一定的时间，其需要保全证据无论在内容上还是在形式上在这一过程中均会处在一个相对不稳定的状态，可能因时间的流逝或者环境的迁移而发生变化；如果不及时进行证据保全会给以后的案件处理带来一定困难，甚至给当事人或者利害关系人带来高昂的成本。因此，对于那些可能灭失或以后难以取得的证据，证据保全的机关应根据当事人的申请或依职权主动及时予以保全，以便在诉讼中更好地发挥其证明案情的作用。

二、证据保全的程序

(一)证据保全的条件

根据《民事诉讼法》和《行政诉讼法》的规定，证据保全应当具备证据可能灭失或以后难以取得等条件。

1. 证据有可能灭失

证据有可能灭失是指证据有不复存在或者不能再使用的可能，如证人可能因疾病死亡，物证可能因腐烂变质失去原有形态或灭失，以及对方当事人的行为有消灭、变更及毁损的危险等。

2. 证据以后难以取得

证据以后难以取得是指证据虽然不至于灭失或在将来可能存在，但因主观或者客观原因将来难以调取或者获得会遇到相当的困难或者成本过高，如证人即将出国定居等。

对于是否有必要采取证据保全，其衡量的主要依据是证据可能由于自身的原因发生自然变化，如不采取一定保全手段处理就无法保持其正常状态，或者证据持有人在利益的驱动下有可能故意毁损、转移、藏匿、篡改证据，从而存在改变证据常态的可能性。这里要求的是一种"可能性"，而不是一种"必然性"。但是，可能性不是毫无根据主观推测或者臆想，尽管不需要有足够的证据来证明，但仍需要达到释明的程度。

一般来说，对于符合上述条件之一的，当事人或者利害关系人可以向法院或者公证机关提出证据保全的申请，或者法院在诉讼中也可以依职权主动采取保全措施。

(二)证据保全的程序

证据保全分为诉前证据保全和诉讼中证据保全，也可分为公证机关的证据保全和人民法院的证据保全。证据保全可由当事人(包括诉讼参与人)在诉讼前提出，也可以在诉讼过程中提出；法院也可以依职权主动采取，但公证机关不得主动进行。

1. 申请证据保全的期限

在民事诉讼中，当事人或者利害关系人向法院申请保全证据应当在举证期限内；在行政诉讼中，应当在举证期限届满前。申请公证机关证据保全的没有期限限制。

2. 提交证据保全申请书

当事人或者利害关系人认为需要保全的，应当提交申请书。申请书一般包括以下内容：(1)需要保全证据的名称和地点；(2)证据保全的内容和范围；(2)保全的证据与案件事实的关系；(3)对此项证据需要保全的理由。《最高人民法院关于诉前停止侵犯注册商标专用权行为和保全证据适用法律问题的解释》(法释〔2002〕2 号)规定："商标注册人或者利害关系人向人民法院提出诉前停止侵犯注册商标专用权行为的申请，应当递交书面申请状。申请状应当载明：(一)当事人及其基本情况；(二)申请的具体内容、范围；(三)申请的理由，包括有关行为如不及时制止，将会使商标注册人或者利害关系人的合法权益受到难以弥补的损害的具体说明。""商标注册人或者利害关系人向人民法院提出诉前保全证据的申请，应当递交书面申请状。申请状应当载明：(一)当事人及其基本情况；(二)申请保全证据的具体内容、范围、所在地点；(三)请求保全的证据能够证明的对象；(四)申请的理由，包括证据可能灭失或者以后难以取得，且当事人及其诉讼代理人因客观原因不能自行收集的具体说明。"

3. 提供证据保全的证据

当事人或者利害关系人应提出一定证据证明证据保全的事由。其理由说明申请证据保全符合法定条件和必要性。如《最高人民法院关于诉前停止侵犯注册商标专用权行为和保全证据适用法律问题的解释》规定："申请人提出诉前停止侵犯注册商标专用权行为的申请时，应当提交下列证据：(一)商标注册人应当提交商标注册证，利害关系人应当提交商标使用许可合同、在商标局备案的材料及商标注册证复印件；排他使用许可合同的被许可人单独提出申请的，应当提交商标注册人放弃申请的证据材料；注册商标财产权利的继承人应当提交已经继承或者正在继承的证据材料。(二)证明被申请人正在实施或者即将实施侵犯注册商标专用权的行为的证据，包括被控侵权商品。"

4. 审查证据保全申请的决定

证据保全一般由证据保全所在地法院审查，以便有利于及时进行证据保全。如《海事诉讼特别法》规定，当事人在起诉前申请海事证据保全的，应当向被保全的证据所在地海事法院提出。法院对于证据保全申请应当进行审查，对于符合证据保全条件的，应当在 48 小时内作出裁决。裁决采取证据保全措施的，应当立即执行；对不符合证据保全条件的，应当裁定驳回申请人的申请。申请人向公证机关申请证据保全的，一般不受地域限制。

5. 提供证据保全的担保

当事人在起诉前提出申请的，法院认为需要采取证据保全措施的，应通知申请人提供担保并于一定时期内提起诉讼。起诉后提出申请的，由法院审查决定。诉前保全证据可以由公证机关实施；在一些特殊情况下，由公证机构保全证据有困难的，当事人可以申请法院证据保全。法律、司法解释对诉前保全证据有规定的，法院应当依照其规定执行。《最高人民法院关于对诉前停止侵犯注册商标专用权行为和保全证据适用法律问题的解释》规定："申请人提出诉前停止侵犯注册商标专用权行为的申请时应当提供担保。申请人申请诉前保全证据可能涉及被申请人财产损失的，人民法院可以责令申请人提供相应的担保。"[①]

6. 证据保全的效力

证据保全的效力仅仅及于被保全的证据本身，与待证的案件事实无关。对于保全的证据，双方当事人均可利用，需在诉讼的辩论中予以陈述。也就是说，证据保全后，由当事人在诉讼中有所引据陈述，法院才能将其纳为裁判的依据。

7. 证据保全的救济

当事人或者利害关系人对法院证据保全裁定不服的，可以在收到裁定书后，申请原作出裁定的法院复议一次；法院在收到复议申请后应当作出复议决定。被请求人对于证据保全裁定不服申请复议，复议理由成立的，法院应当将保全的证据返还被请求人。证据保全申请有错误的，申请人应赔偿被申请人因其所遭受的损失。

在起诉前认为需要保全证据的利害关系人，也可以向公证机关提出，由公证机关予实施。公证机关采取保全措施时，只能依照利害关系人的申请来进行，不能主动采取保全措施，保全证据没有期限的限制。

三、证据保全的基本方法

《海事诉讼特别程序法》《仲裁法》《公证法》《最高人民法院关于民事诉讼证据的若干规定》对证据保全的方法作出了规定，其主要方法为查封(封存)、扣押、拍照、录音、录像、复制、鉴定、勘验、制作笔录等。

(一)对言词证据的保全

对证人证言、被害人陈述、被告人供述、当事人的陈述等证据的保全方法，一般应当通过询问(讯问)，制作询问(讯问)笔录的方式；同时可以进行录音、录像。笔录的制作要完全符合叙述人的原话、原意，不能断章取义，不能任意取舍或删减。记录完毕后，要履行法定的核对程序，将笔录交由叙述人阅读；无阅读能力的，可向其宣读。有误或需要更改的，应当予以更改；更改后经叙述人确认无误后，签名盖章或按指印。已形成的笔录不得重新抄写或更改，录音、录像并应附卷保存。

---

① 对于诉前保全存在不同的观点。有观点认为由法院进行诉前证据保全实质上是用审判权干涉当事人的诉权，属于审判权滥用。参见张金兰、许继学：《论诉前诉讼证据保全的违法性》，载《法学评论》，2000(3)。

(二)对实物证据的保全

物证、书证、视听资料、电子数据可通过现场勘查、扣押、查封、复制、鉴定、调取、接收等方法，采用绘图、拍照、鉴定、固定、录像等方法予以保全，并制作笔录，如对与案件有关的各种痕迹，可用照相、录像，或者静电、石膏的办法固定和提取，同时应对拍摄的时间，进行必要说明，并制作笔录。扣押、复制、调取、接受的物证、书证必须开列清单，写明物品文件的名称、数量、性质、特征和物主的姓名，提取的时间，地点等情况，由原持有人、见证人，提取人共同签名或盖章。清单一式两份，一份交物主，另一份附卷。如原物易腐烂不易保存，可拍照记录后再作出处理，并制作笔录。电子数据可采用第三方即时加密固定其内容和形成时间，生成数据唯一数字标识。

涉及国家秘密的物证、书证、电子数据，或有色情、淫秽内容的书刊、音像材料，应由专人保管，不得泄密，不得扩散，案件终结后按有关规定作出处理。

法院采取证据保全措施时，可以要求当事人或者诉讼代理人到场，以便对证据保全活动予以监督，但当事人或者诉讼代理人不到场的，不影响法院采取证据保全措施。

【问题与思考】

最高法院在(2008)民申字第 926 号案件中认为，当公证行为在公证处以外的场所进行，公证所用的电脑及移动硬盘在公证之前不为公证员控制，且公证书中没有记载是否对该电脑及移动硬盘的清洁性进行检查的情况下，此类公证书虽能证明在公证员面前发生了公证书记载的行为，但不足以证明该行为发生于互联网环境中。在上述引例中，市民提供证据作为行政机关处罚的依据，存在行政机关将收集证据的职权委托给市民的分歧。根据案件情况，参考最高法院对公证行为认定，结合本章内容，思考下列问题：(1)当事人因客观原因无法收集证据时，如何进行证据的收集？(2)该案件保全证据应当遵循何种法律程序？(3)公证机关保全的证据能否不经过审查直接作为定案的根据？(4)行政机关或者公安机关"悬赏通告"获得的证据符合办案机关收集证据的职权要求吗？(5)在诉讼中，如何向法院申请证据保全？

【延伸阅读】

1. 张金兰、许继学：《论诉前诉讼证据保全的违法性》，载《法学评论》，2000(3)。
2. 毕玉谦：《证据保全程序问题研究》，载《北京科技大学学报》(社会科学版)，2001(2)。
3. 崔婕：《证据收集制度》，载《现代法学杂志》，2002(3)。
4. 陈雪萍、饶彬：《论建立我国民事诉前证据保全制度》，载《当代法学》，2003(6)。
5. 熊跃敏：《法官职权调查证据的比较研究》，载《比较法研究》，2006(6)。

第十五章

证据适用程序

【引导案例】

1995年12月，中国银行中山分行(以下简称中行)和中山市工业原材料公司(被告一)签订两份借款合同，被告一分别借款200万美元和125万美元，中山市城乡建设发展总公司(被告二)进行了担保。后被告一获得该325万美元借款。1996年5月，被告一向中行出具借款1 611 031.25美元的申请，并签订了借款合同，被告二提供担保。1999年，中行对该三笔借款进行催款，其中的借款不是合同中的1 611 031.25美元，而是161.1万美元，两被告签收该催款通知。2000年，中行将上述债权转让给中国东方资产管理公司广州办事处(原告)，并公证通知。2002年、2003年，原告多次催讨该款。后原告诉至法院。被告一对于325万美元没有异议，但是对于借款161.1万美元称没有收到该借款，原告未提供相应的划款凭证。广东省高级法院认为原告称借款为1 611 031.25美元，但是催款通知却为161.1万美元，并且借款期限为1996年12月到次年12月，与原告诉称该贷款发生的时间为1996年5月不符。驳回原告要求的161.1万美元的诉讼请求。对于被告二的担保，由于被告二对于325万美元的保证期间为1996年12月后的两年，原告没有证据证明在该保证期间主张过权利，故被告二可以免除保证责任。原告不服上诉，最高人民法院另查明1996年，被告一向中行提交报告称其于1995年的借款由于资金紧张，故本息1 611 031.25美元未支付，请求给予帮助。二审质证时，原告提交了中行和案外人建行的资金拆借合同，中行向建行借款1 611 031.25美元，该资料为复印件，一审提交给法院，法院没有质证。二审原告提交了催款通知书以证明主张保证的权利没有过诉讼时效。两被告对于催款通知书上的盖章认可，但是认为原告在二审才提出上诉证据，已经超过举证期限，不同意质证。最高人民法院认为关于1 611 031.25美元的借款，原告提供的证据已经形成了一个证据链，故法院认定被告一应该承担还款责任。对于原告在二审提交的证据以证明原告没有超出保证期限故被告二应该承担保证责任，法院认为尽管被告认为举证期限已经超过，但是法院可以根据个案情况决定主持质证，法院认为被告二应该承担保证责任。

【本章概要】

本章是有关证据的具体适用程序的内容，主要包括举证程序、质证程序和认证程序。其中，举证程序涉及举证的主体、期限和方法；质证程序主要是交叉询问；认证程序主要涉及证据的采纳和采信。

第一节　举证程序

当事人或者控方发动诉讼需要有一定的证据支持，特别是起诉或者提起公诉，均应提供足够的证据。举证是庭审质证、认证的基础与前提。

一、举证程序概述

举证程序，也称为提供证据程序，是指负有举证责任的主体在法定期限内向法院提供证据来证明案件事实和论证诉讼主张的程序。举证程序是证据适用的启动程序，也是证据进入审判程序的最初阶段，对诉讼的顺利进行具有重要的意义。举证程序具有以下特征。

(一)举证程序是当事人或者控方发动审判活动的必经阶段

举证程序一般限定在审判阶段，主要包括举证主体、举证方式、举证期限、证据交换及其相应的法律后果等内容。

刑事诉讼中，检察机关提起公诉应当向法院移交案卷和证据；自诉案件中，自诉人应当提供能证明被告人犯罪事实的证据材料。

民事诉讼中，当事人应向法院提供符合起诉条件的证据。这些证据主要包括作为原告的公民、法人和其他组织的身份证明，原告诉讼权利能力和诉讼行为能力的证据，或者原告代理人有代理权的证据；被告的身份证明，被告诉讼权利能力和诉讼行为能力的证据，或者被告代理人有代理权的证据；作为原告诉讼请求基础的事实理由的证据；法院有主管和管辖权的原因事实的证据。

行政诉讼中，原告应向法院提供符合起诉条件的相应的证据材料；在起诉被告不作为的案件中，提供其在行政程序中曾经提出申请的证据；在行政赔偿诉讼中，提供被诉行政行为造成损害的事实提供证据。原告应对其提交的证据分类编号，对证据的来源、证明对象和内容作简要说明，签名或者盖章，注明提交的日期。

举证程序所提供的证据属于起诉证据，也被称为证据材料。当事人或者控方只有向法院提供了这些证据，并达到了法律的基本要求，才有可能使审判程序得以启动。

(二)举证程序是审判程序得以展开的重要条件

当事人或者控方只有向法院提供证据后，经过法院审查认为符合开庭条件的，审判程序才能够被展开；否则，法院要求当事人或者控方补充证据或者不予受理。

刑事诉讼中，对公诉案件需要补充证据的，法院应当通知检察机应当补送；自诉案件中，对于法院已经立案的，经审查缺乏罪证，如果自诉人提不出补充证据的，应说服自诉人撤诉或者裁定驳回起诉。民事诉讼、行政诉讼中，法院对当事人提出的证据予以审查，对于符合起诉条件的，予以立案；在立案后仍需在举证期间内提供相关证据。

举证程序中应当分清起诉证据和支持诉讼请求的证据。在民事诉讼、行政诉讼中，原告是否提供足够支持诉讼请求的证据，属于诉讼过程中的举证问题，一般应当在举证期限内完成。

二、举证期限

(一)举证期限的概念与功能

举证期限是指当事人或者控方向法院履行提供证据的责任期间。在举证期限内，当事人或者控方应当向法院提交证据，如果在举证期限内不提交证据或者提交的证据不符法定要求，视为放弃举证的权利，承担法院不予采纳的法律后果。

法律或者司法解释设定举证期限的目的，是防止当事人或者控方随时提出证据或者在庭审中搞突然袭击，造成案件争议无法确定，甚至出现法院重复开庭等浪费司法资源以及影响诉讼效率的问题；同时，还具有调动当事人或者控方提交证据的主动性，促使其积极履行举证义务，以利于案件及时审理。由于法律规定了审结案件期限，法院就应当根据不同案件的具体情况，对整个诉讼活动作出科学、合理的安排，要求当事人在合理的期限内提供证据。如果允许当事人可以随时提出证据，庭审的正常秩序就难以维护，影响其功能的正常发挥。

(二)举证期限的适用

举证期限与举证责任密切相关，它是落实举证责任的重要步骤，也是确定当事人承担不利法律后果的基础性程序。我国《民事诉讼法》《行政诉讼法》及其司法解释对此均有规定，举证期限主要限于民事诉讼和行政诉讼。在民事诉讼中因简易程序和普通程序的不同，存在不同的举证期限要求。

民事诉讼中，法院应当在审理前的准备阶段向当事人送达举证通知书。举证通知书应当载明举证责任的分配原则和要求、可以向法院申请调查收集证据的情形、法院根据案件情况指定的举证期限以及逾期提供证据的法律后果等内容。举证期限可以由当事人协商，并经法院准许。举证期限届满后，当事人提供反驳证据或者对已经提供的证据的来源、形式等方面的瑕疵进行补正的，法院可以酌情再次确定举证期限。法院应当根据当事人的举证能力、不能在举证期限内提供证据的原因等因素综合判断；必要时，可以听取对方当事人的意见。当事人根据法庭审理情况变更诉讼请求的，法院应当准许并可以根据案件的具体情况重新指定举证期限。

行政诉讼中因采取举证责任倒置，被告对被诉行政行为负有举证责任。被告应当在收到起诉状副本之日提供证据以作为被诉行政行为的全部证据和所依据的规范性文件。被告不提供或者无正当理由逾期提供证据的，视为被诉行政行为没有相应的证据。原告或者第三人提出其在行政程序中没有提出的反驳理由或者证据的，经法院准许，被告可以在第一审程序中补充相应的证据。被告有正当理由需要延期举证的，可在接到起诉状副本之日向法院申请延期举证期限。被告向法院提供的规范性文件不受举证期限的限制。

在民事诉讼中，没有法定理由或者正当理由而逾期举证的，会造成证据失权的法律后果。这种法律后果包括两层含义：一是当事人逾期举证则丧失提出该证据的权利；二是法院对当事人逾期提供的证据，即使是真实的，也不得作为定案的根据。

这一制度对于促进当事人积极举证、提高诉讼效率具有积极的意义。但是，在执行上不宜过于机械，否则会出现一些不良的效果，造成实体的不公。

（三）举证期限的例外

1. 当事人同意质证的例外

当事人在举证期限内不提交证据会有导致证据失权的法律后果，法院审理时不组织对该证据的质证。为了充分体现诉讼契约的精神，在对方当事人同意的情况下，法院应当组织对该证据的质证。对于当事人逾期提交的证据材料，法院审理时不组织质证，但对方当事人同意质证的除外。

2. 出现"新证据"的例外

"新证据"是指在一审法院确定的举证期限届满后才出现的或当事人因客观原因没有在举证期限内提交法庭的证据。主要包括以下情形：①当事人在一审举证期限届满后新发现的证据。这里的"新发现"包括两个方面：一是在举证期限届满前这个证据在客观上没有出现过；二是举证期限届满前这个证据虽然出现过，但在通常情况下当事人无法知道其已经出现。②一审程序中，当事人确因客观原因无法在举证期限内提供，经人民法院准许，在延长的期限内仍无法提供的证据。③一审庭审结束后新发现的证据。④当事人在一审举证期限届满前申请法院调查取证未获准许，二审法院经审查认为应当准许并依当事人申请调取的证据，必须具备以下条件：当事人在一审举证期限届满前已经按规定申请人民法院调查取证；一审法院没有准许当事人的申请；二审法院经审查认为应当准许当事人该申请。⑤当事人经法院准许延期举证，但因客观原因未能在准许的期限内提供，且不审理该证据可能导致裁判明显不公的，其提供的证据可视为新的证据。

法院审理涉外民事案件是否受有关国内民事诉讼法规定的举证期限限制，法律未作明确规定，理论上存在不同观点。一种观点认为，应当有举证期限。其理由是，既然其他案件都规定了举证期限，涉外案件也应如此。只有这样，才能保证双方当事人合法地要求迅速审判权利的实现，但可以根据情况，将举证期限适当规定较长。另一种观点认为，不要规定举证期限，理由是涉外案件的举证期限不好把握，各国情况不一样，特别是通信条件也不一样，而且国外许多国家的法律也没有规定审限，不宜规定举证期限。

对于超过举证期限且又不符合例外情况的是否一律采用证据失权的方式解决仍需要探讨。因为这种因程序问题导致的放弃诉讼权利，其后果却是放弃实体权利，其制度设计有将诉讼效率完全取代实体公正的嫌疑，没有充分体现两者的平衡。对于此种情形可以通过制裁方式来处理。如让其承担因其产生的差旅、误工、证人出庭作证、诉讼等合理费用以及其他损失。对当事人提供反驳证据或者已经提供证据的来源、形式等方面的瑕疵进行补正的，法院可酌情确定举证期限。

三、证据交换程序

（一）证据交换程序的概念与意义

证据交换程序，又称证据展示程序，是指在诉讼答辩期届满之后、开庭审理以前，在法院的主持下，当事人（控辩）双方相互明示其持有的证据并与对方进行交换的程序。证据交换主要包含公开证据、交流证据、分享证据、反对证据保密、不交换证据的失权效果等要素。这一程序对于加强法院对调查取证程序的管理具有特别重要的意义。

证据交换作为一项法律制度最早源于16世纪下半叶的英国衡平法实践，1938年的《美国联邦民事诉讼规则》将其法典化。我国理论界和实务界对证据交换程序存在不同的认识。有的认为，在证据交换程序中，法院组织证据交换时只是证据的简单交换，当事人不需要提交任何书面意见，也不要求对交换的证据发表意见和看法。有的认为，证据交换的目的是固定争点，法院在组织证据交换时，应当允许当事人进行一定程度的质证。证据交换应当在法官的主持下进行。在证据交换的过程中，法官对当事人无异议的事实、证据应当记录在卷；对有异议的证据，按照需要证明的事实分类记录在卷，并记载异议的理由。通过证据交换，可确定双方当事人争议的主要问题。证据交换作为法定程序，其活动及其结果应当以一定形式予以固定。法院组织交换证据要求当事人对交换的证据发表意见，表达认可或者异议的态度，不仅有利于案件争点的固定，而且对于认可的证据在庭审中不再重新质证，更有利于提高诉讼效率，实现证据交换的宗旨。

我国的证据交换程序不同于美国的发现程序（discovery），重在激励一方当事人利用法律规定的程序性权利积极地、能动地想办法去收集证据、发掘证据、调查证据，具有较强的主动性。它也不完全同于证据展示程序（disclosure），而侧重于当事人在诉答程序后、开庭审理前分阶段地向对方展示自己将要在庭上使用的证据和其他信息，具有较强的被动性。我国的证据交换程序作为庭前会议的一项重要内容，对证据多、复杂疑难的案件，法院"应当"组织证据交换，旨在明确争议焦点，避免证据突袭，实现审判的集中化，节省司法资源，有利于司法公正。

（二）证据交换的具体程序

证据交换的具体程序主要在民事诉讼和行政诉讼中，刑事诉讼为庭前会议程序。

1. 证据交换的启动

证据交换的具体程序可以由当事人申请或者法院决定。当事人申请，经法院认可的，法院可以组织当事人在开庭审理前交换证据。同时，法院对于案情比较复杂或证据数量较多的案件，可以主动组织或者决定当事人在开庭前向对方出示或交换证据，并将交换证据的情况记录在卷。

2. 证据交换的时间

证据交换时间的确定一般采用的方式为：一是当事人（控辩）双方协议；二是法院指定。当事人（控辩）双方协商的，需要经过法院认可。当事人可以协商在证据交换期间内进行证据交换。

对于证据较多或者复杂疑难的案件，证据交换的期间应当限制在答辩期间届满后、开庭审理前。如果将证据交换期间的开始提前至提交起诉状和提交答辩状届满前，则会因当事人双方之间对各自的主张还没有较充分的了解，而难以达到证据交换的效果。开庭审理开始后进行证据交换又失去了证据交换的意义。当事人收到对方交换的证据后提出反驳并提出新证据的，法院应当通知当事人在指定的时间进行交换。证据交换一般应适当控制。但重大、疑难和案情特别复杂的案件，法院认为确有必要，或者当事人收到对方的证据后有反驳证据需要提交的，可以进行证据交换。

3. 证据交换的方式

证据交换程序并不适用于所有案件，一般适用于证据较多或者案情复杂的案件。证据交换的方式主要有书面交换与对席交换两种。采用书面交换的，可以采取质问书的方式进行，即一方当事人以书面的形式要求对方当事人回答提出的质询问题。质问书不能作为证据使用。采用对席交换的，由当事人双方审查的方式进行。根据案件情况，也可采用视频等方式进行。对于当事人认可的或者自认的，查证属实的，可以采纳为证据，不在法庭上质证。对有异议的证据，按照需要证明的事实分类记录在卷，并记载异议的理由。

4. 证据交换的法律责任

证据交换应当由法官负责，由书记员以证据交换笔录的形式记录在卷。证据交换不是开庭，在交换证据时只让双方当事人就交换的证据发表概括性质证意见，对双方均无异议的证据应当记录在卷，在庭审时对双方均无异议的证据一般不再进行质证。

第二节　质证程序

一、质证的概念与特征

质证有广义与狭义之分。广义的质证，是指在诉讼、仲裁或者其他解决纠纷的活动中，当事人（控辩）双方及其辩护人、诉讼代理人对提供的证据有争议、存有疑问的，借助于程序对证据是否真实、合法、案件有无关联及其证明力有无、大小予以询问、辨认、质疑、说明、解释咨询、辩驳等对质证活动或者过程。狭义的质证仅指诉讼活动中，在证据法庭审理过程中的法庭调查阶段进行的上述活动。

质证的本质在于"质"，即对证据的质疑和质问，而"疑"与"问"却具有当面对抗的性质。"证据未经当庭出示、辨认、质证等法庭调查程序查证属实，不得作为定案的根据。"基于此，本节采用的概念则属于狭义上的概念，专指法庭审理过程中的法庭调查阶段，当事人（控辩）双方及其辩护人、诉讼代理人对提供的证据有争议、存有疑问而进行的对质、核实等活动。质证作为诉讼活动尤其是审判活动的关键性阶段，具有以下特点。

（一）质证是由当事人（控辩）双方及其辩护人、诉讼代理人对提供法庭有争议、存有疑问的证据进行对质、辩驳的活动

质证活动源于被告与原告、证人的对质权。这种权利尽管在久远的罗马法时期就已经存在，但它作为一项诉讼制度还是近代的事情。即使是英美法系国家也经历了一段抗争的实践。如《美国宪法》第6修正案规定："在一切刑事诉讼中，被告享有……同原告对质……的权利。"在法庭上证人亲自面对被告，以便被告对其提出反对意见，或由证人对被告的情况予以证明，以保障当事人的诉讼权利得到充分实现。

质证的主体是当事人(控辩)双方及其辩护人、诉讼代理人以及特殊情况下的第三人。法院不是质证的主体。证人、鉴定人、勘验人员也不是质证的主体，而是接受质证的主体。法院根据案件需要调取的证据，应当提供法庭进行质证，并就调取该证据的情况进行说明，听取当事人意见。法官认为有必要时，可以询问证人、鉴定人、有专门知识的人、调查人员、侦查人员或者其他人员。这种询问证人等行为并非质证。因此，那种认为法官在特殊情况下也可以作为质证主体的观点是不成立的。

(二)质证是在法庭上进行的活动

质证是当事人或其他诉讼参与人对在法庭上所出示的有争议的或存在疑问的证据采用的对质、核实等各种对抗性的活动。我国《民事诉讼法》规定："证据应当在法庭上出示，并由当事人互相质证。"未经质证的证据，不能作为定案的根据。

质证时，当事人应当围绕证据的真实性、关联性、合法性，针对证据证明力有无以及证明力大小，进行质疑、说明与辩驳。当事人在审理前的准备阶段或者法院调查、询问的过程中发表过质证意见的证据，视为质证过的证据。

(三)质证是证据对法官内心形成确信的一种诉讼活动

质证是证据对法官内心形成确信的一种诉讼活动，也是制约法官心证活动的重要规则。未经过质证的证据，法官不得作为定案的根据。当事人在庭前证据交换过程中没有争议并记录在卷的证据，经法官在庭审中说明后，可以作为定案的依据。

质证既是当事人的一项诉讼权利，也是当事人为实现胜诉的目的而实施的重要手段，更是直接言词原则的具体要求，同时也是审查、核实、认定其证据能力和认识证明力的必要环节，在证据适用程序中处于重要的位置。质证是双方当事人对有关证据的证据能力和证明力等问题予以质疑、反驳的程序，能够使法官全面审查证据，借助于质证来决定证据的取舍和认识证明力的强弱；同时有利于防止法官产生偏见而影响正确的裁判。

二、质证的具体程序

我国的质证程序吸收了英美法系国家当事人主义的合理内容，将庭审方式改为控辩式或辩论式，在质证方式上引进了交叉询问制的基本内容，质证由当事人(控辩)双方进行。质证一般按下列顺序进行：①控者原告出示证据，被告、第三人与原告进行质证；②被告出示证据，原告、第三人与被告进行质证；③第三人出示证据，原告、被告与第三人进行质证。但是，法官在法庭上仍享有指挥权、控制权、组织权和指引权；在必要时，享有调查证据并查证的权力。

当事人(控辩)双方进行质证首先应围绕着各类证据的合法性、关联性和真实性进行，然后针对证据证明力有无及其大小进行质疑、说明与辩驳。对涉及国家秘密、商业秘密和个人隐私或者法律规定的其他应当保密的证据，不得在开庭时公开质证。

(一)质证程序

1. 实物证据的质证程序

实物证据具有外在的形体，具有较强的直观性和可视性，能够为法官所直接感知，可以不依赖其他载体而独立存在，应当当庭出示。实物证据的出示是为法官感知实物证据的存在与样态提供途径，使之获得感性认识；同时借助于当事人辨认实物证据等鉴真的检验，通过当事人（控辩）双方对实物证据的真实性、与案件事实的关联性以及取证的合法性进行辩论，形成对证据的全面认识。

对物证、书证应当出示原物或原件，对于出示原物或原件确有困难的，经过法院准许可以出示复制件或者复制品；对视听资料应当当庭播放。

其具体程序为：先由出示证据的一方就所出示的证据的来源、特征并就证据所证明的问题作出说明，然后由另一方就证据的真实性、关联性和合法性发表意见。当事人（控辩）双方可以进行相互质问、辩论。

2. 言词证据的质证程序

对言词证据的质证一般通过交叉询问的方式进行，采用主询问、反询问、再主询问、再反询问的方式就证据能力和证明力问题进行质疑、辩论。交叉询问主要是对证人、鉴定人、勘验人、搜查人员、侦查实验人等进行。

（1）主询问。主询问是指提起传唤证人（包括鉴定人等，下同）一方的询问，其目的是让被询问的人说出其所了解的案件事实，展示证据。

（2）反询问。主询问之后对方进行的询问称为反询问，其目的在于揭露对方证人作证的缺陷和不足，削弱证言的可靠性和可信度。

经过质证后，当事人（控辩）双方或者一方还存在一些疑问需要质证时，可以进行再主询问和再反询问。

再主询问主要针对反询问中暴露出来的矛盾问题通过再询问时加以弥补，从中发现真实和虚假。询问应当对争辩言词证据的必要事项进行，主要针对人的观察、记忆或表达的准确性等有关证言信用性问题及其利害偏见、预断等有关人的信用性等事项进行。法院认为有必要的，可以要求证人之间进行对质。

对于鉴定人的质证，必要时，当事人可以向法院申请一至二名具有专门知识的专家辅助人进行。经法庭准许，当事人可以对有专门知识的人进行询问，当事人各自申请的有专门知识的人可以就案件中的有关问题进行对质。

无论是主询问还是反询问都需得到法庭的许可，法官对"发问"的申请一般仅作形式上或程序上的审查，不进行实质性裁判。审理过程中，法庭认为有必要的，可以传唤同案被告人、分案审理的共同犯罪或者关联案件的被告人等到庭对质。

3. 非法证据质证程序

非法证据的质证程序主要包括以下内容。

（1）程序启动。在法庭调查过程中，被告人有权提出其审判前供述是非法取得的意见，并提供相关线索或证据。

（2）法庭初步审查。程序启动后，法庭应当进行审查。合议庭对被告人审判前供述取得的合法性没有疑问的，可直接对起诉指控的犯罪事实进行调查；对供述取得的合法性有疑问的，则由公诉人对取证的合法性举证。

（3）控方证明。公诉人应当向法庭提供讯问笔录、原始的讯问过程录音录像或其他证据，提请法庭通知讯问时其他在场人员或其他证人出庭作证，仍不能排除刑讯逼供嫌疑的，提请法庭通知讯问人员出庭作证，对该供述取得的合法性予以证明。

(4)双方质证。公诉人举证后，控辩双方可以就被告人审判前供述的取得是否合法的问题进行质证、辩论。

4. 量刑证据质证程序

在我国刑事审判程序中，普通一审程的定罪程序与量刑程序相对分离，量刑程序成为相对独立程序。对于量刑证据，控辩双方应当进行质证。根据无罪推定原则，证明被告人有罪的责任由控诉方负担，被告人无须承担证明自己有罪或者无罪的责任，但是可以提出有利于自己的证据。其质证一般应围绕以下证据展开：①案件起因；②被害人有无过错及过错程度，是否对矛盾激化负有责任及责任大小；③被告人的近亲属是否协助抓获被告人；④被告人平时表现及有无认罪认罚和悔罪；⑤被害人附带民事诉讼赔偿情况，被告人是否取得被害人或者被害人近亲属谅解等。

(二)质证规则

当事人进行质证应当遵守一定的规则或者不得违反这些规则。

1. 相关性规则

相关性是指证据的内容必须与案件事实相关，否则无须质证。质询证人应当询问与案件有关的内容，证人对与案件事实无关的内容有权拒绝回答。同时，审判长对于公诉人、当事人、辩护人、诉讼代理人向证人发问的内容与本案无关的，应当予以制止。当事人(控辩)双方认为对方发问的内容与本案无关有权提出异议的，审判长应当判明情况后决定支持还是驳回。

2. 反对诱导性询问规则

反对诱导性询问规则是指当事人对证人不得进行启示询问。诱导性询问是指向证人启示询问人想要得到答案的提问，它对被询问者起着暗示作用。询问证人不得使用不适当引导证人的言语和方式。

为了避免当事人(控辩)双方左右被询问人，保障被询问人证言的准确、合理，询问证人应当避免可能影响证言客观真实的诱导性询问，对该项证言也不得作为证据采纳。

3. 禁止威胁性、侮辱性的提问规则

质询证人应当尊重证人的人格，不得威胁、侮辱证人，特别在质疑证人品格时，只能涉及证言的可信和不可信方面，不得涉及其个人的隐私和人格。

4. 个别询问规则

询问证人应个别进行，避免证人在作证前彼此交谈相互影响，同时证人不得旁听对案件的审理。询问证人时，其他证人应当退庭，不得在场。

5. 禁止无谓重复询问规则

除案情需要外，不得反复就同一项事项进行不必要的反复询问。对于重复的或无关紧要的问题，法官有权制止该询问。对于没有新的质证意见的，应当禁止进行重复性质证，以保证庭审的效率。

第三节　认证程序

一、认证的概念与特证

在我国，认证作为规范性词语最早在 1999 年的《最高人民法院关于严格执行公开审判制度的若干规定》中使用。该规定第 5 条规定："证明案件事实的证据未在法庭公开举证、质证，不能进行认证，但无需举证的事实除外。缺席审理的案件，法庭可以结合其他事实和证据进行认证。法庭能够当庭认证的，应当当庭认证。"认证作为一项诉讼制度在诉讼中是具有重要的意义。

认证，又称认定证据，是指合议庭或者审判员在开庭审理中，对当事人（控辩）双方及其辩护人、诉讼代理人提供的和法院自行调查收集的经过当庭质证的证据，按照一定的原则、标准、方法进行分析、研究、审查、核实，判断、鉴别其真伪，依法定程序确定其证据能力以及证明力有无或大小的程序。法庭应当依照法定程序，全面、客观地审核证据，依据法律的规定，遵循法官职业道德，运用逻辑推理和日常生活经验，对证据有无证明力和证明力的大小独立进行判断，并公开判断的理由和结果。认证作为一项法律制度具有以下特征。

（一）认证的主体是独任审判员或合议庭

认证的主体是法院承办具体案件的独任审判员或合议庭。这些人员主要包括参加庭审的员额法官和陪审员。当事人（控辩）双方以及其他诉讼参与人不是认证的主体，法院的其他人员也不是认证的主体。

（二）认证的对象是经过质证的证据

认证的对象是在法庭上出示的、由当事人（控辩）双方提供的和法院庭外收集的，并经质证的证据。在法庭上没有出示的证据不能作为认证的对象，未经质证的证据也不能作为认证的对象，当事人在证据交换过程中认可并记录在卷的证据除外。

（三）认证的内容主要针对证据的属性

认证的内容既包括证据的真实性、合法性、关联性或者证据能力、证明力，也包括证据的充分性、证据证明案件事实的质量以及证明力的有无、大小和证明的方向。

（四）认证是一种诉讼制度

认证不仅仅是法官认定证据的活动，还包括与此相关的认证异议、认证救济等程序；它不仅包括对证据的认定，而且还包括对证据认定的结论和理由，是案件得以认定的诉讼程序、诉讼环节以及诉讼制度。

二、认证的具体程序

证据认证程序可分为对证据能力的认证和对证据证明力的认证。对证据能力的认证是指对证据材料有无证据资格的认定。这种认定一般在庭前进行，对单一证据材料进行认定；特殊情况也可以在庭审中进行。对证据证明力的认证是指对证据证明力有无和大小的认定。这种认证应当在各种证据综合判断中进行。

（一）证据能力的认证程序

对证据能力的认证可当庭认证。当庭认证是指法官或合议庭当庭公开认定证据的制度。当庭认证不仅包括在法庭上当即认证，还包括休庭合议后再次开庭的认证。

这种认证主要适用于对单一证据的认证，可采用"逐一认证"或者"一证一质一认"的方式。这种方式是将证据的认证分为若干个单位，每出示一个证据，经双方质证后，法庭即作出确认，并说明该证据是否被采纳及具体理由。

当庭认证的效力一般及于判决和裁定，即判决和裁定受到认证的限制，只能在认证范围内作出裁判。

（二）证据证明力的认证程序

证据证明力认证是指对证据证明力有无和大小的认定。这种认证一般在庭后进行，属于庭后认证，需要综合庭审所有质证的证据进行。

庭后认证是指法庭辩论结束后通过判决书认定证据的制度。证据的综合认证，又包括分类认证和集中认证。分类认证是指将相同种类的证据放在一起或一组，并在质证的基础上视具体情况进行的认证。集中认证是指对案件作出裁判的依据是对全案所有证据的综合认证。全部证据质证完毕后，法庭对质证情况进行全面分析评判，采信有关的证据作为定案的依据或不予采信，并且应当说明理由。

在审判中，当事人（控辩）双方举证并相互质证、辩论后，法庭对于双方无异议或者合议庭无疑问的证据，可以当庭认证；当事人（控辩）双方中任何一方对证据持有异议并出示反驳证据，一时难以作出判断，或者双方就同一事实都举出证据而当庭难以鉴别作出判断的，或者合议庭对证据持有不同看法存在疑问而当庭无法查清的，可以庭后认证。

无论是对证据的单一认证还是综合认证，对证据证明力的认证都应当结合案件的具体情况，从各证据与待证事实的关联程度、各证据之间的联系等方面进行认证。证据之间具有内在的联系，共同指向同一待证事实，且能合理排除矛盾或者作出合理解释的，才能作为定案的根据。其认定的证据应当公开，特别是在裁判文书中对认定的证据公开认定的情况，说明理由。

认证证据不仅包括对证据进行采纳作为定案根据，还包括对证据不予采纳甚至排除，对存疑证据的排除适用也属于认证的范围。

【问题与思考】

俗话说，"一句谎言需要十句谎言来弥补"，如果确实是虚假陈述的话，则证据链条上总归会出现原告无法自圆其说的漏洞。证据法学家威格摩尔认为："交叉询问是人类为探明案件事实真相的最伟大发明，是发现事实真相的最有效的法律装置。"根据前面的引导案例，结合本章内容，参考上述俗语与证据学家的论断，思考以下问题：（1）法院认为被告二应当承担保证责任中的举证、质证和认证是如何进行的？（2）证人能够作为质证主体吗？（3）诉讼代理人如何在法庭中进行质证？（4）法院对于存在疑问的证据应当如何进行认证？

【延伸阅读】

1. 陈瑞华：《英美刑事证据展示制度之比较》，载《政法论坛》，1998(6)。

2. 尚华：《论质证》，北京：中国政法大学出版社，2013。

3. 江显和：《刑事认证制度研究》，北京：法律出版社，2009。

第十六章

证据的审查判断

【引导案例】

被告人刘某在承办单位破产案件中，经某拍卖行经理蒋某活动后，同意将破产单位的财产交给该拍卖行拍卖。该拍卖行成功拍卖破产财产后，从 2010 年 12 月到 2013 年 3 月间，先后 4 次送给刘某回扣费共计 20.5 万元。被告人刘某归案后，在供述中辩解其所收受的 20.5 万元已经全部退还给蒋某，并提供一份署名为"蒋某"、收款时间为"2011 年 1 月 5 日"的收款收据复写件，该复写件经鉴定机构鉴定，结论证明检材经手人签名字迹"蒋某"与样本同名署名是同一人所写。但从本案的审理情况来看，蒋某对该收款收据的复写件予以否认；刘某退还收款时间先于最后一次受贿时间，客观上存在不合理性。综合正反两方面的证据，对刘某是否退款的事实难以认定。

【本章概要】

本章是有关证据审查判断的内容，主要包括证据审查判断的概念与特征、单一审查判断证据的方法和综合审查判断证据的方法以及法定证据的审查判断程序和主要方法。

第一节　证据审查判断概述

一、证据审查判断的概念

证据的审查判断是诉讼的重要活动，也是证据能否作为定案根据的关键性环节，在整个证据制度中具有核心地位。证据审查判断是对收集、提供的证据，根据证据的本质属性，结合案件的具体情况进行分析、鉴别，其活动属于"去粗取精，去伪存真，由此及彼，由表及里"深入认识与判断证据的过程。证据审查判断是证据能够发生证明力的关键性环节，对经过庭审质证的证据和无需质证的证据进行逐一审查和对全部证据综合审查，遵循法官职业道德，运用逻辑推理和生活经验，进行全面、客观和公正地分析判断，确定证据与案件事实之间的证明关系，排除不具有关联性和非法的证据。

我国学者们对"审查判断证据"存在不同的认识。有的认为，审查判断证据是指审判人员对收集的证据进行分析研究，鉴别其真伪，找出它们与案件事实之间的客观联系，确定其证明力，进而就案件事实真相作出结论的活动。有的认为，审查判断证据是指国家专门机关、当事人及其辩护人或诉讼代理人对证据材料进行分析、研究和判断，以鉴别其真伪，确定其有无证据能力以及证明力大小的一种诉讼活动。前者认为审查判断证据的目的就是确定证据的证明力以便查明事实真相；后者则认为审查判断证据的目的还应该包括确定证据的证据能力。也有的学者建议使用"证据的审查与认定"，并认为证据的认定或认证是目前司法实践中经常使用的概念。

证据审查判断是指法院在当事人及其辩护人、诉讼代理人以及其他诉讼参与人的参加下，对证据进行分析、研究，确定证据真实性、关联性、合法性及其证明力有无、大小的判断活动。证据审查判断具有以下特征。

(一)证据审查判断的主体具有特定性

证据审查判断的主体仅限法院的审判人员或者陪审员，具有特定性。尽管在实践中侦查人员、检察人员、当事人及其辩护人、诉讼代理人也对证据进行审查判断，但这种对证据的审查判断主要是为举证、质证作准备的，而法院对证据的审查判断旨在认定证据，为案件事实认定或者案件处理确定作定案的依据。他们对证据审查判断的目的不同，意义不同，解决问题的层次也不同。在法庭上审查判断更具有关键性意义。

(二)证据审查判断的对象具有特定性

证据审查判断的对象是指经过依法收集、提供法庭的证据。一切证据必须经过查证属实后才能作为定案的根据。因此，法院对其他办案机关、当事人及其辩护人、诉讼代理人收集的证据能否作为证据使用，必须经过审查判断后才能确定。证据审查判断是证据成为定案根据的必经程序。

(三)证据审查判断是一种目的性的思维活动

证据审查判断主要针对证据的真实性、与案件事实的内在联系以及证明案件事实的有无与强弱。这一活动具有明确的目的性。证据审查判断的目的：一是通过审查鉴别证据的证据能力；二是通过查证判明证据的证明力的有无与大小，最终目的是认定何种证据能够作为定案根据。

二、证据审查判断的意义

证据审查判断在诉讼过程中具有重要的位置，是证据制度的核心，也是诉讼程序的生命。办案机关或者当事人及其辩护人、诉讼代理人收集的证据由于受一些复杂原因的影响和多重条件的制约，其内容并不一定都是真实的；有些是真假混杂的，有的甚至是虚假的。若不经过审查判断，则有可能将虚假的证据用作定案的根据，导致案件事实的错认，进而出现错案、冤案或者虚假诉讼，从而损害当事人的合法权益，影响司法的实体公正。证据审查判断在诉讼过程中具有重要的意义。

(一)证据审查判断可以排除伪证

证据审查判断是检验证据的关键环节，也是排除伪证或者假证的重要步骤。如证人可能因收受一方当事人的贿赂而提供虚假证言；被告人为了逃避罪责推卸罪责，嫁祸于人或避重就轻，虚构自己不在现场或者没有作案时间的证据。这些虚假的证据只有经过证据的严格审查判断，才能够被发现、被排除，从而保障诉讼活动少走或不走弯路。

在诉讼中，无论实物证据还是言词证据都有虚假的可能性。尤其言词证据是通过作证主体依靠他们对案件发生时的情况的个人感知所获得的信息，其记忆映像又是通过文字语言表达出来，其每一个中间环节均存在否定的可能，在形成的每个阶段都可能因主客观因素的影响出现失真或者错误，这些错误会影响到证言的准确性、真实性。只有通过证据审查判断，才能正确区分证据的真假。

(二)证据审查判断可以澄清事实真相

法律对收集证据的程序、方法的规定是科学的，也是严格的。办案机关或者当事人应当在充分保障人权的基础上按照证据的规律去获取证据，一旦违反法律规定的程序收集证据就无法保证证据本身应有的客观性与真实性。法官面对提供的真假虚实、矛盾迭出的证据，只有对其进行严格的法庭程序审查判断，才能确保其客观真实性，才能从中发现其与案件事实之间存在的联系，确定证据的证明力，保证认定的案件事实具有可靠性和准确性。

第二节　证据审查判断的基本方法

对证据的审查判断，一般包括对单个证据的审查判断和对全案证据的综合审查判断两种基本的方法。这两种基本的方法也是司法实践常用的方法。法官在证据审查判断中，应当将这两个环节结合起来，根据案情的需要交替进行。

一、单个证据的审查判断方法

单个证据的审查判断是指对每一个证据进行逐一审查判断，确定单个证据本身的真实性、关联性、合法性。《最高人民法院关于民事诉讼证据的若干规定》第 87 条规定："审判人员对单一证据可以从下列方面进行审核认定：(一)证据是否为原件、原物，复制件、复制品与原件、原物是否相符；(二)证据与本案事实是否相关；(三)证据的形式、来源是否符合法律规定；(四)证据的内容是否真实；(五)证人或者提供证据的人与当事人有无利害关系。"对单一证据审查判断的具体方法如下。

(一)审查判断每个证据的来源

任何证据都有来源，审查证据的来源是判断证据真实性的基础性步骤和方法。相同的证据会因来源不同而使真实性、可靠性存在差异。对证据的来源应当从以下方面审查判断：(1)证据的来源应当确定。它主要包括是如何发现的，是如何形成的，由谁提供或者收集的；其收集的证据在何种位置，当时的状况如何以及与所处位置的环境等。(2)证据的来源过程应当明确。它主要包括证据是采取何种方法提取的、提取采用了何种工具、提取采用了何种方法、提取后如何保全等。(3)证据的来源应当具有正当性。它主要包括证据的取得是否符合法律法规规章的要求，是否存在影响证据客观性的其他违法情形。

证据不得没有来源，一个证据也不得有多个来源；证据没有来源是不可靠的，而多个来源则是不可信的。

(二)审查判断证据的外部形式

审查判断证据的外部形式主要从以下方面进行：(1)审查判断证据的形式是否客观，有无变形或者被污染；(2)审查判断证据是否符合法律法定的形式，如行政诉讼中的证据是否符合法律、法规、规章和司法解释在证据形式上的特别要求；(3)审查判断是否为原物、原件；如果是复制品、复制件，其形式、特征与原物、原件是否一致。如果存在不一致的，应当与其他证据结合起来审查，然后再作出判断。

(三)审查判断证据形成的主客观条件

证据存在的环境与条件以及证据提取、固定的环境与条件对证据的客观性、真实性具有重要影响。对证据形成的主客观条件应当从以下方面审查判断：(1)证据形成的环境与条件。审查判断证据在此种环境与条件下应当是什么样子，现在的证据与当时的环境和条件是否吻合。(2)证据收集、固定的环境与条件。审查判断按照当时的环境与条件现在证据应当呈现什么状态。(3)证据保全的环境与条件。审查判断在此种环境与条件下证据是否会发生变化，有何种变化规律，现存的证据是否存在这种变化。(4)证据载体的环境与条件。如证人听觉、视觉的环境与条件不同，则证人感受的情况必然存在差异；证人与当事人之间存有某种关系，也会影响证人证言的真实程度。在审查判断证据时，必须排除主客观方面因素导致虚假的各种可能性，然后确定证据内容的真伪，如在行政诉讼中，审查判断行政机关对食品检验获取证据的天气情况、当时的气温状况以及检验之前放置的环境与条件等。

(四)审查判断证据收集、保全的合法、得当与科学性

证据的合法性主要涉及证据形式的合法与取证的方式、程序合法，其内容如下：(1)审查判断证据是否符合法定形式，证据的取得是否符合法律、法规、司法解释和规章的要求，是否有影响证据效力的其他违法情形。(2)审查判断收集的证据的程序、方法是否合法。一切违反法定程序或者采用法律禁止的方法取得的证据均有可能会影响其客观性、真实性，特别是采用刑讯逼供的方法取得的口供，或以威胁、引诱、欺骗等法律禁止的手段或严重侵害他人合法权益的方法取得的证据，虚假的成分更大。

审查判断证据的保全是否得当、具有科学性：(1)要判明在证据保存期间，是否有损毁、变形、替换等情况；(2)证据移送的过程中，是否存在污染，或者有错漏、遗失的情况；(3)证据收集、固定、保存及提供是否有记录，记录的内容与其是否一致。

二、证据的比对审查判断方法

证据的比对审查判断方法是对案件中证明同一案件事实的两个或两个以上证据材料进

行比较和对照，看其内容和反映的情况是否一致，看其是否合理地、方向一致地共同证明该案件事实的审查判断方法。

一般情况下，经比对研究认为相互一致的证据往往比较可靠，而相互矛盾的证据则可能其中之一有问题或都有问题。当然，对于相互一致的证据也不能盲目轻信，因为串供、伪证、刑讯逼供等因素也可能造成虚假的一致；对于相互矛盾或有差异的证据也不能一概否定，还应当认真分析矛盾或差异形成的原因和性质，不同的证据之间有所差异也是难免的。比对审查的关键不在于找出证据之间的相同点和差异点，而在于分析这些相同点和差异点，看其是否合理，是否符合客观规律。比对审查有两种基本形式：一是证据之间的纵向比对审查。主要是对一个人就同一案件事实提供的多次陈述做前后比对，看其陈述的内容是否前后一致，有无矛盾之处。二是证据之间的横向比对审查。主要是对证明同一案件事实的不同证据或不同人提供的证据做并列比对，看其内容是否协调一致，有无矛盾之处。

三、证据的综合审查判断

对单一证据的审查判断，目的是判明证据本身的真实性及与案件事实的关联性。但是审查判断驻足于此仍然是不够的，因为单一证据审查判断难以完全确定其真实性，还应当与全案其他证据联系起来进行综合分析，比较鉴别，相互印证。前一步只是取得了案件事实的感性认识，即使将查明真实的证据堆积相加也并不能自然得出案件事实存在与否的结论。只有把案件中全部证据联系起来，就证据与证据之间及其与案件事实之间的关系进行综合的审查判断，才能使法官对案件事实由感性认识上升到理性认识，才能最终对证据能否证明案件真实情况得出结论。对案件的全部证据，应当从各证据与案件事实的关联程度、各证据之间的联系等方面进行综合审查判断。综合审查判断证据的方法有以下几种。

一是综合审查判断证据，应当综合全案的证据，将所有经过质证的证据联系起来进行比较审查，而不能任意选择部分证据进行审查判断。要考察全部证据，透过单个证据呈现的事实现象来发现证据与案件事实之间的联系，分析各证据之间的联系，进一步判断证据是否真实可靠，有无疑点，存在何种疑点，存在疑点的原因以及借助于其他证据能否得到合理的解释。例如，对借贷证据的综合审查判断，应当结合借贷金额、款项交付、资金流向、当事人的经济能力、当地或者当事人之间的交易方式、交易习惯、当事人财产变动情况以及证人证言等事实和因素，综合判断查证借贷事实是否发生。

二是综合审查判断证据，应当客观、全面，防止主观、片面。审查判断证据既要注意审查有利于一方当事人的证据，同时注意到有利于另一方当事人的证据。审查全部证据而不应局限于部分证据的审查判断，更不能以个人的主观臆断代替证据以及证据与案件事实之间的客观联系；否则，就无法对案件事实得出正确的结论。综合审查判断证据除了进行单元式"小综合"审查判断外，还应当将证据作为一个动态的环节，从证据产生、发现、发展的变化上作出综合判断。

三是综合审查判断证据，注意发现证据与证据之间主证与佐证的层次结构，证据与案件事实之间的矛盾，分析矛盾出现的原因并使矛盾得到合理排除。

首先，应当审查同类证据之间是否存在矛盾以及证明同一案件事实不同种类证据之间是否存在证明方向不一致的地方。特别证据之间有无主从关系或辅助关系、衍生关系或包含关系。

其次，审查分析证据哪些地方存在矛盾或者不一致，哪些地方一致，并进一步分析一致的地方能否作出合理的解释；一致的地方是否应当一致，从中判断哪些是不应该一致的而一致了，哪些是应该一致的而没有一致。

再次，审查这些证据一致或者矛盾的地方是认识的不一致还是证据本身的不一致，然后根据证据之间产生的先后关系或者依赖关系判断哪些可以作为证据，哪些不能作为证据。

综合审查判断证据应当高度重视证据中的矛盾，同时还应当认识到证据间、证据事实与案件事实间存在一定的矛盾是正常的，完全没有矛盾的证据并非更加真实可靠，有可能全部是虚假的。发现证据中的矛盾是解决矛盾的前提，这就需要充分了解全案证据事实，发现矛盾之后要分析矛盾出现的原因。这些矛盾一般包括以下情形。

(1)单个证据本身存在矛盾。对于这类矛盾应当对全案证据进行综合审查判断后，斟酌使用。

(2)证据与证据间的矛盾。对此要注意分析当事人陈述与证人证言之间、各证言之间、陈述证据与其他证据之间、实物证据与言词证据之间、直接证据与间接证据之间的矛盾，从中发现矛盾的原因，排除虚假的证据。

(3)证据与案件事实间的矛盾。案件事实是通过证据揭示认定的，如果证据与案件事实之间存在矛盾，应当审查判断矛盾点是证据的问题还是案件事实的问题，必要时，可以进行调查核实。

第三节　法定证据的审查判断方法

一、物证的审查判断

物证具有较强的客观稳定性，尽管其本身不能说谎，也不怕恫吓，但因其具有存在的形式多样和易受外界影响或干扰的特点，现实中的物证变质、被污染甚至被变造、伪造、调换等情况时有发生，因此，对物证也应当依照法定程序和采用可靠的方法进行审查判断。

(一)审查判断物证的鉴真

对于物证必须审查其本身的真实并对其同一性进行有效验证，查明物证是否为原物，物证的照片、录像或者复制品与原物、原件是否相符；物证是否经过辨认、鉴定；物证的照片、录像或者复制品由两人以上制作，有无制作人关于制作过程及原件、原物存放于何处的文字说明及签名。原物的照片、复制品不能反映原物的外形和特征的，不能采纳为证据。

(二)审查判断物证的来源

对于物证必须追根溯源，查清其原始出处；查清物证是亲自从现场获取的，还是其他人员在事后主动或被迫交出的；查清物证形成和被发现的时间、地点和经过；查清获取的物证是原物还是复制品或替代品；复制品或替代品与原物是否相符。由于物证源于案件本身，其来源是否明确是关键。只有弄清这些问题，才能防止将相似的、伪造的和调换的物品作为定案的根据。对于没有相关笔录和清单，又无法确定其真实来源的，不能作为证据使用。

(三)审查判断物证的收集过程

物证的收集程序及方法对物证的真实性存在较大影响，因此，应当审查判断物证的收集过程及方法。审查判断物证的收集过程主要包括以下几个方面：(1)审查判断物证是否符合法定的收集程序；违反法定程序的，其违反的程度是否影响到物证本身的真实性；(2)审查判断在收集物证的过程中是否因提取、固定、保管等方法不慎等原因导致物证发生了变化，如提取的脚印变形，血迹受到污染等；(3)审查判断收集物证采用的技术是否科学，如果采用技术是科学的，还要审查采用的科学方法对该物证是否有效；(4)经勘验、检查、搜查提取、扣押的物证、书证，是否附有相关笔录或者清单；(5)笔录或者清单是否有证据收集人员、物品持有人、见证人签名，没有物品持有人签名的，是否注明原因；(6)对物品的特征、数量、质量、名称等注明是否清楚。

(四)审查判断物证的外部特征和属性

审查判断物证有无因时间、风雨、温度等自然条件而产生变化，如褪色、变形、变质等；审查判断物证有无伪造、变造等情况以及物证的内在属性与外在特征是否相符；如果存在不相符的地方，判断其不相符的原因以及物证在收集、保管及鉴定过程中是否受到破坏或者改变。

(五)审查判断物证与案件有无客观联系

物证是因案件事实发生而产生的，必然与案件事实有着客观的联系。因此，审查判断物证的真伪就是要揭示物证同案件之间的联系，尤其是对现场遗留与犯罪有关的具备检验鉴定条件的血迹、指纹、毛发、体液等生物物证、痕迹、物品，是否通过 DNA 鉴定、指纹鉴定等鉴定方式与被告人或者被害人的相应生物检材、生物特征、物品等作同一认定。这些问题应当从物证与案件事实之间是否存在证明关系进行审查。

另外，还应审查判断与案件事实有关联的物证是否全面收集以及有无遗漏。物证的照片、录像、复制品，经与原物核对无误、经鉴定或者以其他方式确认真实的，可以作为定案根据。物证的照片、录像、复制品，不能反映原物的外形和特征的，不得作为定案的根据。

二、书证的审查判断

书证作为证据对原件具有较强的依赖性，其内容本身无法显示自己的真实与否，一般需要有一个鉴真的程序。对书证的审查判断可从以下几个方面进行。

(一)审查判断书证的产生或制作过程

制作书证的副本、复制件时，"制作人不得少于二人"。办案机关向有关单位收集、调取的书面证据材料，必须由提供人署名，并加盖单位印章；向个人收集、调取的书面证据材料，必须由本人确认无误后签名或者盖章。对有关单位和个人提供的证据，应当出具收据，注明证据的名称、收到的时间、件数、页数以及是否是原件等，由办案人员签名。

根据司法解释的规定对书证的产生或制作过程的审查判断为：

一是要查明制作人是否制作了该书证。若没有制作该书证，则表明该书证是被人伪造的；若制作了该书证，还需要审查书证的制作过程，查明制作人是在什么情况下制作的，制作的背景如何，是否存在暴力、威胁或欺骗等情况（如果存在，该书证不具有真实性）。

二是审查书证的获取过程，书证是谁提供的，在什么时间、地点、情形下取得的，取得过程有无其他人参与，有无被篡改的可能，有无被替代的可能。

三是审查书证的形式是否完善、是否符合法律的要求，有无瑕疵。对于有瑕疵的，有无补正；补正是否符法律的要求。

（二）审查判断书证的复制件

当事人提供的书证是复制件的，必须证明原件曾经或现在确实存在且该原件是真实的，以及不能提供原件的理由。对书证复制件的审查判断主要包括以下方面：（1）原件已经不存在，提供原件已无可能，如原件已遗失或毁坏，但提供人恶意遗失或毁坏的除外。（2）原件存在，但原件为对方或第三人控制，通过合法的程序或手段不能获得。如原件在一方当事人或第三人控制之下，而该当事人或第三人拒绝提供。（3）原件存在，但提供原件可能造成原件毁坏或不方便等。如粘贴在墙上的通告，提供原件可能造成原件的毁坏。（4）其他正当理由。

同时，还需要进一步审查复印件是否与原件相符，复印件的制作方法、程序是否符合法律的规定；复印件的复印次数以及复印机的状况；复印件的内容有无明显的删节，内容是否前后一致、连贯；复印件内容的格式、布局是否符合书证的要求。一般来说，复制件与原件具有同等程度的可采性，并不代表与原件具有同等的证据效力。书证的副本、复制件，经与原件核对无误、经鉴定或者以其他方式确认真实的，可以作为定案的根据。对书证的更改或者更改迹象不能作出合理解释，或者书证的副本、复制件不能反映原件及其内容的，不得作为定案的根据。

（三）审查判断书证的获取过程和保全情况

查清书证的收集程序、方式是否符合法律及有关规定；由谁收集或提供的，是在什么情况下获取的；审查书证由谁保管，在保管期间有无其他人接触，采取何种固定和保管措施等。如书证是通过搜查和扣押获得的，还要审查有关人员有无搜查和扣押书证的权力，在搜查和扣押书证时是否履行了应有的法律手续并依法定程序进行。对书证来源、收集程序有疑问，不能作出合理解释的，该书证不得作为定案的根据。

（四）审查书证的内容

分析书证的内容是否明确具体，是不是制作人真实的意思，语言表述是否前后一致；有无被变造或伪造等有删除、涂改、增添或者其他形式瑕疵的可能；审查书证的内容是否符合法律规定。如合同书是否有双方当事人的签名，公证书是否符合法律的要求等。必要时，可以结合知情证人的证言进行审查判断。

三、证人证言的审查判断

证人证言在形成过程中，经过复杂感知、记忆、回忆和表达等过程，其内容易受主客观条件的影响，导致失真或被曲解。对证人证言应当审查证人的智力状况、品德、知识、经验、法律意识、专业技能，以及与当事人的关系、证言的内容、证言的来源，结合其他证据综合考虑，防止伪证、错证。对证人证言应当从以下方面进行审查判断。

(一)审查判断证人的资格

审查证人是否了解案件的真实情况；审查证人有无生理、精神上的缺陷，是否因年幼、年老而影响其辨别是非和正确表达的能力；审查证人是否为案件的当事人或者其他诉讼参与人。同时，审查证人的感知能力，如证人的感觉器官是否正常，感知案件情况时的客观环境如何，心理状态如何，证人的知识水平如何。审查证人的记忆能力及相关情况，如证人证言与其年龄、工作经验、生活阅历是否相符。审查证人的精神状况是否影响到对外界的感觉。一般来说，在紧张恐惧的情况下，如在黑夜感觉往往容易发生偏差；精神状况正常、注意力集中时，感觉较为清晰且不易忘记。相反，证人虽于案发时在场，但对案件事实漠不关心或心中另有所思时，感知则会模糊甚至没有感觉。审查从发案到提供证言相距时间的长短等。不仅审查证人作证时的状态，还要审查其感知案件情况时的状态，如处于明显醉酒、中毒或者麻醉状态时的作证。审查证人的语言表达能力，从而判断证言的可靠性。

(二)审查判断证人证言收集程序与来源

审查证人证言的取得程序、方式是否符合法律及有关规定：有无使用暴力、威胁、引诱、欺骗以及其他非法手段取证的情形；有无违反询问证人应当个别进行的规定；笔录是否经证人核对确认并签名(盖章)、捺指印；询问未成年证人，是否通知了其法定代理人到场，其法定代理人是否在场等。

审查证人证言提供的情况的来源是亲自耳闻目睹的还是道听途说的，是客观描述的还是主观臆断的；是自愿陈述的还是在暴力、威胁、引诱或欺骗等非法手段下陈述的；审查判断证人是否受到当事人或其他人的收买、胁迫或指使等。证人感知案件事实时的环境，如距离的远近、有无遮挡、光线的强弱、气候的好坏、气温的高低等。证人证言来源的可靠程度会影响到证言内容的真实程度。证人证言的收集程序、方式有下列瑕疵，经补正或者作出合理解释的，可以采用；不能补正或者作出合理解释的，不得作为定案的根据：(1)询问笔录没有填写询问人、记录人、法定代理人姓名以及询问的起止时间、地点的；(2)询问地点不符合规定的；(3)询问笔录没有记录告知证人有关权利义务和法律责任的。

(三)审查判断证言前后是否存在矛盾

审查判断证言的内容是否存在矛盾主要从以下几个方面：审查判断同一证人的证言本身是否合乎情理，对于同一事实先后提供的证言有无矛盾；审查不同证人就同一案件事实所提供的证言是否一致；审查证人证言与同案的其他证据之间有无矛盾。对于多个证人与一方当事人存在利害关系，其作的陈述在内容和语言表达上完全一致的，则存在串通的可能，而不能作为相互印证对待而予以认定；多个证人所作的证言基本一致的，应当分析各自证言之间是否存在矛盾，如果矛盾能够得到合理解释的，又不违背经验法则，则可以作为相互印证对待。

审查证言与经验事实是否相符。如果证言与一般经验常识不符，可作出不实的判断。

证人当庭作出的证言与其庭前证言矛盾，证人能够作出合理解释，并有其他证据印证的，应当采信其庭审证言；不能作出合理解释，而其庭前证言有其他证据印证的，可以采信其庭前证言。

(四)审查判断证人是否有偏见以及存有私利或不良动机

证人如果与案件的当事人或审判结果有着直接或间接利害关系，或者对诉讼一方持有偏见，证言往往难以保持公允。对于证人的偏见、作证的私利和动机进行质疑，有利于发现真相。审查证人与当事人、案件的利害关系，可判断证人证言的可靠程度。

(五)审查判断证人的知识经验状况

审查证人作证时的年龄、认知水平、记忆能力和表达能力，生理上和精神上的状态是否影响作证。相关的知识经验会影响到证人对事物的观察力。证人具有某一方面知识的，观察通常较为仔细，一般能获得较深刻的认识，如司机对车速的判断比常人较为准确。对于某些证人没有特殊知识而证言涉及特殊知识的，证言的可信性不高。

(六)审查判断证人名声和品格

证人的品格好坏与其证言的可靠性有一定的联系。品格好的人，如实提供证言的可能性大；缺乏诚实品格的证人，其证言受到更多的质疑，可信性较弱。

一般来说，证人提供的对与其有亲属或者其他密切关系的当事人有利的证言，其证明力一般小于其他证人的证言。也就是说，其他证人证言优于与当事人有亲属关系或者其他密切关系的证人提供的对该当事人有利的证言。

四、被害人陈述的审查判断

(一)审查判断被害人陈述的来源

审查被害人陈述内容的来源是否可靠，是亲身感知的，还是由他人转告的，或是自己推测的。审查被害人陈述收集的方式是否合法；审查被害人有无受外界影响，是否存在被胁迫、引诱或欺骗；有无证明案件事实的条件和能力等。

(二)审查判断对被害人进行陈述的动机

被害人是在什么情况下作的陈述，其陈述的内容与事实是否一致，其与被告人案发前是否认识、是何种关系、有无情感纠葛、经济或其他利益纠纷，陈述的内容是否客观，有无推测的内容。一般来说，如果被害人与被告人素不相识或关系正常且无不良记录，则作虚假陈述的可能性较小；反之，则可能作虚假陈述，夸大犯罪事实，甚至捏造犯罪事实，以加重被告人的罪过。

(三)审查判断陈述的内容本身是否合情、合理以及有无矛盾

审查陈述的内容本身是否合情、合理以及有无矛盾，应当采取比对的方法。审查内容是否稳定，前后多次叙述是否一致，有无反复和出入，同时审查陈述的内容与案件其他证据是否协调一致，能否相互印证。

五、被告人供述和辩解的审查判断

对一切案件的判处都要重证据，重调查研究，不轻信口供。审查判断被告人(包括犯

罪嫌疑人)的供述和辩解既要全面细致、实事求是，不被表面现象所迷惑，又要科学谨慎，绝不能简单草率行事，按照自己的预想作出判断。根据诉讼的规律和司法实践经验，审查判断被告人的供述和辩解应当从以下方面进行。

(一)审查判断收集被告人供述和辩解的程序是否合法

由于违法收集供述和辩解会影响其真实性，审查判断供述和辩解应当注意收集口供的合法性。在审查时，应当着重注意讯问的时间、地点、方式、讯问人的身份等是否符合法律及有关规定，讯问犯罪嫌疑人的侦查人员是否不少于两人，讯问被告人是否个别进行等；被告人的供述有无以刑讯逼供等非法手段获取的情形，必要时可以调取被告人进出看守所的健康检查记录、笔录。如果发现了刑讯逼供的问题，此供述和辩解的可信程度低，不能作为定案的根据。同时，应当审查供述和辩解形式要件的合法性，收集供述和辩解时是否遵守了法定的人数、时间等规定，判断供述和辩解是否真实。

(二)审查判断被告人的供述和辩解是否符合情理

对被告人供述和辩解的审查判断主要从事物发生规律及人的行为规律、生活的一般规律来审查被告人供述和辩解是否符合案情、常理与情理。凡是真诚悔罪，投案自首的，大都能够如实地供述犯罪事实；凡是在确实、充分的证据面前，感到无法抵赖，即使存在一些被迫供认犯罪的情况，也是比较真实的；凡是在刑事政策感召下，经过教育而坦白罪行的，一般也比较真实。实践中，有的被告人错误理解坦白从宽、认罪认罚从宽的刑事政策，承认了自己并没有实施的罪行；出于哥们义气或其他原因，替他人承担罪责；有的行为人由于自己认识错误，把本来依法不构成犯罪的行为作为犯罪供述。这种情况下的供述表面上符合情理，深入判断后发现是与情理不相符合的。

被告人有权进行无罪、罪轻、减轻或免除刑事处分的辩解。但在实践中，有的是出于维护自己的合法权益而进行辩解；有的则是出于逃避罪责而虚构事实，甚至曲解法律而进行狡辩。被告人辩解的动机在一定程度上影响辩解的真实性。对被告人举发他人的犯罪事实只能作为证据线索，应进一步收集证据，进行审查判断。

(三)审查判断被告人的供述和辩解与其他证据有无矛盾

审查判断供述和辩解是否前后一致，有无反复以及出现反复的原因；被告人的所有供述和辩解是否均已收集入卷；应当入卷的供述和辩解没有入卷的，是否出具了相关说明。具体来说，应当着重审查以下内容。

1. 审查应当结合全案证据进行综合审查判断，观察其与其他证据之间有无矛盾

(1)审查判断被告人的供述和辩解与同案其他被告人的供述和辩解有无矛盾。如有矛盾，找出矛盾具体表现和产生原因，是因为推诿罪责而产生的，还是因为参与犯罪的程度不同或了解情况的差异而产生的。对于这些矛盾应当结合案中其他供述和辩解与其他证据进行分析判断。

(2)审查判断被告人的供述和辩解与其他证据有无矛盾。如有矛盾，应当认真分析矛盾的具体表现形式及其产生的原因，从中研究是口供的问题还是其他证据的问题。如果供述和辩解与其他证据相互一致，也不要轻信，应慎重对待，需要分析这种一致性是表面的还是本质上的，有无假象上一致的可能。

(3)将被告人供述和辩解与同案的物证、被害人陈述等其他证据进行比对分析，看供述与其他证据证明方向是否一致。如果基本一致，则说明其供述和辩解是真实可靠的；反之，则说明其供述和辩解虚假的可能性较大。

2. 审查被告人前供后翻或时供时翻的现象

对此类口供应当从以下几个方面进行审查判断：

(1)对于这些供述和辩解应当审查其两重性。被告人翻供的情况较为复杂：一是翻供具有对抗性，是为了逃避或减轻罪责而狡辩，干扰正常的诉讼活动；二是翻供具有抗辩性，是行使辩护权的具体表现，如纠正原先陈述中某些虚假的内容。因此，对待这些问题应具体问题具体分析。对前供为虚，后翻为实的，应本着"有错必纠"的原则予以纠正。

(2)分析与审查翻供的真实原因。被告人翻供的原因多种多样、错综复杂，因此应审查翻供的原因，判断翻供的真假虚实。被告人翻供的原因大致有以下几种：一是因刑讯逼供等非法方法而导致先供，在起诉或审判阶段而翻供；二是因认识错误将不构成犯罪的事实作为犯罪事实供述；三是代人受过而供述不是自己实施的犯罪；四是为逃避罪责而推翻前供；五是因串供或他人通风报信而翻供等。

(3)对先供后翻、时供时翻口供的判断。对被告人反复多变的口供，不能简单地以侦查供述为准，也不能轻易地以审判的翻供为准，应当坚持实事求是。对于先后多次不同的供述，认真分析，查明属实的，予以认定，而不问其供述的先后，即"查证属实者信，查无实据者否"。在司法实践中和证据法理论上，有人主张只有在法庭上的供述，才是真实可信的，事实上并非完全如此。对被告人的供述和辩解的审查判断应坚持实事求是的原则，坚持查证属实，坚持全案结合、无论先供，还是后翻，应注重口供的内容是否与案件事实相符，是否与其他证据相一致。如果供述和辩解与案件事实、与其他证据无矛盾，尤其是细节的一致性，就可作出真实性的判断。被告人翻供后，根据被告人的供述、指认提取到了隐蔽性很强的物证，且与其他证明犯罪事实发生的证据互相印证，可以作出真实性判断。被告人庭审中翻供，但不能合理说明翻供原因或者其辩解与全案证据矛盾，而其庭前供述与其他证据相互印证的，可以采信其庭前供述。被告人庭前供述和辩解存在反复，但庭审中供认，且与其他证据相互印证的，可以采信其庭审供述；被告人庭前供述和辩解存在反复，庭审中不供认，且无其他证据与庭前供述印证的，不得采信其庭前供述。

另外，还要审查讯问聋哑人、少数民族人员、外国人时是否提供通晓聋、哑手势的人员或者翻译人员；讯问未成年同案犯时，是否通知了其法定代理人到场；讯问笔录的制作、修改是否符合法律及有关规定，讯问笔录是否注明讯问的起止时间和讯问地点，首次讯问时是否告知被告人申请回避、聘请律师等诉讼权利，被告人没有核对确认并签名（盖章）、捺指印确认的，不得作为定案根据。

六、当事人陈述的审查判断

对民事诉讼、行政诉讼中的当事人陈述应当从以下几个方面进行审查判断。

(一)审查判断当事人陈述是否客观、自愿

审查判断当事人陈述主要涉及对当事人陈述本身真实性的审查，主要包括：(1)当事人是否是自愿陈述的，有无受到外界的压力或者不良的影响，是否因错误认识或者误导而承认；(2)当事人陈述的前后有无矛盾，当事人是否具有良好的信誉；(3)当事人陈述是否连贯，前后是否一致，等等。

(二)审查判断当事人陈述是否符合案件情况

审查判断当事人陈述哪些是事实陈述，哪些是诉讼要求；当事人陈述与案件事实发生、发展和变化是否存在矛盾；其矛盾是否具有合理性；陈述有无隐瞒、歪曲、增减等虚假情况；陈述是否经过对方当事人认可。当事人在诉讼中认可的证据，法院应当予以确认，但法律司法解释另有规定的除外。

(三)审查判断当事人陈述与其他证据是否一致

审查判断双方当事人之间的陈述有无相关证据支持；双方当事人陈述之间是否存在抵触；当事人陈述与其他证据之间是否存在矛盾；当事人的陈述与此前陈述不一致的，结合当事人的诉讼能力、证据和案件具体情况进行审查认定，等等。

对当事人的陈述，应当结合其他证据审查判断。

七、鉴定意见的审查判断

鉴定意见作为鉴定人的意见，不具有预先的证明力。审查判断鉴定意见应当从以下方面进行。

(一)审查判断鉴定意见论的合法性

审查判断鉴定意见合法性主要包括：(1)鉴定机构和鉴定人是否依法被登记、被编制名册和公告；(2)鉴定人是否对鉴定的专门性问题具有资质和实际的鉴定能力；(3)鉴定人具有的资质是否适应该鉴定的事项；(4)鉴定人是否属于应当回避的人员。

对鉴定书是否具有法定的内容也应当进行审查。这些内容包括：委托人姓名或者名称、委托鉴定的内容，委托鉴定的材料，鉴定的依据及使用的科学技术手段，对鉴定过程的说明，明确的鉴定结论，对于鉴定人鉴定资格的说明，鉴定人及鉴定机构签名盖章。鉴定文书缺少签名、盖章的，不得作为定案根据。

(二)审查判断鉴定意见的必要性

审查判断鉴定意见的必要性包括：(1)委托的事项与鉴定的事项之间范围是否一致，有无超越或者缩小了委托事项的范围；(2)鉴定意见所涉及的事实是否属于专门性问题，这种专门性问题是否是认定案件事实所必须的，是否需要专门知识来解决；(3)鉴定意见解决的是事实问题还是法律问题。鉴定意见与案件事实没有关联的，不得作为定案根据。

(三)审查送检材料是否符合鉴定要求

审查判断送检材料的真实、客观是审查鉴定意见的基础。审查判断送检材料的内容主要包括检材、鉴定文书资料来源的可靠性和真实性，提供鉴定资料的人(如医生、证人等)的情况，检材的数量、质量、保有时间、保存条件和方法以及提取和处理的方法，送检材料在转送过程中是否安全；然后，再判断送检材料是否真实可靠，判断送检材料是否被污染，判断送检材料是否能够鉴定，判断送检材料是否达到了鉴定所必需的质量和数量条件。送检材料不符合上述任何一个条件的，都会影响鉴定意见的质量、准确性，不得作为定案根据。

（四）审查判断鉴定方法的可靠性

审查判断鉴定方法的可靠性主要涉及鉴定所采用的科学技术、实验方法、推理法则以及作为鉴定基础的一些公式、定理、文献资料是否科学、可靠。其审查判断的内容主要包括：（1）鉴定依据的原理是否可靠；（2）鉴定所使用的科学技术是否可靠；（3）采用鉴定技术对所鉴定的事项是否可靠；（4）鉴定实施的顺序、步骤是否科学。对同一个鉴定事项采用不同的鉴定技术方法，获得鉴定意见的可靠性也存在不同。如采用 ABO 血型与采用 DNA 技术进行的鉴定，后者一般相比前者更为可靠；同时采用 DNA 分型技术，其银染法技术与 PCR 技术相比，灵敏度与可靠性也不相同。但这不是绝对的，仅是相对技术的可靠性而言，并非鉴定意见的可靠性。

（五）审查判断鉴定技术、标准的有效性

审查判断鉴定技术、标准的有效性主要包括：（1）鉴定技术是否有效。（2）鉴定的仪器设备是否有效。（3）鉴定方法是否有效。有国家标准或行业标准的，是否适用了国家标准或行业标准；对无国家标准也无行业标准的，采用的标准是否具有科学合理性。由于不同标准对质量要求不同，通过审查鉴定标准可对鉴定意见的可靠程度作出判断。

（六）审查判断鉴定意见与其他证据是否矛盾

鉴定意见与其他证据进行比对分析，审查其结论同其他证据有无矛盾，尤其是鉴定意见与检验笔录及相关照片是否有矛盾，存在的矛盾能否得到合理的说明和解释，等等。

审查判断鉴定意见及其分析所依据的事实是否客观全面，检材的特征解释是否合理，适用的标准是否准确，分析说明是否符合逻辑，鉴定意见的推论是否符合科学规范。

鉴定意见属于一种证据，其地位不优于一般的证据；不能以设立的鉴定机构行政级别的高低，作为审查判断鉴定意见可靠与否的根据，也不能根据鉴定人的职称作为判断鉴定意见证明力的高低。即使是国家级鉴定机构作出的鉴定意见也不具有预定的效力。

八、勘验、检查、辨认、侦查实验与现场笔录的审查判断

一般情况下，勘验、检查、辨认、侦查实验与现场笔录能够客观地记载勘验、检查与现场内容。对审查判断应当从以下方面进行。

（一）审查判断勘验、检查、辨认、侦查实验与现场笔录的制作是否符合法律的要求

审查勘验、检查、辨认、侦查实验人员有无勘验、检查、辨认、侦查实验的职权；审查勘验、检查、辨认、侦查实验是否邀请了见证人；审查勘验、检查、辨认、侦查实验与现场笔录的法律手续是否完备；勘验、检查是否依法进行，笔录的制作是否符合法律及有关规定的要求，勘验、检查、辨认、侦查实验人员和见证人是否签名或者盖章等。对辨认、侦查实验笔录应当着重审查辨认的过程、方法，以及笔录的制作是否符合相关规定。勘验、检查笔录存在明显不符合法律、有关规定的情形，不能作出合理解释的，不得作为定案根据。

（二）审查判断勘验、检查、辨认、侦查实验与现场笔录的内容是否全面、准确

审查笔录中文字、照片、绘图等内容是否反映了现场或其他勘验、检查对象的原貌，相关内容是否全面；勘验、检查、辨认、侦查实验笔录的内容是否全面、详细、准确、规

范：是否准确记录了提起勘验、检查、辨认、侦查实验的事由、时间、地点，在场人员、现场方位、周围环境等情况；是否准确记载了现场、物品、人身、尸体等的位置、特征等详细情况以及勘验、检查、辨认、侦查实验的过程；文字记载与实物或者绘图、录像、照片是否相符；固定证据的形式、方法是否科学、规范；现场、物品、痕迹等是否被破坏或者伪造，是否是原始现场；人身特征、伤害情况、生理状况有无伪装或者变化等。

(三)审查判断勘验、检查、辨认、侦查实验与现场笔录的内容是否真实

审查判断勘验、检查与现场笔录时，应当将笔录中记载的情况与被告人的供述、被害人陈述、证人证言等言词证据进行比对分析，看是否存在矛盾；审查笔录中记载的物证、书证等实物证据与收集到的证据是否吻合。结合言词证据与实物证据判断勘验、检查与现场笔录内容的客观性与真实性。尤其是补充进行勘验、检查的，前后勘验、检查的情况是否有矛盾，是否说明了再次勘验、检查的原由。侦查实验的条件与事件发生时的条件有明显差异，或者存在影响实验结论科学性的其他情形的，侦查实验笔录不得作为定案的根据。辨认笔录具有下列情形之一的，不得作为定案的根据：(一)辨认不是在调查人员、侦查人员主持下进行的；(二)辨认前使辨认人见到辨认对象的；(三)辨认活动没有个别进行的；(四)辨认对象没有混杂在具有类似特征的其他对象中，或者供辨认的对象数量不符合规定的；(五)辨认中给辨认人明显暗示的。但对难以找到类似参照物，如尸体、场所，或者参照物完全相同的，如人民币，或者辩论人能准确描述物品的独有手征的，如手机，未采用混杂辨认的，不影响其作为证据。

(四)审查判断勘验、检查、辨认、侦查实验与现场笔录的时间和形成的过程

审查发案时间和进行勘验、检查、辨认、侦查实验的时间，分析现场、物品、痕迹等遭受自然破坏或人为伪造的可能性，分析人身的物证、伤害、生理状态变化情况或有无伪造；审查笔录形成的时间，是在勘验、检查、辨认、侦查实验与现场当时制作的，还是事后补做的；如果是事后补做的，应进一步查清是在什么情况下补做的，判断有无误差、虚构和伪造等情况。

(五)审查判断制作勘验、检查、辨认、侦查实验与现场笔录人员的能力

审查判断制作勘验、检查、辨认、侦查实验与现场笔录人员业务能力、水平以及工作态度。一般来说，制作笔录人员的业务能力差，工作责任心不强的，有可能会造成漏记和错记勘验、检查与现场笔录。

另外，还应当审查勘验、检查、辨认、侦查实验笔录中记载的情况与被告人供述、被害人陈述、鉴定意见等其他证据能否印证，有无矛盾；勘验、检查、辨认、侦查实验笔录存在勘验、检查没有见证人的，勘验、检查、辨认、侦查实验人员和见证人没有签名、盖章的，勘验、检查、辨认、侦查实验人员违反回避规定等情形的，应当结合案件其他证据，审查其真实性和关联性。

九、视听资料的审查判断

视听资料属于具有高科技含量的证据。它不仅在制作上必须及时，而且还存在易于篡改和伪造的可能，同时视听资料证据的制作和取得的合法性对其作为证据也存在深刻的影响。对视听资料一般应当从以下方面进行审查判断。

(一)审查判断视听资料的来源

视听资料来源一般可分为三个方面：一是当事人或者办案机关制作的；二是办案机关搜查、扣押的；三是他人提供的。对于办案机关在办案过程中制作的视听资料，应审查制作这些视听资料是否符合法定程序；对于通过搜查、扣押等方法取得的视听资料，要审查是否是非法收集的；对于他人提供的视听资料，要审查它是在什么情况下制作的，有无仿造、剪辑、编纂等；制作过程中当事人有无受到威胁、引诱等违反法律及有关规定的情形。同时，还需要审查视听资料的制作设备是否完好，技术是否科学，方法是否有效，并进一步审查制作视听资料的技术设备条件是否具备，审查有无因技术设备原因影响视听资料的客观真实情况；审查操作人员是否具备相应的技能，审查有无操作方法不科学、违反操作程序和应有的规律的情况。对于没有提取过程说明的，不得采用。

(二)审查判断视听资料内容的原始性

审查判断视听资料是否为原件，有无复制及复制份数；调取的视听资料是复制件的，是否附有无法调取原件的原因、制作过程和原件存放地点的说明，是否有制作人和原视听资料持有人签名或者盖章；对录音带的原始声音、录像带的原始图像、计算机储存的原始数据进行审查。如审查计算机软件，可以对比目录、署名、许可证号、出版发行单位和软盘内容及其他所属的范围。这些内容主要包括：故事情节、数据排列、图文光色、声音清晰程度等；对比加密、解密过程，尤其是普通文件和下拉、弹出等菜单的方位、内容、选择项目；对比代码源程序和目标程序；对比安装过程的屏幕显示情形等。审查录音带原声可以根据录下的颤音、哑音、嘶音、回音以及笑声、哭声、叹息声、咳嗽声，分析说话人当时的情绪、所处的环境、同录音设备的距离，判断说话人当时的心理活动、身体状况、意思表示的真实程度，是否有被威胁、胁迫的情形。如果是复制的、翻录的视听资料，还应当查找原始资料进行对照，然后作出判断。

(三)审查视听资料载体材料的可靠性

视听资料由于其储存信息介质的特殊性和对高科技设备与技术的依赖性，决定了它容易被伪造或篡改，并且在伪造或篡改后难以被发现的特点。在诉讼中必须通过专门的技术人员使用专门的技术设备和方法，对视听资料有无仿音、叠音、移像、篡改计算机程序等问题进行必要的审查。审查录像、计算机数据等载体材料是否符合质量、性能要求，是否完整无缺，有无经过剪辑、增加、删改、编辑等伪造、变造情形等。如果发现复制、删节、重新排列组合的情形，应当依法当庭重放，让当事人辨认，并听取公诉人、当事人和辩护人、诉讼代理人的意见，作出综合性判断。视听资料具有下列情形之一的，不得作为定案的根据：(1)系篡改、伪造或者无法确定真伪的；(2)制作、取得的时间、地点、方式等有疑问，不能作出合理解释的。

(四)审查视听资料产生的背景

视听资料能够全面反映案件情况，如录音带能够同时录下其他伴随的声响，录像带能够同时录下其他视野内的相关景物。因此，审查视听资料形成的背景，以便印证其真实性。如审查录音带，如果有其他人的讲话声音，就让其出庭作证，或者提供书面证言；如果有其他物体发出的声响，或者其他自然声响，查证当时当地是否存在该物体，是否发生过这种声响。对于录像带，可以采取上述方法审查其声响的同时，对背景图像的人物运动、车辆流向、景物地点、天气情况进行审查，判断这些资料的证明力。

(五)审查视听资料形成的相关技术设备性能

视听资料的收集、保存、重现都需要依赖技术设备，其科学性、可靠性与这些技术设备的质量、性能存在着密切关系。因此，应当审查这些设备的灵敏度、准确性是否符合要求，有无发生故障和病毒感染的记载，是否超过了使用期限、工作性能如何和适用范围多大。审查技术设备既要注意收集、保存视听资料的环节，又要注意播放、提取视听资料的程序。因为收集、保存的设备再好，播放、提取的设备不符合要求，也不能反映案件事实的原始情况。由于视听资料涉及很多专门的知识和先进的设备，对于一些疑难或者存在疑问的问题，应当聘请有关专家协助审查判断。

(六)审查收集视听资料的合法性

审查采用的秘密录音、录像等方式是否严重侵犯他人合法权益或违背法律禁止性的规定。对于故意违反社会公共利益或社会公德侵害他人隐私或采用窃听等手段取得的证据，不能作为证据使用。

1. 对于公开制作的视听资料的审查判断

公开制作的视听资料是指在被录音或录像者知晓或应该知晓的情况下制作的视听资料，例如记载当事人在公共场合言行的视听资料；合同签字仪式上公开拍摄的录像；在道路、机场、海关、银行等特定场所面对不特定人设置的监视仪器所制作的视听资料等。这些视听资料因在公共场所制作，尽管涉及个人的一些私人领域甚至隐私，一般不失其合法性。

2. 对于秘密制作的视听资料的审查判断

秘密制作的视听资料是指在被录音或录像者不知晓的情况下制作的视听资料，例如一方当事人在另一方当事人不知晓的情况下制作的谈话记录，或运用秘密手段获得的录音、录像资料等。这种秘密制作的视听资料的合法性应当区分不同情况，区别对待。一般情况下，为了窃取公民隐私和国家秘密或有不可告人的目的而私自安装窃听器、针孔摄像机等秘密制作的录音录像资料，因侵犯了他人的隐私权和国家主权、商业秘密等不能作为证据使用。

违反规定，非法使用暗藏式窃听、窃照等专用间谍器材进行"偷拍偷录"，对涉及国家秘密、商业机密的事项以及严重侵犯他人隐私权进行"偷拍偷录"及在法庭上未经许可进行"偷拍偷录"所收集的视听资料因违反法律的禁止性规定，不能作为证据。对于"偷拍偷录"侵犯了他人私人领域的视听资料，应当进行价值衡量，区别对待。①

另外，审查判断视听资料还应当与其他证据结合。如果其他证据同视听资料证明的事实相同，就能够确认视听资料的证明力。如果其他证据同视听资料相互矛盾，还必须认真

---

① 对此问题可参考 1995 年 3 月 6 日最高人民法院对河北省高院的请示作出的《关于未经对方当事人同意私自录制其谈话取得的资料不能作为证据使用的批复》以及《最高人民法院关于民事诉讼证据的若干规定》的变化。

分析，找出原因，判断哪些证据比较接近或符合实际；对存在疑问的，应当鉴定确认，然后实事求是地确认其证明力。

十、电子数据的审查判断

根据电子数据的特点以及与待证事项之间的关系，有无其他相应的材料予以佐证，并结合案件其他证据，审查其真实性和关联性。对电子数据应当审查以下内容。

(一)审查判断电子数据的真实性

对电子数据真实性的审查应当结合下列因素综合判断：(1)电子数据的生成、存储、传输所依赖的计算机系统的硬件、软件环境是否完整、可靠；(2)电子数据的生成、存储、传输所依赖的计算机系统的硬件、软件环境是否处于正常运行状态，或者不处于正常运行状态时对电子数据的生成、存储、传输是否有影响；(3)电子数据的生成、存储、传输所依赖的计算机系统的硬件、软件环境是否具备有效地防止出错的监测、核查手段；(4)电子数据是否被完整地保存、传输、提取，保存、传输、提取的方法是否可靠；(5)电子数据是否在正常的往来活动中形成和存储；(6)保存、传输、提取电子数据的主体是否适当；(7)影响电子数据完整性和可靠性的其他因素。

电子数据存在下列情形的，可以确认其真实性，但有足以反驳的相反证据的除外：(1)由当事人提交或者保管的于己不利的电子数据；(2)由记录和保存电子数据的中立第三方平台提供或者确认的；(3)在正常业务活动中形成的；(4)以档案管理方式保管的；(5)以当事人约定的方式保存、传输、提取的；(6)电子数据的内容经公证机关公证的。但未以封存状态移送的，笔录或者清单上没有办案人员、电子数据持有人(提供人)、见证人签名或者盖章的，电子数据的名称、类别、格式等注明不清的，经补正或者作出合理解释的，可以采用；不能补正或者作出合理解释的，不得作为定案的根据。

(二)审查判断电子数据关联性

在实践中判断电子数据与待证事实的关联程度应从以下几个方面进行：(1)电子数据与证明的待证事实存在何种关系及其关系的紧密程度，电子数据是否能够证明案件的某方面问题；(2)电子数据证明的事实是否是案件中的实质性问题；(3)电子数据对解决案件中的争议问题有多大的实质性意义。由于黑客技术和计算机远程控制技术等的出现，审查电子数据的关联性具有一定的难度，如行为人可以盗用他人的上网账号，或者留下虚假的IP地址或者邮箱地址等。鉴于此，在审查判断电子数据的关联性时必须坚持综合印证原则，结合制作人的电子技术水平等，确认电子数据与案件事实的关联性。

(三)审查判断电子数据的可靠性

可靠性是指电子数据内容上的真实性，是电子数据的内在质量特征。我国《电子签名法》第8条规定了审查数据电文的真实性应当考虑以下因素：(1)生成、储存或者传递数据电文方法的可靠性；(2)保持内容完整性方法的可靠性；(3)用以鉴别发件人方法的可靠性；(4)其他相关因素。对以数字或模拟信号的形式存储在各种电子介质如芯片、软盘、硬盘、光盘、磁带、移动存储设备等载体之上的电子数据需要相应的设备将其显示出来，并需要提交电子证据打印件的形式。审查制作、存储、传递、获得、收集、出示等程序和环节是否合法，取证人、制作人、持有人、见证人等是否签名或者盖章。具体来说，对电子数据的可靠性可从以下方面进行。

1. 从电子数据的生成方面来考察其是否可靠

审查电子数据是否按常规程序自动生成或人工录入，生成或录入电子数据的系统是否处于正常控制下，自动生成电子数据的程序是否可靠，网络状况是否稳定，录入者是否按照操作规程并按可靠的操作方法合法录入，有无感染计算机病毒的可能等。

2. 从电子数据的存储方面来考察其是否可靠

审查电子数据是否按科学的方法存储，存储的介质是否可靠，存储电子数据的人员是否公正、独立，存储电子数据是否加密，所存储的电子数据是否遭受未经授权的接触等。

3. 从电子数据的传送来考察其是否可靠

审查电子数据在传递、接收时所用的技术手段或方法是否科学、可靠，传递电子数据的网络运营商等中间人是否公正、独立，电子数据在传递过程中是否加密，是否具有数字签名、数字证书等特殊标识，有无可能被非法截获等。

4. 从电子数据的收集来考察其是否可靠

审查电子数据的可靠性须考虑电子数据的收集者是否与案件有利害关系、收集提取电子数据的方法是否科学可靠。面对网络中浩如烟海的电子数据，收集者在决定取舍时所采用的方法是否科学可靠，所经历的过程是否客观合法等。收集、提取的电子数据是否合法，应当着重审查以下内容：收集、提取电子数据是否由二名以上调查人员、侦查人员进行，取证方法是否符合相关技术标准；收集、提取电子数据，是否附有笔录、清单，并经调查人员、侦查人员、电子数据持有人、提供人、见证人签名或者盖章；没有签名或者盖章的，是否注明原因；电子数据的类别、文件格式等是否注明清楚；是否依照有关规定由符合条件的人员担任见证人，是否对相关活动进行录像；采用技术调查、侦查措施收集、提取电子数据的，是否依法经过严格的批准手续。不同来源的电子数据其真实可靠性往往不同，即使是同种来源的电子数据，也可能因各种原因而具有不同的证明力。

5. 从电子数据在上述环节是否被删改过来考察其是否可靠

审查电子数据需考虑电子数据是否被伪造、变造，包括：对于电子数据有无篡改、拼凑、剪裁、删改的认定；对于有疑问的应依法指派或聘请具有专门技术知识的人对其鉴定，然后依据鉴定意见来判断。

对电子数据可靠性的认定可转移为对其他因素可靠性的认定，即通过对其他因素可靠性的认定来推定某一电子数据具有可靠性。一是借助于认定某一电子数据所依赖的计算机系统具有可靠性，从而推断出电子数据具有可靠性；二是通过认定某一电子数据系由对其不利的一方当事人保存或提供的，从而推断电子数据具有可靠性；三是通过某一电子数据系在正常的业务活动中生成并保管的，从而推断电子数据具有可靠性。

(四)审查判断电子数据的完整性

电子数据的完整性是其真实、客观的特殊指标，主要包括电子数据本身的完整性和电子数据所依赖的电子系统的完整性。其完整性主要涉及以下几个层面：(1)记录电子数据的系统必须处于正常的运行状态。如果系统曾处于不正常状态，则会对数据的完整性构成影响。(2)数据记录必须在业务活动的当时或即后制作，而专为某项目的如诉讼而制作的电子记录无法确保其完整性。(3)在正常运行状态下，系统对业务活动必须有完整的记录。完整的记录是指数据电文信息、附属信息和系统环境信息要统一。审查判断电子数据的完整性主要是审查电子数据的内容是否真实，有无剪裁、拼凑、篡改、添加等伪造、变造情形。电子数据完整性应当根据保护电子数据完整性的相应方法进行审查、验证，重点聚焦以下方面：(1)审查原始存储介质的扣押、封存状态；(2)审查电子数据的收集、提取过程，查看录像；(3)比对电子数据完整性校验值；(4)与备份的电子数据进行比较；(5)审查冻结后的访问操作日志。

电子数据本身的完整性涉及形式上的完整性和内容上的完整性。形式上的完整性是指电子数据必须保持生成之时的原状，包括格式调整在内的任何更改都将视为完整性受到损害。而电子数据内容上的完整性是指电子数据自形成之时起，其内容保持完整、未遭到非必要的添加或删除。非必要的添加或删除是指对电子数据进行了关键性的更改。但是，对电子文件进行格式调整、加入页眉、页脚、注明来源、形成过程和取得日期等非关键性的更改，并不影响电子数据的完整性。

【问题与思考】

对证据审查判断应当围绕证据的真实性、关联性和合法性进行。对证据的真实性，应当综合全案证据进行审查；对证据的证明力，应当根据具体情况，从证据与待证事实的关联程度、证据之间的联系等方面进行审查判断；证据之间具有内在联系，共同指向同一待证事实，不存在无法排除的矛盾和无法解释的疑问的，才能作为定案的根据。根据前面的引导案例，参考上述观点，结合本章内容，思考下列问题：(1)如何审查判断视听资料？(2)视听资料的证明效力能否优于书证？(3)原告在行政程序中未提交而在诉讼程序中提交的证据，法院应否采纳？(4)对案件存在的证据应采取何种方法进行审查判断？

【延伸阅读】

1. 刘金友：《试论我国审查判断证据的原则及其理论根据》，载《政法论坛：中国政法大学学报》，2004(2)。

2. 颜玉康：《论刑事证据审查的程序和规则》，载《中国刑事法杂志》，2000(4)。

3. 何家弘：《证据的审查与认定原理论纲》，载《法学家》，2008(3)。

4. 郭华、王进喜：《〈办理死刑案件证据规定〉与〈非法证据排除规定〉的释义和适用》，北京：中国人民公安大学出版社，2010。

第十七章

案件事实认定的方法

【引导案例】

南昌大学原校长周某某被控受贿、挪用公款案开创了一项用概率论与数理统计、排列组合、误差理论等论证公诉人证据的自辩先河。周某某面临检察机关 24 项指控涉嫌受贿 2 000 多万元、挪用公款 5 800 多万元。在庭审上，行贿人和受贿人都曾供述，行贿发生在 5 月，后来发现 5 月没有行贿款来源，双方笔录同时改为 10 月 10 号左右。根据误差理论，5 月错到 10 月绝对误差为 5 个月，相对误差为 50％；第二次 1 号错到 10 号，绝对误差 10 天，相对误差为 2.8％。两个人分开审讯，误差率同时发生同样的巨大变化，这些误差"只能说办案人员串供"。他在庭上进一步计算，行贿人和受贿人都交代说发生在 5 月份，后来发现都错了，这概率为 1/140；发现 5 月没有取款记录后，双方又同时改为 10 月，概率为 1/20700。结论：如没非法取证，两次同时一致出错需做两万多份笔录才可能出现。另外，他又自制了一份"案件证据综合评价表"，并使用自己发明的计算方法当庭测算一位证人证言，最终得出该证言为真的可能性仅为 0.317（满分为 1）。

【本章概要】

本章是有关运用证据来认定案件事实的内容，主要包括经验法则和论理法则及现代算法。经验法则主要包括其概念、特征、类型和运用的方法；论理法则包括逻辑规律。案件事实认定不得违反这些法则。

第一节　经验法则

经验法则源于实践的经验，是证据与案件事实之间的桥梁或者黏合剂，具有填充证据证明力不足的功能，是案件事实认定的基本方法，也是案件事实认定的必要保障。违背经验法则认定的案件事实无效。

一、经验法则的概念与特证

经验法则属于常识性的、内在约束力的不成文法则，具有判例法国家判例的类似性功能。《最高人民法院关于民事诉讼证据的若干规定》第 85 条规定："审判人员……依据法律的规定，遵循法官职业道德，运用逻辑推理和日常生活经验，对证据有无证明力和证明力大小独立进行判断……"其中，"日常生活经验"就属于经验法则的内容。

(一)经验法则的概念

经验法则是在人类长期日常生产和生活实践中形成的，以经验归纳和逻辑抽象后所获得的关于事物属性以及事物之间常态联系的一般性知识，包括日常生活法则、自然法则和专门学科的法则。[①] 司法审判上的经验法则，是指日常生活经验的一个必要而特殊的组成部分，其特殊性就表现在法官根据自身的学识，亲身生活体验或被公众普遍认知与接受的那些经验作为法律逻辑的一种推理形式。经验法则主要具有以下含义。

1. 经验法则是人们个别经验积累到一定程度归纳出来的一般知识

经验法则来自案件事实认定之前的其他生活、工作事实经历，是类似案件事实不断重复出现而日积月累形成的体验，属于一种信心或者信念，其本身不是物或者事实。这种信念作为常识性知识对于现在或者将来未知的类型化的事实认定具有可靠的预测性。

经验法则作为一般知识，尽管带有特殊体验性，源于人们各个个体经验，但不是个别人特有的经验，至少在一定范围内得到普遍认可或者属于已经被接受了的熟知知识，或者在特定人群中被认可。其本身具有一般性，属于为一般人所理解、知晓或者认同的社会常识。它在很大程度上反映着事物的性质、状态及其规律性的东西。尽管有些经验具有可靠性，但如果不被大多数人认同，就难以成为经验知识，也不能作为经验法则运用到案件事实认定之中。

2. 经验法则是有关事物属性、状态及其相互之间联系的法则性认识

当人们对有关事物属性、状态及其相互之间的联系归纳或者提炼出经验性规律时，这些经验已经超越了一般经验的层面，形成了经验法则，具有了法则性。经验法则的法则性可以从两个方面来理解：一是当人们的认识还没有达到理论高度的时候，法则只意味着某种接近经验概括的东西，即某些观察的总结，可被看作一种可以加以观察的规则性，或者表示这样一种规则性的陈述。二是当法则上升到理论的层面就属于经验的概括，具有了一般性的特征；其本身是客观的，带有普适性的特征。

经验法则作为人们经验认识的一种结果，一方面，具有公共可观察的、不同于个人体验意义上的经验；另一方面，经验法则的经验源于实践，是实践经验的高度概括，不同于零碎的实践经验。经验法则作为人们对感性认识归纳总结后概括出来的一般性认识，既是感性认识的归宿，也是感性认识发展的应然性结果，又是获得理性认识的起点，还是理性系统化了的认识。这种理性的认识，在适用于具体的个案事实认定时，在排除个案可能存在例外情况下，才能对案件事实作出肯定性认定。

经验法则不同于法律的一般性法则。一般性法则在案件事实认定中是通过演绎推理来

---

① ［日］石井一正：《日本实用刑事证据法》，陈浩然译，25 页，台北，五南图书出版公司，2000。

起作用的，具有必然为真的性质；经验法则是通过归纳推理起作用的，其结果具有盖然性，只是尚未发现相反的例证，或者相反的例证在常态中可以忽略不计，但仍有例外存在的可能性。

3. 经验法则是通过归纳方法获得的不完全性知识

经验法则是人们在社会实践中依据经验所归纳出来的有关事物性质、状态及事物之间联系的知识，是经过归纳综合所得的带有社会普遍性的规则，具有归纳法的或然性、不完全性。经验法则本身是人们生活经验的归纳，这种归纳不可能将所有的问题均予以充分考虑，也难以全面地或者不遗漏地将任何问题予以涵摄，其本身不可避免地含有一定的或然性。

尽管经验法则主要体现法则性，经验仍是其主要成分，其法则性也会受到经验的影响。虽然人类是通过对以往经验的归纳而获得知识，经验是人类知识的源泉，但因以往的经验只能是无限发展的人类经验的一部分，其经验的归纳只能是一种不完全的归纳，人们所获得的知识在当下也只能是一种或然性的知识。

(二)经验法则的特征

经验法则与诉讼模式存在一定的关系。职权主义诉讼模式下的审判以法官为中心，其制度期待职业法官具有超出常人的敏锐观察力、分析力以及判断力，职业法官的经验法则常不局限于普通人的日常生活经验。当事人主义诉讼模式下，案件事实认定来自于社会各阶层的普通人(陪审员)，制度要求案件事实认定集中一般人可以接受的普通人的日常生活经验法则。这一经验法则与陪审员的构成成分相契合，陪审员几乎不存在特殊经验或者超常人的智慧，认定案件事实所采用的经验法则更接近于当事人，体现一般人的常识性经验。经验法则不是人们的个别经验，可以是个别经验积累到一定程度归纳出来的一般知识或者常识性知识，是被实践验证了的具有可靠性的个别经验提升，具有社会经验的共有性。经验法则具有以下特征。

1. 客观性与主观性

经验法则的客观性是指经验法则是人类长期生产、生活经验积累的产物，是客观存在的反映。经验常识是以特定社会生活经验为基础并经多次验证之后逐渐形成的一种具有确定性的知识。经验法则成为事实判断的依据，并非允许法官任意擅断或者不受限制的自由裁量权，而是基于人类认识的同一性和经验法则内容的客观性。经验的基础显示着作为经验法则的命题具有在对应客观世界这一意义上的客观性。

经验法则的主观性是指其存在形式和运用过程是主观的。它以一种观念的形态存在于人们的意识中，是人脑对外部世界的能动反映。法官运用经验法则进行事实推定的过程是一种主观思维过程，这一思维过程不可避免地要受到法官本人的素质、学识、经验及价值取向等主观因素的影响。

经验法则的这种主观性与客观性是其最重要的一种特性。经验法则的客观内容通过主观的形式反映出来，通过法官的主观思维过程在诉讼过程中又反映了客观经验的标准作用，使法官的主观思维受到了客观制约，保障了司法公正。

2. 无限性与有限性

经验法则的无限性是就诉讼总体而言，经验法则的数量是无限的。经验法则是人类在长期生产、生活实践中积累的一般经验，从专业知识到一般生活经验，从盖然性较高的科学定理到盖然性相对稍低的生活常理，基本覆盖了人类生活的方方面面，在数量上不可穷尽。因为经验法则来自人类知识的总体，在证据评价时对未知的具体事实探求又有无穷的变化，必须根据具体情况来具体决定采取什么经验法则，因而在判断事实时能够作为前提的经验法则在数量上是无限的。经验法则的有限性是指具体的每一个案件、每一个诉讼涉及的经验法则是有限的。

3. 抽象性与具体性

经验法则不是个别人所特有的特殊经验，而是表现为一般人或一定范围内的人们所共有的知识，它是对某一些反复发生的事物的总结与抽象。经验法则超越了个人的思考并能够在一般人的理解中获得认可，是群体智慧的升华和结晶。经验法则虽然是一种抽象的知识，但是它的适用却是具体的、有条件的。经验法则不是抽象定型的一个法则，是由具体生活经验所得而具有流动性内容的法则。

经验法则反映的是一般情况下、通常情况下事物的性质或事物间关系的一种可能性。将经验法则适用于具体事实的判断，必须考虑该案件中的证据与事件的发生是否有什么特殊情况。经验法则的抽象性保证了经验法则作为三段论的大前提，具有类似于规则的性质，而具体性又使得法官在认定案件事实时还应结合具体的案情，采取具体问题具体分析的方法，来保障经验法则对具体案情认定的有效性。

二、经验法则的分类

经验法则具有范围上的广泛性和数量上的无限性，根据不同的标准可以作出不同的分类。

（一）根据经验法则对法官拘束力的大小，可分为一般有效的经验法则与非一般有效的经验法则

一般有效的经验法则主要是指业已被实践证明了的经验法则。这类经验法则，尤其是自然科学上已经证实的经验法则，原则上具有拘束法官的效力。当经验法则是建立在科学已经证实的知识之上的时候，法官一般不得"自由裁量"。依照某个学科专业知识公认的方法而得出的事实认定，尽管法官个人未必充分信任，但在未有例外的情况下，也应将其作为案件事实认定的基础。如亲子鉴定"排除"的生父关系的结论，法官一般不得作相反的事实认定。

非一般有效的经验法则在规范上本来就不具有拘束法官的效力，诉讼中法官必须仔细审视具体个案的事实、情节等各种因素后，可以参照该种经验法则透露出来的"高度或然性"，来判断案件事实的真伪。

在案件事实认定中，如果是非一般有效的经验法则，法官就不能理所当然地加以援引；如果法官想要采信某个非一般有效的经验法则，应该予以论证，说明法官为什么认为该经验法则"可以"作为认定事实的基础，我国强调裁判理由的公开。

（二）根据经验法则在诉讼中是否需要证明为标准，可分为一般经验法则和特别经验法则

一般经验法则作为常识性经验法则，其形成需经过长期的经验积累和逐渐感知，其内容为一般人所熟悉，属于不证自明的常识性经验，具有高度的客观性。它的外在形式则为

"常识""常理""常情"，也就是人们在实践中常说的"合情合理"或者"合乎情理"。

由于一般经验法则经过了长期的反复验证，代表着一类事物发展的通常趋势或规律，在事物的发生、发展等变化过程中具有高度的盖然性，因此其规则本身无证明的必要。因为这种经验法则与社会一般人的基本生活经验相符，且法官作为社会中一员也生活在社会之中，也具有一般人所具有的生活经验，可依据一般经验法则直接进行案件事实的认定。例如，我国基于经验法则的认定案件事实的印证方法，能确保证据之间的一致性及认定案件事实的"唯一结论"。

特别经验法则，又称非常识性经验法则，是指超出一般人所拥有的知识与认识范围，必须经过专业性训练、专门性培训或者借助于仪器、设备等辅助性手段才能观察、体验和掌握的某些事物的规律性与特殊性的法则。

特别经验法则属于一种专门性知识，是基于特别知识或经验所获得的认识，具有较强的理论性和专业性，通常不为一般人所熟悉。由于特别经验法则属于一种专门性的知识，法官在诉讼中一般不得径直作为认定案件事实的基础，必须适用较为严格的证明程序，由其他证据加以印证或采取其他相应的证明方式，如委托或者聘请专家鉴定等。实质上，特别经验法则多为自然科学知识，这些知识在确定事物的成分、真假中起到了重要的作用。特别经验法则也是相对的，本身也存在着"不确定性"。一旦"不当使用"（包括使用的原理、方法等有误）或者使用的人未能达到应有的知识水平，也会出现错误，并且这种错误具有极大的隐蔽性和欺骗性，在实践中难以纠正。

（三）根据经验法则盖然性程度的高低，可分为一般的生活规律、经验的基本规则、简单的经验规则和纯粹的偏见

一般的生活规律是指在数学上可以证明的，或者符合逻辑的，或者不可能有例外的经验。其表达形式为"如果……，则总是"。这些规律符合人类的一般认知规律，如果没有这些认知规律，法官就无法形成心证。这些生活规律主要为自然规律、人类的思维规律等。如太阳从东方升起，即使是阴天没有太阳，人们没有看到太阳，对太阳的存在也不会出现怀疑。这些一般生活规律还可以表现为科学规律，如每个人的指纹、血型、DNA 与人的联系等。法官在案件事实认定中应当毫不犹豫地选择这类经验法则，否则视为对经验法则的违反，但不排除个别的例外。

经验的基本规则不排除例外的情形，它必然具备高度的盖然性。其表达形式为"如果……，则大多数情况下是如此"。该规则必须有共同的基础和可验证性；如果有必要，还应当经得起科学的检验。这些生活经验具备了高度的证明力，一般就没有必要在此种情况下再用科学数据予以验证。如跨越铁路道口已放下的护栏而被列车撞击致伤，可认为是受害人的过错；医生在手术时把镊子、丝线或者药棉遗留在病人伤口内，可认定为医生存在过错；等等。

简单的经验规则一般存在其他可能情况。其表达形式为"如果……，则有时是如此"。它以较低的盖然性为标志，不能独立地帮助法官形成完全的心证，只是在法官没有形成完全心证时起到辅助的作用。法官还要从其他各种证据、证明手段的综合联系中求得对案件事实的认定。在这种场合中，对方当事人完全可能提出简单的经验规则的反证进行质疑；其质疑一旦成立，原来的证明就会发生动摇，简单的经验规则也就不应当被采纳。如高速公路紧急停车道上停了一辆汽车，有可能是汽车出现故障而停车，有可能是司机由于身体方面的原因而停车，也有可能是因为违章被交通警察拦截而被迫停车，还可能存在其他原因；对此不能简单归一，遗漏其他可能性。

纯粹的偏见是对事物的片面性认识。其表现形式为"如果……，则关系不成立"。该规则不具备盖然性，在法官形成心证的过程中无任何价值，如果依赖则会起到负面的作用。法官认定案件事实应当避免这种偏见。

生活规律一般包括自然规律、思维规律和一些被人们普遍默认的规则，具有最大的盖然性。经验基本规则具有很高的盖然性，但不能完全排除例外情形，通常指生活方面的经验；简单的经验具有较低的盖然性，仅仅是一种认识的辅助工具。

三、经验法则的适用

法官运用经验法则来认定案件事实，应当坚持客观的态度，尊重客观规律，一切从实际出发，实事求是，充分考虑例外的情况；坚持客观性而防止主观性，禁止以主观代替客观，先入为主，自以为是。因为经验法则是人们基于日常生活经验所得来的，属于一种既客观又普遍之定则，可为大多数人所接受者，绝非主观或者狭隘之个人意见，法院为认定事实之判断时，若非依据经验法则，即难以为妥适正确而与事实相符之认定。经验法则在适用上应当注意以下问题。

(一)经验法则与证据证明的区别

经验法则与证据的证明性相比，在稳定性、功能性以及方法选择、程序设计上存在不同。在稳定性上，经验法则与证据证明的效果不可同日而语，稳定性明显劣于证据的证明；在功能性上，其适用应当充分考虑案件事实的类似性程度及其例外的可能性，具有补充性的作用；在方法选择上，利用证据认定案件事实应当是优先选择适用，具有适用顺序上的优先性，经验法则在此则表现为限缩性；在程序设计上，证据证明的程序应当是外在的、公开的，并且是可以看得见的，而经验法则是内在的，受认定理由说明的约束。经验法则作为人们对有关事物属性、状态及其相互之间联系的法则性认识，在适用上是以不得违反作为消极适用法则的。日常生活经验带有较强的直观性和不同程度的感性色彩，属于一种生活常识。其中，个别的直觉体验不能成为诉讼上的经验法则。

法官在案件事实认定过程中对经验法则的适用应当保持高度的警惕。只有在案件事实已有相当证据证明后，适用经验法则才能发挥其应有的作用；如果证明案件事实的证据不足，或者根本不存在证明案件事实的证据时，不得贸然适用，否则有可能会出现案件事实的片面认定，造成案件事实的错认，影响法院裁判的实体真实。

(二)经验法则内部的不同成熟度

随着科学技术的不断发展与日益更新，人们不仅可以通过日常生活获得经验认识，也可以通过科学研究和实验获取一般日常生活所无法获得的经验知识。将这些经验知识纳入案件事实认定的经验法则的范畴，有利于使经验法则的内容更加丰富。由于不同领域的经验法则的稳定性存在差异，作为认定案件事实的方法也应当根据不同情况设计出不同的规则，并借助于程序规则来最大限度降低案件事实错认的可能性。在实践中，人们的日常经验与科学知识二者之间可能存在不一致的地方。如人们在日常生活中发现太阳每天东升西落，由此可获得太阳绕着地球转的经验认识，甚至产生了"地心说"理论；通过科学研究发现，行星绕着恒星转，其获得的经验知识却是"日心说"。因此，法官在案件事实认定中，应当注意辨别日常生活法则与特殊经验法则，同时对特殊经验法则的特殊经验是可以验证的实验型特殊经验还是无法验证的纯经验型特殊经验予以区别。如果将日常生活经验简单地与经验法则等同，则实属对经验法则的一种误解，会引发将经验法则等同于一般的人生经历。一般意义上的经验知识不仅包含了人们在日常生活中获取的一般性经验认识，它还是人们日常生活经验的归纳与抽象的理性产物；同时，它还包含人们通过专门的实践活动如科学实验获得的经验知识。这些知识不是事实本身，它是建构法官的观察与结论之间的桥梁。①

对于科学来说，可靠的定量分析法一般可以称为真科学，它可以在"相同条件得相同的结果"。存疑的观察法可以称为准科学，它能够在"相似条件得相似结果"。疑惑的关联法可称为非科学，它可能在"相似条件得不相似结果"。伪善的相似法可称为伪科学，它在"相同条件得不同结果"。② 法官利用特别经验法则来进行案件事实认定时，不仅要经过严格的证明程序，而且还要允许不利的当事人提出异议和必要的辩解；同时法官对其也要保持高度的警惕，应当具有分辨"科学与不科学"，提高分别"科学与伪科学（垃圾科学）""科学与准科学"的能力。③

（三）经验法则与例外的可能性

经验法则是人们对过去经验不完全归纳的产物，在认识层面是作为普遍性的知识；在适用个案事实认定时，有可能与案件实际发生的事实不能保持完全一致。尽管其本身存在或然性、不确定性，但与人们的其他思维方法相比仍是可选择的较为可靠的案件事实认定的方法之一，并能够在案件事实认定中发挥重要的作用。例如，张某在租赁经营某冷冻厂期间，曹某经常来该厂购冰块。曹某曾出具一张欠条给张某，其内容为："欠冰钱 1.800 元整。"双方因欠条的内容出现争议。在诉讼中，张某认为，欠条上的"1.800 元"是"1,800 元"的误写，实际上曹某欠的冰款为 1 800 元。曹某则认为，欠条上的"1.800 元"就是"1.8 元"，而非"1 800 元"。法院审理后认为，双方仅为欠 1.8 元立书面欠据有违常理。倘若曹某的确欠款 1.8 元，按正常的书写习惯亦只会写成 1.80 元，而不会写成 1.800 元，而曹某又无其他有效的证据证实其主张成立，最后判决曹某返还张某欠款 1 800 元。本案中，人们一般不会因 1.8 元立书面欠条及"1.8 元"的正常书写习惯为"1.80"而非"1.800"是人们借款的一般属性状态，法院根据该两条经验法则判决曹某归还张某 1 800 元。④

经验法则是人们日常生活中反复发生的一种常态现象，有常态也存在非常态例外的可能，在适用中应当予以全面考虑，并通过适用严格的证明程序予以避免。

---

① 林钰雄：《刑事诉讼法》(上)，356 页，北京，中国人民大学出版社，2005。

② 张斌：《论科学证据的三大基本理论问题》，载《证据科学》，2008(2)。

③ 科学与非科学分属于不同的研究领域，科学是产生现代社会知识最主要的方法；非科学也是一种方法，当在有些问题用科学无法解释时，可以使用非科学方法来研究科学无法解释的部分，如宗教、艺术、哲学等。伪科学同科学同属于一个研究领域，是对科学的一种扭曲，是一种错误的研究方法，本身不具有任何价值。

④ 参见江苏省(2006)滨民一初字第 0308 号以及(2006)盐民一终字第 0507 号。

第二节　论理法则

论理法则是形式上的思考，而证据排列顺序是可由论理法则来决定的；论理法则是案件事实认定不得违反的必要条件，也是案件事实认定的必要保障。违反论理法则认定的案件事实是无效的。

一、论理法则基本概念与特证

论理法则也称逻辑法则，是指法官运用逻辑推理的方式，从一个或几个已知的判断前提得出另一个未知的判断结论的思维活动规则。"论理法则重在逻辑与推理，如依物理、化学、生物、生理、医学、法医、犯罪、心理等科学方法推理或实证结果之证据，为合于论理法则。"论理法则是根据前提判断的逻辑性质推出必然性结论的推理规则。论理法则具有以下特征。

(一)论理法则是"从一般性知识的前提推出个别性知识结论的推理"规则

论理法则主要表现为演绎推理，其基本结构形式由前提和结论两个部分组成。大前提是由归纳推理提供的，可以将此视为通过"经验法则"获得的成果。尽管经验法则本身属于"常识性"的知识，但相对论理法则方法运用来说，仍具有"个别性知识"的性质。归纳推理的结论是依据一个个直接经验知识得出来的，其获得常常受到各种条件的限制和因素的制约，其前提仍具有或然性。

(二)论理法则是"前提与结论保持统一性质的推理"规则

论理法则作为案件事实认定的思维方法获得的结论可能是真实性的，在一定条件下也不排除个别情况存在或然性的可能。论理法则强调前提与结论的同质性，这种同质正确与否的关键在于前提的真实性；而案件事实认定的思维方法的部分前提是由归纳推理生成的，归纳获得的知识或多或少存在问题。因此，论理法则的思维方法获得的结果也可能存在问题。但是，论理法则方法通过前提与结论保持统一性质的推理本身却是科学的，毋庸置疑地是案件事实认定方法所需要的。因为它的结论相对于前提来说是可接受的、正当的、合理的。法院认定之事实，必为身心健全之一般人所接纳，而且具有普遍与妥当之性质。为维护此种妥当之思考定则，即属于论理法则。

(三)论理法则不同于一般的逻辑推理而具有法律特性

论理法则主要是演绎推理，有时也包括所谓"无知的逻辑"。这一逻辑在疑难事实认定中通过证明责任分担来确定事实存在与否体现得较为充分。论理法则也不同于"回溯推理"(backward reasoning)。回溯推理作为一种思维方法，它推出的结论具有或然性，不同于"推出必然性结论的演绎推理"。

二、论理法则在案件事实认定中的意义

论理法则作为案件事实认定的方法，是人类获得正确思考所应当遵循的基本法则。人

类之所以不同于其他动物，就在于人类擅长思考，在思考中能够对客观事物和现象借助于归纳和演绎的方法取得一定的逻辑规则。法官进行案件事实认定也应具备人类共有的思维方法，为准确判断证据的证明力，确定案件事实存在与否提供可靠的路径，从而避免因受情绪等个体因素的影响作出不合理的主观推测。论理法则的作用就在于为法官利用证据进行案件事实认定提供合理性和妥当性的思维逻辑进路，借助于逻辑的自洽性来保障前提与结果的同质性。

在人类的活动之中，人们尽管不具备理论上的逻辑知识，但不缺乏推论的能力。因为人类具有一种天赋的逻辑能力，这种自然逻辑因不具有严密性，难以保持相同的前提得到相同的结果，因而不被法律作为法则所采纳。理论上的论理法则作为一种思维方法已经撇开现实社会的多样性，同时也与具有时间及空间的经验情感世界相脱离，仅仅就事论事，在逻辑过程中保障了推理本身不发生矛盾，也防止了思维过程失真的可能。法官以此作为逻辑方法，可以保障案件事实认定结果的真实与前提事实的真实保持一致性。

论理法则是以其前提的真作为条件的。换言之，作为定案根据的证据或者证据证明了的前提事实必须为真；否则利用论理法则认定的案件事实因保持与前提的一致性，其前提假，结论也必然为假。在司法实践中，论理法则既是对法官进行案件事实认定的指引，也是对其自由裁量的一种约束。这种案件事实认定的思维方法，对于排除法官的主观臆断，限制法官自由心证的滥用，特别是事实传递过程的客观性以及妥当性，具有其他方法无法替代的作用。

三、案件事实认定的基本逻辑规律

案件事实认定虽然是法官对案件事实是否存在的一种判定，其判定本身虽然带有一定的主观性，但不是法官随意作出的，必须在证据存在的基础上经过法定程序，按照一定逻辑规则来进行，即认定案件事实的存在应当具有充足的理由。

论理法则是法官运用证据与案件事实之间、证据与证据之间、证据本身的逻辑联系来进行案件事实认定的基本思维方法。法官运用论理法则进行案件事实认定首先应当不违背逻辑的基本规律；其次，运用论理法则进行案件事实认定，应当遵循基本的逻辑规律。

逻辑基本规律有同一律、矛盾律、排中律和充足理由律。这四条规律是正确思维的必要条件，遵守它虽然不能保证思维结果的完全真实，但违反它，必然会使结果发生错误。法官进行案件事实认定应当遵循这四大逻辑规律。

(一)同一律

同一律要求法官在案件事实认定的思维过程中所运用的概念和判断必须是一致的，所使用的概念、判断必须保持自身的同一，不能偷换概念、偷换论题。这一规律是保证案件事实认定思维确定性的前提，也是法官据此作出正确判断的必要条件。同一律要求法官的思维保持同一性，否则会导致案件事实的错认。

(二)矛盾律

矛盾律是指"两个相互矛盾或相互反对的判断不能同真，必有一假"。这一逻辑规律从否定的方面来保证案件事实认定思维的确定性。矛盾律是思维一贯性的规律。遵守矛盾律，可使思维有条理，避免自相矛盾。在同一思维过程中，任何一个思想不能既反映该事物又不反映该事物；一个事物不能与它的对立面同时为真，否则自相矛盾。

法官在运用这一逻辑规律时，应善于运用矛盾发现证据在逻辑上的矛盾以及证据与事实之间的矛盾。如果案件证据之间自相矛盾，特别是证明同一事实证据之间存在矛盾的情况下，不能进行案件事实的肯定性认定，同时还应当注意发现证据自身存在的矛盾。如被告人为逃避责任总要编造事实，时而说他没有到过现场，转而又说当时他在现场没有见过被害人，这就使其供述陷入自相矛盾的境地；利用矛盾律，可以确定其陈述的内容以及前后不一致的陈述的真假。

（三）排中律

排中律是指"在两个相互矛盾的判断中必有一真"。排中律是思维明确性的规律，它以客观事物情况的真假确定性为前提，违反排中律的错误是对两个相互矛盾的判断持"两不可"的态度。任何一个思想或者反映某类事物或者不反映某类事物，两个相互矛盾的思想不能同时假而必有一真。排中律对确定证据的效力，排除证据中的矛盾，进而认定案件事实具有重要的作用。

法官根据排中律认定案件事实时，其态度应当明确，不能模棱两可。特别是对证据的证明力难以判断，可能出现"疑罪"案件时，现有证据不能排除被告人无罪，又无法确信其有罪时，应按疑罪从无处理，不得降格处理。

（四）充足理由律

充足理由律是指案件事实认定的理由真实并应当与要证事实之间存在着必然的逻辑联系，能够从理由推出依法需要论证的案件事实。认定案件事实的理由不仅是必要的，而且也是充分的，达到足以让人信服案件事实存在的程度，使之具有"合理的可接受性"。

充足理由律是关于思维论证性的规律。它要求理由真实、正当，足以从理由中推出所要论证的命题。在一个论证中，要确定一个事实为真，就必须有充足的理由。遵守充足理由律，应当以证据与案件事实之间存在的必然联系作为推论的理由；否则，不能对案件事实作出肯定性的认定。

四、论理法则认定事实的基本方法

论理法则作为案件事实认定的思维方法，一般适用于对案件单项事实的认定，不排除特殊条件下的个别案件事实的全部事实认定。案件事实认定采用论理法则，仅仅强调推理的过程不能违反逻辑的基本规律，旨在保证推理前提的性质与被推出来的事实的性质具有一致性，体现"逻辑一致性原则"。因为推理是指由一个或几个已知判断推导出另一个新判断的思维形式，只有前提事实是真实的，推理形式正确，结论事实才能是真实的。它是正确思维与非正确思维的划界标准，是正确思维与非正确思维的分水岭。逻辑的基本规律具有可操作性，即按照逻辑法则去思维，从而保证思维形式的正确性和有效性；反之，思维混乱就会造成逻辑结果的不确定性。

逻辑的基本规律是人们正确思维的行为规范，法官认定案件事实的思维也不例外。根据论理法则的基本要求和司法实践适用论理法则的实际情况，是否违反论理法则的判断方法如下。

(一)判断证据与认定案件事实之间是否具有适合性

案件事实认定是否违反论理法则,首先应当判断具有证据能力的证据是否适合该案件事实的认定;不适合案件事实的证据,不能作为认定案件的依据,否则就违反了论理法则。其判断标准是证据与案件事实之间是否具有关联性及其关联的紧密程度。如现场勘查尸体上形成的伤为刀伤,而事实认定为钝器作用的产物,则为违反论理法则。

(二)判断认定的案件事实是否具有妥当性

妥当性的判断前提为"合理性"。不合理的,则为不妥当。例如,对证人与案件有利害关系的证言不予审查,一概排除适用则是不妥当的。对于法官自行调取的证据直接采用,当事人提供证据必须经过质证,也是违反论理法则的。

论理法则作为认定案件事实的思维方法,仅为法官进行案件事实认定提供了思维进路,并非提供案件事实存在与否的答案。论理法则可以将证据与案件事实之间的问题简单化,能够掩盖过程的复杂性。其推出的事实只是案件事实的一个面向,因其排斥了案件事实认定过程中的实质考量,不能担保案件事实认定结果的真实。但是,法官在案件事实认定过程中,绝不能因其结论具有或然性而弃置不用。论理法则作为案件事实认定的思维方法不得违背消极法则却是积极、稳妥的,以此检验案件事实认定的结果是否违反逻辑,来确定其结果是否谬误却是可行的。论理法则不同于经验法则。经验法则是可以改变的,特别是特殊的经验法则,因科学技术的发达而有发生变化的可能。论理法则与经验法则相比更具有确实、普遍的客观性与稳定性,在案件事实认定中一般不容有丝毫的违背。

另外,在现代化信息技术发展的背景下,人工智能的算法辅助司法的功能日益显现,能否作为认定案件事实的第三种方法值得关注。它通过算法自动化决策程序正当性标准,在某些简单案件裁判的准确率上胜任"法官"角色,但如何保障民众可接受性,特别是在经验法则调适性和系统的偏好上应需进一步研究。

【问题与思考】

福尔摩斯曾认为,排除一切不可能,剩下的不管多么难以置信,一定就是真相。罗纳德·J·艾伦认为,所有有争议的事实问题与证明推理问题大致上都是数学性的;在裁判真伪时,采用量化的数学推理可以对证明标准与事实可能性予以科学评估。"法律对证据的证明力不作预先规定,裁判者基于经验法则和论理法则,对经合法调查的证据进行合理判断,以形成确信,从而认定案件事实"。上述引案,周某某使用概率论与数理统计、排列组合、误差理论等来论证公诉人证据的"荒谬";其中,用概率计算"行贿人"与"受贿人"供述的绝对误差和相对误差,推演出案件证据为假。我国《刑事诉讼法解释》规定,据被告人的供述、指认提取到了隐蔽性很强的物证、书证,且被告人的供述与其他证明犯罪事实发生的证据相互印证,并排除串供、逼供、诱供等可能性的,可以认定被告人有罪。根据案件情况,参考上述观点,结合本章内容,思考下列问题:(1)该案件运用的经验法则是否妥当?(2)该案件运用了何种论理法则?(3)经验法则的运用应遵循何种规则?(4)算法能够成为未来认定案件事实的方法吗?

【延伸阅读】

1. 张卫平：《认识经验法则》，载《清华法学》，2008(6)。

2. 陈瑞华：《论证据相互印证规则》，载《法商研究》，2012(1)。

3. 左卫民：《"印证"证明模式反思与重塑：基于中国刑事错案的反思》，载《中国法学》，2016(1)。

4. 周洪波：《中国刑事印证理论批判》，载《法学研究》，2015(6)。

5. 龙宗智：《刑事印证证明新探》，载《法学研究》，2017(2)。

6. 郭华：《案件事实认定方法》，北京：中国人民公安大学出版社，2009.

第十八章

推定规则

【引导案例】

2000年10月12日晚22时，原告赵某荣所有的"苏海门渔03××6"船（以下简称"03××6"船）正在江苏吕四渔场150渔区2小区作业。此时，前方不远处有一艘走锚船正向"03××6"船靠近，很快该走锚船的锚绳挂住了"03××6"船船头桅杆，致"03××6"船右船艄部与走锚船左船艄部紧挤在一起，在大风中不断地上下轧碰。由于两船无法开档，"03××6"船的船员用刀将走锚船锚绳砍断，两船分开，走锚船随即离去。事发后，"03××6"船船员发现本船的船艄部被撞损，舱内开始进水，船员在进行自救的同时呼叫"03004"船前来施救。由于当时海上风大浪大，"03004"船无法航行，至次日凌晨5时才赶到出事渔区，将"03××6"船9名船员救起，"03××6"船在当天7时沉没。由于正值捕捞高峰期，"03004"船施救后，载着"03××6"船9名船员在海上继续作业。10月20日，"03004"船返港。同日，原告向江苏渔监吕四分局递交了"事故报告书"。10月23日，江苏渔监吕四分局对"03××6"船船员进行了调查，并向东海渔监作了汇报。之后，东海渔监要求宁波海事局和浙江、上海、江苏、福建等地渔监部门协查事故发生时的走锚船。2001年2月18日，东海渔监向江苏渔监出具了"调查意见"，认定被告林某方、许某刚、卢某云、丁某才、杨某定共有的"浙象渔运0×5"船（以下简称"0×5"船）为肇事船。原告赵某荣诉请判令被告林某方等赔偿船舶、捕捞、船载鱼货和船上生活用品等损失。上海海事法院一审认为，原告提供两船碰撞的相关证据具有排他性，可以推定"0×5"船就是走锚的相对方船舶，其与本船即"03××6"船发生碰撞的事实成立。同时，由于两船碰撞之前作业和走锚的具体情况难以查明，运用避碰规则无法认定双方碰撞的责任比例。所以，鉴于两船碰撞事实实际上已经发生，根据我国《海商法》的有关规定，对船舶碰撞无法判定责任比例的，平均承担赔偿责任。据此，法院判决被告林某方等连带赔偿原告赵某荣因船舶碰撞所受经济损失人民币152 507.27元。被告林某方等不服一审判决提出上诉。在二审期间，上诉人撤回上诉。

【本章概要】

本章是有关推定的内容，主要包括推定的概念与特征、推定的分类以及推定的方法、推定的效力与适用规则。推定是依据基础事实的存在来确认推定事实存在的活动，是证明的一种辅助方法。它是证据裁判主义的例外与补充。

第一节　推定概述

推定作为案件事实认定的一种方法，源于社会共同体对共同生活经验和常识的提炼，是人们对现实中呈现的现象与事实之间同时并存或者存在伴生的关系予以确定而形成的法则。它通过法律赋予基础事实一种扩张性的力量，使本来不足以认定或者难以作出认定的推定事实而得以认定，具有减少不必要的证明或者解脱难以证明的功效，是司法活动认定案件事实的一种辅助方法。

一、推定的概念和特征

推定是指以肯定基础事实与推定事实之间的常态联系为基础，通过确认基础事实的存在来认定推定事实的一种案件事实认定规则。推定是指根据某一事实（基础事实）的存在而作出的另一事实（推定事实）存在的确认案件事实的方法。

推定作为一项成文的规则源于罗马法，最早可追溯到公元前 6 世纪罗马法的《国法大全》。它被世界各国学理、立法与司法实务所涉及。"在法律术语家族中，除了证明责任外，推定是最难以处理的。"[①]在我国立法中，最早规定推定的法律是《中华人民共和国海商法》。[②]

各国基于"经验法则""盖然率"或者"便利证明"考虑，逐渐将事实推定（实质上是推论）转化为法律上推定，规定了大量的推定规则。推定是一项法律规则。当一方当事人证明了基础事实时，如果没有相反证据，则推定事实被定为证明。[③] 推定作为事实认定方法，对其认识各国大致相同，在表述上却存在一些区别。根据推定的基本含义，它具有以下特征。

（一）基础事实必须是被证据证明为真的事实

推定是基于基础事实与推定事实之间通常具有的相随共现关系或者常态伴随现象来确认的，基础事实被证据证明也就意味着推定事实被确认，法官可以依据基础事实对推定事

---

① ［美］约翰・W. 斯特龙：《麦考密克论证据》，汤维建等译，660 页，北京，中国政法大学出版，2004。

② 《中华人民共和国海商法》第 246 条规定："船舶发生保险事故后，认为实际全损已经不可避免，或者为避免发生实际全损所需支付的费用超过保险价值的，为推定全损。"

③ Peter Murphy, *Murphy on Evidence*, Blackstone Press Ltd, 2000, p. 579.

实直接予以认定。然而，基础事实的存在是依靠确定性较高的证据来证明的，适用推定的前提是基础事实已经被证据证明为真。尽管推定事实的真取决于基础事实的真，但基础事实被证明为真并不必然能够保证推定事实为真。推定是真的似真替代者，它为直接宣称实际的真提供了一个临时性的替代物。①

推定不是通过证明基础事实的存在引起对推定事实的举证责任的倒置或者转移，因为证明基础事实本来就属于常态下的证明活动。推定事实在正常的情况下是难以用证据证明的，如果法律仍然按照证据裁判原则要求由当事人通过证据来证明推定事实存在，则会因无法证明而导致案件的处理有失公正。

（二）推定事实仅仅是案件的部分事实

推定作为案件事实认定的方法，其终极目的在于解决对案件事实存在状态的确认问题。推定事实既不表现为案件事实认定的根据（证据），也不能是案件事实的全部，仅仅是案件事实的一部分。有些立法与解释中存在一定误解。如我国《民事诉讼法》规定："经过法定程序公证证明的法律事实和文书，人民法院应当作为认定事实的根据，但有相反证据足以推翻公证证明的除外。"其"法律事实和文书"是法院认定事实的根据而不是案件事实，它不是原本意义上的推定。推定的事实是案件整体事实的一个部分或者法律要件中的一个要件，如主观要件、事实状态等，而不是案件事实的全部。

（三）推定的根据应当是基础事实与推定事实之间存在的常态联系

推定是人们在社会实践中从自己或他人的经验中归纳总结出来的某些带有"规律性"的结果，是实践理性的产物。一旦基础事实得到证据证明，法官可以径直根据基础事实的存在确认推定事实，无须再借助于证据对推定事实加以证明或者说明理由。这种"规律性"在现象上则表现为基础事实与推定事实之间的常态联系。

常态联系是指两个事物在通常情况下具有概率极高的伴生关系，是人们在日常生活中长期、反复的实践或者运用所获取的一种类似因果关系经验，而不是存在极大可能的或然关系。也就是说，一个事物出现，在正常情况下另一个事物也会产生，或者每当一种现象存在时，另一种现象也会出现，在相同情况下没有发现例外情况。"常态联系"不是重复性行为。这种基础事实与推定事实之间的常态联系是推定的根据，也是推定何以能够进行的理由。这些理由是法律规定推定的依据，也是推定具有法定规则性质的根源。与一般依据证据来认定案件事实的证明方法不同。

（四）推定的事实与客观存在的事实之间具有高度的盖然性

推定事实不同于客观存在的事实，具有高度的盖然性。英美法系国家称为"盖然率"。尽管如此，它具有预设案件事实认定方向的功能，其适用一般会影响到推定不利方的实体权利，因此法律允许不利方反驳推定。这种反驳一般是针对推定欠缺法律依据或者必要性，无须提供证据证明推定事实的不存在。因为证明推定事实的存在是困难的，查明推定事实已经是不可能的，如果再让推定不利方通过证据证明其不存在，也是困难的。

---

① ［美］尼古拉·雷舍尔：《推定和临时性认知实践》，王进喜译，3 页，北京，中国法制出版社，2013。

(五)推定的事实视为存在

基础事实一旦被证实,法官根据规定就应当确认推定事实的存在,而没有自由裁量权力。但是,推定事实出现前后矛盾的例外。

推定不同于拟制。拟制是将两种本不相同的事实等同起来或者将两种本来相同的事实作不同的评价,是将相异的事物等同视之,"拟制反于真实,但代替真实"。其本身不产生证明责任问题,也不存在被推翻的可能,只是法律根据实际的需要,使某一事实与另一事实发生同一的法律效果,对不同事物作相同处理。它不能用反证来否定,不属于证据规则。究其实质,拟制是一种用程序法语言表达出来的实体法规则,与推定有着本质的区别。一般来说,我国法律规定中使用的"视为"和"以……论"等用语多为拟制,不属于推定。

推定不同于假定。假定是指对过去没有或现在也不存在的某一事实进行猜测的一种思维形式。假定是不需要任何前提条件的假设,属于思维的范畴,不具有任何法律效力。推定只有经反证才能推翻,假定只有经证实才能被肯定。推定无须证明其"真",假定无须证明其"假"。因此,法律应当绝对避免法官借助假定来确认案件事实或者处理案件。

推定不同于间接证明。间接证明属于证明的一种方式,是以证据被证明真实为前提;推定实质上是证明的中断,以基础事实的真实为条件,不可能达到间接证明的根据充分和结论,具有排他性的要求。

推定不同于推论。推论尽管具有从已有判断推出新的判断的方式,但其本身属于思维形式,需要其他证据辅助证明;其获得的结果也不具有唯一性,往往产生不同的结论。推定的结果不仅是唯一的,自身也无须证据辅助证明。

二、推定的证据法意义

在国外,推定在案件事实认定过程中是被经常适用的。随着对推定理论研究的深入和司法实践的需要,推定在我国立法与司法实践中也日益被重视。我国立法和司法解释中存在有关推定的规定,并且推定在司法实践中发挥了越来越重要的作用。推定在证据法上具有以下意义。

(一)推定有利于简化证明活动的某些环节

在立法上明确规定推定及其相应的规定,有利于司法实践从已知事实来推定未知事实,无须再运用证据来证明。推定事实可以简化证明的烦琐环节,节约诉讼活动的时间,有利于减少诉讼成本,提高诉讼效率。在诉讼中,双方当事人的部分争议并不属于严重争执的事实或者一方当事人提出主张后,对于该主张所依据的某些附属事实对方当事人未必会加以反驳,此时可推定为真,从而减少不必要的证明,避免个别难以证明的事实问题成为认定整个案件事实或争议事实的阻碍。

诉讼实践中,有些案件事实从理论上说能够查清,但实际调查核实起来却相当困难,往往要耗费大量的人力、物力和财力,使诉讼不符合诉讼经济原则。在这类情况下,运用推定来认定案件事实,则可以节省大量的司法资源,避免诉讼的拖延。

(二)推定可以缓解某些证明上的障碍

由于事物之间存在着密切而有规律的联系,这种联系使人们根据日常生活经验判断,当某一事物存在时，只要没有例外的情况出现，就会合乎逻辑地引起另一事物的发生。这种联系一旦经过普通经验上升为立法规定，可以使司法实践对相同事实及时作出裁判，避免重复性劳动，甚至对相同事实作出不同或者相互冲突的裁判，并能够使当事人在面对相同的事实认定难题时都可以获得相同的认定。同时，在事实需要证明而又无法获得确定的情况下推定规则可以使其稳定化，从而消解法律关系悬而不决的状态。

案件事实是可以被主观认识的，其认识又是以人的认识能力作为基础条件。由于诉讼活动受到期限、程序和手段等诸多限制，对案件事实的认识不可无休止地进行下去；况且有些证据因时间、空间以及环境因素的影响无法获得，使得在诉讼中全面地查清每个案件所有事实只能成为"一种理想"。在这种情况下，推定就可以在某种程度上解决这一问题，缓解某些案件事实的证明难度，从而使法官摆脱某些案件事实难以认定的困境，有利于法院及时裁判从而终结案件，节省诉讼成本，从而实现立法所追求的某种价值。

（三）推定是确认不确定事实的方法

在案件事实涉及当事人的主观状况时，由于人们内在的主观世界是无法直接加以认知的，除非其自己承认，因此，对当事人的内心意愿凭借其外在行为来加以推定则为最佳方法之一。推定作为一种证据规则，具有影响举证责任分配的功能，在程序上决定着举证责任的转移和变化，可以作为举证责任的补充，具有促使举证责任分配更趋向合理的功能。

在案件事实认定过程中，推定尽管是根据事物间的常态联系或生活中的经验规则所做出的，因其确认的事实和得出的结论与客观真实在程度上还存在一定距离，仍然具有相对性和不确定性，在反映客观真实的程度上，只能达到高度盖然性标准，还不能达到绝对确信的程度，因此适用推定规则认定案件事实仍需谨慎。

第二节　推定的种类

在推定的分类问题上，意大利法学家在接受罗马法这一观念后，将推定依效力的不同作出了分类，开启了推定分类的先河。在理论上，推定的分类主要包括三种：(1)强固的推定；(2)薄弱的推定；(3)中庸的推定。英美法系国家首次使用推定规则的判例为英国诉爱尔兰案件。英美法系国家的推定一般包括：(1)结论性推定；(2)说服性推定；(3)证据性推定；(4)临时性推定。其中，结论性推定是不能用证据加以反驳的，属于不可推翻的推定；后三种推定则均可以通过提供的证据而推翻。在理论上，推定一般可作以下分类。

一、法律上的推定与事实上的推定

法律上的推定，又称立法上的推定，是指由法律明确规定从某一事实的存在确认另一事实存在的推定。事实上的推定，也称司法推定或者裁判上的推定，是指根据生活经验和常识从某一事实的存在确认另一事实存在的推定。如甲事物和乙事物通常会同时存在，一旦甲事物被确立，法官在诉讼活动中基于生活经验和常识可确认乙事物的存在。

法律上的推定与事实上的推定实质上都是关于事实的推定。在形式上均表现为只要有事实 A 存在，就可以推定事实 B 存在。但二者的性质和效力不同：从规范的角度来看，立法具有较强的固定性，司法具有较大的灵活性。法律上的推定属于固定性推定，具有严格的强制效力；事实上的推定则属于灵活性推定，具有裁量性。

在基础事实与推定事实之间的伴生关系比较稳定或比较确定的情况下，就可以采用法律上的推定；而在基础事实与推定事实之间的伴生关系不太稳定或不太确定的情况下，则可以利用事实上的推定。

事实上的推定可以看作法律上推定的"前身"，法律上的推定是成熟的事实上的推定。立法或者司法解释在决定是否采用法律上的推定使某种推定定型化的时候，必须考虑两个方面的因素：一是该推定的基础事实与推定事实之间的关系，在一般情况下是否有 A 就必然存在 B；二是该推定具有较高的价值目标。

尽管事实推定与法律上的推定在深层次上的根据都表现为事实之间的常态联系，但事实推定是法官通过推理来认定事实的方法，应当对推理的过程、方法等推断的过程进行说明，与法律意义上推定不同，需要理论予以厘清。否则，法官会按照推定规则的要求不说明理由随意确认案件事实，那么法官在案件事实认定的主动性会演变为专断，因此直接使用"推理"或者"推论"一词予以表达，以示与法律上的推定存在区别更为适宜。在美国法中，最基本的划分是法律推定和事实推定。法律推定是一种法律规则，从一个基础事实的认定就能导致一个可以反驳的推定事实的成立。事实推定仅是一种论点，是一种可以从一个基础事实的成立得出的推论。

二、不可反驳的推定和可反驳的推定

不可反驳的推定，又称决定性的推定，也被称为"确推定"[①]，是指法律对于确认的推定事实不允许提出证据予以反驳或者推翻的推定。法律上的推定多属于不可反驳的推定，它是基于公共政策的考虑而通过立法予以固定的推定。这种推定因具有不可争议的法律结论的性质，在效果上等于实体法，是利用推定术语对实体规则的表达，在一定意义上不属于证据法上的推定。在不可反驳的推定中，基础事实与推定事实之间的关系往往是必然的或者稳定的或者是法律出于某种价值取向而将其规定为"必然的或稳定的"。这种推定的结论在法律上具有终局的效力，当事人不能进行反驳。但当事人不能反驳的是这种推定本身，作为该推定的基础事实，仍然是可以反驳的。如《美国联邦证据规则》第 301 条规定："在所有民事诉讼中，除国会制定法或本证据规则另有规定外，一项推定赋予其针对的当事人举证反驳或满足该推定的责任。"

可反驳的推定，也称为"假推定"，是指可以利用相反的证据予以反驳而推翻推定事实的推定。这种推定又可以分为说服性的推定和证据性的推定。例如，印度《证据法》规定："如果数字签名证书为签名者所接受，则除相反事实获得证明外，法庭应当推定，数字签名证书上列出的那些信息，除签名者指明未予审核的信息外，均是准确的。"一般来说，在可反驳的推定中，基础事实与推定事实之间的联系处于或然状态，当事人可以用证据和推论进行反驳乃至推翻推定事实。由于推定事实不是由证据证明的，其本身具有一定盖然

---

① 王甲乙等：《民事诉讼法新论》，412 页，台北，三民书局，2007。

性，同时与基础事实之间的常态关系也非固有的内在联系，应当具有可反驳性，不应是不可推翻或者反驳的。至于我国有些法律条文上使用的带有不可反驳的"推定"，应依据其语境和内容来确定为何种意义，而不能也不应一概作为推定的一种。

三、立法推定和司法推定

立法推定是指由立法机关在有关法律中明确规定的推定规则；司法推定是由司法机关通过解释法律和创设判例等方式确立的推定规则。根据推定事实的不同性质，立法推定可以分为法律资格的推定、意思推定、责任推定和一般事项的推定。根据推定的内容不同，司法推定可以分为对实体事实的推定和对程序事实的推定，等等。

第三节　推定的适用规则

一、推定适用的基础事实规则

推定规则作为一种重要的证据法规则，其本身还存在一定的局限性。因此，对推定的适用必须严格地规范，在适用上应当严格依法进行，充分体现公平与公正。《最高人民法院关于民事诉讼证据的若干规定》第10条规定，根据法律规定推定的事实或者已知的事实和日常生活经验法则推定出的另一事实，当事人无须举证证明。

（一）基础事实的确立规则

适用推定必须确保基础事实的真实。推定在证据运用中具有与证明同样的效力，推定的事实无须证明就可以被作为已经得到证明的真实。但这种真实来源于基础事实的真实。只有基础事实是真实的，据以推出的推定事实才有可能具有可靠性。作为推定的基础事实应当具备以下条件：（1）基础事实业已经过充足的证据证明的事实；（2）起诉状和答辩状中相同的事实陈述，即当事人双方认同且没有争议的事实；（3）审判上的认知，即法官因其职务而应当知道的事实；（4）众所周知的事实。

（二）基础事实与推定事实之间的联系规则

基础事实与推定事实的联系必须是常态的联系或者有高度盖然性。基础事实与推定事实之间的关系是推定的深层次的根据。在逻辑上，事物之间的逻辑关系存在三种形态：（1）A事物存在时，B事物也一定存在，二者之间具有等值关系；（2）A事物不存在时，B事物一定也不存在，二者之间具有矛盾关系；（3）A事物存在时，B事物可能存在，二者之间具有或然关系。基础事实与推定事实之间的联系必须具有前两者的关系。从逻辑的角度看，这种关系是作出推定结论的大前提，基础事实是作出推定的小前提。若大前提是不可靠的，则这个三段论的"推理"就失去了根基，难以置信。

推定的基础事实与推定的事实之间所存在的常态联系是人们在日常生活中长期、反复地实践和运用所获取的一种具有类似因果性质的关系。这种类似因果性质的关系在外在体现了它们之间存在"必然"的联系。每当一种现象存在时，另一种现象必定出现，具有伴生性。特殊和个别的情况有发生的可能，但在一般情况下或者正常条件下没有发生过这种可能。这种联系是人类的一般经验法则，但并非所有的经验法则都可以在诉讼中作为推定的前提。经验法则可以作为推定的前提标准应当具有下列内容：(1)法律明确规定的适用推定的情形；(2)人们公认的经验法则。例如，我国《反垄断法》规定，有下列情形之一的，可以推定经营者具有市场支配地位：(一)一个经营者在相关市场的市场份额达到二分之一的；(二)两个经营者在相关市场的市场份额合计达到三分之二的；(三)三个经营者在相关市场的市场份额合计达到四分之三的。有前款第二项、第三项规定的情形，其中有的经营者市场份额不足十分之一的，不应当推定该经营者具有市场支配地位。被推定具有市场支配地位的经营者，有证据证明不具有市场支配地位的，不应当认定其具有市场支配地位。

(三)对方没有提出反驳或者反驳不足以动摇推定事实

在一般情况下，推定事实因与基础事实的伴生关系存在着绝对优势的盖然性，从理论上说也存在相对不真实的可能性。对于推定的不利方来说，法律应当赋予对其不真实性提出反驳的权利，通过救济程序对推定事实提出反驳。如果反驳或者提出的证据具有动摇推定的事实的可能性时，推定则丧失效力。

推定的不利方提出的反驳并非一定需要达到证明推定事实不存在的程度。也就是说，不要求达到"有相反证据足以推翻"的证明程度。需要提供证据予以反驳，并非一定达到推翻的程度。

因推定而不利的当事人的反驳可采取三种方式：(1)直接用证据对推定事实进行反驳。这种反驳对推定事实的"虚假不实"负有行为意义和结果意义上的双重举证责任，必须使法官相信推定事实是假的，而不能仅使其真伪难辨。(2)因推定而不利的当事人可以对基础事实进行反驳。对基础事实为假仅负有行为意义上的举证责任，只要能使基础事实真假不明，推定也就不能有效适用。(3)因推定的适用而不利的当事人可以对推定所依据的经验法则进行反驳，属于不适用推定的情形。

二、妨碍证明的推定规则

妨碍证明，又称妨害证明或者妨碍举证，是指不负有举证责任的一方当事人通过作为或不作为，阻碍负有举证责任的一方当事人对其事实主张的证明，导致负有举证责任的另一方当事人可能不能证明其主张之事实而承担举证不能之后果。

妨碍证明的推定规则是指当事人一方有确凿的证据证明另一方持有或控制对其有利的证据，另一方当事人拒不提供这种证据且无正当理由，法庭可以推定一方当事人主张的事实成立，另一方当事人承担不利后果的规则。我国司法解释对此作了相应的规定。如《最高人民法院关于民事诉讼证据的若干规定》规定，"一方当事人控制证据无正当理由拒不提交，对待证事实负有举证责任的当事人主张该证据的内容不利于控制人的，人民法院可以认定该主张成立。""控制书证的当事人无正当理由拒不提交书证的，人民法院可以认定对方当事人所主张的书证内容为真实。"对于上述推定，旨在缓解事实证明上的困难，打破程序上的僵局，但需要向当事人进行释明，告知持有证据一方当事人无正当理由拒不提供证据的法律后果。如公安机关行政拘留的相对人，在拘留期间死亡。其家属要求对死因进行鉴定，公安机关没有鉴定而强行火化，而又没有其他证据证明相对人确实死于疾病的，则可按照妨碍举证处理，推定被告公安机关违法事实成立。

妨碍证明的推定规则的适用应当具备下列条件：(1)当事人一方有确凿的证据证明另一方持有对其有利的证据，不得是推测或猜疑。(2)另一方当事人拒不提供这种证据且无正当理由的，经过告知仍不提供这种证据。"无正当理由"是指没有法定理由。(3)争议的待证事实无法查清，法官推定是确实的。如在行政诉讼中，被告行政机关收集大量的证据，有些因对被告不利而不予提供，而原告因缺乏权力的支持，又无法收集这些证据。一旦原告提出这种证据，而这种证据在被告提供的证据中存在相应记载时，可以采用此种方法。

对于妨碍证明的推定规则是否适用于人身关系，学术界和实务界存在不同认识。有的学者认为，在亲权诉讼中，对方往往出于自己利益考虑拒绝作亲子鉴定，可以按照最高人民法院的解释推定为生父。也有的学者认为，在此情形下，推定规则不能适用于亲权诉讼，否则就会出现"法院为孩子乱指定父亲"的不良结果。如原告张某(男)和被告林某(女)婚后育有一女。张某听到妻子与另一被告吴某通电话，得知孩子是吴某的。后张某带女儿作了亲子鉴定，结果证实不是自己亲生的。张某向法院提起诉讼，将林某和吴某告上法庭，诉请法院确认吴某和女儿之间的父女关系并赔偿损失。吴某予以否认。法院为查明案件事实，向吴某提出作亲子鉴定的要求，但被其拒绝。对此，能否因吴某拒绝鉴定而推定吴某为"张某女儿"的父亲仍是一个需要解决的问题。尽管法律上承认婚生子女推定规则，即婚姻关系存续期间受胎所生育的子女推定为婚生子女。但对于亲权诉讼一般应当采用较高的证明标准，甚至需要亲子鉴定这种精确度的证据予以确认，不宜采用推定的方式确认。

对妨碍证明的事实的确定问题存在不同的解决方式。有的国家采用举证责任转换规则，如德国、日本等大陆法系国家。有的认为，在发生证明妨碍的情形下，将其作为双方当事人公平的问题来予以考虑，法院通过适用诚实信用原则，在从其他证据获得的心证基础上综合考虑妨碍的方式、可归责的程度以及被妨碍证据的重要程度，最后依据自由裁量来对事实作出认定。尤其是在因过失而使证据毁损的情形下，并不能说这种被毁损的证据对于证据持有者而言就是不利的，因此将对证明妨碍实施者不利的事实视为存在的经验法则本身就不能成立。有的采用证明标准降低规则，即通过降低事实主张一方的证明标准，使其较为容易实现证明目的，从而使妨碍另一方陷于不提出证据将会面临不利的事实被认定。

【问题与思考】

妨碍证明的推定源于德国联邦最高法院1978年"因医师文件信息义务违反，造成病人证据困难之情形"，遂判决采用"得直至举证责任转换之举证责任减轻"制度为证明妨碍的法律效果。英国在 Armony v. Delamirie 案，对毁灭、隐藏证据以妨碍另一当事人进行证明课以证据法上的不利效果。上述引例案中，原告指认被告船舶就是碰撞发生时的相对方船舶，而被告否认事故发生时其船舶在碰撞现场，双方各执一词，并均提供了证据材料加以证明。根据案件情况，参考上述观点，结合本章内容，思考下列问题：(1)法院是如何认定该案件的事实？(2)法院基于何种方法确认被告就是碰撞另一方当事人的？(3)该案件是否存在其他的可能性？

【延伸阅读】

1. 王学棉：《论推定的逻辑学基础：兼论推定与拟制的关系》，载《政法论坛：中国政法大学学报》，2004(1)。

2. 裴苍龄：《再论推定》，载《法学研究》，2006(3)。

3. 何家弘：《从自然推定到人造推定：关于推定范畴的反思》，载《法学研究》，2008(4)。

4. 张保生：《推定是证明过程的中断》，载《法学研究》，2009(5)。

5. 郑文革：《推定制度研究》，北京：中国人民大学出版社，2019。

第十九章

司法认知

【引导案例】

初夏的傍晚，瓦考尔先生带着 6 岁的儿子吉姆在旧金山一条名为"使命及第 21 大街"的街区散步。在两人横穿街道准备回家时，吉姆不幸被一辆迎面驶来的小轿车撞倒，当场死亡。该交通事故发生后，经过现场勘查，警察认定该车当时的行驶速度为每小时 30 英里。事后不久，瓦考尔先生以肇事汽车的所有者李先生为被告，向旧金山地方法院提起民事诉讼。在一审审理过程中，就涉案交通事故发生时被告汽车时速为每小时 30 英里这一事实，双方均无异议。唯一的争议是发生该交通事故的"使命及第 21 大街"是否处于旧金山商业区的范围之内，因为在商业区范围之内禁止机动车的行驶时速超过每小时 15 英里。根据该法律规定，如果"使命及第 21 大街"被认定属于旧金山商业区的范围，则该案被告的行为就属于违法的超速驾车行驶，理应对原告承担侵权损害赔偿责任。未待双方当事人就上述争点进行举证辩论，主持该案庭审的法官就直接向陪审团作出司法指示，发生涉案交通事故的"使命及第 21 大街"一直是旧金山市商业区的组成部分。依据该司法指示，陪审团作出了原告实体胜诉的裁判。

【本章概要】

本章是有关司法认知的基本内容，主要包括司法认知的概念与特征、范围与标准的确定以及启动、异议和监督程序。司法认知是证据法上的一项原则，也是事实认定的辅助性方法之一。

第一节　司法认知概述

司法认知是证据法学上的一个基本问题。在一般情况下，法官对案件事实的认定是基于当事人（控辩）双方提出的证据并经过严格证明程序进行的。在特殊的情况下，法官对一些具有客观性、公知性、公认性的"已经知道了的这些事实"，无须当事人（控辩）双方提供证据证明则可以直接认定案件事实存在或者真实。这种无须证据证明而直接由法官进行案件事实认定的规则被称为司法认知，它属于证据裁判主义的例外与补充。"司法认知和正式自认，它们无须用证据证明。"①

一、司法认知的概念与特证

司法认知（judicial notice），也称"审判上的认知"或者"审判上的知悉"，是指在案件审理过程中，法官对应当适用的法律或待认定的事实无须当事人（控辩）双方提供证据证明而直接确认为真的一种案件事实认定规则。

司法认知最早源于罗马法"显著之事实，无须证明"（What is known need not to be proved）的法谚。这一制度肇始于市民法和教会法时期，后来逐渐演变为证据裁判主义的例外规则。因为法官"已经知道的，就是无须证明的"（manifesta probacione non indigent）。司法认知作为一项法律制度被许多国家和地区的立法与司法实践所规定和认可。"司法认知是证据法上的一项原则（doctrine），它授权法庭（法官或治安官）宣称某项事实存在，而无须（当事人）提出证据证明该项事实的存在。"②它具有以下特征。

（一）司法认知主体的特殊性

司法认知只能由法官采取，其他诉讼主体不得行使此项权力。这是因为，司法认知具有直接的法律约束力，直接决定着案件事实认定的结果，当事人有权申请法院就特定的案件事实采取司法认知，但没有自行采取司法认知的资格。法定司法认知具有绝对的效力，即使法官不予认知，当事人也有权提供信息以协助法官进行司法认知。因此，它表现为一项审判职能。适用司法认知的主体具有特殊性，只能由法官采取，具有替代当事人提供证据证明或者举证的功能。我国《民事诉讼法解释》规定："下列事实，当事人无须举证证明：（一）自然规律以及定理、定律；（二）众所周知的事实；（三）根据法律规定推定的事实。"同时，法官也无须提供证据证明，属于"法院以其职务上之实验所认识之事实"。③

（二）司法认知客体的特定性

法官不是对所有的事实均可采取司法认知，只能就特定事项或者事实采用。特定事实主要包括案件事实和证据事实。案件事实是法律规定的事实要件，即证明对象；证据事实是用来证明特定案件事实的事实（司法认知一般不应当包括此内容）。这些事实作为司法认知对象并不代表当事人不存在争议。如1940年英国的马克奎科诉哥德达得赔偿案，原告在被告的公园游玩时被骆驼踢伤，原告为求得赔偿，主张骆驼是野生动物。根据英国的法律，被告如果不能证明自己对骆驼伤人的本性尽到了足够的注意，则应承担赔偿责任。在诉讼过程中，当事人对"骆驼是驯化动物还是野生动物"这一焦点产生了分歧，双方争执不下，诉讼因此而受阻。在这种情况下，大法官斯考夫（Scoff）对骆驼是驯化动物的事实采取了司法认知，认定该案骆驼是驯化了的动物。

---

① Rupert Cross，Evidence，London Butterworth，1979，p146.

② I. H. Dennis，The Law of Evidence，Sweet & Maxwell，1999，p. 392.

③ ［日］松冈义正：《民事证据论》，张知本译，21页，北京，中国政法大学出版社，2004。

按照司法认知对象的显著程度和被知悉的广度，特定事实可分为显著事实（完全无须举证的事实），如地球的公转和自转；法官熟悉的法律规范；毋庸置疑的说明（文史资料、科学书籍等明确而不存在疑问的事实），如圆周长的计算公式等。

（三）司法认知对象的公认性

司法认知的对象是法律、众所周知的事实、科学规律及经验定理。不论当事人是否承认，这些事实都是客观存在的，它不同于自认。司法认知的事项不仅是客观存在的，而且还是在当时被众所周知的。但是，不能否认当时的"众所周知"可能成为以后的"一无所知"，也并不必然的是当时不存在任何怀疑的以后一定成为科学定理。之所以要求其对象的公认性，是因为法官将某一事实直接予以确认，具有免除当事人的举证责任的功能，客观上也会加重另一方当事人的证明责任，一般不应当存在分歧。对于一些不符合真实情况的事实或者存在合理异议的事实，法律不得规定司法认知，法院也不得采取司法认知。

尽管司法认知对象具有公认性，但不同于公知事实。如某法官在审理某一案件时因职权行为获得甲事实，而在另一案件的审理中涉及甲事实时，其即成为司法认知的事实，但其并非该法官之外其他人所当然知晓的公知事实。

二、司法认知与免证事实、自认

司法认知不同于免证事实。一是认知的主体不同。司法认知是从法官的角度来说明的，强调的是法官的行为以及法官对某一特定事项的认定；免证事实是基于当事人的视角考虑，将某一特定事实免除当事人就该事实提出证据证明的义务。二是适用范围不同。免证事实的范围包括司法认知，但不限于司法认知。某些事实虽然属于免证事实，但法官却不能直接认定，仍需要调查。

司法认知不同于自认。一是在适用主体上不同。司法认知的主体是法官；自认的主体是案件的当事人。二是在适用事项上的不同。司法认知的事项一般具有客观性和公认性；有些司法认知的事项不得作为自认的内容，当事人不得对司法认知的事项进行自认。三是在法律效力上的不同。司法认知的事项是确定的；自认的事项则可能会因自认的撤销而被推翻。

司法认知是公权力对私权利的一种功能性救济。它不仅有利于节约诉讼成本，还有利于避免诉讼资源的浪费。因为"证明显而易见的事实之证据将投入成本，却不产生收益"[①]。

第二节 司法认知的适用规则

司法认知对象的公认性使得司法认知成为法官应当积极行使的一项职权活动。法官有职责对社会上已经成为常识，或者众所周知的事实、无可争执的事实，或是在执行职务上

---

① ［美］理查德・A. 波斯纳：《证据法的经济分析》，徐昕等译，110 页，北京，中国法制出版社，2001。

已经获得的常识主动进行司法认知。"对于这些普通人都知晓的事实，法庭装聋作哑，视而不见，是违背常理的。"如对西红柿是水果还是蔬菜的认定，当事人可能存在分歧，对于普通人来说则是不言自明，法官可以对其作司法认知。司法认知的主体是法官，法官是否具备认知的能力（知识和经验）在其适用过程中起到至关重要的作用。司法认知必备的知识和经验主要包括：日常生活的知识、经验知识和经验方法。日常生活的知识（包括生活常识、习惯等）源于生活的积累，法官可以凭借生活常识来对案件事实的真伪作出判断。因为现代社会还没有达到全部事实由科技理性和绝对量化来确认的地步。法官的经验与法官的职业又密切关联，它是在法官判断复杂社会纠纷的实践过程中逐渐形成的经验理性。这些问题需要通过提高法官的社会阅历与知识结构来完成，特别需要多年司法经验的熏陶。司法认知的所适用规则如下。

一、司法认知的事实范围

法官认知范围应当由法律规定还是由法官自由裁量，是首先需要解决的问题。司法认知属于法官的职责，是对众所周知的事实、审判上已知的事实、科学定理、常识性的事实等事项的直接确认。是否采用司法认知可能会出现裁量上的选择问题。法律对影响举证责任的免证事实认定的司法认知主要还是通过授权的方式来控制、限制法官的自由裁量，具有职责的性质，旨在避免法官运用过度侵犯当事人的实体权利。一般来说，司法认知的事实范围是法定的，法官没有自由裁量的权力。

司法认知源于英美法系国家，其内容大多是通过判例与立法来确定，如《美国的模范证据法典》《美国统一证据法典》《美国联邦证据规则》对司法认知均作了明确的规定。《美国联邦证据规则》201条（b）款规定："适用司法认知的，必须不属于合理争议的范畴，即（1）在审判法院管辖范围内众所周知的事实；或（2）能够被准确地确认和随时可以借助某种手段加以确认，该手段的准确性不容置疑。"该法在司法认知的对象、司法认知的时间、司法认知的程序保障等方面均作了较为完整的规定。然而，在司法实践中，"法院一般愿意对普遍事实不是特殊事实使用审判上知悉。法院更愿意就次要事实，不是就决定性事实使用审判上知悉。"[①]大陆法系国家对司法认知的范围规定一般相对原则，多规定在民事诉讼、行政诉讼中。如《德国民事诉讼法典》规定，已经显著的事实，不需要举证。《日本民事诉讼法》规定："显著的事实，无须证明。"我国在司法认知对象范围的理解上出现了一些偏差，对规定的所有"当事人无须举证证明"的内容或者"法庭可以直接认定"的事实范围一概作为司法认知的范围，出现了范围扩大的现象。

一般来说，司法认知的事实范围是由法官于直接审理或在法定程序保证下行使职务中所产生的事实，一般限定在一个较小的范围是适当的。因为我国对司法认知的研究还不成熟，人们对其的认识也未达成一致意见，虽然司法认知可以作为提高司法效率的一种有用的工具在案件事实认定中适用，但也存在滥用损害司法公正的危险，因此有必要对这一潜在损害的来源作出适当的控制。

司法认知的事实范围主要包括：（1）众所周知的事实。众所周知一般应当限定法院的

---

① 沈达明：《英美证据法》，63页，北京，中信出版社，1996。

管辖区域，在尊重司法认知对象普遍性的基础上，应充分体现其特殊性和实践性。(2)政府事实。政府事实包括国家的领域，各级行政区域的划分，管辖区域的城市和村镇，国家机构重要人员的活动情况、职责、任期以及职务行为。(3)易于获知的常识性事实。易于获知的常识性事实包括历史、地理、经济、科学、教育以及其他易于认知的事实。(4)符合社会公序良俗的习惯(风土人情、习俗)。(5)行业习惯和规则。(6)其他不会引起合理争议的事实。

二、司法认知事项的确定标准

对司法认知事项的判断应当采用何种标准，是司法认知应当解决的问题。根据司法认知的本质含义，结合这些规定，司法认知事项的确定标准如下。

(一)众所周知的标准

目前我国学术界，对"众所周知"的理解不同。大致有三种观点：一为普遍性说，以一般成员(包括法官)都应知悉的事实为标准。二为相对性说，应以社会一般成员都能够知悉为标准，但不排除其他个别可能性。三为区域性说，应限于一定范围内的一般人所知悉。也存在地域限定在审判法院管辖范围、社会普通成员和法官均知晓的确定众所周知的观点。[①]

英美法系国家和大陆法系国家对"众所周知"存在不同的认识标准。英美法系国家通常以一般人所知晓作为标准(matters of common knowledge)。因为陪审团(法官)在认定事实上属于一般人的一部分，因此凡是为一般人知晓的事实，陪审团(法官)理应知晓，进而形成了一般人的认知标准。对英美法系国家的陪审团而言，在实践中的"应该知道"已经演变为实质上的"能够知道"。大陆法系国家认为，法官作为大众的一部分，如果法官不知悉该事实，则该事实就不能成为众所周知的事实，以法官是否知悉该事实作为判断标准。这种不同的标准在实践中的运行也会产生不同的结果。因为法官是受过专门法律训练的职业者，认识案件事实的敏锐度和关注的焦点与一般人存在着差别，但仍应依法官认为的"众所周知"事项作为标准。

以法官所知的事实作为司法认知在一定意义上不如以一般人所知的作为标准更有利于司法认知事实，以一般人所知的作为"众所周知的"判断标准较为适宜，因为普通人更能够反映"众"(三人为众)的意思。如恩得赫尔认为，认知是指针对属于普通知识或通常经验的事实，法院无待举证，即予以确认。此类事实，既然为"一般人"所知，就无证明之必要，法院不应对于众所周知之事实，自行蔽塞聪明，因此就其管辖范围内周知之事实，应当予以认定。我国司法实践采用了"普遍性说"。虽然我国法官作为特殊的群体，但他们仍然作为社会群体的一部分，具有社会群体的一般特征，对每个普通人知道的事也应该知晓。因此，这一标准包括以下几层含义：(1)众所周知是多数人在事先了解和知道该事物的情况，必须是"已知"的常识性的事项；(2)多数人对该事物的现状都不表示怀疑，已经被许多例证证实或者真实性已经获得认同；(3)公众对该事物存有一种无可争辩的确信，没有实质上的争议；(4)众所周知的地域范围以审判法院管辖的范围为界，其时间范围以审判时的

---

① 蔡小雪：《行政诉讼证据规则及运用》，300 页，北京，人民法院出版社，2006。

时间作为期限。

"众所周知"的标准不同于"显著事实"（notorious facts）的标准。显著事实也是指一般人常识范围之内其真实性不存在争议的事实。"所谓显著之事实，既系一般公知（或周知）之事实，即凡一国之内，一区域之内，一社会之内，人所共知之事实，或者本于经验法则，为人所习知之事实皆属之。"①这些事实的公正性已经获得普遍的认可，但当事人仍享有提出异议的权利以及提供证据证明的义务，只是其证明的程度无须达到法官内心确信的程度。一般说来，显著事实的标准与众所周知的标准存在程度上的不同，事实已经显著到一般人皆知的程度就成为众所周知的事实。众所周知的事实是显著事实中的显著程度最高的事实。

（二）确定可证实的标准

确定可证实是指能够准确地、容易地得到证实；能迅速而无可疑问的说明，一方当事人在聪明的对手面前不致产生欺骗法院的想法；或能准确地、迅速地借助某种手段加以确认，该手段的正确性不容被合理质疑。② 它是司法认知重要发展所涉及的新的事实领域，也是传统司法认知衡量标准的新发展。

（三）司法认知的事项

司法认知的事项应当是特定事项，不仅包括案件事实，而且包括与案件事实相关的法律。法律问题包括国内法、国际条约和外国法。事实问题包括众所周知的事实、行政事项和其他属于众所周知的事项。

三、司法认知的效力

司法认知的效力表现即是"不证自明"的法律后果，其直接作用则是成为法官确认的依据。为防止法官滥用职权对有关事实采用司法认知，法律一般赋予当事人就相关事实提出质疑和反证的权利。具体来说，司法认知的效力表现为两个方面。

一是对当事人的效力。对当事人而言，司法认知免除了举证责任，当事人对认知的事实不需要证明，实质上属于当事人举证责任的再分配。这是司法认知的首要效力。无论是待证的主要事实，或者是用以证明主要事实的证据事实，均因司法认知而免予举证，在一定意义上会加重一方当事人的证明负担。但是，在判决未生效前，司法认知只具有形式上的证明效力，为了保障诉讼程序上的公正性以及保护当事人的知情权和质辩权，法院在采取司法认知前后给予当事人申辩、反驳的机会与权利。

二是对法院的效力。对法院来讲，法院应当对符合司法认知适用条件的事实一旦采取司法认知，则直接确认认知事实的真实性，无须再查证该事项。法院中立的地位决定其不能主动调查收集证据。对于符合法律规定的司法认知条件的，如果当事人申请，法院对申请的事项符合认知条件的应给予司法认知，即使当事人没有提出司法认知的主张，法院也应考虑给予救济，法院的义务是对符合认知条件的事项予以认知。

---

① 李学灯：《证据法比较研究》，22页，台北，五南图书出版公司，1992。

② ［美］约翰·W.斯特龙：《麦考密克论证据》，汤维建等译，633页，北京，中国政法大学出版社，2004。

四、司法认知的程序规则

司法认知是法官进行案件事实认定,属于无须证据证明的一种特殊的案件事实认定方式,由法官对认知范围内事实直接确认为真,对于当事人的权利可能会产生一定的不利影响,需通过适当程序并建立相应的救济机制,以保障司法认知的正当性。司法认知具体程序如下。

(一)司法认知启动程序

司法认知启动程序是指司法认知由谁启动和启动后如何决定与救济等程序。"众所周知"无论在判例上还是在立法的语言表达上均非指人人皆知。因为有的是指绝大多数人知晓,有的是指一般人公知,也有的指具有相当知识的人所知。人所共知也并非真的人人皆知,司法认知采用社会一般人的认识标准就存在一般人与法官认识的差异可能性,在程序设计上应当采用互补的方式,通过法官主动认知和当事人申请认知来弥补其不足。

司法认知可分为法官必须认知和可以认知。对于必须认知的事实,法官不能以任何理由推托;对可以认知的事实,法官可依据自由裁量权自行确定是否认知。在程序上存在法官主动认知和当事人申请认知两种程序。

1. 法官主动认知

法官主动的司法认知是指法官对众所周知的事实及审判上应当知悉的事实,在当事人未提出申请的情况下,主动依职权对司法认知的事项确认为真的活动。

法官必须司法认知的事实主要包括:(1)众所周知的事实;(2)自然规律、科学原理和技术分析方法;(3)法官职务上知悉的事实,包括司法事项、行政事项和既判力事项。

法官主动进行司法认知的,应告知当事人及其辩护人、诉讼代理人要司法认知的事实、效果等,为其提供表达主张和进行辩论、反驳的机会,保障其正当的权益。

2. 当事人申请认知

当事人认为某些事实属于法官司法认知的范围,为免除其举证责任,向法院提出司法认知的申请,要求法官进行司法认知的活动。

当事人申请司法认知的事实主要有:(1)能够被证实的事实;(2)立法事实;(3)经验法则;(4)习惯和行业惯例。这些也属于法官可以司法认知的事实。当事人申请司法认知,并不意味法官必须启动司法认知程序,但应当审查是否符合司法认知的范围。法官通过审查认为不属于司法认知范围的事项,应当决定不予司法认知。无论法官是否决定司法认知,均应以决定方式进行。

(二)司法认知的异议程序

司法认知具有免除一方当事人承担举证责任的功能,虽然没有直接增加对方当事人的诉讼负担,但相对证明责任的分担来说,却影响了当事人举证责任的配置,因此从程序公平、正义的角度来看,应当赋予对方反驳或通过其他途径对认知的事实提出质疑的救济权利。司法认知基于诉讼效率的考虑,不仅包括对确定为真实事实的认知,还包括对可能真实事实的认知,因此难免有些司法认知的事实可能会违背真实,所以在程序上应当允许当事人一方对法官采取司法认知的案件事实提出反驳。为了保证司法认知活动的正当性和认知结果的正确性,防止对另一方产生不公平的结果,法官在进行司法认知前,应该让双方当事人及其诉讼代理人或辩护律师，对司法认知的事实提出异议，进行必要的辩论，使承担不利结果的一方当事人或利害关系人通过正当程序行使反驳的权利，确保司法认知程序的公正和结果的不可动摇性。如我国台湾地区的"民事诉讼法"第278条规定，法院依职权已知之事实，虽非当事人提出者，亦得斟酌之，但裁判前应令当事人就其事实有辩论之机会。

当事人及其辩护人、诉讼代理人在接到司法认知决定后，有权向法院提供有关资料以促使司法认知的实现；对于司法认知有异议的，有权提供有关资料来说明该事项不适用司法认知，并有权提请复核。

（三）司法认知的监督程序

法官对司法认知的事项应当采取合议制的方式，对不同意见应记入笔录。当事人对一审法院的司法认知不服的，有权向上一级法院上诉。上一级法院进行审查后，认为不符合司法认知的，应当予以撤销与纠正；对应当认知而未认知的事项，有权进行认知。

另外，当司法认知的事实与其他证据证明的事实存在冲突或不相吻合的时候，法官不得简单地确认司法认知的事实而断定其他证据证明的事实不真实。

【问题与思考】

司法认知作为法官职权干预举证的特殊认定事实的制度，其认知事实应是告知、确定和权威的，而非局部、有争议可能的事实。在该案中，被告对此表示不服，向上一级法院提出上诉。其理由为：在未经过双方当事人举证辩论的情况下，一审法官就对陪审团作出了上述片面司法指示是错误的，请求上诉审法院将依据该指示作出的陪审团裁判宣告无效。审理该上诉案件的奥尼法官认为，对于本司法管辖区内为大多数人所周知的事物，审理民事案件的法官完全有权直接作出司法认知。根据案件情况，结合本章内容，思考下列问题：（1）司法认知涉及的事实范围有哪些？（2）法官在审理案件的何种阶段可以进行司法认知？（3）该案件司法认知与我国司法认知在范围上有何区别？

【延伸阅读】

1. 叶自强：《司法认知论》，载《法学研究》，1996(4)。
2. 毕玉谦：《试论民事诉讼中的司法认知》，载《中外法学杂志》，1999(1)。
3. 赵泽君：《司法认知问题研究》，载《国家检察官学院学报》，2002(6)。
4. 阎朝秀：《司法认知研究》，北京：中国检察出版社，2008。
5. 周苹芳：《司法认知论》，北京：中国人民公安大学出版社，2008。

参考文献

[1] 安·扬·维辛斯基. 苏维埃法律上的诉讼证据理论[M]. 王之相，译. 北京：法律出版社，1957.

[2] 约翰·W. 斯特龙. 麦考密克论证据[M]. 5版. 汤维建，等译. 北京：中国政法大学出版社，2004.

[3] 汉斯·普维庭. 现代证明责任问题[M]. 吴越，译. 北京：法律出版社，2000.

[4] 莱奥·罗森贝克. 证明责任论[M]. 5版. 庄敬华，译. 北京：中国法制出版社，2018.

[5] 奥特马·尧厄尼希. 民事诉讼法[M]. 周翠，译. 北京：法律出版社，2003.

[6] 中村英郎. 新民事诉讼法讲义[M]. 陈刚，等译. 北京：法律出版社，2001.

[7] 新堂幸司. 新民事诉讼法[M]. 林剑锋，译. 北京：法律出版社，2008.

[8] 陈朴生. 刑事证据法[M]. 台北：三民书局，1979.

[9] 李学灯. 证据法比较研究[M]. 台北：五南图书出版公司，1992.

[10] 沈达明. 英美证据法[M]. 北京：中信出版社，1996.

[11] 蔡墩铭. 刑事证据法论[M]. 台北：五南图书出版公司，1999.

[12] 谢安平，郭华. 证据法学[M]. 2版. 北京：法律出版社，2014.

[13] 蔡小雪. 行政诉讼证据规则及运用[M]. 北京：人民法院出版社，2006.

[14] 毕玉谦. 民事诉讼证明妨碍研究[M]. 北京：北京大学出版社，2010.

[15] 陈瑞华. 刑事证据法[M]. 4版. 北京：北京大学出版社，2021.

[16] 张保生. 证据科学论纲[M]. 北京：经济科学出版社，2019.

后　记

　　为了满足我国财经类院校教学的需要，根据财经类法学专业教学方案和人才培养计划，编者编写了财经类法学专业的特色教材——《证据法学》。本教材在写作过程中考虑财经类法学专业的特点，注重理论与实践的结合，吸收了证据法学的最新理论成果和司法实践的经验，充分体现证据法学的应用性特征，并在保持理论深度的基础上，力求系统、准确、全面地阐述证据法学的基础知识、基本内容和基本原理，努力做到教材的完整性、系统性、科学性和实用性，希冀对证据法学发展方向有所把握，为实践解决证据问题提供参考依据。本教材基于三大诉讼法的修订及其相关解释和有关证据的规定，特别是近年来证据研究和运用的新发展，在保持体例不变的框架下，对其内容进行修订，力求反映证据法学的最新研究成果，保持其作为教材的实用价值。

　　本教材在编写过程参考了中外有关证据法学专家、学者的观点和著作，在此表示衷心的感谢。由于水平所限等因素的影响，教材中肯定存在一些不足和缺点，敬请专家、学者批评指正。

郭华(中央财经大学法学院教授、博士生导师)

2023 年 2 月 12 日